한국고전번역원 한국문집번역총서

송자대전 7

宋子大全

송시열 지음 홍기은 옮김

宋時烈

일러두기

1. 이 책 《송자대전》은 《국역 송자대전》(1981~1988)의 미번역 부분을 포함하여 수정·번역한 완역서이다. 《국역 송자대전》의 역자와 그 약력은 책 말미에 소개하였다.
2. 이 책의 번역 대본은 한국고전번역원에서 간행한 한국문집총간 108~116집 소재 《송자대전(宋子大全)》으로 하였다. 번역 대본의 원문 텍스트와 원문 이미지는 한국고전종합DB(http://db.itkc.or.kr)에서 확인할 수 있다.
3. 역주는 내용이 간단하면 간주(間註)로, 길면 각주(脚註)로 처리하였다.
4. 한자는 필요한 경우 이해를 돕기 위하여 넣었으며, 운문(韻文)은 원문을 병기하였다.
5. 원문의 오류를 수정하였거나 오류가 의심되는 경우, 교감자료와 중요한 자구(字句)에서 차이가 있는 경우에는 그 내용을 각주로 밝혔다.
6. '한글 맞춤법'의 용법과 다르거나 새로 만든 문장 부호는 다음과 같다.
   「 」: ' ' 안의 재인용을 나타낼 때 사용한다.
   『 』: 「 」 안의 재인용을 나타낼 때 사용한다.
   …… : 원문의 '云云'을 처리할 때, 각주에서 긴 인용문을 처리할 때, 각주의 표제어가 네 어절 이상일 경우 생략되는 말을 처리할 때 사용한다.
   - - : 본문에서 소자(小字) 원문 주(註)의 처음과 끝에 사용한다.
   □ : 원문의 글자가 빠진 빈 난을 표기하거나 '결락과 판독 불가 글자에 대한 지침'에 따라 번역할 때 사용한다.
   ▨ : 훼손 등으로 인해 판독이 불가능한 원문을 표기할 때 사용한다.

차례

일러두기 • 4

송자대전 제31권

서書

송명보에게 보냄 경자년 1월 14일 與宋明甫 庚子元月十四日 • 23
송명보에게 보냄 경자년 4월 14일 與宋明甫 庚子四月十四日 • 25
송명보에게 보냄 경자년 4월 16일 與宋明甫 庚子四月十六日 • 27
송명보에게 답함 경자년 4월 22일 答宋明甫 庚子四月二十二日 • 28
송명보에게 보냄 與宋明甫 • 30
송명보에게 보냄 경자년 4월 27일 與宋明甫 庚子四月二十七日 • 32
송명보에게 보냄 與宋明甫 • 33
송명보에게 답함 答宋明甫 • 35
송명보에게 답함 答宋明甫 • 36
송명보에게 보냄 與宋明甫 • 37
송명보에게 답함 答宋明甫 • 38
송명보에게 답함 경자년 答宋明甫 庚子 • 40
송명보에게 보냄 경자년 與宋明甫 庚子 • 42
송명보에게 답함 答宋明甫 • 44
별지 • 45

송명보에게 답함 신축년 1월 17일 答宋明甫 辛丑正月十七日 • 47
송명보에게 보냄 신축년 2월 與宋明甫 辛丑二月 • 49
송명보에게 보냄 與宋明甫 • 51
송명보에게 보냄 신축년 2월 與宋明甫 辛丑二月 • 52
송명보에게 답함 신축년 3월 答宋明甫 辛丑三月 • 53
송명보에게 답함 신축년 3월 9일 答宋明甫 辛丑三月九日 • 58
송명보에게 보냄 신축년 4월 15일 與宋明甫 辛丑四月十五日 • 59
송명보에게 보냄 신축년 5월 與宋明甫 辛丑五月 • 60
송명보에게 보냄 신축년 5월 與宋明甫 辛丑五月 • 61
송명보에게 답함 신축년 5월 15일 答宋明甫 辛丑五月十五日 • 63
송명보에게 보냄 與宋明甫 • 64
송명보에게 보냄 與宋明甫 • 66
송명보에게 보냄 신축년 5월 23일 與宋明甫 辛丑五月二十三日 • 67
송명보에게 보냄 신축년 5월 28일 與宋明甫 辛丑五月二十八日 • 68
송명보에게 보냄 與宋明甫 • 69
송명보에게 보냄 與宋明甫 • 70
송명보에게 보냄 임인년 4월 與宋明甫 壬寅四月 • 71
별지 • 71
송명보에게 보냄 與宋明甫 • 73
송명보에게 답함 임인년 8월 22일 答宋明甫 壬寅八月二十二日 • 74
송명보에게 보냄 임인년 10월 21일 與宋明甫 壬寅十月二十一日 • 75
송명보에게 답함 임인년 11월 3일 答宋明甫 壬寅十一月三日 • 77
송명보에게 보냄 與宋明甫 • 79
송명보에게 보냄 임인년 11월 25일 與宋明甫 壬寅十一月二十五日 • 81
송명보에게 답함 임인년 11월 25일 答宋明甫 壬寅十一月二十五日 • 82
송명보에게 답함 임인년 12월 28일 答宋明甫 壬寅十二月二十八日 • 83

송명보에게 답함 계묘년 4월 25일 答宋明甫 癸卯四月二十五日 • 85
송명보에게 답함 계묘년 6월 9일 答宋明甫 癸卯六月九日 • 86
송명보에게 보냄 계묘년 7월 3일 與宋明甫 癸卯七月三日 • 87
송명보에게 보냄 갑진년 6월 28일 與宋明甫 甲辰六月二十八日 • 88
송명보에게 보냄 갑진년 與宋明甫 甲辰 • 90
송명보에게 보냄 갑진년 與宋明甫 甲辰 • 93
송명보에게 보냄 갑진년 11월 7일 與宋明甫 甲辰十一月七日 • 94
송명보에게 보냄 갑진년 11월 11일 與宋明甫 甲辰十一月十一日 • 95
송명보에게 답함 갑진년 11월 13일 答宋明甫 甲辰十一月十三日 • 98
송명보에게 답함 答宋明甫 • 100
송명보에게 답함 答宋明甫 • 102
송명보에게 보냄 與宋明甫 • 103
송명보에게 답함 갑진년 答宋明甫 甲辰 • 105
송명보에게 보냄 與宋明甫 • 108
송명보에게 답함 갑진년 12월 18일 答宋明甫 甲辰十二月十八日 • 110
송명보에게 답함 갑진년 12월 27일 答宋明甫 甲辰十二月二十七日 • 112
송명보에게 답함 答宋明甫 • 115
송명보에게 답함 을사년 4월 14일 答宋明甫 乙巳四月十四日 • 116
송명보에게 답함 을사년 5월 15일 答宋明甫 乙巳五月十五日 • 118
별지 • 119
송명보에게 답함 을사년 6월 1일 答宋明甫 乙巳六月一日 • 121
송명보에게 보냄 을사년 6월 9일 與宋明甫 乙巳六月九日 • 123
송명보에게 답합 을사년 7월 28일 答宋明甫 乙巳七月二十八日 • 124
송명보에게 보냄 을사년 8월 19일 與宋明甫 乙巳八月十九日 • 125
송명보에게 답함 을사년 8월 20일 答宋明甫 乙巳八月二十日 • 127
송명보에게 보냄 을사년 8월 25일 與宋明甫 乙巳八月二十五日 • 129

별지 • 131
송명보에게 보냄 을사년 10월 4일 與宋明甫 乙巳十月四日 • 134
송명보에게 답함 答宋明甫 • 136
송명보에게 답함 答宋明甫 • 138
송명보에게 보냄 병오년 2월 與宋明甫 丙午二月 • 140
송명보에게 답함 答宋明甫 • 141
송명보에게 보냄 병오년 與宋明甫 丙午 • 143
송명보에게 답함 答宋明甫 • 145
송명보에게 답함 병오년 4월 7일 答宋明甫 丙午四月七日 • 146
송명보에게 답함 答宋明甫 • 148
송명보에게 답함 答宋明甫 • 150
송명보에게 답함 答宋明甫 • 151
송명보에게 답함 答宋明甫 • 153
송명보에게 보냄 與宋明甫 • 154
송명보에게 답함 答宋明甫 • 155
송명보에게 답함 答宋明甫 • 158
송명보에게 보냄 정미년 1월 6일 與宋明甫 丁未正月六日 • 160
송명보에게 보냄 與宋明甫 • 161
송명보에게 답함 정미년 1월 11일 答宋明甫 丁未正月十一日 • 162
송명보에게 보냄 정미년 8월 19일 與宋明甫 丁未八月十九日 • 163
송명보에게 답함 정미년 8월 答宋明甫 丁未八月 • 164
송명보에게 보냄 무신년 9월 與宋明甫 戊申九月 • 165
송명보에게 보냄 무신년 10월 7일 與宋明甫 戊申十月七日 • 166
송명보에게 답함 答宋明甫 • 168
송명보에게 답함 무신년 11월 答宋明甫 戊申十一月 • 169
송명보에게 보냄 與宋明甫 • 173

송명보에게 답함 무신년 12월 答宋明甫 戊申十二月 • 175
송명보에게 답함 무신년 12월 答宋明甫 戊申十二月 • 176
송명보에게 보냄 기유년 1월 與宋明甫 己酉正月 • 177
송명보에게 답함 기유년 1월 24일 答宋明甫 己酉正月二十四日 • 178
송명보에게 답함 기유년 2월 3일 答宋明甫 己酉二月三日 • 179
송명보에게 보냄 기유년 2월 5일 與宋明甫 己酉二月五日 • 180
송명보에게 보냄 與宋明甫 • 181
송명보에게 보냄 기유년 3월 9일 與宋明甫 己酉三月九日 • 182
송명보에게 보냄 기유년 4월 1일 與宋明甫 己酉四月一日 • 183
송명보에게 보냄 기유년 4월 16일 與宋明甫 己酉四月十六日 • 184
송명보에게 보냄 기유년 與宋明甫 己酉 • 185
송명보에게 답함 기유년 8월 26일 答宋明甫 己酉八月二十六日 • 186
송명보에게 보냄 기유년 9월 9일 與宋明甫 己酉九月九日 • 187
송명보에게 답함 기유년 11월 25일 答宋明甫 己酉十一月二十五日 • 188
송명보에게 답함 경술년 7월 7일 答宋明甫 庚戌七月七日 • 190
송명보에게 답함 경술년 9월 13일 答宋明甫 庚戌九月十三日 • 192
송명보에게 답함 경술년 10월 7일 答宋明甫 庚戌十月七日 • 193
송명보에게 답함 경술년 10월 13일 答宋明甫 庚戌十月十三日 • 195
송명보에게 답함 신해년 1월 7일 答宋明甫 辛亥正月七日 • 196
송명보에게 답함 신해년 答宋明甫 辛亥 • 197
별지 • 199
송명보에게 답함 신해년 6월 3일 答宋明甫 辛亥六月三日 • 201
남운로가 물은 《의례》의 의의에 대한 송명보의 질문에 답함
答宋明甫質以南雲路所問儀禮疑義 • 203
송명보에게 보냄 與宋明甫 • 206
송명보에게 보냄 與宋明甫 • 207

송명보에게 보냄 與宋明甫 • 208
송명보에게 보냄 與宋明甫 • 209
송명보에게 보냄 임자년 與宋明甫 壬子 • 210
송명보에게 보냄 與宋明甫 • 212
송명보에게 답함 答宋明甫 • 213
송명보에게 보냄 與宋明甫 • 214

송자대전 제32권

서書

김중문 익희 에게 답함 기축년 12월 答金仲文 益熙○己丑十二月 • 219
김중문에게 보냄 계사년 동지 전날 與金仲文 癸巳閉關前日 • 221
김중문에게 보냄 병신년 11월 與金仲文 丙申十一月 • 225
유무중 계 에게 답함 정해년 2월 23일 答兪武仲 棨○丁亥二月二十三日 • 226
유무중에게 보냄 정해년 11월 與兪武仲 丁亥十一月 • 229
유무중에게 보냄 정해년 12월 與兪武仲 丁亥十二月 • 231
유무중에게 보냄 기축년 6월 26일 與兪武仲 己丑六月二十六日 • 233
유무중에게 보냄 기축년 7월 1일 與兪武仲 己丑七月一日 • 234
유무중에게 보냄 경인년 1월 2일 與兪武仲 庚寅元月二日 • 236
유무중에게 답함 경인년 3월 18일 答兪武仲 庚寅三月十八日 • 239
유무중에게 보냄 경인년 4월 12일 與兪武仲 庚寅四月十二日 • 241
유무중에게 답함 경인년 4월 答兪武仲 庚寅四月 • 243
유무중에게 보냄 경인년 윤월 17일 與兪武仲 庚寅閏月十七日 • 245
유무중에게 보냄 경인년 5월 21일 與兪武仲 庚寅五月二十一日 • 247
유무중에게 보냄 경인년 9월 6일 與兪武仲 庚寅九月六日 • 249

유무중에게 답함 答兪武仲 • 251
유무중에게 답함 答兪武仲 • 253
유무중에게 보냄 임진년 12월 20일 與兪武仲 壬辰十二月二十日 • 255
유무중에게 답함 임진년 윤월 22일 答兪武仲 壬辰餘月二十二日 • 257
유무중에게 보냄 계사년 6월 與兪武仲 癸巳六月 • 259
유무중에게 답함 答兪武仲 • 261
유무중에게 보냄 갑오년 5월 與兪武仲 甲午五月 • 262
유무중에게 보냄 與兪武仲 • 264
유무중에게 답함 答兪武仲 • 265
유무중에게 보냄 병신년 윤월 27일 與兪武仲 丙申閏月二十七日 • 267
유무중에게 보냄 정유년 7월 13일 與兪武仲 丁酉七月十三日 • 269
유무중에게 답함 정유년 7월 24일 答兪武仲 丁酉七月二十四日 • 270
유무중에게 보냄 정유년 9월 22일 與兪武仲 丁酉九月二十二日 • 272
유무중에게 보냄 무술년 1월 8일 與兪武仲 戊戌元月八日 • 276
유무중에게 답함 무술년 2월 18일 答兪武仲 戊戌二月十八日 • 278
유무중에게 보냄 무술년 2월 27일 與兪武仲 戊戌二月二十七日 • 279
유무중에게 보냄 무술년 6월 11일 與兪武仲 戊戌六月十一日 • 280
유무중에게 보냄 무술년 6월 與兪武仲 戊戌六月 • 282
유무중에게 답함 무술년 7월 答兪武仲 戊戌七月 • 284
유무중에게 답함 무술년 8월 答兪武仲 戊戌八月 • 286
유무중에게 보냄 무술년 8월 與兪武仲 戊戌八月 • 288
유무중에게 보냄 무술년 9월 與兪武仲 戊戌九月 • 290
유무중에게 보냄 무술년 與兪武仲 戊戌 • 292
유무중에게 답함 무술년 答兪武仲 戊戌 • 294
유무중에게 답함 무술년 答兪武仲 戊戌 • 296
유무중에게 답함 答兪武仲 • 298

유무중에게 답함 무술년 答兪武仲 戊戌 • 300
별지 • 301
유무중에게 답함 무술년 答兪武仲 戊戌 • 303
별지 • 304
유무중에게 답함 무술년 答兪武仲 戊戌 • 306
유무중에게 답함 答兪武仲 • 307
유무중에게 보냄 무술년 12월 23일 與兪武仲 戊戌十二月二十三日 • 308
유무중에게 답함 무술년 12월 答兪武仲 戊戌十二月 • 309
유무중에게 보냄 與兪武仲 • 310
유무중에게 보냄 與兪武仲 • 311
유무중에게 답함 答兪武仲 • 312

송자대전 제33권

서書

유무중에게 보냄 기해년 與兪武仲 己亥 • 315
유무중에게 보냄 기해년 與兪武仲 己亥 • 316
유무중에게 답함 기해년 答兪武仲 己亥 • 317
유무중에게 답함 기해년 答兪武仲 己亥 • 319
유무중에게 보냄 기해년 與兪武仲 己亥 • 320
유무중에게 답함 기해년 1월 22일 答兪武仲 己亥元月二十二日 • 322
유무중에게 답함 기해년 答兪武仲 己亥 • 323
유무중에게 답함 기해년 2월 答兪武仲 己亥二月 • 324
유무중에게 보냄 기해년 2월 與兪武仲 己亥二月 • 325
유무중에게 답함 기해년 答兪武仲 己亥 • 326

유무중에게 답함 기해년 2월 答兪武仲 己亥二月 • 327
유무중에게 답함 기해년 答兪武仲 己亥 • 329
유무중에게 답함 答兪武仲 • 330
유무중에게 보냄 與兪武仲 • 331
유무중에게 보냄 與兪武仲 • 332
유무중에게 답함 答兪武仲 • 333
유무중에게 답함 기해년 2월 答兪武仲 己亥二月 • 334
유무중에게 보냄 기해년 與兪武仲 己亥 • 335
유무중에게 답함 기해년 答兪武仲 己亥 • 336
별지 • 337
유무중에게 보냄 기해년 2월 與兪武仲 己亥二月 • 338
유무중에게 보냄 與兪武仲 • 340
유무중에게 보냄 與兪武仲 • 341
유무중에게 보냄 기해년 與兪武仲 己亥 • 342
유무중에게 보냄 기해년 2월 與兪武仲 己亥二月 • 344
유무중에게 보냄 기해년 2월 與兪武仲 己亥二月 • 346
유무중에게 보냄 기해년 3월 10일 與兪武仲 己亥三月十日 • 347
유무중에게 보냄 기해년 與兪武仲 己亥 • 348
유무중에게 답함 기해년 答兪武仲 己亥 • 349
유무중에게 보냄 기해년 與兪武仲 己亥 • 351
유무중에게 답함 기해년 4월 答兪武仲 己亥四月 • 352
유무중에게 보냄 與兪武仲 • 353
유무중에게 보냄 기해년 與兪武仲 己亥 • 354
유무중에게 답함 答兪武仲 • 355
유무중에게 보냄 기해년 5월 與兪武仲 己亥五月 • 356
유무중에게 보냄 기해년 5월 與兪武仲 己亥五月 • 357

유무중에게 답함 기해년 5월 答兪武仲 己亥五月 • 358
유무중에게 보냄 與兪武仲 • 359
유무중에게 답함 기해년 答兪武仲 己亥 • 360
유무중에게 답함 기해년 5월 答兪武仲 己亥五月 • 362
유무중에게 답함 기해년 6월 答兪武仲 己亥六月 • 363
유무중에게 보냄 기해년 6월 與兪武仲 己亥六月 • 364
유무중에게 답함 기해년 答兪武仲 己亥 • 365
유무중에게 보냄 기해년 與兪武仲 己亥 • 367
유무중에게 답함 기해년 答兪武仲 己亥 • 369
유무중에게 보냄 與兪武仲 • 372
유무중에게 보냄 기해년 與兪武仲 己亥 • 373
유무중에게 보냄 기해년 與兪武仲 己亥 • 375
유무중에게 보냄 與兪武仲 • 376
유무중에게 보냄 기해년 與兪武仲 己亥 • 378
유무중에게 보냄 기해년 與兪武仲 己亥 • 379
유무중에게 답함 答兪武仲 • 381
유무중에게 보냄 기해년 7월 與兪武仲 己亥七月 • 382
유무중에게 보냄 기해년 7월 與兪武仲 己亥七月 • 384
유무중에게 보냄 기해년 7월 與兪武仲 己亥七月 • 385
유무중에게 답함 기해년 7월 答兪武仲 己亥七月 • 386
유무중에게 보냄 기해년 7월 與兪武仲 己亥七月 • 387
유무중에게 답함 기해년 7월 答兪武仲 己亥七月 • 388
유무중에게 보냄 기해년 7월 與兪武仲 己亥七月 • 389
유무중에게 보냄 기해년 8월 與兪武仲 己亥八月 • 391
유무중에게 보냄 기해년 8월 與兪武仲 己亥八月 • 392
유무중에게 답함 기해년 8월 答兪武仲 己亥八月 • 393

유무중에게 보냄 기해년 9월 與兪武仲 己亥九月 • 394
유무중에게 보냄 기해년 9월 與兪武仲 己亥九月 • 395
유무중에게 보냄 기해년 9월 與兪武仲 己亥九月 • 397
유무중에게 답함 기해년 9월 答兪武仲 己亥九月 • 399
유무중에게 보냄 기해년 9월 與兪武仲 己亥九月 • 400
유무중에게 답함 答兪武仲 • 401
유무중에게 답함 答兪武仲 • 402
유무중에게 보냄 기해년 與兪武仲 己亥 • 403
유무중에게 답함 기해년 9월 24일 答兪武仲 己亥九月二十四日 • 404
유무중에게 보냄 기해년 與兪武仲 己亥 • 405
유무중에게 보냄 與兪武仲 • 406
유무중에게 답함 答兪武仲 • 408
유무중에게 답함 答兪武仲 • 409
유무중에게 답함 答兪武仲 • 410
유무중에게 보냄 與兪武仲 • 411
유무중에게 보냄 與兪武仲 • 413
유무중에게 답함 答兪武仲 • 415
유무중에게 보냄 與兪武仲 • 416
유무중에게 답함 경자년 3월 24일 答兪武仲 庚子三月二十四日 • 417
유무중에게 답함 答兪武仲 • 418
유무중에게 보냄 與兪武仲 • 419
유무중에게 보냄 경자년 4월 與兪武仲 庚子四月 • 420
유무중에게 답함 答兪武仲 • 421
유무중에게 답함 答兪武仲 • 422
별지 • 423
유무중에게 보냄 與兪武仲 • 424

유무중과 이태지에게 답함 경자년 6월 1일
答兪武仲李泰之 庚子六月初一日 • 425
유무중에게 답함 경자년 8월 答兪武仲 庚子八月 • 427
유무중에게 보냄 경자년 8월 與兪武仲 庚子八月 • 429
유무중에게 답함 경자년 9월 1일 答兪武仲 庚子九月一日 • 430
유무중에게 답함 경자년 9월 19일 答兪武仲 庚子九月十九日 • 431
유무중에게 답함 경자년 9월 27일 答兪武仲 庚子九月二十七日 • 433
유무중에게 보냄 경자년 11월 16일 與兪武仲 庚子十一月十六日 • 436
유무중에게 답함 경자년 12월 答兪武仲 庚子十二月 • 438
유무중에게 답함 신축년 1월 19일 答兪武仲 辛丑元月十九日 • 440
유무중에게 답함 신축년 答兪武仲 辛丑 • 444
유무중에게 보냄 계묘년 9월 8일 與兪武仲 癸卯九月八日 • 445

송자대전 제34권

서書

조윤지 석윤 에게 보냄 신묘년 與趙胤之 錫胤○辛卯 • 449
홍대이 명하 에게 보냄 무술년 8월 29일 與洪大而 命夏○戊戌八月小晦 • 454
홍대이에게 답함 무술년 8월 29일 答洪大而 戊戌八月小晦 • 456
홍대이에게 답함 答洪大而 • 457
홍대이에게 답함 무술년 9월 11일 答洪大而 戊戌九月十一日 • 458
홍대이에게 보냄 무술년 9월 24일 與洪大而 戊戌九月二十四日 • 460
홍대이에게 보냄 與洪大而 • 461
홍대이에게 답함 答洪大而 • 463
홍대이에게 보냄 與洪大而 • 464

홍대이에게 답함 答洪大而 • 466
홍대이에게 보냄 與洪大而 • 467
홍대이에게 답함 무술년 12월 28일 答洪大而 戊戌臘月二十八日 • 468
홍대이에게 답함 答洪大而 • 469
홍대이에게 답함 答洪大而 • 471
홍대이에게 답함 答洪大而 • 473
홍대이에게 답함 기해년 2월 1일 答洪大而 己亥二月一日 • 475
홍대이에게 보냄 기해년 2월 11일 與洪大而 己亥二月十一日 • 476
홍대이에게 답함 기해년 2월 19일 答洪大而 己亥二月十九日 • 477
홍대이에게 답함 기해년 2월 28일 答洪大而 己亥二月二十八日 • 479
홍대이에게 답함 기해년 2월 28일 答洪大而 己亥二月二十八日 • 480
홍대이에게 답함 答洪大而 • 481
홍대이에게 답함 기해년 10월 3일 答洪大而 己亥十月三日 • 482
홍대이에게 답함 기해년 10월 6일 答洪大而 己亥十月六日 • 484
홍대이에게 답함 기해년 11월 21일 答洪大而 己亥至月二十一日 • 486
홍대이에게 답함 경자년 2월 1일 答洪大而 庚子二月一日 • 487
홍대이에게 답함 경자년 3월 18일 答洪大而 庚子三月十八日 • 489
홍대이에게 답함 경자년 칠석 다음 날 答洪大而 庚子七夕後日 • 491
　별지 • 493
홍대이에게 보냄 경자년 12월 22일 與洪大而 庚子十二月二十二日 • 495
홍대이에게 답함 신축년 3월 10일 答洪大而 辛丑三月十日 • 497
홍대이에게 답함 신축년 4월 25일 答洪大而 辛丑四月二十五日 • 499
홍대이에게 답함 신축년 5월 14일 答洪大而 辛丑五月十四日 • 500
홍대이에게 답함 신축년 5월 15일 答洪大而 辛丑五月十五日 • 501
홍대이에게 답함 신축년 5월 24일 答洪大而 辛丑五月二十四日 • 503
홍대이에게 답함 신축년 5월 28일 答洪大而 辛丑五月二十八日 • 505

홍대이에게 보냄 신축년 與洪大而 辛丑 • 506
홍대이에게 답함 신축년 12월 14일 答洪大而 辛丑十二月十四日 • 507
홍대이에게 답함 임인년 4월 26일 答洪大而 壬寅四月二十六日 • 509
홍대이에게 답함 임인년 9월 11일 答洪大而 壬寅九月十一日 • 511
홍대이에게 보냄 병오년 1월 28일 與洪大而 丙午正月二十八日 • 514
홍대이에게 보냄 병오년 5월 26일 與洪大而 丙午五月二十六日 • 515
홍대이에게 보냄 정미년 11월 12일 與洪大而 丁未十一月十二日 • 517
홍대이에게 답함 정미년 12월 26일 答洪大而 丁未十二月二十六日 • 520

송자대전 제35권

서書

정안숙 양 에게 보냄 갑오년 3월 14일 與鄭晏叔 瀁○甲午三月十四日 • 525
정안숙에게 답함 정유년 4월 20일 答鄭晏叔 丁酉四月二十日 • 527
정안숙에게 답함 정유년 9월 9일 答鄭晏叔 丁酉九月九日 • 528
정안숙에게 보냄 정유년 11월 그믐 與鄭晏叔 丁酉十一月晦日 • 529
정안숙에게 답함 무술년 2월 27일 答鄭晏叔 戊戌二月二十七日 • 534
정안숙에게 답함 무술년 6월 8일 答鄭晏叔 戊戌六月八日 • 537
정안숙에게 답함 무술년 6월 26일 答鄭晏叔 戊戌六月二十六日 • 539
정안숙에게 답함 무술년 7월 3일 答鄭晏叔 戊戌七月三日 • 541
정안숙에게 답함 무술년 7월 15일 答鄭晏叔 戊戌七月十五日 • 542
정안숙에게 보냄 무술년 7월 30일 與鄭晏叔 戊戌七月三十日 • 544
정안숙에게 답함 무술년 8월 22일 答鄭晏叔 戊戌八月二十二日 • 546
정안숙에게 답함 무술년 10월 4일 答鄭晏叔 戊戌十月四日 • 548
정안숙에게 보냄 무술년 11월 17일 與鄭晏叔 戊戌十一月十七日 • 550

정안숙에게 답함 기해년 1월 18일 答鄭晏叔 己亥元月十八日 • 553
별지 • 553
정안숙에게 보냄 기해년 3월 5일 與鄭晏叔 己亥三月五日 • 559
정안숙에게 보냄 기해년 5월 15일 與鄭晏叔 己亥五月望日 • 560
정안숙에게 답함 기해년 8월 9일 答鄭晏叔 己亥八月九日 • 563
정안숙에게 보냄 기해년 9월 그믐 與鄭晏叔 己亥九月晦日 • 565
정안숙에게 답함 기해년 10월 14일 答鄭晏叔 己亥十月十四日 • 566
정안숙에게 답함 기해년 12월 答鄭晏叔 己亥臘月 • 568
정안숙에게 답함 경자년 2월 2일 答鄭晏叔 庚子二月二日 • 570
정안숙에게 답함 경자년 5월 11일 答鄭晏叔 庚子五月十一日 • 571
정안숙에게 보냄 경자년 5월 23일 與鄭晏叔 庚子五月二十三日 • 573
정안숙에게 답함 경자년 7월 20일 答鄭晏叔 庚子七月二十日 • 574
정안숙에게 답함 신축년 4월 5일 答鄭晏叔 辛丑四月五日 • 576
정안숙에게 보냄 임인년 3월 20일 與鄭晏叔 壬寅三月二十日 • 578
정안숙에게 답함 갑진년 2월 14일 答鄭晏叔 甲辰二月十四日 • 580
정안숙에게 보냄 을사년 9월 20일 與鄭晏叔 乙巳九月二十日 • 582
정안숙에게 답함 을사년 12월 8일 答鄭晏叔 乙巳十二月八日 • 583
별지 • 584
정안숙에게 답함 병오년 12월 2일 答鄭晏叔 丙午十二月二日 • 587
별지 • 590
정안숙에게 답함 정미년 6월 9일 答鄭晏叔 丁未六月九日 • 591
정안숙에게 보냄 정미년 8월 24일 與鄭晏叔 丁未八月二十四日 • 593
정안숙에게 답함 무신년 4월 25일 答鄭晏叔 戊申四月二十五日 • 595
정안숙에게 보냄 무신년 5월 17일 與鄭晏叔 戊申五月十七日 • 597

송자대전

제31권

書서

송명보[1]에게 보냄 경자년(1660, 현종1) 1월 14일

與宋明甫 庚子元月十四日

전후로 보낸 편지를 모두 받아 보셨습니까? 요새 날씨가 따뜻해지는데 대감의 건강은 더욱 좋으신지요?

저는 오랫동안 냉리(冷痢)를 앓아 괴롭게 날을 보내고 있습니다. 몸도 편안하지 못한데 마음이 편안하기를 어찌 바라겠습니까. 여염에서 배고픔을 호소하는 소리가 차마 들을 수 없는 실정입니다. 진산(珍山)과 금산(錦山)[2] 길가에 시신이 있다는 말을 들었는데, 사실 여부는 알 수 없지만 놀랍고 측은한 마음 금할 수 없습니다.

초려(草廬)[3] 형은 다시 새로 제수하는 명을 받았는데 거취를 어떻게 할지 모르겠습니다만, 전날 만났을 때 벼슬에 나아가지 않으면 의거할 데가 없다는 것을 강력하게 말하니 그가 기꺼이 마음을 돌리려고 하였습니다.

이곳은 정(禎)[4]이 또 떠나서 매우 삭막합니다. 아이가 머지않아 올라

1 송명보(宋明甫) : 송준길(宋浚吉, 1607~1684)로, 본관은 은진(恩津), 자는 명보, 호는 동춘당(同春堂)이다. 김장생(金長生)의 문인이고, 송시열의 사촌이다. 우참판, 이조 판서를 지냈고, 저서에 《동춘당집》, 《어록해(語錄解)》가 있다.

2 진산(珍山)과 금산(錦山) : 현재의 충청남도 금산군 지역이다. 조선 시대에는 진산군과 금산군으로 분리되어 있었는데, 1914년에 진산군이 금산군에 편입되었다.

3 초려(草廬) : 이유태(李惟泰, 1607~1684)의 호이다. 본관은 경주(慶州), 자는 태지(泰之)이다. 송시열, 송준길 등과 더불어 호서(湖西) 산림의 오현(五賢)으로 일컬어진다.

4 정(禎) : 송규정(宋奎禎)을 가리키는 것으로 보인다. 본관은 은진, 자는 백흥(伯興)

갈 것이니, 그가 가면 이곳의 일을 상세히 전할 것입니다. 이만 줄입니다.

이다. 송국시(宋國著)의 아들로, 송준길의 문인이다.《同春堂集 續集 卷12 門人錄》

송명보에게 보냄 경자년(1660, 현종1) 4월 14일

與宋明甫 庚子四月十四日

근래에 기거(起居)는 어떠하십니까? 저는 상소에 대한 비답을 아직까지 듣지 못했습니다. 필시 까닭이 있을 텐데 그 까닭을 모르겠습니다. 허헌(許憲)이 다시 상복도(喪服圖)를 올렸다고 합니다.[5] 이는 아마도 제가 헌의(獻議)한 복제(服制)를 공파(攻破)하는 도설(圖說)일 것 같은데 그것을 볼 길이 없습니다. 실록을 조사한 뒤에 논의가 다시 어찌되었습니까? 남원(南原)[6]이 찾아왔는데 그의 뜻은 자기와 친한 사람이 변명해 주기를 바라는 것이었습니다. 그 평론이 사실과 맞지 않는 것은 혹여 뜻이 있어서 그런 것입니까?

저는 곽란(霍亂)이 빈발하여 지난번에 또 크게 앓았는데 며칠이 지나고서야 겨우 그쳤습니다. 승려 혜(慧)가 길을 떠난다고 잠시 이곳에 들렀는데, 이 승려가 수어사(守禦使)[7]에게 한마디 말을 얻으려고 하였

5 허헌(許憲)이……합니다 : 허헌은 허목(許穆)이 당시 사헌부 장령이었기 때문에 이렇게 지칭한 것이다. 1660년 4월 10일에 허목이 효종의 상에 인조의 계비인 자의대비(慈懿大妃)가 차자(次子)의 상에 입는 기년복(期年服)을 입는 것은 옳지 않다고 주장하며 《의례(儀禮)》에 근거하여 상복도를 만들어 올렸는데, 송준길과 송시열 등이 주장한 기년복설을 조목조목 반박한 것이었다. 《顯宗實錄 1年 4月 10日》

6 남원(南原) : 김익렬(金益烈, 1602~1665)을 가리키는 것으로 보인다. 본관은 광산(光山), 자는 자장(子章)이다. 남원 부사(南原府使)를 지냈다. 김장생(金長生)의 손자이다.

7 수어사(守禦使) : 홍중보(洪重普, 1612~1671)를 가리킨다. 본관은 남양(南陽), 자는 원백(遠伯), 호는 이천(梨川)이다.

습니다. 그러나 제가 어찌 감히 그렇게 해 주겠습니까. 산승(山僧)이 물정을 모르는 것이 우습습니다. 이만 줄입니다.

송명보에게 보냄 경자년(1660, 현종1) 4월 16일

與宋明甫 庚子四月十六日

이슬비 조금 내리고 바람 기운 매우 거세어 병들지 않은 사람이 없는데 저는 그중에 더욱 심합니다. 이런 때에 기거는 어떠하시며, 예송(禮訟)은 지금 어떠합니까? 저는 실로 이기려는 마음은 없고 조정이 참으로 합당한 도리를 얻기를 원한 것뿐인데 단지 약간의 말과 기색만 살피니, 이상하고 우습습니다. 이로 인하여 죄를 얻는다고 하더라도 어찌 부당하게 저자에서 죽는 데 이르겠습니까. 이것은 성명(聖明)을 무함하는 것입니다.

저의 동생이 하루 머물고는 갑자기 멀리 떠나서 늙은이의 눈물을 금할 수 없습니다. 이만 줄입니다.

송명보에게 답함 경자년(1660, 현종1) 4월 22일

答宋明甫 庚子四月二十二日

오늘 아침 16일에 보내신 편지를 받고는 그지없이 기쁘고 감사했습니다. 저는 하루건너 곽란을 앓아서 생기가 거의 없으니 스스로 가련할 뿐입니다.

사관(史官)이 또 왔으니 황공하여 몸 둘 곳이 없습니다. 당초에 단지 대죄(待罪)만 했어야 하는데 성상의 뜻을 감히 저버릴 수 없어 어리석은 견해를 감히 올렸다가 마침내 말하기 어려운 지경에 이르렀으니, 후회와 한탄이 어찌 끝이 있겠습니까. 지금 앞의 잘못을 거울삼아 삼가려고 하였는데 사관이 "왕명이 내린 뒤에 해소(海疏)[8]가 막 들어왔으므로 이것을 가지고 말해서는 안 된다."라고 강하게 말하기에 다시 여러 젊은이들의 뜻을 대략 진달하였으니, 매우 불쾌할 것입니다.

연복(練服)에 대한 설은 형의 헌의(獻議)가 좋은 듯합니다. 다만 《가례(家禮)》에 대해 분명하지 않다고 한 말[9]은 온당하지 못하니, 이는 우연히 살피지 못해서일 것입니다. 의정부의 분아(分兒)를 의례적으로 아이의 집에 가져다 두어서 지극히 난처하다고 합니다. 몸은 여기에 있으면서 의례적으로 지급하는 물품을 받는 것은 매우 근거 없는

8 해소(海疏) : 윤선도(尹善道)의 상소를 가리킨다. 그가 해남에 살았기 때문에 이렇게 지칭한 것이다. 《宋子大全隨箚 卷3》

9 가례(家禮)에……말 : 효종의 연제(練祭) 때 착용하는 복식에 대해 송준길이 헌의한 내용에서, 《가례》는 주희(朱熹) 초년에 지은 것이 중간에 분실되어 완성되지 않은 책이므로 그 설을 따라서는 안 된다고 주장하였다. 《同春堂集 卷9 練服變改議》

일입니다. 저의 아이를 위해서 문제가 생기는 것을 면하게 해 주시는 것이 어떻겠습니까? 그가 사양해도 되지 않으면 반드시 사람들의 구설을 초래할 것입니다. 부디 유념해 주십시오. 저의 아이가 형의 아이와 무엇이 다르겠습니까. 간절히 부탁드립니다.

송명보에게 보냄

與宋明甫

저는 아픈 곳은 특별히 없는데 몸이 피곤한 것이 날로 심해지니 좋은 소식이 아닌 듯합니다. 어찌 강해(江海)만 사람을 죽일 수 있겠습니까.[10] 특히 이정(二貞)은 그 편지를 보니 이미 머리를 돌렸다고 합니다.[11] 지난번에 서울에서 온 편지를 보았는데 소문이 전에 비해 더욱 급한 것이 이루 말할 수 없습니다. 그러나 종정(宗貞)[12]은 많은 사람들이 용서한다고 하니, 이는 그의 정신이 남을 감동시키기에 부족하고 또 저 사람과 인척 관계이기 때문입니다. 그 외의 사람은 형이 구해내지 못하였습니까? 저의 말은 이미 진부한 말이 되어 필시 귀에 들어가지 않을 것입니다. 저 사람은 오늘날 참으로 범이 날개를 단 형국이 되었고, 옥당(玉堂)이 또 그의 포효하고 찢어발기는 기세를 도발하였

10 어찌……있겠습니까 : '강(江)'은 여강(驪江)에 살았던 윤휴(尹鑴)를 가리키고, '해(海)'는 해남(海南)에 살았던 윤선도(尹善道)를 가리킨다. 윤휴나 윤선도의 탄핵을 받아 귀양 가서 죽지 않더라도 병으로 죽을 수도 있다는 뜻이다. 《宋子大全隨箚 卷3》

11 이정(二貞)은……합니다 : 이정은 황세정(黃世楨)과 송규정(宋奎禎)을 가리키는데, 모두 윤휴의 문하로 들어갔었다. 《宋子大全隨箚 卷3》 황세정은 평소 윤휴와 가까웠는데, 기해년(1659, 현종 즉위년) 복제(服制) 문제로 송시열과 송준길이 관직이 추삭(追削)되고 유배당하자 그 억울함을 알리고 반대파들을 비난하는 상소를 올렸고 그로 인해 곧바로 진도(珍島)에 유배되었다. 머리를 돌렸다는 말은 윤휴의 문하로 들어갔다가 다시 송시열 쪽으로 돌아왔다는 뜻이다.

12 종정(宗貞) : 송시열과 동종(同宗)인 송규정을 가리킨다. 송규정과 윤휴는 이종형제 간이다. 《宋子大全隨箚 卷3》

으니 어쩌면 좋습니까. 또 들으니 민애(閔哀)[13]가 도와주고 힘을 더해 주었다고 하는데, 은밀히 그를 경계시키셨는지요? 이것을 대단한 일이라고 하지 않으면 바른 견해에 누를 끼치는 것이 어떠하겠습니까. 그러나 간곡히 당부하건대 비밀로 하십시오.

13 민애(閔哀) : 민정중(閔鼎重, 1628~1692)을 가리킨다. 본관은 여흥(驪興), 자는 대수(大受), 호는 노봉(老峯)이다. 송시열의 문인이다. 민정중이 1659년 7월에 부친상을 당하여 아직 상중에 있기 때문에 이렇게 표현한 것이다.

송명보에게 보냄 경자년(1660, 현종1) 4월 27일

與宋明甫 庚子四月二十七日

근래의 일은 모두 저로 말미암은 것인데 형까지 도성을 떠나게 만들었으니[14] 저의 죄가 더욱 큽니다. 이곳 분암(墳菴)에 와서 소장을 올려 죄를 자인(自引)하였으니, 단오 뒤에 돌아갈 것입니다. 어제저녁에 형이 내려온다는 소식을 듣고 밤새도록 잠을 이루지 못했습니다. 우리 성상의 마음을 생각해 보건대, 천성이 모두 없어지지는 않은 것 아니겠습니까.[15] 편지들은 올려보냅니다. 이만 줄입니다.

14 형까지……만들었으니 : 윤선도(尹善道)가 상소하여 효종의 상에 자의대비(慈懿大妃)의 복제를 기년으로 정한 송시열과 송준길의 주장을 논박하자, 좌참찬으로 있던 송준길이 그 소식을 듣고 다음 날 도성을 나갔다. 《顯宗實錄 1年 4月 18日, 19日》

15 어찌……아니겠습니까 : 춘추 시대 초 평왕(楚平王)은 간신 비무기(費無忌)의 말을 듣고 태자 건(建)이 송(宋)나라로 달아나게 만들었고, 진 헌공(晉獻公)은 애첩 여희(驪姬)의 음모를 듣고 태자 신생(申生)이 목을 매어 죽게 만들었다. 《春秋左氏傳 昭公19年, 僖公4年》 이 두 가지 일에 대해 송나라 학자 여조겸(呂祖謙)이 "헌공과 평왕이 아무리 어리석어도 이른바 천성이 모두 없어지지 않았는데 어떻게 갑자기 완전히 이간시킬 수 있었겠는가."라고 한 말을 인용한 것이다. 《左氏傳說 卷14 昭公》 현종은 초 평왕이나 진 헌공 같은 사람이 아니므로 이간에 넘어가지 않을 것이라는 뜻이다.

송명보에게 보냄

與宋明甫

밤새 근황은 어떠하십니까? 저는 조금만 움직여도 곧바로 통증이 오니 괴롭습니다. 상소 초본을 올려보냅니다. 고쳐야 할 곳을 지적해 주시면 이미 정사(淨寫)했더라도 고칠 수 있습니다. 별도로 봉한 것[16]에는 달리 새롭고 특별한 내용은 없습니다. 다만 오늘날 크게 기휘(忌諱)하는 일[17]과 오래된 억울한 일[18]로 인하여 기축년(1649, 인조27) 신생(辛生)의 옥사[19]를 다시 언급하였고, 또 주자(朱子)의 "불필요한 비용을 옮겨

16 별도로 봉한 것 : 1657년(효종8)에 올린 〈정유봉사(丁酉封事)〉를 가리키는 것으로 보인다. 다만 문집에 실린 내용과 실록에 실린 내용에 약간의 차이가 있고, 신생의 일은 봉사에서 빠진 것으로 보아 처음에는 언급하려다가 뺀 것으로 보인다. 《宋子大全隨箚 卷3》《宋子大全 卷5 封事》《孝宗實錄 8年 8月 16日》

17 오늘날……일 : 북경이 청(淸)나라에 함락되자 남경(南京)으로 달아나 세운 남명(南明) 조정에 밀사를 파견할 것을 청한 내용을 가리킨다. 《宋子大全隨箚 卷3》《宋子大全 卷5 封事》《孝宗實錄 8年 8月 16日》

18 오래된 억울한 일 : 김홍욱(金弘郁)의 일을 가리킨다. 김홍욱이 1654년에 황해도 관찰사로 있던 중 효종이 천재(天災)로 인하여 구언(求言)하자, 8년 전에 사사(賜死)된 소현세자빈(昭顯世子嬪) 강씨(姜氏)의 억울함에 대해 말하고 그 원통함을 풀어 줄 것을 상소하였다. 이른바 '강옥(姜獄)'이라고 불리는 이 사건은 종통(宗統)에 관한 문제로 효종의 왕위 보전과도 관련되는 일이기 때문에 감히 누구도 말하지 못하던 것이었다. 이로 인해 김홍욱은 하옥되어, 친국(親鞫)을 받던 중 장살(杖殺)되었다. 《宋子大全隨箚 卷3》《孝宗實錄 5年 7月 7日, 17日》

19 기축년 신생(辛生)의 옥사 : 1645년에 소현세자빈 강씨가 인조의 후궁 조 소용(趙昭容)을 저주한 사실을 강씨의 궁인(宮人) 신생이 인조에게 밀고하여 많은 사람들이

서 군사를 양성할 재원으로 삼는다면 오랑캐의 머리를 효수할 수 있다."[20]라는 등의 말을 인용하여 오늘날 무익한 일들을 몇 가지 언급했을 뿐입니다. 모레 떠나실 계획은 다시 당기거나 미루지는 않습니까? 이 편지는 즉시 없애 버리십시오. 명도(明道)가 원고를 삭제한 뜻[21]으로 보면 심상한 일도 오히려 그렇게 했는데 더군다나 이 일은 말할 것이 있겠습니까.

고문을 당하여 죽거나 유배된 사건이 있었다. 2년 뒤에 다시 신생을 심문하여 궁중 안에 사람 뼈와 동인(銅人)을 묻은 곳을 밝혀내 이 일에 관련된 사람들과 함께 신생도 옥에 갇혔고 소현세자의 세 아들은 제주도에 유배되었다. 1649년인 기축년에 인조가 신생을 석방하라는 명을 내렸다가 양사의 반대로 명을 회수하였다. 《仁祖實錄 25年 4月 25日, 27年 3月 22日 · 25日》

20 불필요한……있다 : 주희(朱熹)가 "회복(恢復)할 계책은 어렵지 않다. 급하지 않은 불필요한 비용을 옮겨서 군사를 양성할 재원으로 삼는다면 적의 머리를 효수할 수 있다."라고 한 말을 가리킨다. 《朱子語類 卷133》

21 명도(明道)가……뜻 : 명도는 송나라 학자 정호(程顥)의 호이다. 송나라 신종(神宗) 때 왕안석(王安石)이 법령을 개정하자 사림들이 심하게 공격하여 온갖 욕을 다하였는데, 당시 어사(御史)였던 정호는 이런 상소가 올라오면 그 욕한 부분을 삭제하여 자질(子姪)들이 보지 못하게 하면서 말하기를 "자기를 드러내어 남에게 자랑하는 짓은 내가 하지 않는다."라고 하였다. 《二程遺書 附錄》

송명보에게 답함

答宋明甫

어제 보내 주신 편지는 잘 받아 보았습니다. 아서(丫書)[22]는 보내 드리니 도로 돌려주십시오. 소문(小門)이 조상의 원수를 잊을 수 있다는 의론을 극력 주장하여[23] 정론(正論)하는 사람들을 배척하였으니 참으로 그 좋지 못한 정상을 알 수 있는데 이번에 과연 그것이 확인되었습니다. 아(丫)의 의문점에 대해서 형도 할 말이 있습니까? 그가 대간의 탄핵을 받기까지 하였으므로 아마 가만히 앉아서 달게 받지 않을 듯하니 이것이 염려스럽습니다. 안숙(安塾)은 누구의 아들인지 모르겠으나 매우 가상합니다. 이만 줄입니다.

22 아서(丫書) : 김만기(金萬基)의 편지를 가리키는 것으로 보인다. 《宋子大全隨箚 卷3》

23 소문(小門)이……주장하여 : 소문은 서소문(西小門)에 살았던 이경휘(李慶徽)와 이경억(李慶億) 형제를 가리킨다. 김만균(金萬均)이 병자호란 때 조모가 죽은 일로 청(淸)나라 사신이 올 때 공무를 행하지 못하겠다고 청한 데 대해 서필원(徐必遠)이 "조상의 원수는 잊을 수 있다."라는 의론을 주창하자, 이들 형제가 서필원의 주장을 극력 두둔하였다. 《宋子大全隨箚 卷3》

송명보에게 답함

答宋明甫

어제 보내신 편지는 삼가 잘 보았습니다. 함께 도모한 일은 반드시 가겠다는 뜻도 없고 반드시 가지 않겠다는 뜻도 없습니다. 그러나 가고 가지 않는 것이 일과 무슨 관련이 있겠습니까. 근본을 구하지 않고 오직 지엽만을 근심하니, 그 근심을 이기지 못할까 염려됩니다. 헌의(獻議)하는 글의 초고(草稿)에 대해 형께서 지혜롭다고 하시니 조금은 마음이 놓입니다. 그러나 많은 사람들의 뜻이 어찌 이와 같으리라고 보장하겠습니까. 오늘 예조의 낭관이 앞에서 징계를 행하고 긴요하지 않은 일은 한마디도 언급하지 않았으니 면할 수 있을지 모르겠습니다. 매우 우습습니다. 이만 줄입니다.

송명보에게 보냄

與宋明甫

《상례비요(喪禮備要)》의 부장기조(不杖期條)에 "서손(庶孫)이 올라가서 적손(嫡孫)이 된 자에 대해서 강복(降服)한다."라고 한 것과 대공조(大功條)에 "서손으로서 승중(承重)한 자[24]에 대해서"라는 두 조목은 사종설(四種說)[25]의 "서손이 승중하였더라도 기년복을 입는다."라는 것과 어긋납니다. 어떻게 생각하십니까?

24 서손으로서 승중(承重)한 자 : 승중이란 적자(嫡子)가 없는 경우 적손이 한 대를 건너서 조부로부터 계통을 이어받는다는 뜻인데, 여기서는 적손도 없을 경우 서손이 조부로부터 계통을 이어받는다는 의미이다.

25 사종설(四種說) : 가통(家統)을 이은 아들이라도 부모가 그를 위해 삼년복을 입지 않는 네 가지 경우가 있다는 설이다. 《의례(儀禮)》〈상복(喪服)〉 참최장(斬衰章)에 "아버지가 장자를 위하여 참최 삼년을 입는다." 하였고, 그 전(傳)에 "어찌하여 삼년상으로 하는가? 위에서 정(正)과 체(體)가 되고, 또 장차 전중(傳重)하기 때문이다. 서자가 장자를 위하여 삼년복을 입지 못하는 것은 할아버지를 잇지 않았기 때문이다." 하였다. 이에 대한 가공언(賈公彦)의 소(疏)에서 비록 승중하였더라도 승중한 아들을 위해 삼년복을 입을 수 없는 네 가지 경우를 언급하였으니, 이것이 사종설이다. 첫째는 정이고 체이지만 전중할 수 없는 경우로 적장자가 폐질(廢疾)이 있어 종묘를 주관할 수 없는 경우, 둘째는 전중하였지만 정도 아니고 체도 아닌 경우로 서손이 후사(後嗣)가 된 경우, 셋째는 체이기는 하지만 정이 아닌 경우로 서자를 후사로 삼은 경우, 넷째는 정이기는 하지만 체가 아닌 경우로 적손을 후사로 삼은 경우를 말한다. 여기에서 정(正)은 적통(嫡統)을, 체(體)는 친자식을 의미한다. 《儀禮注疏 卷29 喪服 賈公彦疏》

송명보에게 답함

答宋明甫

답장을 받고 참으로 위로되었습니다. 서손에 대해 기년복을 입는 것은 사람들의 말이 모두 이와 같아서 항상 의심했었는데, 보내 주신 편지를 받고 의문이 풀렸습니다. 그러나 혹시 승중 때문에 가복(加服)[26]하여 기년(期年)에까지 이른다는 예문(禮文)이 있습니까? 조(趙)의 표(表)는 손자가 돌아오면 즉시 찾아서 올리겠습니다. 지금 보낸 이순필(李舜弼)[27]의 별지는 보신 후에 돌려주시는 것이 어떻겠습니까? 당초에 대략 이런 일이 있었습니다. 이유능(李幼能)[28]이 알려 주기를 "무후(武侯)가 보루를 만드는 것[29]과 같아서 화종(華宗)의 낭전(浪戰)[30]에 비할 바가

26 가복(加服) : 본래 입어야 할 상복보다 더 높은 등급의 상복을 입는 것을 말한다. 《가례》〈상례(喪禮) 성복(成服)〉 참최삼년조(斬衰三年條)에 "그 정복(正服)은 아들이 아버지를 위하여 입는 것이다. 정복보다 한 등급을 더해 입는 가복은 적손(嫡孫)이 아버지가 죽고 할아버지나 증조할아버지, 고조할아버지의 승중손(承重孫)이 된 경우에 입는다."라는 내용이 보인다.

27 이순필(李舜弼) : 이동직(李東稷, 1611~1675)으로, 본관은 한산(韓山), 자는 순필이다. 이안눌(李安訥)과 김집(金集)의 문인이다.

28 이유능(李幼能) : 이단상(李端相, 1628~1669)으로, 본관은 연안(延安), 자는 유능, 호는 정관재(靜觀齋)이다. 이정귀(李廷龜)의 손자이고, 아들 이희조(李喜朝)가 송시열의 문인이다.

29 무후(武侯)가……것 : 무후는 제갈량(諸葛亮)을 가리킨다. 제갈량이 보루를 만들 때 사면(四面)과 팔방(八方)이 서로 연결되어 조금도 틈이 없었으므로 삼국 시대 위(魏)나라 사마의(司馬懿)가 제갈량이 만든 보루를 보고 천하의 기재(奇才)라고 감탄하였다고 한다. 《宋子大全隨箚 卷3》《三國志 蜀書 諸葛亮傳》

아닙니다."라고 하기에, 처음에는 이는 영남 사람과 서울에 있는 몇몇 무리가 서로 호응하는 것에 불과할 뿐이니 유능의 말이 너무 지나치다고 생각했습니다. 그런데 이제야 비로소 확인할 수 있었으니, 대체로 유능의 말이 증명되지 않은 것이 없습니다. 이는 그가 총명하기 때문에 그런 것이 아니겠습니까. 이만 줄입니다.

30 화종(華宗)의 낭전(浪戰) : 《춘추좌씨전(春秋左氏傳)》 소공(昭公) 21년에 "송(宋)나라 화씨(華氏)가 배반하여 제후 연합군이 토벌할 때 화씨의 당여(黨與)인 정편(鄭翩)은 '관(鸛)'이라는 진(陣)을 치기를 원하고, 그 어자(御者)는 '아(鵞)'라는 진을 치기를 원했다."라는 기록이 있는데, 이에 대해 이익(李瀷)이 말하기를 "저 화씨의 무리가 팔진(八陣)이 사방으로 치밀하게 연결된 진법을 쓰지 않고 한갓 변변치 못한 관과 아의 진법을 사용하였으므로 '낭전'이라고 한 것이고, 화씨의 무리가 한 사람만이 아니었기 때문에 '화종'이라 칭한 것이다."라고 하였다. 《左傳注疏 卷50 昭公21年》 《星湖僿說 卷29 詩文門 華宗浪戰》

송명보에게 답함 경자년(1660, 현종1)

答宋明甫 庚子

어제 보내신 편지는 등불이 없어서 새벽에야 보았는데, 지금 또 편지를 받아 보니 더욱 위로가 됩니다.

윤휴(尹鑴)는, 한쪽 사람들은 그를 지정(止亭 남곤(南袞))보다도 심하다고 여기는데 민씨(閔氏) 형제들은 기질(氣質)로 인한 병통 때문이라고만 둘러대고 있으니,[31] 이는 참으로 서로 대립하게 될 형편이어서 매우 염려됩니다. 황생(黃生)[32]은 뱁새가 황새걸음을 배우고 있는 격이니 그가 상해를 입는 것은 괴이할 것이 없습니다. 대체로 오늘날의 사태는 설령 과격하다 할지라도 그 과격함은 끝내 사류(士類)가 되는데 손색이 없지만, 중간에서 망설이는 사람들은 반드시 저들에게로 들어가게 되니, 이는 그 형세가 절로 그만둘 수 없기 때문입니다. 과격하거나 망설이는 것이나 우리들로서는 모두 황공한 일입니다.

윤선도(尹善道)의 일[33]이 있은 뒤로는 감히 상소하지 못한다는 이

31 민씨(閔氏)……있으니 : 민씨 형제는 민정중(閔鼎重)과 민유중(閔維重) 형제를 가리킨다. 이들은 처음부터 윤휴와 가장 친밀하여 끝까지 절교하지 못했기 때문에 송시열은 이를 못마땅하게 여겨 친구들에게 보내는 편지에서 누차 언급하였다. 《宋子大全隨箚 卷3》

32 황생(黃生) : 황세정(黃世楨)을 가리킨다. 30쪽 주11 참조.

33 윤선도(尹善道)의 일 : 1660년 4월 윤선도는 자의대비(慈懿大妃)의 복제를 수정하기를 청하는 상소를 올렸다가 삭탈관직당하고 삼수군(三水郡)에 유배되었다. 《承政院日記 顯宗 1年 4月 18日, 20日》

야기를 김 남원(金南原)[34]이 사람들에게서 들은 것이라며 알려 주었고, 상소를 올린 뒤에도 제 아이가 공론이 그르게 여긴다고 알려 주었습니다. 지난번 분암(墳菴)에서 상의 분부를 받을 때 윤생(尹生)[35]이 "지금은 대죄하는 중이므로 관디를 갖추어서는 안 된다."라고 하였고 유 내한(兪內翰)[36]의 뜻도 역시 그러하므로 마침내 상복(常服) 차림으로 받았는데, 그 뒤에 초려(草廬)의 편지를 보니 논한 말이 윤생의 말과 서로 맞았습니다.

편지들을 하나하나 돌려드립니다. 이만 줄입니다.

34 김 남원(金南原) : 남원 부사를 지낸 김익렬(金益烈)을 가리킨다. 자는 자장(子章)이다. 김장생(金長生)의 장손(長孫)이다.

35 윤생(尹生) : 윤증(尹拯)을 가리키는 듯하다.《宋子大全隨箚 卷3》윤증은 1657년(효종8)에 회천(懷川)에 살고 있던 송시열에게서 수학하였다.

36 유 내한(兪內翰) : 유계(兪棨)의 아들 유명윤(兪命胤)을 가리킨다. 당시 검열(檢閱)로서 송시열에게 전유(傳諭)하였다.《宋子大全隨箚 卷3》

송명보에게 보냄 경자년(1660, 현종1)

與宋明甫 庚子

어제 찾아와 주시어 참으로 감격스러웠습니다. 밤사이 기거는 어떠하십니까? 영암 군수(靈巖郡守)[37]가 그 선조의 유고(遺稿)를 보내오고 이어 서문을 지어 달라고 청하였습니다. 그러나 삼가 생각건대 녹로(麓老)[38]는 문인(文人)일 뿐만이 아니니 단지 그 시(詩)만 일컫는다면 매우 온당치 못할 듯한데, 그 일생을 논하자니 사실을 전혀 모릅니다. 근거할 만하거나 찾아볼 만한 것이 있는지 모르겠습니다. 있으면 보여주시기 바랍니다. 소본(疏本)은 부디 찾아보시고 고칠 만한 곳이 있거든 지우고 고쳐서 그대로 관(官)에 제출하게 하셔도 괜찮습니다. 시남(市南)[39]의 편지에 윤휴(尹鑴)를 언급하면서 말하기를 "그 무리가 그지없이 흉흉하다."라고 하였고, 남궁(南宮)[40]의 편지에서도 그렇게 말하였는데, 이른바 '그 무리'는 바로 어떤 사람들인지 모르겠습니다. 양민

37 영암 군수(靈巖郡守) : 신희계(辛喜季)를 가리킨다. 신응시(辛應時)의 서손(庶孫)이다. 《宋子大全隨箚 卷3》

38 녹로(麓老) : 신응시의 호가 백록(白麓)이므로 이렇게 일컬은 것이다. 신응시의 본관은 영월(寧越), 자는 군망(君望)이다. 이이(李珥), 성혼(成渾) 등과 교유하였다.

39 시남(市南) : 유계(兪棨, 1607~1664)의 호이다. 본관은 기계(杞溪), 자는 무중(武仲)이다. 김장생(金長生)의 문인이다.

40 남궁(南宮) : 김만기(金萬基, 1633~1687)로, 본관은 광산(光山), 자는 영숙(永叔), 호는 서석(瑞石)이다. 김장생의 증손이고 송시열의 문인이다. 딸이 숙종의 정비가 됨에 따라 광성부원군(光城府院君)에 봉해졌다. 그가 남별궁동(南別宮洞)에 살았기 때문에 이렇게 부른 것이다. 《宋子大全隨箚 卷3》

(兩閔)[41]이 화를 면한다면 흉흉하더라도 그다지 두렵지는 않을 것입니다. 어제 민정중(閔鼎重)의 편지는 번잡해서 감히 보자고 청하지 못했습니다. 저에게 보내 주시면 어떻겠습니까? 병이 조금 낫거든 찾아뵐 계획입니다.

41 양민(兩閔) : 민정중과 민유중(閔維重) 형제를 가리킨다.《宋子大全隨箚 卷3》

송명보에게 답함

答宋明甫

문안 편지를 받으니 매우 위안이 되고, 출발할 날짜가 이미 정해졌다는 것을 알았으니 더욱 기쁩니다. 높으면 위태롭고 낮으면 안전하다는 말은 우습기 그지없습니다. 방금 길보(吉甫 윤선거(尹宣擧))의 편지를 보았는데, 그가 다시 사직을 청했다가 신하로서의 분의(分義)에 어긋난다는 의론에 죄를 얻었다고 하니 참으로 상대가 없는 것이 없습니다.

비석에 글씨를 새기는 일[42]은 제가 병 때문에 가서 감독할 수 없고, 각수(刻手)인 중〔僧〕 또한 오지 않아 쉽게 이루지 못할까 걱정되니 매우 염려스럽습니다. 우리들은 성(姓)을 써야 한다고 하고 태지(泰之 이유태(李惟泰)) 형은 강하게 불가하다고 하기 때문에 우선 새기지 않고 분명한 증거가 나오기를 기다리려고 했는데, 보내온 편지에서 이렇게 말씀하시니[43] 의심이 없게 되었습니다. 전자(篆字)에서 두 글자를 빼려고 한다면 '고흥(高興)'을 빼는 것이 낫지 않겠습니까? 다시 생각해 보십시오. 저보(邸報)는 내일쯤 인편이 있으면 곧바로 보내겠습니다. 이 친구가 다시 벼슬에 나왔으므로 성상께서는 반드시 큰 덕이 있는

42 비석에……일 : 관동(寬洞)에 있는 선조비(先祖妣)의 묘갈(墓碣)에 비문을 새기는 일을 가리킨다. 《宋子大全隨箚 卷31》

43 보내온……말씀하시니 : 송준길이 답한 편지에 "묘갈에 성명(姓名)을 새기는 문제는, 서울에 있는 여러 사람들의 의견이 모두 성을 쓰지 않는 것이 옳다고 합니다. 비록 억설(臆說)일지라도 다수의 의견을 따르는 것이 옳지 않겠습니까."라고 한 내용을 가리킨다. 《宋子大全隨箚 卷3》

신하를 얻게 될 것이니 초야에 있는 저의 충정은 감축드리는 마음 금할 수 없습니다.

별지

우계현(尤溪縣)의 남계서원(南溪書院)은 주 부자(朱夫子 주희(朱熹))가 태어난 곳에 세운 서원입니다. 지금 송담서원(松潭書院)[44]은 곧 율로(栗老 이이(李珥))의 남계서원입니다. 남계서원에 장식(張栻)과 여조겸(呂祖謙) 두 현인을 병향(并享)했다면 이것이 오늘날의 분명한 증거가 될 텐데 일찍이 확인해 보지 못했기 때문에 감히 단정해서 말하지 못하겠습니다. 형의 뜻은 어떠한지 모르겠습니다. 석년(昔年)에 소현서원(紹賢書院)[45]의 유생들이 우계(牛溪 성혼(成渾))를 추향(追享)하는 문제로 와서 묻기에 제가 "당초에 율로를 소현서원에 배향(配享)해야 한다는 것은 삼척동자도 아는 일이었지만 우계는 오히려 '감히 경솔히 논의할 수 없다.'라고 하였는데, 더구나 나같이 까마득한 일개 후생(後生)이 어찌 감히 말할 수 있겠는가.

44 송담서원(松潭書院) : 강릉시 강동면 언별리에 있는 서원이다. 1630년(인조8)에 강원 감사 윤안성(尹安性)과 공조 참의 김몽호(金夢虎)를 중심으로 한 유림의 공의로 율곡 이이의 학문과 덕행을 추모하기 위해 학산리에 석천서원(石川書院)을 창건하여 위패를 모셨다. 1652년(효종3)에 강원 감사 김익희(金益熙)와 본부사(本府使) 이만영(李晩榮) 등이 현재의 위치로 이건하였으며, 1660년(현종1)에 '송담'이라고 사액되었다.

45 소현서원(紹賢書院) : 황해남도 벽성군 고산면에 있었던 서원이다. 1578년(선조11)에 지방 유림의 공의로 주희의 영정을 모시기 위하여 은병정사(隱屛精舍)를 창건하였는데 임진왜란 때 소실되었다가 1604년 관찰사 정사호(鄭賜湖)와 목사 김상준(金尙雋)이 복원하였다. 1610년(광해군2)에 '소현'이라는 사액을 받았으며, 그 뒤 조광조(趙光祖), 이황(李滉), 이이, 성혼, 김장생(金長生), 송시열을 추가로 배향하였다.

이것은 부자(夫子)의 도(道)를 가지고 도리어 부자를 해치는 것[46]이 아니겠는가."라는 뜻으로 답하였습니다. 그때 제가 우계를 배향하는 것을 허락하지 않았다고 해서 한쪽 사람들의 논의가 분분했던 것은 참으로 지난번 편지에서 말씀하신 것과 같으니, 지금까지도 송연(悚然)합니다. 그러나 그때 저는 제가 한 말이 매우 분명하다고 생각했는데 형은 초려(草廬 이유태) 형이 불분명하게 말한 것에 견주었습니다. 오늘 이 말이 형이 보기에 또한 석년에 말한 것과 같아서 소란을 일으키기에 충분하다고 여긴다면 다시 가르침을 주십시오. 그렇지 않다면 한두 마디 말의 뜻을 취하여 임영(臨瀛)[47]에 알리는 것이 좋겠고, 각자 답장을 할 필요가 없겠습니다.

46 부자(夫子)의……것 : 춘추 시대 정(鄭)나라가 명궁(名弓) 자탁유자(子濯孺子)를 시켜 위(衛)나라를 침공하게 했는데, 위나라에서도 역시 자탁유자의 재전제자(再傳弟子)인 명궁 유공지사(庾公之斯)를 내보내 대항하게 하였다. 이때 마침 자탁유자가 병에 걸려 달아났는데 유공지사가 추격하여 와서 왜 활을 쏘지 않느냐고 물으니 자탁유자가 병에 걸려 활을 잡을 수 없다고 대답하였다. 이에 유공지사가 "내 차마 선생님의 도로 도리어 선생님을 해칠 수 없다." 하고서 활촉을 뺀 화살 네 대를 쏘고서 돌아간 내용을 인용한 것이다. 《孟子 離婁下》 지금 성혼을 배향하는 문제에 대해 함부로 말한다면 이는 성혼이 신중해야 한다고 했던 뜻에 어긋난다고 말한 것이다.

47 임영(臨瀛) : 강릉(江陵)의 옛 이름이다. 여기에서는 강릉에 있는 송담서원을 가리킨다.

송명보에게 답함 신축년(1661, 현종2) 1월 17일

答宋明甫 辛丑正月十七日

편지가 와서 매우 위안이 되었습니다. 저도 편지를 보냈는데 지금쯤 이미 도착했을 것이라고 생각됩니다. 저의 병은 여전하여 다시 보통 사람이 될 가망이 없습니다. 말씀하신 "선왕은 부묘(祔廟)할 수 없다. ……"[48]라는 것은 제가 풍병(風病)이 들어 실성한 자가 아닌데 어찌 이런 말을 했겠습니까. 아마도 대윤(大尹)과 소윤(小尹)[49] 무리가 만들어 낸 말인 듯합니다. 참으로 "이 머리가 목 위에 붙어 있다."[50]라는 것이니, 두렵고 두렵습니다. 최관(崔寬)의 일[51]은 실로 말을 하기 어렵습니다. 그러나 일반적인 인정으로 말한다면 그 부인이 참으로 몸을

48 선왕은……없다 : 윤휴(尹鑴)와 허목(許穆) 등이 종통이 분명하지 않다는 설을 처음 만들어 내고서 "송시열이 몰래 국통(國統)을 빼앗으려고 '선조(先朝)는 부묘하기에 합당하지 않다.'라고 하였다." 하니, 영상 정태화(鄭太和)가 듣고서 크게 놀라 친구들에게 전했기 때문에 송준길 또한 듣고서 의심이 나서 송시열에게 물은 것이다. 송시열은 이해 5월에 입대(入對)하여 그 무함에 대해 자책하였다. 《尤庵先生書節要集解 卷2》

49 대윤(大尹)과 소윤(小尹) : 윤선도와 윤휴를 가리킨다. 《宋子大全隨箚 卷3》

50 이……있다 : 남송(南宋) 경원(慶元) 연간에 주희(朱熹)가 위학당(僞學黨)으로 몰렸을 때 "나는 지금 머리가 항상 목 위에 풀로 붙여 놓은 것 같다."라고 하였는데, 이후 언제 참수(斬首)의 화를 당할지 모른다는 의미로 사용되었다. 《朱子語類 卷107》

51 최관(崔寬)의 일 : 최관의 계모가 정축년(1637, 인조15) 호란(胡亂) 당시 잡혀가자 최관의 아버지가 그녀를 돈으로 사서 빼내어 데리고 살면서 아들을 낳았는데, 이름이 최선(崔宣)이었다. 최선이 자기 어머니가 죽자 사당에 부묘하려고 하는 과정에서 문제가 발생하였다. 《宋子大全隨箚 卷3》

더럽힌 일이 있다면 시아버지의 유언이 없더라도 당연히 사당에 들어갈 수 없고, 그렇지 않고 그 시어머니가 제멋대로 이런 말을 지어냈다면 최 지평(崔持平)[52]의 처지에서는 단지 반복해서 설득하여 따라 주기를 바라야 할 뿐이니, 이 외에는 좋은 계책이 없을 듯합니다. 대윤(大尹)의 문답 운운한 것은 귀를 더럽히고 싶지 않습니다. 이만 줄입니다.

52 최 지평(崔持平) : 최관은 1660년에 사헌부 지평에 제수되었다. 《顯宗實錄 1年 12月 19日》

송명보에게 보냄 신축년(1661, 현종2) 2월

與宋明甫 辛丑二月

언제 출발하십니까? 병 때문에 가서 송별하지 못하고 단지 〈두심언(杜審言)〉[53]만 읊조릴 뿐입니다. 어제 편지서 복종시킨 것을 칭찬하신 뒤로 죽은 육신에 생기가 돋는 것을 느꼈습니다. 다만 남을 복종시키는 데에 뜻을 두어 칠십자(七十子)가 공자에게 복종한 것[54]에는 부족한 점이 애석하였으니, 우습습니다. 초려(草廬 이유태(李惟泰)) 형에게는 저 또한 매우 간곡하게 조언해 달라고 부탁했는데 "이웃집 일을 어찌 나에게 묻는가. 어려운 일이다."라고 꾸짖는 말만 들었습니다. 저는 저의 글을 간신히 짓고 나서 생각이 고갈되어 버렸습니다. 그런데 지금 만약 형을 위해 억지로 따른다면 단지 "날이 저물었는데 상대를 의심하면 주인도 객도 모두 죽는다."[55]라는 꼴이 될 뿐입니다. 형은 말을 만들고 일을 결단하는 데 도리를 곡진히 다하여 온화하고 순수한 용안(龍

53 두심언(杜審言) : 당(唐)나라 시인 송지문(宋之問)의 〈송두심언(送杜審言)〉이라는 시를 가리킨다. 송지문이 병들어 친구 두심언이 떠나는 것을 전송하지 못하는 마음을 읊은 시이다. 《全唐詩 卷52 宋之問》

54 칠십자(七十子)가……것 : 공자의 문도(門徒)가 3000명이었는데 그중 육예(六藝)에 통달한 사람이 72명이었다. 맹자가 왕도(王道)와 패도(霸道)를 논하면서 "힘으로 남을 복종시키는 자는 상대방이 진심으로 복종하는 것이 아니라 힘이 부족해서이고, 덕(德)으로 남을 복종시키는 자는 상대방이 마음으로 기뻐하여 진실로 복종하는 것이니 칠십 제자가 공자에게 심복한 것과 같다."라고 한 말을 인용한 것이다. 《史記 孔子世家》《孟子 公孫丑上》

55 날이……죽는다 : 당시 속어(俗語)로 보인다. 《宋子大全隨箚 卷3》

顔)을 뵙게 되면 대화하는 것이 메아리처럼 잘 맞기를 바랍니다. 감히 초당(草堂) 선생이 축원했던 말로 축원하니,[56] "보검이 오니 군왕을 받들어 사이를 평정하고 팔황을 어루만진다.〔寶劍來, 奉君王, 定四夷, 撫八荒.〕"[57]라는 말을 대담하게 가슴에 새기시기 바랍니다. 이만 줄입니다.

56 초당(草堂)……축원하니 : 초당 선생은 당(唐)나라 안사(安史)의 난 때 피난하여 성도(成都)의 완화계(浣花溪) 가의 초당에서 살았던 두보(杜甫)를 가리키는데, 아래 글은 유자휘(劉子翬)의 글이므로 송시열이 유자휘의 글을 두보의 글로 착각한 것으로 보인다.

57 보검이……어루만진다 : 남송의 학자 병산(屛山) 유자휘가 왕의 부름을 받고 가는 유치중(劉致中)을 전송하며 지은 〈초검문송유치중(招劍文送劉致中)〉이라는 글에 실린 내용이다. 다만 《병산집(屛山集)》에는 '撫'가 '臨'으로 되어 있다. 《屛山集 卷6》

송명보에게 보냄

與宋明甫

밤사이 기거는 어떠십니까? 받으신 성상의 비답을 삼가 읽어 보니 사람을 감읍하게 하는데, 형은 어떻게 할 계획이십니까? 일전에 이미 나아가려는 뜻이 있었고 앓고 계신 병도 날로 점차 회복되고 있으니 심하게 추워지기 전에 출발하시는 것이 어찌 마땅하지 않겠습니까. 성상께서 그리워하시는 마음을 생각할 때마다 저도 모르게 눈물이 떨어집니다. 형이 올라간다면 성상의 기후(氣候)가 필시 다시 맑아져서 개도(開導)하는 즐거움이 없지 않을 것입니다. 매우 축원합니다.

송명보에게 보냄 신축년(1661, 현종2) 2월

與宋明甫 辛丑二月

시국을 근심하는 것이 이와 같기 때문에 올라가시라고 권한 것이니 임금을 사랑하는 천성이 모두 없어지지 않아서이기는 하지만, 제가 형과 어찌 현격히 다른 정도일 뿐이겠습니까. 저는 밤낮으로 두려워하고 있으니 마치 큰 재앙이 조석 간에 닥칠 것 같습니다. 이런 상황에서 다시 나아간다면 어찌 섶을 끌어안고 불에 뛰어드는 꼴이 아니겠습니까. 또한 사람들에게 미움받는 것이 이 정도일 줄은 생각지 못했습니다. "말라 죽은 나무와 썩은 기둥까지 모두 해롭게 된다."[58]라는 것이 바로 이런 경우를 말하는 것입니다. 태지(泰之 이유태(李惟泰))가 어제 제 아이와 만나고 돌아갔는데, 그가 만나서 얘기하려는 뜻이 있다고 들었으나 이것은 감히 생각지 않았습니다. 이만 줄입니다.

58 말라……된다 : 한 무제(漢武帝)가 사냥을 좋아하자 사마상여(司馬相如)가 간언하기를 "신이 들으니 사물은 동류(同類)라도 능력이 다른 자가 있기 때문에 힘은 오획(烏獲)을 일컫고, 날래기는 경기(慶忌)를 거론하고, 용맹에는 맹분(孟賁)과 하육(夏育)을 말합니다. …… 이런 상황이 되면 오획이나 방몽(逄蒙)의 재주가 있어도 쓸 수 없을 것이니, 말라 죽은 나무와 썩은 기둥까지 모두 해를 당할 것입니다. 이는 호월(胡越)이 도성에서 일어나고 강이(羌夷)가 잇따라 이르는 격이니 어찌 위태롭지 않겠습니까."라고 한 말에서 인용한 것으로, 뜻하지 않은 위급한 상황이 되면 평소 쓸모없는 것까지도 위태롭게 된다는 의미로 사용되었다. 《漢書 司馬相如傳》

송명보에게 답함 신축년(1661, 현종2) 3월
答宋明甫 辛丑三月

제가 편지를 보낸 것이 두어 차례일 뿐만이 아닌데 모두 받아 보셨는지 모르겠습니다. 방금 초려(草廬 이유태(李惟泰)) 형을 통해서 형이 얻은 편지를 보여 주셨으니, 위로되고 후련한 마음 금할 수 없습니다.

다만 말씀하신 묘(廟)에 대한 의론[59]에 관해서는 의문스러운 점이 없지 않습니다. 《예기(禮記)》 〈왕제(王制)〉에 "제후(諸侯)는 5묘(廟)이니, 2소(昭)와 2목(穆)에 태조(太祖)의 묘와 합해서 5묘가 된다." 하였는데, 그 주석에 "태조란 처음 봉작(封爵)된 임금이니 왕자(王者)의 후손은 처음 봉작된 임금을 위해서 사당을 세우지 않는다." 하였고, 그 소(疏)에는 "무릇 처음 봉작된 임금이란 왕의 아들이나 아우가 제후로 봉작된 것을 말하는데 그가 바로 후세의 태조가 될 것이고, 그 임금 자신에 당해서는 자기를 낳아 준 왕의 사당을 세우지 못하므로 사당이 전혀 없는 것이다." 하였습니다. 가령 이성(異性)이 처음 봉작된 태공(太公)[60]과 같은 경우는, 처음 봉작된 것이라 5묘를 세우게 된 것이니

59 묘(廟)에 대한 의론 : 효종의 삼년상이 끝나서 위패가 종묘(宗廟)로 들어가게 되었는데, 현종이 종묘의 위패를 어떻게 모셔야 할지를 묻자 송시열이 상소하여 옛 제도를 인용해서 목조(穆祖)를 태조로 삼아 도로 정묘(正廟)의 제1실(室)에 봉안하고 태조를 세실(世室)로 삼아 주희(朱熹)가 말한 조묘(祧廟)의 예처럼 할 것을 청하였다. 송준길은 진(晉)나라 학자인 소집(邵戢)의 예설(禮說)을 들어 "제후는 단지 처음 봉작받은 임금을 태조로 삼아야 한다."라고 하여 송시열과 의견이 서로 맞지 않았다. 《宋子大全隨箚 卷3》

60 태공(太公) : 주 문왕(周文王) 때의 정승 태공망(太公望)의 약칭이다. 성은 강

이는 제후의 예법을 따른 것입니다. 이것이 곧 제후의 사당 제도의 대원칙입니다. 대체로 강숙(康叔)[61]이 처음 위(衛)나라에 봉작되었을 때 감히 문왕(文王)을 태조로 할 수 없기 때문에 그 자신이 위나라의 태조가 되었던 것이니, 주자(朱子)가 "태조의 묘는 처음 봉작된 임금이 봉안되는 것이다."라고 한 말이 바로 이것입니다. 태공이 제(齊)나라에 봉작된 경우에는 스스로 태조의 묘를 세울 수 있는 것이니, 그 소(疏)에 "5묘를 세운 것은 제후의 예법에 따른 것이다."라고 한 말이 이것입니다. "5묘를 세운 것은 제후의 예법을 따른 것이다."라고 한 말은 바로 경문(經文)에 "제후는 5묘이니 2소와 2목에 태조의 묘와 합해서 5묘가 된다."라고 한 데서 왔으니, 이것이 이른바 "천자(天子)는 나라를 세워 주고, 제후는 종통(宗統)을 빼앗는다."[62]라는 말과 부합합니다. 이미 태조의 사당을 세웠으면 뒤에는 조천(祧遷)하는 것이 합당치 못하므로, 다시 처음 봉작된 이를 태조로 삼아야 하는 것이 분명합니다. 그렇다면 우리나라의 예법은 의당 위나라 강숙의 예를 따라야겠습니까, 제나라 태공의 예를 따라야겠습니까? 그러나 당시에 단지 사묘(四廟)[63]만 세우고 오묘(五廟)를 세우지 않은 것은 어찌 송(宋)나라의 희

(姜)이고, 이름은 여상(呂尙)이다. 주나라 창건에 공이 많아 제나라에 봉작되었다.

61 강숙(康叔) : 주 무왕(周武王)의 아홉째 아우로, 위나라에 봉작되었다.

62 천자(天子)는……빼앗는다 : 천자가 나라를 세워 준다는 말은 천자가 친척이나 공신에게 작위를 하사하고 땅을 떼어 주어 제후로 봉해 준다는 뜻이다. 제후가 종통을 빼앗는다는 말은 천자의 서자(庶子)가 제후로 봉해지면 자기 아버지인 천자를 종통으로 삼지 않고 새로운 종통을 자기에게 옮겨 종묘를 세워 제주(祭主)가 될 수 있다는 뜻이다. 《尤庵先生書節要集解 卷1》《近思錄集註 卷9》

63 사묘(四廟) : 고조부모, 증조부모, 조부모, 부모 사친(四親)의 신위를 모신 사당을

(僖)・익(翼)・순(順)・선(宣)[64]의 예를 따른 것이 아니겠습니까. 만일 소집(邵戢)의 말대로 한다면 이성으로 처음 봉작된 임금이라 하더라도 태조의 사당을 세우지 못하고 단지 사친의 사당만 세우고서 친진(親盡)하기를 기다렸다가 곧 조천해야 하니, 그렇게 된다면 고례(古禮)에도 해당되는 것이 없고 주자의 말과도 어그러지게 되는 것입니다.

전후의 말씀하신 뜻을 자세히 보건대, 제후는 다만 처음 봉작된 임금을 태조로 삼는 것이라고 여겨 소집의 설을 큰 증거로 삼으셨는데 이는 한갓 왕자(王者)의 아들이나 아우가 처음 봉작된 제도만 알고 이성이 처음 봉작된 의의는 몰라서인 듯합니다. 그리고 이 예(禮)가 참으로 말씀해 주신 뜻과 같더라도 오늘날은 의당 사조(四祖)의 사당으로 개정하여 외람된 혐의를 제거해야 하고, 정당하지 못한 자리에 구차하게 봉안해 두어서 한편으로는 시조가 될 수도 없고 한편으로는 조천될 수도 없게 해서는 안 됩니다.

그리고 "이미 거행했으면 감히 폐하지 못한다."[65]라는 뜻으로 미루어 보건대 태조 당시에 이 사묘(四廟)를 세운 일은 이미 고례의 이성에 관한 제도에도 합치하고 또 송나라에서 사묘를 세웠던 뜻에도 부합하니, 비록 소집의 말이 십분 합당하다 하더라도 이것 또한 근거가 없는 것이 아닙니다. 감히 폐하지 못한다는 의리 속에서 헤아려 보고 온당한

가리키는데, 여기에서 사친은 조선 태조의 조상인 목조, 익조(翼祖), 도조(度祖), 환조(桓祖)를 말한다.

64 송(宋)나라의……선(宣) : 송 태조(宋太祖)의 고조인 희조(僖祖), 증조인 순조(順祖), 조부인 익조(翼祖), 아버지인 선조(宣祖)를 가리킨다.

65 이미……못한다 : 제사는 앞에서 이미 폐기하였으면 뒤에서 다시 제사하지 못하고, 앞에서 이미 제사 지냈으면 뒤에서 감히 폐기하지 못한다는 뜻이다. 《禮記 曲禮下》

도리를 찾아야지, 곧바로 제후는 천자와 같지 않다 하여 이런 획일적인 의론을 해서는 안 됩니다.

형의 말씀에 "우리나라는 천자와 제후의 예법을 섞어서 쓰고 있으니 한결같이 고례를 기준으로 삼아야 할 듯하고, 구차하게 해서는 안 된다."라고 하셨는데, 그 말씀이 옳습니다. 그러나 지금 이 사묘의 예는 이미 그것이 꼭 천자의 예인지 알 수 없고 고례에도 맞지 않습니다. 또 주자의 말에 "주(周)나라가 선공(先公) 시절에는 외복(外服)의 먼 나라여서 순수한 신하의 의리가 없었다."[66]라고 한 것으로 보면, 외복의 먼 나라는 내복(內服)과 모두 같지는 않은 경우가 있었던 것입니다. 더구나 우리나라가 오늘날 제후의 법도를 반드시 근신하게 지켜서 종묘 제도의 온당치 못한 점을 변경하지 않는 것은 의의가 없는 듯합니다.[67] 어떻게 생각하십니까? 저의 뜻이 이러하기 때문에 감히 소견을 남김없이 말씀드렸습니다. 삼가 바라건대 다시 말씀해 주신다면 천만

66 주(周)나라가……없었다 : 주나라가 천자국이 되어 정삭(正朔)을 11월로 하기 이전인 후직(后稷)으로부터 문왕(文王) 때까지는 제후국으로서 천자국의 정삭을 따랐어야 하는데, 주공(周公)이 후직과 공류(公劉)의 교화를 서술한 시인 《시경》 〈빈풍(豳風) 칠월(七月)〉에 이미 10월에 해가 바뀐다는 내용이 들어 있다. 주희가 그 이유를 설명하면서 "주나라가 하(夏)나라와 상(商)나라 시절 천하를 소유하지 않았을 때에는 하나라와 상나라의 정삭을 써야 했다. 그러나 주나라가 기내(畿內)로부터 먼 외복에 위치하여 내복의 제후국처럼 순수한 신하의 의리가 없었고, 또 독자적으로 시월(時月)을 기록하고 있었기 때문에 삼정(三正)을 번갈아 사용하였다. 이는 주나라의 선공들이 사적으로 기후를 기록하는 법이 있었기 때문에 10월에 해가 바뀐다고 한 것이다."라고 한 내용을 가리킨다. 《稗編 卷15 春秋5 周正辯》

67 의의가 없는 듯합니다 : 대본에는 '無其義也'로 되어 있다. 두주에 근거하여 앞에 '恐'을 보충하여 번역하였다.

다행이겠습니다.

○ "순수한 신하의 의무가 없다."라는 것은 잘못된 것이 아닌가 의심하는 사람이 있습니다. 그러나 반복해서 자세히 따져 보아도 잘못된 점을[68] 보지 못했습니다.

68 잘못된 점을 : 대본에는 '其有所疑者'로 되어 있다. 두주에 근거하여 '疑'를 '誤'로 바로잡아 번역하였다.

송명보에게 답함 신축년(1661, 현종2) 3월 9일

答宋明甫 辛丑三月九日

돌아온 손자 편에 보내 주신 편지를 받고 그지없이 위로되고 감격스러웠습니다. 묘(廟)에 대한 의론은 과연 말씀하신 것과 같으니, 소본(疏本)이 이미 상께 올라갔을 것이라 생각됩니다. 제후는 비록 "이종(二宗)이 없다."라고 하지만, 태조(太祖)를 여러 묘의 맨 위에 두고 태종(太宗), 세종(世宗), 세조(世祖) 이하를 세실(世室)로 삼는다면 이 또한 어찌 이종이 아니겠습니까. 혹시 다른 의리가 있는 것입니까? 자세히 말해 주시기 바랍니다. 작은 의론도 흐리멍덩하여 어떻게 말해야 할지 모르는데 무슨 큰 의론이 있겠습니까. 매번 성상께서 지성스럽게 하문해 주신 데에 감격하여 감히 묵묵히 있지는 못하지만 부끄러운 마음은 조금도 해소되지 않습니다. 사람들의 말이 분분한 것에 대한 괴로움을 어찌 감히 염려하지 않겠습니까. 봄이 이미 저물었는데, 오직 경사가 많으시기를 바랍니다.

송명보에게 보냄 신축년(1661, 현종2) 4월 15일

與宋明甫 辛丑四月十五日

요즈음 기거는 편안하십니까? 그립기 그지없습니다. 저는 비록 아이가 무사하다는 소식을 듣기는 했지만 상가(喪家)의 전염병이 아직 끝나지 않았으니 앞으로의 일은 알 수 없는 것이라서 애타는 마음을 이루 말할 수 없습니다. 상중에 있는 아이가 올라갔으니 이곳의 일을 말할 것이라 생각합니다. 태조(太祖)를 조천(祧遷)하려고 한다는 말은 제 입에서 나간 적이 없습니다. 제가 참으로 이런 말을 했다면 효종대왕이 종묘에 들어갈 수 없다고 운운한 설과 무엇이 다르겠습니까. 몹시 황공하여 어찌할 바를 모르겠습니다. 아이에게 보내는 편지 한 통이 있는데, 즉시 온동(醞洞)[69]에 보내라고 명하시는 것이 어떻겠습니까? 할 말은 많지만 인편이 바빠서 이만 줄입니다.

69 온동(醞洞) : 사온동(司醞洞)을 가리키는데, 송시열의 아들 송기태(宋基泰)가 이곳에 살았다. 《宋子大全隨箚 卷10》

송명보에게 보냄 신축년(1661, 현종2) 5월

與宋明甫 辛丑五月

백척간두에 함께 올라갔으니 끝내 어떻게 결론이 날지 모르겠으며, 함께 헤아려 보았으나 우려를 금할 수 없으니 장차 어떻게 될지 모르겠습니다. 사양하더라도 성상의 마음을 결코 얻지 못할 것이니, 어찌 우연히 한번 시험해 본 것이겠습니까. 저는 근래에 몸과 마음이 모두 불안하여 어떻게 해야 할지 모르겠습니다. 근심스럽고 두려운 수많은 일 중에 이번 장마는 결코 심상한 재해가 아니라서 밤낮으로 떨고 있으니 마음이 타들어 가는 것 같습니다. 무엇 때문에 이와 같은지 모르겠고, 또 그 보응(報應)이 장차 어떻게 나타날지 모르겠습니다. 의당 상하가 두려워하고 반성하는 것으로 재해를 누그러뜨리는 방도를 삼아야 하는데, 들리는 소문 중에 놀라운 것들이 있으니 어쩌면 좋겠습니까. 하나하나 다 말씀드리지 못합니다.

송명보에게 보냄 신축년(1661, 현종2) 5월

與宋明甫 辛丑五月

방금 형의 거취에 관하여 초려(草廬 이유태(李惟泰)) 형과 논하기를 "아무 형이 만일 포옹(圃翁)의 마음[70]처럼 작심한다면 오늘날 사세로 보아 서울을 떠날 것이 없고, 그렇지 않다면 어제 도성을 떠나 한강 가로 나가지 않은 것은 오히려 늦은 것이다. 이 두 가지 외에는 다른 도리가 없다." 하였습니다. 초려 형도 저의 이 말을 옳지 않다고 여기지 않았는데 형의 편지가 마침 이르렀으니, 사전에 약속하지 않았는데도 마음이 서로 맞은 것이라 하겠습니다.

형의 거취 문제는 논하지 않더라도 대신(大臣)으로서 용감하게 선(善)으로 옮겨 가고 자기 과오에 대해 지적받기를 좋아함이 이러하니 나랏일이 잘 되어 갈 것입니다. 찬송(贊頌)하는 마음 금할 수 없습니다. 저 같은 사람은 국사(國事)에 무익할 뿐만 아니라 늘 방해만 되었기 때문에, 운명이 기구하고 많은 실패를 한 사람으로서 군현(群賢) 축에 끼고 싶지 않습니다. 공(公)으로나 사(私)로나 이미 크게 시험해 본 몸이라, 이해(利害)를 가지고 말하더라도 나아가지 않는 것이 무릅쓰고 나아가는 것보다는 나을 것입니다. 그러나 제가 몸은 비록 물러났지만 나라를 걱정하고 임금을 사랑하는 마음은 참으로 단사(丹砂)처럼

70 포옹(圃翁)의 마음 : 포옹은 고려 말기의 충신 포은(圃隱) 정몽주(鄭夢周)를 가리킨다. 그의 마음이 오로지 국가를 위하는 데만 있었기 때문에 한 말이다.《宋子大全隨箚 卷3》

환히 빛납니다. 더구나 두 형께서 조정에 남아 있으니 국사를 근심하는 마음이 어찌 제 자신이 맡는 것과 다르겠습니까. 만일 조금이라도 도울 수 있는 일이 있다면 비록 먼 외방에 있지만 감히 마음을 다하지 않겠습니까. 초려 형은 복장(福將)[71]이니, 제가 또한 형을 위해 조정에 남도록 권하겠습니다.

71 복장(福將) : 운이 좋은 장수, 곧 복이 있는 사람이란 뜻이다.

송명보에게 답함 신축년(1661, 현종2) 5월 15일

答宋明甫 辛丑五月十五日

편지를 받고 떠날 뜻이 이미 결정되었다는 것을 알았으니 세상을 생각하면 마음이 허전합니다. 지난번 편지는 명백함이 너무 지나쳤으니, 다만 순후(醇厚)한 사람은 깊이 온축(蘊蓄)된 바가 없음을 싫어할까 걱정된다고 스스로 생각하였습니다. 그런데 도리어 말끔히 해소되지 못했다는 말씀을 들었으니, 이는 저의 글이 서툴고 거칠어서 그런 것이 아니겠습니까. "이미 함께 오지 않았는데 어찌 굳이 함께 돌아가겠는가."라는 구절은 매우 훌륭한 말씀입니다. 그러나 "군자는 그 나아감을 함께하지 않으나 그 물러남은 함께한다."[72]라는 말은 어찌 듣지 못했습니까. 더구나 제가 이번에 가는 것은 본래 진퇴로 말할 수 없는 것입니다. 태지(泰之 이유태(李惟泰)) 형이 제가 떠나지 말라고 권하는 부탁을 듣고 곧바로 도성으로 향해 성안에 들어갈 계획을 세웠으니, 오늘쯤 만나서 상의했을 것이라 생각합니다. 이만 줄입니다.

72 군자는……함께한다 : 송(宋)나라 인종(仁宗) 때 범중엄(范仲淹)이 섬서경략초토안무사(陝西經略招討按撫使)가 되어 구양수(歐陽脩)를 부르자 구양수가 이 말을 하며 사양하였다. 《宋名臣言行錄 後集 卷2》

송명보에게 보냄

與宋明甫

저는 병이 날이 갈수록 침범하고 있어 말할 만한 것이 없습니다. 지금 서생(徐生)이 전해 준 편지를 받고 매우 위안이 되었습니다. 상소에 대한 비답이 오래도록 내려오지 않고 있으니 관직을 비우고 있는 상황이 심합니다. 답답하고 두려운 마음은 거취에 대한 결정이 자기에게 달려 있지 않다고 해서 조금의 차이도 없습니다. 길보(吉甫 윤선거(尹宣擧))의 편지에 대해 비평하신 부분은 모두 정밀하고 타당하니 말씀하신 대로 초려(草廬 이유태(李惟泰)) 형에게 보내겠습니다. 길보의 편지는 실제로 이해할 수 없는 점이 있습니다. 우리들 중에 오늘날 나아가고 얻을 줄은 알고 물러나고 잃을 줄은 모르는 자가 누가 있겠습니까. 그런데도 항룡(亢龍)으로 경계한단 말입니까.[73] 〈규괘(睽卦)〉의 "같으면서도 다르게 한다."[74]라는 말이 실로 군자의 도(道)이지만 또한 어찌

73 나아가고……말입니까 : 《주역》 〈건괘(乾卦) 상구(上九)〉에 "상구는 항룡이니 뉘우침이 있을 것이다."라고 하였는데, 〈문언(文言)〉에 "항(亢)이란 말은 나아감만 알고 물러날 줄을 모르며, 보존함만 알고 망할 줄을 모르며, 얻음만 알고 잃을 줄을 모르는 것이다. 진퇴와 존망의 이치를 알아 정도를 잃지 않는 자는 오직 성인(聖人)뿐일 것이다."라고 한 부분을 인용한 것이다.

74 같으면서도 다르게 한다 : 《주역》 〈규괘 상(象)〉에 "위는 불이고 아래는 못인 것이 규(睽)이니, 군자가 보고서 같으면서도 다르게 한다." 하였는데, 정이(程頤)의 주석에 "군자는 규이(睽異)의 상(象)을 관찰하여 크게 같은 가운데에서 마땅히 달리할 바를 안다. 성현(聖賢)이 세상에 살 때 평범한 사람의 도리에는 크게 같지 않음이 없고, 세속(世俗)에서 똑같이 하는 것에는 때로 홀로 다르게 할 때가 있으니, 사람으로서

강해(江海)[75]와 그 동이(同異)를 논할 수 있겠습니까. 실로 가소롭습니다. 《역학계몽(易學啓蒙)》은 전에 다른 사람에게 빌려서 2본(本)을 필사하였는데 지난겨울에 모두 찾아서 가져갔습니다.

친지들이 돌림병에 걸려 죽었다는 소식이 날마다 들려와 마음이 항상 불안하니, 소합원(蘇合元)을 말씀하신 대로 써 볼 뿐입니다. 해간(海懇)의 표문(表文)은 이미 완성하였으나, 석의(釋疑)는 오늘 시험 삼아 살펴보니 잠깐 사이에 다 볼 수 있는 것이 아니었습니다. 마음이 매우 어지러워 모레 그 편에 돌려보낼 생각입니다.

타고난 본성에 있어서는 같고 세속의 잘못에 있어서는 다른 것이다."라고 하였다.

75 강해(江海) : '강'은 여강(驪江)에 살았던 윤휴(尹鑴)를, '해'는 해남(海南)에 살았던 윤선도(尹善道)를 가리킨다.

송명보에게 보냄

與宋明甫

근황은 어떠십니까? 이전 편지에서 장차 진달할 말이 있는지 물으셨는데, 성심으로 물러나기를 청하면서 어느 겨를에 다른 일을 말하겠습니까. 다만 성상께서 외방(外方)의 일을 다 알 수 없으므로 실로 항상 개탄스럽게 여기고 있었습니다. 그래서 말하는 자리에서 대략 언급하려고 했던 것인데, 많은 적을 만들어 내지 않겠습니까. 상소 초본에 취사(取捨)를 표시하여 돌려주십시오. 오늘 저녁에 써서 보내려고 합니다. 지난번에 드렸던 윤휴(尹鑴)의 설에 대해서도 아울러 문제점을 지적하여 보내 주십시오. 이만 줄입니다.

송명보에게 보냄 신축년(1661, 현종2) 5월 23일

與宋明甫 辛丑五月二十三日

요즈음 객지 생활의 근황은 어떠하십니까? 각자 칩거하여 찾아갈 계획이 없으니 한탄스럽습니다. 저는 돌아갈 날짜가 이미 결정되어 내일 상소를 남겨 두고 가려고 합니다. 형은 어떻게 하실 계획입니까? 처지는 매우 편치 않지만 상황이 저와 같지 않으므로 반드시 떠나야 할 의리는 없을 듯합니다. 그러나 반드시 함께 돌아가고자 하신다면 이 또한 한 가지 방법이니, 헤아려 처신하기에 달려 있습니다.

송명보에게 보냄 신축년(1661, 현종2) 5월 28일

與宋明甫 辛丑五月二十八日

오늘 대략 독대(獨對)하는 형식으로 성상을 뵈었는데 그 자리에 승지만 있었습니다. 나눈 대화가 상당히 차분하였으나 하나하나 말씀드리지 못합니다. 성상께서 제가 끝내 감히 머물지 못한다는 것을 아시고 대궐에서 나오는 대로 곧바로 내려가려고 하지 말라고 하셨으므로 오늘 하루 기다렸다가 내일 아침에 찾아뵐 계획입니다. 이만 줄입니다.

송명보에게 보냄

與宋明甫

밤사이 건강은 어떠십니까? 저는 오래도록 누워 있을 뿐이어서 죽은 자에 가깝습니다. 석년에 가(嘉)가 아들을 낳았을 때 축하하면서 "이 아이가 관례(冠禮)를 할 때 내가 빈(賓)이 되겠다."라고 하였는데, 어제 종친인 가(嘉)가 사람을 보내와 전에 했던 말을 지키라고 하였습니다. 제가 지금 중복(重服)[76]에 아직 장사 지내기 전이라서 빈이 되는 것은 결단코 불가하지만, 잠깐 가서 그 예(禮)를 구경하는 것은 혹시 무방하겠습니까? 헤아려 가르침을 내려 주십시오. 이렇게 된다면 모레 가서 뵐 수 있을 것입니다. 조보(朝報)는 돌려드립니다.

76 중복(重服) : 이때 송시열이 자부(子婦) 이씨(李氏)의 상을 당했다. 《宋子大全隨箚 卷3》

송명보에게 보냄

與宋明甫

어제 보내신 답장은 삼가 잘 받아 보았습니다. 여쭈어 올린 몇 가지 조목에 대해 의견을 말씀해 주시는 것이 어떻겠습니까? 조부모와 부모의 상을 함께 당했을 경우 적손(嫡孫)이 조부모에 대한 복(服)을 나중에 입는 데 대한 설은 여러 가지가 있습니다. 그러나 장례 때 성복(成服)한다는 말이 가장 온당한 듯합니다. 그렇다면 계빈(啓殯)할 때 성복해야 합니까? 장례와 제사는 무엇을 중시하여 선후를 정합니까? 복은 아버지에 대해서는 참최(斬衰)이고 조모에 대해서는 자최(齊衰)이니 아버지의 복을 중시해야 하겠지만, 제사의 경우는 어찌 아버지가 중하다고 해서 조모보다 먼저 할 수 있겠습니까. 《의례문해(疑禮問解)》의 부미장개장모조(父未葬改葬母條)에 "중한 복으로 전(奠)을 행한다."라는 예문이 있습니다. 지금 아이가 생모(生母)의 장사 전에 생부(生父)를 개장하는데, 이런 경우는 어떻게 해야 합니까? 그는 각각 해당 복을 입는다고 하는데, 심하게 어긋나지는 않겠습니까? 평상시에는 어떤 복을 입어야 합니까? 그는 조복(弔服) 차림으로 어머니께 전을 올리는 것은 소홀함이 되고, 또 어머니의 복을 입고서 아버지께 전을 올리는 것은 감히 할 수 없기 때문에 억단(臆斷)하여 각각 해당 복을 입는다는 생각을 한 것입니다.

전날 마편(馬便)에 만사(挽詞)를 여쭙지 않아서 그런 것입니까? 아이의 편지가 다시 왔습니다.

송명보에게 보냄 임인년(1662, 현종3) 4월

與宋明甫 壬寅四月

아침에 보낸 답장을 받아 보셨습니까? 보내오신 편지 겉면에 말씀하신 부분이 있었는데 살피지 못하였으니 한탄스럽습니다. 여기에서 상가(喪家)까지의 거리는 이틀 꽉 차는 노정이므로 전인(專人)이 이미 아침에 출발하였습니다. 그러나 왕래하는 인편이 있을 것이니 만약 편지를 부치려고 한다면 어려움이 없을 것입니다. 자부(子婦)의 상에 조석으로 궤(饋)를 올릴 때 성복하기 전까지 소복(素服)을 쓰는 것은 어떻습니까? 손자들이 성복하기 전에는 그 어머니에게 제사하기 어렵다고 하는데 그러한지 모르겠습니다. 자부의 대상(大祥)을 행하는 데 방해되는 점은 없는지 아울러 알려 주시는 것이 어떻겠습니까? 이만 줄입니다.

별지

김제(金堤)의 변례(變禮)에 대해서는 두 건에 대한 답변을 받았으므로 의심이 없어졌을 것입니다. 저 또한 이런 변례를 당한 적이 있는데 함께 의논하지 못하여 제멋대로 행한 잘못에 빠졌으니, 지금 생각하면 참으로 매우 슬프고 한탄스럽습니다. 첩(妾)이 군(君)의 족당(族黨)에 대한 것은 여군(女君)과 같다[77]는 것은 원래 분명한 예문

77 첩(妾)이……같다 : '군'은 첩이 남편을 부르는 호칭이고, '여군'은 첩이 남편의 적처(嫡妻)를 부르는 호칭이다. 《의례(儀禮)》에 "어찌하여 대공복(大功服)을 입는가?

(禮文)이 있는데 제가 살피지 못했습니다. 사원(士元)[78]에 대해 물어 주시니 감사합니다. 도산(道山)의 모임에서 끝내 한번 뵙지 못했으니 지금까지도 매우 한탄스럽습니다. 형의 얼굴에 난 종기는 증세가 어떠합니까? 매우 염려됩니다. 소공복(小功服)에 해당하는 경우 상복을 벗지 않은 잘못에 대해서는 이미 분명한 예문이 있는데 시마복(緦麻服)의 경우는 확인해 볼 곳이 없습니다. 일찍이 《통전(通典)》을 보았는데 거기에도 일정한 설이 없었습니다. 지금의 경우에는 어찌해야겠습니까? 송사립(宋斯立)[79]의 서자(庶子)의 상(喪)에 집안의 형제들이 모두 제때 부음을 듣지 못했습니다. 혹자는 "달수가 차지 않았을 때 들었다면 복을 벗을 수 있고, 달수가 이미 차서 오래 되었다면 벗지 않는다."라고 하는데 이 설 또한 근거가 있습니까? 보여 주신 연보(年譜)의 초고는 이미 정본(正本)을 탈고하였습니까? 근자에 용두(龍頭)의 서손(庶孫)들을 만났는데, 그들 계파의 세수(世數)가 잘못되었고, 또 서자의 서자가 기록되지 않았다고 말하였습니다.

첩이 남편의 족당에 대해 입는 복은 여군이 남편의 족당에 대해 입는 복과 같다."라고 한 부분을 가리킨다. 《儀禮註疏 卷11 喪服》

78 사원(士元) : 박광일(朴光一, 1655~1723)의 자이다. 본관은 순천(順天), 호는 손재(遜齋)이다. 송시열의 문인이다.

79 송사립(宋斯立) : 송시열의 증조부 서부공(西阜公) 송귀수(宋龜壽)의 서제(庶弟)인 송용수(宋龍壽)의 손자이다. 송시열에게는 재종숙(再從叔)이 된다. 《宋子大全隨箚 卷3》

송명보에게 보냄

與宋明甫

말씀하신 뜻은 삼가 잘 알았습니다. 다만 손자들이 궤(饋)와 전(奠)에 대해 의심하는 것은, 《예기(禮記)》〈잡기(雜記)〉의 "밖에서 상(喪)이 났다는 소식을 들으면 들어가서 전을 올린다."[80]라는 예문으로 미루어 보면 행하지 못할 의리는 없을 듯합니다. 다만 〈잡기〉에서 말한 것은 부모의 장사를 지내기 전의 경우이고 손자들이 만난 상황은 장사 지낸 후이니, 상황이 같지 않을 수 있기 때문에 의심한 것입니다. 그러나 달리 근거할 만한 예문이 없기 때문에 이미 그 어머니에게 전을 올리게 했습니다. 소복(素服)을 쓰는 것은 단지 죽은 이의 마음을 따르고자 한 것이지만 이 또한 근거 삼을 것이 없으니 상례(常例)에 의거할 뿐입니다. 이만 줄입니다.

80 밖에서……올린다 : 《예기》〈잡기 하(雜記下)〉에 "빈소(殯所)를 두고 있는 중에 밖에서 형제의 상이 났다는 소식을 들으면 다른 방에 들어가서 곡을 하고, 빈소에 들어가 전을 올리고, 전을 마치고 나와서 옷을 바꾸어 입고 곡위(哭位)에 나아가기를 어제 처음 소식을 들었을 때의 예처럼 한다."라고 하였는데, 이는 부모의 상을 당하여 아직 장사를 지내지 않았을 때 멀리 있는 형제의 부음을 들은 경우에 행하는 예를 설명한 것이다.

송명보에게 답함 임인년(1662, 현종3) 8월 22일

答宋明甫 壬寅八月二十二日

편지를 받고 위로되고 감사하였습니다. 길보(吉甫)[81]가 매번 "소명(召命)이 없으면 바로 나아가서는 안 된다."라고 하였는데, 지금 우리들은 방금 성지(聖旨)를 받았으니 맞이하여 알현하는 데에 방해될 일은 없겠습니까? 잘 헤아려서 가르침을 주신다면 감히 뒤를 따라 주선하지 않겠습니까. 형강(荊江)의 일[82]은 다른 사람이 참으로 힘을 쓸 수가 없습니다. 그러나 남들이 이것을 무어라 하겠습니까. 통탄스럽고 통탄스럽습니다.

81 길보(吉甫) : 윤선거(尹宣擧, 1610~1669)의 자이다. 본관은 파평(坡平), 호는 미촌(美村)·노서(魯西)·산천재(山泉齋)이다. 김집(金集)의 문인이다. 송시열이 경전(經傳)의 주해(註解) 문제로 윤휴(尹鑴)와 사이가 나빠지자 평소 윤휴와 친교가 깊었던 윤선거는 그의 재질을 아끼는 마음에서 변호하는 태도를 취하였는데, 이로 인해 교분이 두터웠던 송시열로부터 배척을 당하게 되었다. 이것은 뒤에 노론과 소론이 갈라지는 한 계기가 되었다.

82 형강(荊江)의 일 : 송방조(宋邦祚)가 일찍이 《중용장구》와 《대학장구》를 손수 써서 조석으로 송독(誦讀)하였는데, 형강 가에서 그 글을 잃어버렸다. 옥천(沃川)의 곽방영(郭邦英)이 그것을 습득하였는데, 송방조가 사람을 시켜 돌려 달라고 요구하자 없다고 숨겨 버리므로 그 후로는 곽방영을 만나더라도 묻지 않았다. 송방조가 세상을 떠난 후에 송방조의 아들 송시영(宋時榮) 형제가 곽방영에게 간곡히 요구하였으나, 곽방영은 끝내 들어주지 않았다. 《宋子大全 卷215 恩津宋氏家傳》

송명보에게 보냄 임인년(1662, 현종3) 10월 21일

與宋明甫 壬寅十月二十一日

어제 주산(注山)[83] 사람을 만나 편지를 보냈는데 받아 보셨습니까? 지금 지숙(持叔)[84] 편에 이전의 논의를 이미 파했다는 소식을 들었습니다. 이는 회옹(晦翁)이 재앙을 불러온다고 경계한 것[85]에 어긋나지 않으므로 정(靜)을 쓰는 길(吉)함[86]을 받으시는 것을 조만간에 볼 수 있을 테니, 기쁘고 위로되는 마음을 이루 다 말할 수 있겠습니까. 저는 지내는 곳이 편치 않아서 서쪽 황촌(黃村)[87]으로 잠시 옮기려고 하는데 두공(豆公)[88]이 병 때문에 오지 못하여 함께 의논할 사람이

83 주산(注山) : 회덕(懷德) 동쪽에 있는 산 이름으로, 송시열의 선산이 있는 곳이다.

84 지숙(持叔) : 민유중(閔維重, 1630~1687)의 자이다. 본관은 여흥(驪興), 호는 둔촌(屯村)이다. 숙종의 비 인현왕후(仁顯王后)의 아버지이다.

85 회옹(晦翁)이……것 : 회옹은 주희(朱熹)를 가리킨다. 주희가 송 광종(宋光宗)에게 올린 〈산릉의장(山陵議狀)〉에 "선산 곁에서 자주 토목 공사를 일으켜서 조상의 혼백을 놀라게 하면 이 또한 재앙을 불러올 수 있습니다. 이것은 비록 술가(術家)의 설이기는 하지만 또한 이치가 없지는 않습니다."라고 한 말을 가리킨다. 《晦庵集 卷15》

86 정(靜)을 쓰는 길(吉)함 : "거북점과 시초점이 모두 사람의 뜻과 어긋날 경우에는 조용히 있으면 길하고 일을 일으키면 흉하다."라는 말을 인용한 것이다. 《洪範口義 卷下》

87 황촌(黃村) : 여산(礪山)의 황산촌(黃山村)을 가리킨다. 송시열은 이달에 황산촌으로 이사하였다. 《宋子大全隨箚 卷3》

88 두공(豆公) : 김장생(金長生)의 서자(庶子)인 김구(金榘) 또는 김비(金棐)를 가리키는 듯하다. 그들이 연산(連山)의 두촌(豆村)에 살았기 때문에 두공이라고 칭하였다. 《宋子大全隨箚 卷3》

없으니 한탄스럽습니다. 천득(天得)[89]이 들르기는 했는데 다리를 전다고 자기 입으로 말하고는 좌우에서 부축하여 갔으니, 증산(甑山) 사람[90]을 본받으려는 것 같아 세상을 위해 매우 한탄스러웠습니다. 이만 줄입니다.

89 천득(天得) : 이상진(李尙眞, 1614~1690)의 자이다. 본관은 전의(全義), 호는 만암(晩菴)이다.

90 증산(甑山) 사람 : 윤문거(尹文擧, 1606~1672)를 가리킨다. 본관은 파평(坡平), 자는 여망(汝望), 호는 석호(石湖)이다. 김집(金集)의 문인이다. 증산에 살면서 다리를 전다는 핑계로 벼슬하지 않았다.

송명보에게 답함 임인년(1662, 현종3) 11월 3일
答宋明甫 壬寅十一月三日

편지를 받고 위로되고 감사하였습니다. 다만 석서(碩鼠)와 부해(浮海)[91]라는 말씀은 이미 저의 본뜻이 아니고 또 밝은 때의 좋은 말이 아니니 송구하기 그지없습니다. 편지를 보내신 뒤로 여러 날이 지났는데 건강은 어떠십니까? 여전히 사산(沙山)[92]에 머물고 계십니까? 신주를 옮겨 봉안하지 않은 것은 어찌 한 집안만의 일이겠습니까. 실로 붕우들의 기쁨이고 경사입니다.

저는 우선 그럭저럭 지내고 있습니다. 다만 지숙(持叔 민유중(閔維重))이 오랫동안 함께 지냈으니 참으로 비천한 제가 누릴 수 있는 것이 아니었는데, 지금 헤어지고 나니 또 허전한 마음을 금할 수 없습니다. 천득(天得 이상진(李尙眞))이 또 처음 생각을 바꾸어 공소(公所)에 이르렀다가 곧바로 돌아갔으니, 오늘날 무슨 벼슬하기 어려운 일이 있는지 모르겠습니다. 제 생각에 형이 만약 조정에 돌아간다면 결코 이런 일이

91 석서(碩鼠)와 부해(浮海) : 석서는 《시경》의 편명이다. 원래는 군주가 세금을 과도하게 거두어 백성들이 견딜 수 없어 나라를 떠나겠다고 하는 내용인데, 여기에서는 은거한다는 의미로 사용되었다. 부해는 공자가 도(道)가 행해지지 않음을 한탄하여 바다로 나가겠다고 한 말인데, 역시 은거의 의미로 사용되었다. 송시열이 이사할 때 송준길이 '석서'와 '부해'를 인용하였기 때문에 그런 의미가 아니라고 해명한 것이다. 《詩經 魏風 碩鼠》《論語 公冶長》《宋子大全隨箚 卷3》

92 사산(沙山) : 공주(公州)에 있는 산으로, 송준길의 선영(先塋)이 있는 곳이다. 이때 송준길이 머물고 있었다. 《宋子大全隨箚 卷3》

없을 텐데, 끝내 마음을 돌릴 날이 없으리니 이 또한 하늘의 뜻임을 어찌하겠습니까.

송명보에게 보냄

與宋明甫

날씨가 더욱 추워지는데 시골 마을도 그렇습니까? 병든 사람이 가장 견디기 힘들 것입니다. 옛 표석(表石)은 땅에 묻은 지 수년이 지나서 부식되었으리라는 생각이 퍼뜩 들어 만져 보니 손을 대자마자 부스러졌습니다. 근자에 며칠 동안 연마해서 겉면을 벗겨 내자 매우 단단해졌는데, 땅 속에 도로 묻으려니 매우 아까웠습니다. 그래서 그대로 잘 다듬어서 오른쪽 빈 곳에 세우되, '회덕판교리은진송씨장(懷德板橋里恩津宋氏葬)'이라는 열 글자를 크게 두 줄로 쓰고, 그 뒷면에는 유비(柳妣) 이하 감정(監正)과 정랑(正郎)까지 묘가 있는 곳을 새기고, 또 묘전(墓田)이 있는 곳을 새기려고 합니다. 그렇게 하려면 뒷면에 새기는 것은 묘전을 더 마련한 뒤에 해야 할 것입니다. 일찍이 이억명(李億命)이 그 근처에 있는 판교의 위전(位田)은 사한(沙寒)[93]으로 이속(移屬)되었다고 했던 말을 기억하고 있는데, 이 말을 믿을 수는 없지만 또한 반드시 그렇지 않다고 어떻게 장담하겠습니까. 그러므로 지금 반드시 새겨서 보이려고 하는 것입니다. 돌의 모양을 보내 드리니 즉시 앞면의 글자를 써서 보내 주신다면 내일 그것으로 새 표석을 만들 생각입니다. 남은 땅이 협소하여 각수(刻手) 한 사람은 놀게 될 것이니 나누어서

93 사한(沙寒) : 공주(公州) 사한리(沙寒里)로, 은진 송씨의 세장지지(世葬之地)이다. 사산(沙山) 및 산 아래 있는 마을 우물인 한천(寒泉)과 연결되어 사한리라 불리었다. 현재의 대전시 동구 이사동이다.

새기게 하려고 합니다. 이 돌은 안산(案山) 서쪽 길가에 세워서 성묘하러 온 자손들이 하마(下馬)하는 곳으로 삼으면 어떻겠습니까? 팔분체(八分體)로 글씨를 쓴다면 더욱 좋겠지만 인력이 이미 다했으니 어려운 일입니다. 이만 줄입니다.

송명보에게 보냄 임인년(1662, 현종3) 11월 25일

與宋明甫 壬寅十一月二十五日

형이 명을 받은 뒤에 산에 들어갔다는 소식을 들었는데, 봉사(封事)를 올릴 계획입니까? 초려(草廬 이유태(李惟泰)) 형의 거취 또한 미정입니다. 제가 그의 편지에 답하기를 “성상의 은총은 실로 일반적인 수준을 뛰어넘었지만 조정의 논의가 서로 신뢰하는 뜻이 없으니, 저들에게 믿음을 보일 수 있다면 다시 나가더라도 의리에 해가 되지는 않을 것입니다.” 하였는데, 어떻게 생각하십니까? 길보(吉甫 윤선거(尹宣擧))는 “만약 형과 협동한다면 이룰 수 있을 것입니다.”라고 하였습니다. 저는 다음 달 20일에 돌아가려고 생각하고 있습니다.

송명보에게 답함 임인년(1662, 현종3) 11월 25일

答宋明甫 壬寅十一月二十五日

새벽에 등불을 켜고 편지를 써서 김생(金生) 편에 부쳤는데, 이른 아침에 보내 주신 편지가 이산(尼山)의 체편(遞便 파발 편)에 왔으니, 기쁘고 위안되는 마음 금할 수 없습니다. 돈암서원(遯巖書院)을 중수하는 일은 참으로 말씀하신 바와 같습니다. 다만 무중(武仲 유계(兪棨))이 원장(院長)으로서 이미 통문(通文)을 만들어 제생(諸生)과 관인(官人)을 지휘한 지 이미 오래입니다. 제생이 이렇게 강하게 청하는데 제가 어찌 감히 저지하겠습니까. 그 통문의 맨 앞에 제 이름이 있는 것은 더욱 원하는 바가 아닙니다. 노선생(老先生 김장생(金長生))의 글을 보려고 하는 자가 글에서 말한 집의 제도를 대략 기술한 것이 매우 상세하였기 때문에 감히 여쭙는 것입니다. 무중에게 말씀하기를 "한갓 우리들의 이름을 내세우는 것보다 차라리 조정 안의 동지(同志)들과 의논해서 글을 짓는 것이 낫다."라고 하셨는데, 신림(新臨)[94]의 길흉이 한편으로는 기쁘고 한편으로는 슬픕니다. 종이 여러 장을 도로 납부하여 증거로 보였으니 매우 괴이합니다. 예남(禮男)은 이미 다녀갔으리라 생각되는데, 그가 무슨 말을 하였습니까? 답답합니다. 나머지는 모두 이전 편지에 들어 있습니다. 이만 줄입니다.

94 신림(新臨) : 충청남도 연산(連山)에 있던 지명이다. 《宋子大全隨箚 卷3》

송명보에게 답함 임인년(1662, 현종3) 12월 28일

答宋明甫 壬寅十二月二十八日

술에 취해 한 말에 망녕된 내용이 많아 술이 깨고 나니 두렵습니다. 훗날 모일 때 매를 짊어지고 가서 사죄할 생각입니다. 편지를 보내 지나치게 칭찬하고 이어 경계하는 말씀을 해 주시니 벼슬에서 벗어난 뒤끝이라 감격스럽기 그지없습니다. 술을 즐기지 않아 몇 잔 마시지도 않고서 광망한 말을 했다가 곧바로 밝은 가르침을 받았으니 한탄스럽습니다. 주 부자(朱夫子)의 제목(題目)의 경우는 감히 할 수 없을 뿐만이 아니니, 말 한마디에 지혜롭지 못하다고 한다는 경계[95]를 형은 더욱 염두에 두시기 바랍니다. 그러나 성실하지 못한 충고가 효과를 보지 못한 증거이니 더욱 두렵습니다. 간곡히 당부하건대 날로 새로워지는 공부를 이 추운 계절에 만배 더 하시기 바랍니다. 이만 줄입니다.

○ 새해부터는 예전의 버릇을 씻어 내어 칭찬해 주신 뜻을 저버리지 않겠다고 다짐했으나 이 또한 한 달에 한 마리씩 훔치겠다는 뜻[96]일

95 말……경계 : 공자의 제자인 진자금(陳子禽)이 자공(子貢)에게 말하기를 "그대가 공손해서 그렇지, 중니(仲尼)가 어찌 그대보다 낫겠는가?" 하니, 자공이 대답하기를 "군자(君子)는 말 한마디에 지혜롭다 하며 말 한마디에 지혜롭지 못하다 하는 것이니, 말을 조심하지 않아서는 안 된다."라고 하여 자금에게 말을 신중히 하라고 꾸짖었다. 《論語 子張》

96 한 달에……뜻 : 전국 시대 송(宋)나라 대부 대영지(戴盈之)가 10분의 1을 세금으로 거두는 것 및 관문과 시장에서 세금 거두는 일을 중단하는 것을 지금은 당장 시행할 수 없으니 내년에 가서 시행하겠다고 하자, 맹자가 비유를 들어 말하기를 "날마다 이웃집의 닭을 훔치는 자가 있는데 어떤 사람이 그에게 '이는 군자의 도리가 아니다.'라고

뿐이니, 부끄럽고 부끄럽습니다.

하자, 대답하기를 '그 수를 줄여서 한 달에 한 마리씩 훔치다가 내년을 기다린 뒤에 그만두겠다.'라고 하는 것과 같다."라고 한 내용을 인용한 것이다. 《孟子 滕文公下》 옳지 않음을 알았으면 당장 그만두어야 한다는 뜻이다.

송명보에게 답함 계묘년(1663, 현종4) 4월 25일

答宋明甫 癸卯四月二十五日

이미 집에 돌아가셨다는 소식을 들었으니 편안히 가신 것이 기쁩니다. 홍 학사(洪學士)[97]가 가벼운 처벌을 이처럼 지나치게 따른 것은 범한 것이 매우 중함을 스스로 알아서이니, 사흉(四凶)을 다스린 형률[98]로 논죄하더라도 무슨 안 될 것이 있겠습니까. 일찍이 말을 전한 사람을 통해서 여조(驪趙)[99]의 설을 들으니 형에 대해서는 곧바로 인인(仁人)이라고 하였다는데, 보내온 편지에서 하신 말씀은 저들을 이해해 주지 않은 것이 아니겠습니까. 저는 이제부터 더욱 스스로 칩거할 것이니, 도리어 일이 줄어들 것이라 생각합니다.

97 홍 학사(洪學士) : 홍우원(洪宇遠, 1605~1687)을 가리킨다. 본관은 남양(南陽), 자는 군징(君徵), 호는 남파(南坡)이다. 이해 수찬이 되어 자의대비(慈懿大妃) 조씨(趙氏)의 복상 문제로 유배된 윤선도(尹善道)의 석방을 주장하다 파직되었다. 《顯宗實錄 4年 4月 19日》

98 사흉(四凶)을 다스린 형률 : 《서경》 〈순전(舜典)〉에 "공공(共工)을 유주(幽洲)로 추방하고, 환도(驩兜)를 숭산(崇山)에 유배하고, 삼묘(三苗)를 삼위(三危)로 몰아내고, 곤(鯀)을 우산(羽山)에 가두어서 네 가지로 벌을 주시자 천하가 모두 복종하였다." 라고 하였는데, 여기에서는 유배를 가리키는 것으로 보인다.

99 여조(驪趙) : 윤휴(尹鑴)와 조경(趙絅)을 가리키는 듯하다. 《宋子大全隨箚》

송명보에게 답함 계묘년(1663, 현종4) 6월 9일

答宋明甫 癸卯六月九日

수십 일 동안 장마가 그치지 않고 있는데 이런 때에 기거는 어떠십니까? 지난번에 보내신 편지가 이산(尼山)의 체편(遞便)을 통해서 저에게 전해졌는데 편지 내용이 무슨 말씀인지 알 수 없으니 한탄스럽습니다. 지난달 초려(草廬 이유태(李惟泰)) 형을 교암(橋菴)에서 만났는데, 만약 모(某) 부자(父子)를 보면 말하는 것이 있을 것이라고 하기에 제가 물었더니 "이 형과 말하지 않았는데 먼저 다른 사람에게 누설하는 것은 온당치 않은 것 같다."라고 하였으므로 제가 다시 묻지 않았습니다. 대체로 좋은 소식이 아니면 듣지 않는 것만 못해서이니, 이것이 제가 근자에 하는 공부입니다.

저는 서리(暑痢)가 지극히 심해 며칠 전에는 거의 몸을 가누지 못했는데 지금은 다행히 조금 생기를 찾았습니다. 단비가 두루 내려 농사가 가망이 있게 되었으니 이는 실로 공사(公私) 간의 큰 경사입니다. 나머지는 기운이 없어서 이만 줄입니다.

송명보에게 보냄 계묘년(1663, 현종4) 7월 3일

與宋明甫 癸卯七月三日

저번에 이산(尼山)의 관아를 통해 답장을 부쳤는데 이미 받아 보았으리라 생각합니다. 오늘의 일은 단지 삼함(三緘)[100]을 해야 하니, 노선생(老先生)의 글은 참으로 잘 헤아려 보아야 합니다. 또 분명한 가르침을 받았으니 비록 감당하지는 못하지만 거절하고 피하는 것 또한 제 마음이 감히 편할 수 있는 바가 아니기 때문에 대략 몇 -원문 빠짐-을 여쭈니 다시 살펴서 바로잡아 주시는 것이 어떻겠습니까? 그러나 모르는 자는 참람하게 범했다는 비난이 없지 않을 것이니 지극히 황송한 마음 금할 수 없습니다.

100 삼함(三緘) : 말을 삼간다는 의미이다. 공자가 주(周)나라에 가서 태조 후직(后稷)의 사당에 들어가니, 사당의 오른쪽 계단 앞에 금인(金人)이 있는데 그 입을 세 겹으로 봉함하고 그 등에 "옛날에 말을 신중히 한 사람이다."라고 새겨져 있었다. 《孔子家語 卷3 觀周》

송명보에게 보냄 갑진년(1664, 현종5) 6월 28일

與宋明甫 甲辰六月二十八日

일찍이 호중(湖中)에 갔다가 돌아오면서 가속(家屬)을 황간(黃澗)의 우소(寓所)에 두어 보은(報恩)에 있는 우소의 전염병을 피했다가 즉시 석호(石湖)를 거슬러 올라와 어제저녁에 비로소 돌아왔습니다. 물에 막혀서일 뿐만 아니라 병 또한 심하여 석호와 이산(尼山)에 체류하였는데, 여망(汝望 윤문거(尹文擧))과 여유롭게 지낸 것이 가장 좋았습니다. 길보(吉甫 윤선거(尹宣擧))는 홍산(鴻山)에 있는데 강에 막혀서 끝내 보지 못했습니다. 태지(泰之 이유태(李惟泰))는 시골 마을에서 갑자기 만나 잠깐 얘기하고는 이산으로 향했습니다. 조금씩 어렵사리 가고 있는데 병이 크게 발작하여 지금 고통스럽게 앓고 있으니 괴롭기 그지없습니다. 시골 마을에 도착하여 형의 기거는 좋으시다는 소식을 들었습니다. 다만 이산에서의 증세가 때로 다시 심하게 발작한다고 하니, 과연 그렇다면 심히 우려됩니다. 오늘은 어떠십니까? 조금 소생하면 찾아뵐 계획입니다.

석호와 이산은 실제로 회양(懷襄) 안에 있습니다. 올 때 산 능선을 타고 오면서 신원사(神院寺)[101]의 승려와 가마를 빌려 계룡산(鷄龍山)과 용추(龍湫)의 절경을 구경하였는데 실로 마음과 눈이 상쾌하였으나 위험한 상황이 여러 번 있었으니 지금 와서 생각해도 두렵습니다.

서쪽으로 가신 뒤로 도성의 일은 조금도 듣지 못했습니다. 형의 상소

101 신원사(神院寺) : 충청남도 공주시 계룡면 양화리 계룡산에 있는 절이다.

에 대한 비답은 이미 내려졌습니까? 윤음(綸音)의 내용은 어떻습니까? 대정(大政 도목 정사(都目政事))은 이미 지났습니까? 성주(城主)가 중고(中考)를 맞았다는데 사실입니까? 어제는 태지 여식의 기일(忌日)이었습니다. 얼굴 가득 슬픔이 남아 있고 또 그 아들의 묫자리를 정하지 못했으니 온갖 일이 걱정스럽습니다. 유 상제(兪喪制)[102]의 증세 또한 가볍지 않아 여러 윤씨(尹氏)들이 몹시 염려하고 있습니다. 예경(禮卿)[103]의 편지와 물건은 태지가 전한 것입니다. 지금 이(李) 편에 올려보냅니다. 병을 무릅쓰고 쓰느라 이만 줄입니다.

102 유 상제(兪喪制) : 유명윤(兪命胤)을 가리킨다. 이때 그의 아버지 유계(兪棨)의 복상(服喪) 중이었다. 《宋子大全隨箚 卷3》

103 예경(禮卿) : 정지화(鄭知和, 1613~1688)의 자이다. 본관은 동래(東萊), 호는 남곡(南谷)이다. 서인(西人)이면서 중도적 입장을 취하여 남인들의 극단적인 처벌론을 무마하면서 스스로 화를 면했을 뿐 아니라, 많은 서인들을 죽음에서 구해 내는 데 크게 기여하였다.

송명보에게 보냄 갑진년(1664, 현종5)

與宋明甫 甲辰

오늘날의 비통함은 전보다 배나 심합니다. 지난번에 유 상제(兪喪制 유명윤(兪命胤))를 만났는데 그가 요사이의 일을 매우 한탄하고 이어서 말하기를 "다만 선왕(先王)이 승하하신 것이 애통할 뿐이다."라고 하였으니, 이 말이 참으로 슬픕니다. '신충(新忠)'이란 말씀은 이를 감히 옳다 그르다 말하지 못하겠습니다.

저번에 서울에서 자기의 의견을 주장하는 한두 사람이 저더러 형에게 올라가 변명하도록 권하지 않는다고 하기에, 제가 웃으면서 "누가 나에게 우물에 들어가면서 또 우물가에 있는 사람까지 끌고 들어가라고 권하는가."라고 하였습니다. 그 뒤에 또 제가 초려(草廬 이유태(李惟泰))에게 그렇게 하도록 권하게 하려고 했습니다마는, 대체로 이런 일을 어찌 남이 권하거나 저지하는 것에 따라서 하겠습니까. 일이 저와 정평(正平)[104] 중 누구에게서 나왔건 간에 그것이 세도(世道)에 관계되는 것은 큽니다.

오늘날에 이르러서는 성상의 지나친 거조(擧措)로 인해 실망이 매우 큽니다마는, 형이 세상을 잊어버릴 수 없고 또 성상의 형에 대한 정성이 쇠하지도 않았으니 세상의 도의를 붙잡아 세우고 성상의 미진함을

104 정평(正平) : 김만균(金萬均, 1631～?)의 자이다. 본관은 광산(光山), 호는 사휴(思休)·취선(醉仙)·이호(梨湖)이다. 김장생(金長生)의 증손으로, 송시열의 문인이다.

보완할 때가 바로 지금입니다. 그러나 제가 심하게 권하지 못하는 것은, 율로(栗老 이이(李珥))가 일찍이 이르기를 "청양(青陽)[105]의 일로 시배(時輩)들이 나를 공격하면 다시 수습할 가망이 없다."라고 했기 때문입니다. 이번에 형도 나처럼 실패한다면 뒷날의 일이 또한 염려스러우니 모름지기 잘 요량해서 하십시오.

제가 호상(湖上)에 있을 적에 올린 상소[106]에는 다른 말은 하지 않고, 다만 "신이 한마디 말을 망발한 것이 시사의 관건을 저촉하여, 대각(臺閣)이 반목하고 선비들을 서로 다투게 하였습니다. 신이 병중에 그 소식을 듣고서 두려움을 금할 수 없어 대궐에 달려가 땅에 머리를 조아리고서 자책하고 싶었지만 어찌할 도리가 없었습니다. 오늘날의 계책은 시급히 신의 직임을 삭탈하고 신을 무겁게 추궁하여 물의(物議)에 답하시어 분란을 일으키는 자들의 경계로 삼는 것보다 좋은 방법이 없습니다. 삼가 바라건대, 성명(聖明)께서 깊이 헤아려 조처하소서. 또 신이 지난번 상소에 유자우(劉子羽)의 일을 인용하면서 유공(劉珙)의 일로 잘못 말씀드렸습니다.[107] 그 의의는 그다지 서로 멀지 않지만

105 청양(青陽) : 청양군(青陽君) 심의겸(沈義謙)을 가리킨다.

106 호상(湖上)에……상소 : 1663년 11월 5일에 수찬 김만균이 상소하여, 병자호란 때 조모가 죽은 일로 청(淸)나라 사신이 올 때 공무를 행할 수 없다며 사직을 청하였다. 서필원(徐必遠)이 이를 탄핵하여 김만균이 의금부에 하옥되었고, 송시열이 김만균의 입장을 변호하는 상소를 올렸다. 서필원이 다시 반박하는 상소를 올리자 유생(儒生) 조해(趙楷) 등과 지평 이규령(李奎齡), 정언 조성보(趙聖輔) 등이 잇따라 서필원을 논박하였다. 이에 송시열이 대각의 분란이 일어난 데 대한 책임을 지고 이해 5월 11일에 올린 사직 상소를 가리킨다.《顯宗實錄 4年 11月 6日, 5年 1月 20日·5月 11日》

107 유자우(劉子羽)의……말씀드렸습니다 : 유자우는 송대(宋代) 학자로, 자는 언수(彦修)이다. 주송(朱松)이 아들 주희(朱熹)를 가르쳐 달라고 그에게 부탁하였다.

임금께 고하는 말을 어찌 조금이라도 틀리게 할 수 있겠습니까. 신은 이 또한 매우 황공합니다. 삼가 바라건대 자애로운 성상께서 속히 애절한 신의 간청을 윤허하시어 사달이 점점 커지고 말이 점점 새어 나가지 않도록 해 주소서. 그리해 주신다면 더없이 다행일 것입니다. ……" 하였습니다.

소두(疏頭)는 윤변(尹抃)의 아우 윤헌(尹攇)과 장의(掌議) 이사영(李思永)이고, 동장(同掌)은 박세견(朴世堅)의 아들이었는데 참여하지 않았다고 합니다.

여랑(呂郞)[108]과 휘령(徽令)[109]이 서로 논쟁한 말은 일절 듣지 못했으나 그 상황은 상상할 만합니다. 대관(臺官)들 중에서는 누구누구가 했는지 모르겠습니다. 이만 줄입니다.

유공은 유자우의 아들이다.

108 여랑(呂郞) : 당시 이조 좌랑이었던 여성제(呂聖齊, 1625~1691)를 가리킨다. 본관은 함양(咸陽), 자는 희천(希天), 호는 운포(雲浦)이다. 남인들이 성혼(成渾)과 이이를 문묘(文廟)에서 출향(黜享)하려고 하자 부당함을 진소하였고, 인현왕후(仁顯王后) 폐출 소식을 듣고 상경하여 상소하였으나 뜻을 이루지 못하자 울분으로 죽었다.

109 휘령(徽令) : 이경휘(李慶徽, 1617~1669)를 가리킨다. 본관은 경주(慶州), 자는 군미(君美), 호는 묵호(默好)·춘전거사(春田居士)이다.

송명보에게 보냄 갑진년(1664, 현종5)

與宋明甫 甲辰

이산(尼山)에서의 증세는 염려스럽기 그지없습니다. 소본(疏本)은 마침 외부 사람이 연속으로 왕래해서 차분히 살펴보지 못했으니 매우 한탄스럽습니다. 낮에 손자가 길에서 김만준(金萬埈)[110]을 만났는데 새로운 소식을 전하기를 "공관(空館)한 뒤에 이의(異議)를 표시하는 자 수십 명이 함께 성균관에 들어갔다."라고 하였는데, 이는 남궁(南宮)[111]이 제사 일로 보낸 인편에 알려 준 일인 듯합니다. 지금 또 신성(申晟)[112]의 편지를 보았는데 "제생(諸生)이 분격하여 200여 명이 초하루에 공가(公家)에 모여 이미 일을 크게 논의하였다."라고 하였으니, 이는 필시 성상의 노여움을 더욱 돋우어서 성상께서 유생들이 반드시 임금을 이기려고 한다고 여겨 다시 더 심한 조치를 할 것이니 성세(聖世)에 누가 되는 것을 어찌 이루 다 말할 수 있겠습니다. 형의 소장(疏狀)을 모쪼록 급히 올려 늦기 전에 정상으로 되돌리기를 바라는 것이 어떻겠습니까? 이 소장을 일찍 알아서 미리 중지시키지 못한 것이 매우 애석합니다. 이만 줄입니다.

110 김만준(金萬埈) : 김장생(金長生)의 증손으로 김익렬(金益烈)의 후사가 되었다. 문의 현감(文義縣監)을 지냈으며, 정읍(井邑)에서 송시열이 후명(後命)을 받을 때 권상하(權尙夏)와 함께 곁에서 임종하였다.

111 남궁(南宮) : 김만기(金萬基, 1633~1687)를 가리킨다. 김만준과 사촌 간이다.

112 신성(申晟) : 주촌(舟村) 신만(申曼)의 동생이다. 본관은 평산(平山)이다. 《宋子大全隨箚 卷3》

송명보에게 보냄 갑진년(1664, 현종5) 11월 7일

與宋明甫 甲辰十一月七日

서로 아득히 멀리 떨어져 있어 단지 그리워할 뿐입니다. 요즈음 기거는 어떠하십니까? 저는 운암(雲菴)에 잠깐 머물고 있는데, 지금 들으니 가형(家兄)[113]이 내일쯤 청주(淸州) 관아에 와서 제사를 지내려고 지금 청주로 향하고 있는데 10일에 곧바로 산으로 들어간다고 합니다. 봉사(封事)는 이미 올렸습니까? 요성(妖星)이 자리를 옮겨 이미 멀어졌는데 광망(光芒)은 전보다 배나 되니 그 조짐에 대한 결과가 장차 어찌될지 우려가 끝이 없습니다. 산을 상대로 세상사를 얘기하는 것이 참으로 동파(東坡 소식(蘇軾))가 인용한 부백(浮白)[114]이지만 스스로 그만두지 못하니 실로 가소롭습니다. 이만 줄입니다.

113 가형(家兄) : 둘째 형 송시묵(宋時默, 1605~1672)을 가리킨다. 자는 용보(容甫)이다.

114 부백(浮白) : 술을 호쾌하게 마시는 것을 비유하는 말이다. 전국 시대 위(魏)나라 문후(文侯)가 일찍이 대부들과 술을 마실 때 공승불인(公乘不仁)에게 주법(酒法)을 담당하게 하고 이르기를 "술잔을 단번에 다 마시지 않은 사람에게는 큰 술잔으로 벌주를 내리라.〔飮不釂者, 浮以大白.〕"라고 한 데서 온 말이다. 《說苑 卷11 善說》

송명보에게 보냄 갑진년(1664, 현종5) 11월 11일

與宋明甫 甲辰十一月十一日

가형(家兄)[115]을 맞이하고 아울러 제사도 있고 하여 청주(清州) 관아에 와서 보니, 가형은 구설(口舌)을 입어 오지 못하고 다만 백문(白門)의 글[116]과 유능(幼能 이단상(李端相))·재이(載邇 서필원(徐必遠))의 상소 두 통만 전해 왔습니다. 갑작스러운 화란이 또 일어났으니 놀랍고 두려워 어찌할 바를 모르겠습니다. 다만 유능이 백문을 올바로 붙잡아 세운 것이 지극히 기쁜 일입니다.

회동(會洞)의 두 김(金)[117]은 유능이 상소한 것 및 남궁(南宮)이 상의 면전에서 상주(上奏)한 일[118] 때문에 문을 닫고 들어앉아 사람을

115 가형(家兄) : 둘째 형 송시묵(宋時默)을 가리킨다.

116 백문(白門)의 글 : 김만균(金萬均)이 올린 상소를 가리킨다. 그가 청(淸)나라 사신이 올 때 공무를 행할 수 없다고 사직소를 올렸는데, 서필원(徐必遠)이 그의 상소를 반려하라고 청하자 송시열이 상소하여 김만균이 피혐하는 것이 마땅하다고 옹호하였다. 이에 서필원이 송시열까지 배척하자, 이단상이 상소하여 서필원을 논박하고 아울러 김우명(金佑明)과 송시열이 타협하지 않는 상황까지 언급하였다. 송시묵이 김만균의 상소를 전한 것에는 이러한 배경이 깔려 있다. 김만균을 백문이라고 한 것은 김만균이 사는 곳이 서울 서문(西門) 즉 돈의문(敦義門) 근처이기 때문에 그렇게 부른 듯하다. 서문을 백문이라고 한 것은 동문(東門)을 청문(靑門)이라고 하는 것과 같은 이유이다. 《宋子大全隨箚 卷3》《顯宗實錄 4年 11月 6日, 5年 1月 20日·5月 11日》

117 두 김(金) : 김좌명(金佐明)·김우명 형제를 가리킨다. 김육(金堉)의 아들이다. 《宋子大全隨箚 卷3》

118 남궁(南宮)이……일 : 남궁은 김만기(金萬基)를 가리킨다. 통제사 김시성이 김우명에게 복어(鰒魚)를 바치자 김우명이 그것을 대궐에 바쳤는데, 김만기가 현종 앞에

만나지 않고 있습니다. 그의 말이나 상소가 모두 지극히 참혹하였는데 전적으로 저를 공격하였다고 하니 참으로 어찌할 바를 모르겠습니다. 처음에는 잇따라 상소하여 기필코 체직되려는 생각이었으나 백문이 "이런 때는 감히 그렇게 해서는 안 될 듯하다."라고 하였기 때문에 우선 침묵하고 있습니다. 그러나 국구(國舅)[119]가 김시성(金是聲)이 사사로이 바친 것은 사실 제 뜻이었다며 유능과 남궁을 공격한다고 하니, 이 말이 사실이라면 제가 대죄하는 일을 또한 조금이라도 늦추어서는 안 될 것입니다.

유능과 재이의 상소 및 백문의 글은 속리산에 들어가 자세히 검토해 본 다음에 보은(報恩) 인편에 보낼 생각입니다. 다만 이 두 상소의 원본은 모두 아직 유중(留中)하고 있기 때문에 백문이 절대로 번거롭게 말하지 말라고 했다고 합니다.

또 백문이 김우명(金佑明)의 상소문 한두 조목을 뽑아 기록하여 보여 주었는데, 그중 한 조목에 "호중(湖中)에서는 말들이 매우 많고, 현명한 사람 중에도 의심스러운 사람이 많습니다."라고 하였습니다. 이는 유능의 상소에서 예(禮)에 관한 일을 거론하면서 마침내 수도(隧道)까지 언급했기 때문입니다.[120] 그래서 김우명이 불처럼 노하여 "자

서 김시성이 물건을 사적으로 바친 잘못을 지적하였다. 이 일로 김우명은 추고당하고 김시성은 파직되었다. 《宋子大全隨箚 卷3》《宋子大全 卷11 擬疏, 卷158 光城府院君金公神道碑銘》《顯宗實錄 5年 11月 19日》

119 국구(國舅) : 현종의 장인인 김우명을 가리킨다.

120 수도(隧道)까지 언급했기 때문입니다 : 수도는 천자의 장사 때에만 사용할 수 있는 예인데, 김육의 장례에 김좌명·김우명 형제가 수도를 사용하여 장사 지내자 당시 사헌부 집의였던 이단상이 탄핵하여 효종이 김좌명을 추고하였다. 《孝宗實錄

유(子游)와 자하(子夏)의 무리도 공자(孔子)의 가르침에 대해 듣는 족족 다 이해하지는 못했다."라고 하고, 또 "신은 세상 사람들이 칠십 제자가 공자에게 복종한 것처럼 복종하는 짓은 하지 못합니다."라고 하였습니다. 그의 기세를 보건대 이러고만 말지 않을 듯하지만 조용히 기다려 볼 뿐입니다.

유능이 나를 구하려고 하다가 도리어 화를 재촉하게 되었는데 이 역시 운명이니 어찌하겠습니까. 유능의 상소에서 또 초려(草廬)의 상소를 올리지 못하게 한 것[121]을 들어 영의정을 크게 공격하였으니, 이 또한 화(禍)를 돋울 소지가 적지 않은 부분입니다. 이만 줄입니다.

10年 4月 8日》

121 초려(草廬)의……것 : 이유태(李惟泰)가 치요(治要)에 관한 상소를 지었는데 미처 올리기 전에 효종이 승하하였다. 현종이 즉위하여 진달하지 못한 상소를 올리게 했는데 묘당(廟堂)의 논의에서 저지되었다. 《宋子大全隨箚 卷3》

송명보에게 답함 갑진년(1664, 현종5) 11월 13일

答宋明甫 甲辰十一月十三日

연이어 편지를 보냈는데, 차례로 받아 보셨으리라 생각합니다. 지금 그저께 보내신 편지를 받아 보니 위안되고 후련하기가 마치 직접 대면한 것 같습니다. 저는 비록 산꼭대기에 앉아 있으나 우려하는 일이 실로 제가 처한 상황보다 크다 보니, 고요하고 편안한 정취가 있는 줄 모르겠습니다.

소본(疏本)은 눈물을 흘리며 무릎을 꿇고 읽었으니, 아마도 성상께서 마음을 바꾸실 것입니다. 저의 설(說)을 채택하여 넣어 주셨는데 과격했던 부분이 모두 온화하고 간곡한 뜻으로 바뀌었습니다. 모래와 돌이 바뀌어 구슬이 되었다고 할 수 있으니, 매우 경탄스럽습니다. 제가 처음에는 세전(歲前)에 나갈 계획이었으나 중간에 국구(國舅) 형제가 상소하였다는 소식[122]을 들었으니 이대로 나가지 않고 자취를 감출 생각입니다.

122 국구(國舅)……소식 : 국구 형제란 현종의 장인인 김우명(金佑明)과 그의 형 김좌명(金佐明)을 가리킨다. 이해 10월 28일에 이단상이 상소하여, 김좌명의 아버지 김육(金堉)을 장사할 때 수도(隧道)를 참람히 사용한 김좌명과 김우명을 처벌하자는 주장이 실은 당시 대간이던 민유중(閔維重)에게서 나왔는데 김좌명 형제는 송시열에게서 나왔다고 여기므로 송시열이 불안해서 벼슬에 나오지 못하고 있다고 주장하였다. 이에 대해 이달 8일 김좌명 형제가 상소하여 직임을 삭탈해 달라고 청하였다. 이로부터 5일 후에 송시열이 이에 대한 소회를 개진한 상소를 올리려고 써 두었으나 실제로 올리지는 않았다. 《顯宗實錄 5年 10月 28日, 11月 8日》《宋子大全 卷11 擬疏》

늙은 누이가 서울에서 내려와 서로 의지할 계획입니다. 형편으로 볼 때 세밑에 임박하여 나가서 그곳에 거주할 생각입니다. 제 생각에 유능(幼能 이단상(李端相))과 국구 집안이 서로 용납하지 못할 듯하니 전혀 작은 일이 아니고 성상께서도 심히 난처할 듯합니다. 그리고 상소에 대한 비답을 보고서 다시 상소를 올려 합당하게 되도록 하는 것이 좋을 듯한데 어떻게 생각하실지 모르겠습니다.

저는 세도(世道)는 형에게 맡기고 집안일은 아이에게 맡기고 이 몸은 구름과 물 사이에 맡기니 일을 매우 줄인 것 같습니다. 남궁(南宮 김만기(金萬基))이 상을 대면하여 한 말을 보내니, 보시고 돌려주십시오. 소본은 말씀대로 올려보냅니다. 이만 줄입니다.

○ 지난번 편지의 별지는 묵묵히 기억만 하시는 것이 어떻겠습니까. 형이 가끔 갑자기 드러내는 일이 있기 때문에 감히 언급합니다. 남궁의 편지를 초려(草廬 이유태(李惟泰)) 형에게 전하여 보여 주었는데 그것도 아이에게 보내게 하라고 해도 무방할 것입니다.

송명보에게 답함

答宋明甫

민(閔)은 필시 물정을 알고 있을 것이고 정성으로 고해 준 것이니 우선 그 말을 따라서 관찰하는 것이 어떻겠습니까? 참최(斬衰) 차림으로 사당에 들어간다는 말은 들어 보지 못했으나 가묘(家廟)에서 상사(常祀)를 지낸다는 글[123]로 보면 또한 문제가 없을 것 같습니다. 포립(布笠)과 포대(布帶)를 잠시 빌려 사용한다고 해서 또한 무슨 문제가 있겠습니까. 출입할 때 이런 문제가 있게 될 것이니, 이것만 유독 크게 구애받을 필요는 없을 것입니다. 새로 나온 음식을 사당에 올리고 절일(節日)에 묘(墓)에 전(奠)을 올리는 것 또한 불가할 것이 없습니다. 다만 같은 집에 살면 신첩(臣妾)일지라도 장사를 지낸 뒤에 제사를 지낸다[124]는 뜻[125]으로 미루어 보면 혹시 장애되는 점이 있겠습니까?

123 가묘(家廟)에서……글 : 상사란 정해진 날짜에 고정적으로 지내는 제사를 말한다. 주희(朱熹)가 범염덕(范念德)에게 보낸 편지에 "졸곡 뒤에는 대략 《춘추좌씨전(春秋左氏傳)》 희공(僖公) 33년 '임금이 죽었을 때의 상례(喪禮)'에 관한 두예(杜預)의 주설(註說)에 따라, 사시(四時)의 제삿날을 만나면 최복(衰服) 차림으로 궤연(几筵)에 특사(特祀)를 지내고 묵최(墨衰) 차림으로 가묘에 상사를 지내는 것이 좋겠습니다."라고 한 글을 인용한 것이다. 《晦庵集 卷39 答范伯崇》

124 같은……지낸다 : 공자가 이르기를 "부모의 상에 연제(練祭)나 상제(祥祭)가 임박했는데 형제가 죽은 경우 빈(殯)을 하고 나서 부모상의 연제나 상제를 지내고, 같은 집에 사는 사람인 경우에는 죽은 자가 신첩일지라도 그의 장사를 지내고 나서 부모상의 연제나 상제를 지낸다."라고 한 내용을 가리킨다. 《禮記 雜記下》

125 제사를 지낸다는 뜻 : 대본에는 '祭之意'로 되어 있다. 두주에 근거하여 '之' 뒤에

오직 헤아려서 결정하기에 달려 있습니다. 마침 서재(書齋)에 왔기에 이렇게 써서 보냅니다.[126]

'之'를 보충하여 번역하였다.

126 마침……보냅니다 : 이때 송준길이 장자(長子)의 상을 당하여 사당에 들어가 제사 지내는 의절을 물었는데, 송시열이 마침 서재에 와서 예서(禮書)를 확인할 수 있었기 때문에 이 편지를 보낸 것이다. 《宋子大全隨箚 卷3》

송명보에게 답함

答宋明甫

유능(幼能 이단상(李端相))이 질문한 것이 어찌 일가(日家)[127]의 설이 옛날과 같지 않아서이겠습니까. 예로부터 행하던 방법으로 말하면 '가모(家母)'라고 말한 것은 망인(亡人)의 어머니이니, 망인이 만약 어머니가 없다면 꺼리지 않는다고 합니다. 그러나 감히 알 수 있는 것이 아닙니다. 다만 세속의 기휘(忌諱)에 따라 급하게 장사 지내는 것은 매우 온당치 않습니다. 때를 넘기는 것이라면 이에 대한 근거가 있습니다. 주자(朱子)가 계해년(1143) 3월에 위재공(韋齋公)[128]의 상을 당하였는데 이듬해 갑자년(1144)에 비로소 장사를 지냈고, 기축년(1169) 9월에 축 유인(祝孺人)[129]의 상을 당했는데 이듬해 1월에 비로소 장사를 지냈습니다. 이것으로 근거를 삼는다면 어찌 분수를 넘어 핍박하는 혐의가 있겠습니까. 저의 뜻이 이와 같으므로 아울러 이것으로 알려 드립니다. 어떻게 생각하십니까?

127 일가(日家) : 연월일시(年月日時)의 간지(干支)에 따라 운명을 점치는 복술가(卜術家)나 지관(地官)을 말한다.

128 위재공(韋齋公) : 주희(朱熹)의 부친 주송(朱松)이다.

129 축 유인(祝孺人) : 주희의 모친 축씨(祝氏)이다.

송명보에게 보냄

與宋明甫

돌아와서 서울에서 보내온 편지를 살펴보니 더욱 두려워 떨립니다. 지난날 앞으로 나아가지 말라고 하신 말씀은 혹시 깊이 생각해 보지 못하신 것이 아닙니까? 다시 말씀해 주시는 것이 어떻겠습니까? 편지에 "25일에 관학(館學)의 유생 120여 명이 상소하자 상께서 더욱 노하여 소두(疏頭)와 수창(首倡)한 사람들을 부황(付黃)하도록 명하였고, 영상(領相)이 부황은 조정에서 시행하는 벌이 아님을 차자(箚子)로 진달하자 또 정거(停擧)하도록 명하였습니다. 이에 성균관 유생들이 공관(空館)하였고 예조의 관원을 보내어 타이르자 도로 들어온 제생이 함께 벌을 받겠다고 답변하였으므로, 상이 극도로 노하여 상소에 참여하지 않은 자만 성균관을 지키도록 특명을 내렸으니, 이는 실로 300년 동안 없던 일입니다. ……" 하였습니다.

또 "뭇사람의 불만이 때를 틈타 일어났고, 서소문(西小門)의 이(李)[130]가 단독으로 정사(政事)를 하여 박세당(朴世堂), 박증휘(朴增輝), 오시수(吳始壽)를 여러 대관(臺官)에 수망(首望)으로 의망(擬望)하였는데, 박세당은 서극준(徐極峻)을 지지하는 사람이라 여희천(呂希天)[131]이 낭관(郎官)으로서 한나절을 서로 버티다 마침내 의망하지 못하였

130 서소문(西小門)의 이(李) : 이경휘(李慶徽)를 가리킨다. 당시에 이조 참의를 맡고 있었다. 《宋子大全隨箚 卷3》

131 여희천(呂希天) : 여성제(呂聖齊, 1625~1691)로, 희천은 그의 자이다.

다. 허판(許判)[132]은 '말미를 받으면 영영 올라오지 않겠다.'라는 말을 했었는데, 상이 '대동법(大同法)을 변통해야 할 일이 매우 많으므로 아직은 내려가지 말라.'라고 분부하였습니다."라고 하였으며, "부황하라는 명이 내렸을 당시에 승정원이 두 차례 봉환(封還)[133]하였지만 되지 않았습니다."라고 하였습니다.

오늘날 제가 처신할 도리는 어찌해야 좋겠습니까? 잠자코 움직이지 않는 것이 좋겠습니까? 어떤 사람은 저더러 대강이라도 의리를 밝혀서 상의 마음을 이해시키라고 권하는데, 그것은 만에 하나라도 효력을 얻게 되기를 바라는 것으로 그 심정이 애처롭습니다. 그러나 이 일을 어찌 감히 하겠습니까. 다만 대죄(待罪)만 하고 있는 것이 옳을 듯한데 얼마 전에 이미 상소문을 올렸으니 이 또한 외람되고 번거롭게 하는 일이 아닌가 염려되어 어찌할 바를 모르겠습니다.

132 허판(許判) : 판중추부사 허적(許積)을 가리킨다.

133 봉환(封還) : 임금의 명이 타당하지 않을 경우 시행하지 않고 임금에게 돌려보내는 행위를 말한다.

송명보에게 답함 갑진년(1664, 현종5)

答宋明甫 甲辰

청주(淸州)와 보은(報恩)에서 연이어 답장이 도착했으니 위로되고 감사한 마음 이루 말할 수 없습니다. 말씀하신 뜻은 삼가 잘 알았습니다. 오늘의 일은 우리 종족이 실로 지난날의 차야(次野)[134]이므로 저는 차야는 화를 면할 것[135]이라고 생각하는데, 보내오신 편지에서는 도리어 저에게 보호하게 하려고 하시니 소견이 이처럼 상반된단 말입니까.

여름에 있었던 유능(幼能 이단상(李端相))의 일은 하나하나 계명(季明)[136]이 전한 것으로 빈말이 아닌 듯합니다. 그러므로 국구(國舅) 형제[137]가 보고서 "그가 전날의 일을 팔아서 이런 인정에 가깝지 않은 일을 하려고 하다니 참으로 간웅(姦雄)이다. ……" 하였습니다. 다만

134 차야(次野) : 이자(李耔, 1480~1533)의 자이다. 본관은 한산(韓山), 호는 음애(陰崖)·몽옹(夢翁)·계옹(溪翁)이다. 이색(李穡)의 후손으로 이예견(李禮堅)의 아들이며, 시호는 문의(文懿)이다. 사림파였으나 성품이 온유하고 교제가 넓어 김안로(金安老) 등의 훈구 세력과도 원만하게 지냈으므로, 양파의 중간에서 반목과 대립을 해소하고 온건한 정책으로 유도하고자 했으나 급진 사림파의 반발로 실패하였다.

135 차야는……것 : 기묘사화 때 제공(諸公)이 의금부에 갇히던 날 밤, 술을 나누어 마시며 영결할 때에 "차야는 반드시 화를 면할 것이다."라고 한 말을 인용한 것이다. 《宋子大全隨箚 卷3》

136 계명(季明) : 김익경(金益炅, 1629~1675)의 자이다. 본관은 광산(光山)이다. 김장생(金長生)의 손자이고, 송시열의 문인이다.

137 국구(國舅) 형제 : 현종의 장인인 김우명(金佑明)과 그의 형 김좌명(金佐明)을 가리킨다. 98쪽 주122 참조.

유능이 멀리 벗어나지 않고 돌아온 것[138]은 심히 공경할 만합니다. 지금 보은(報恩) 수령을 통해서 두 김(金)의 상소를 보았는데, 저도 모르게 모발이 다 쭈뼛하였습니다. 그러나 이것이 어찌 인력으로 미칠 수 있는 일이겠습니까. 오늘의 일은 우리들이 미칠 만한 힘이 없고 단지 향리의 분분한 말들은 혹 진정할 수 있겠지만 백문(白門)[139]의 여러 김씨들이 한 말이 매우 많아 누설될까 염려되어 감히 형께 다 말하지 못하겠으니 제 선에서 묵묵히 살피고 덮어야겠습니다. 만약 제 몸에만 해가 미친다면 어찌 이처럼 장황하게 말씀드리기까지 하겠습니까.

소금에 관한 설[140]은 올 때 윤(尹)과 후갑(後甲)[141]에게 물었더니 모두 크게 웃으면서 어디에서 이런 말을 들었느냐고 하였으니, 이 또한 미루어 알 만합니다. 특히 한 사람의 집[142] 역시 형이 금지할 수 있는

138 유능이……것 : 당시 태학생(太學生)이던 유상운(柳尙運)이 서필원(徐必遠)의 편을 들어 김만균(金萬均)을 배척하다가 비방을 받자, 유상운의 아버지 유성오(柳誠吾)가 사방에 변명하기를 "이는 우리 아이가 한 일이 아니라 이단상이 시킨 것이다."라고 하였다. 이단상은 유상운의 이종형이자 동서였다. 이단상이 이에 사론(士論)에 죄를 얻을까 두려워 마침내 상소하여 서필원과 김우명이 송시열과 화합하지 않는다고 논박하였는데, 이에 대해 김우명은 친구를 팔았다고 배척하였다. 《宋子大全隨箚 卷3》 서필원과 김만균의 일에 대해서는 95쪽 주116 참조.

139 백문(白門) : 김만균(金萬均)을 가리킨다. 95쪽 주116 참조.

140 소금에 관한 설 : 송시열이 충청 감사에게 소금을 받았다는 소문을 말한다. 송시열이 이상(李翔)에게 보낸 편지에 "사람들이 내가 전(前) 충청 감사에게 미역 1만 동(同)을 받았고 또 지금 감사에게 소금 200곡(斛)을 받았다고 하는데, 일소에 부칠 일이다."라고 하였다. 《宋子大全 卷46 答李雲擧》

141 후갑(後甲) : 지명(地名)인 것 같은데 어디인지 알 수 없다. 《宋子大全隨箚 卷3》

142 한 사람의 집 : 확정할 수는 없지만 송규정(宋奎禎)이나 황세정(黃世楨)의 집인 듯하다. 《宋子大全隨箚 卷3》

것은 아니지만 그가 평소 형을 믿고 따른 지 오래되었으니 때때로 타이르면 어찌 생각을 바꿀 리가 없겠습니까. 소금에 관한 설은 명원(鳴遠)[143]의 말을 들으니 분명 그 집[144]에서 나온 것이고, 황(黃)[145]의 이야기 또한 그러합니다. 이 편지는 즉시 태워 버리십시오.

143 명원(鳴遠) : 서명원(徐鳴遠)을 가리키는 것으로 보인다. 송시열과 송준길의 문하에 모두 출입하였고, 서필원의 재종제(再從弟)이다. 《宋子大全隨箚 卷3》

144 그 집 : 서필원의 집을 가리킨다. 《宋子大全隨箚 卷3》

145 황(黃) : 황세정을 가리킨다. 위 내용을 송시열이 연기(燕岐)에 사는 황생(黃生)에게 들었다고 했는데, 이때 황세정이 연기에 살고 있었다. 《宋子大全 卷46 答李雲擧》

송명보에게 보냄

與宋明甫

방금 천득(天得 이상진(李尙眞))의 편지를 보았는데 사직소를 올리려고 한다고 합니다. 이류(李瀏)의 일[146]은 놀랍고 괴이하기 그지없습니다. 이 일은 필시 민(閔)과 이(李)[147] 등 여러 사람과 상의하였을 텐데 형은 혹시 들으셨습니까? 이 일은 얼마나 작은 일입니까. 그런데도 일이 여기에까지 이른 것은 김극형(金克亨)[148]의 무리가 사람들을 끌어들여 그 일을 키우려고 힘쓰기 때문입니다. 형이 구제하려고 하다가 스스로 그 안에 빠지는 것을 면치 못했으니, 속으로 개탄하면서 생각건대 두 사람이 서로 싸우면 뜯어말려야지 한쪽은 도와주고 한쪽은 공격하면서

146 이류(李瀏)의 일 : 기해년(1659, 효종10) 1월에 대사간 이홍연(李弘淵)과 정언 김만기가, 이류가 집에 기거하거나 고향에서 살 때 모두 불미스러운 행위가 있었으므로 사론(士論)이 다 그의 사람됨을 천하게 여기는데도 추천장에 올랐으므로 이류의 천목(薦目)을 지워 버리고 그 천주(薦主)도 아울러 추고하기를 청하여 효종이 받아들인 일을 가리킨다. 《孝宗實錄 10年 1月 6日, 2月 27日》《송자대전수차(宋子大全隨箚)》에는 그 후 이상진이 상소하여 신구(伸救)하였다고 하였으나, 《효종실록》에는 이상진의 상소 일부만 기록되어 있고 신구한 사실은 기록되어 있지 않다. 《宋子大全隨箚 卷3, 卷4》 따라서 이 편지는 기해년의 편지에 편차되어야 한다.

147 민(閔)과 이(李) : 민은 민유중(閔維重) 형제를 가리키는 듯하고, 이는 이경휘(李慶徽) 형제를 가리키는 듯하다. 민유중과 이경휘는 처음에 모두 윤휴(尹鑴)와 가장 친하였고, 이류는 이경휘의 동생 이경억(李慶億)이 천거하였다. 《宋子大全隨箚 卷3》

148 김극형(金克亨) : 1605~1663. 본관은 청풍(淸風), 자는 태숙(泰叔), 호는 사천(沙川)·운촌(雲村)이다. 잠야(潛冶) 박지계(朴知誡)의 문인으로 윤휴와 친분이 두터웠으며, 송시열과 성선체용설(性善體用說)에 대하여 서간을 통해 논쟁하였다.

그 싸움을 그치게 할 수 있는 자는 없습니다. 그러므로 저상(苧相)[149]이 심지어 이류를 도와주고 김만기(金萬基)와 단절하지 않은 것으로 저까지 꾸짖으니, 마음이 지극히 괴롭습니다. 지금 이 영공(令公 이상진)은 자신이 그 당(黨)이 되는 것을 꺼리지 않으니, 어쩌면 그렇게도 깊이 생각하지 않는단 말입니까. 이미 편지를 보내 저지하였으나 어찌 제 말을 들으려고 하겠습니까. 형이 모쪼록 극력 저지하여 다행히 믿어 준다면 사우(士友)들의 복일 것입니다. 이만 줄입니다.

149 저상(苧相) : 완남부원군(完南府院君) 이후원(李厚源, 1598~1660)을 가리킨다. 본관은 전주(全州), 자는 사심(士深), 호는 우재(迂齋)이다. 김장생(金長生)의 문인이다. 김집(金集), 조속(趙涑), 송준길 등과 교유하였다. 유생 신분으로 인조반정에 참여하여 정사공신(靖社功臣) 3등에 녹훈되고, 완남군에 봉해졌다. 저(苧)는 저동(苧洞)을 말하는데, 완남부원군의 옛집이 있다.《宋子大全隨箚 卷3》

송명보에게 답함 갑진년(1664, 현종5) 12월 18일

答宋明甫 甲辰十二月十八日

두 통의 편지가 한꺼번에 내려왔으니 위안되는 마음 금할 수 없습니다. 시사(時事)는 시비(是非)를 막론하고 저에게는 한결같이 우레가 머리 위에 떨어지는 것과 같으니, 속히 종식되기를 묵묵히 기도하지만 어찌 바랄 수 있겠습니까. 곧바로 격렬하게 논쟁하고 싶다는 말씀은 어쩌면 그리도 굳세십니까. 만약 전에 올린 소장에 대해 주상의 대답을 받지 못했다고 여긴다면 또한 중지할 만합니다. 그러나 성의(誠意)가 우악(優渥)한 것은 일반적인 경우보다 훨씬 더한 듯합니다. 다만 격렬하게 논쟁하더라도 이익은 없고 손해만 있을 것이니 어쩌면 좋습니까.

한(韓)의 비(碑)에 나오는 "그대가 나를 보는 것이 이와 같으니[150], 내가 크게 공부할 부분이다."[151]라는 말을 가지고 '김 부인(金夫人)' 아래에 몇 마디를 조금 덧붙이십시오. 효자가 그 어버이를 현양(顯揚)하려고 생각할 경우 문체를 이유로 차마 거절하지 못하는 점이 있습니다. 그러나 어찌 본가에 다시 통지할 필요가 있겠습니까. 써서 보내어 통지하더라도 괜찮을 것입니다. 노원비(蘆原碑)에 '사유이(思有以)'를 '사이유(思以有)'로 잘못 써서 글이 매우 껄끄럽습니다. 전에 물으셨는데

150 그대가……같으니 : 대본에는 '賢看甚如此'로 되어 있다. 《곤지기(困知記)》 권하(卷下)에 근거하여 '甚'을 '某'로 바로잡아 번역하였다.

151 그대가……부분이다 : 명도(明道) 정호(程顥)가 제자에게 한 말로, 자신의 언행이 지나쳐서 상대가 자신을 그렇게 본다면 이는 돌이켜 반성해야 할 점이라는 뜻이다. 《困知記 卷下》

오랫동안 답하지 못하다가 이제야 아울러 말씀드립니다. 이곳의 장지(葬地)는 은진(恩津) 지역으로 정하였고,[152] 날짜는 이달 28일입니다.

152 장지(葬地)는……정하였고 : 이때 자부 유씨(柳氏)의 상을 당하여 처음에 은진에 장사 지냈다가 후에 회덕(懷德)의 초동(草洞)으로 이장하였다.《宋子大全隨箚 卷3》

송명보에게 답함 갑진년(1664, 현종5) 12월 27일

答宋明甫 甲辰十二月二十七日

해 주신 말씀은 매우 감사합니다. 이곳은 내일이 장삿날입니다. 책을 끼고 깊은 곳에 들어간다면 기쁨과 슬픔을 태반은 몰아낼 것 같습니다. 모(某) 벗이 전한 모(某)의 설(說)은 참으로 성조(聖祖)께서 이르신 "혀는 살이 아니던가."라는 것입니다. 과연 그 말과 같다면 무엇 때문에 궐내에서도 서로 피하고 보지 않겠습니까. 영(永)[153]이 나의 편지를 모(某)[154]에게 보여 주었다는 것은 더욱 기억나지 않습니다. 다만 일전에 백문(白門 김만균(金萬均))이 편지를 보내와서 내가 모(某)와 뜻이 맞지 않아 다투는 말을 하여 그가 서울에 들어가 분분하게 떠들 빌미를 제공했다고 꾸짖기에, 제가 "일전의 모든 일은 그가 스스로 그르다고 여기지 않은 것이 없으니 다시 시끄럽게 다툴 일이 없다. 다만 아버지와 조모(祖母)는 다르다는 설[155]은 그가 더욱 굳세게 고집하여 어찌할 수가 없었다. 그러므로 내가 '후대의 성인이 다시 나오기 전에 전대 성인의 말을 갑자기 버리고 그대의 주장을 따르는 것 또한 어렵지 않겠

153 영(永) : 광성부원군(光城府院君) 김만기(金萬基)를 가리키는 듯하다. 김만기의 자가 영숙(永叔)이다. 《宋子大全隨箚 卷3》

154 모(某) : 서필원을 가리킨다. 《宋子大全隨箚 卷3》

155 아버지와……설 : 청(淸)나라 사신이 왔을 때 김만균이 조모의 원수이므로 공무를 행할 수 없다고 사직소를 올렸는데, 이때 서필원이 조모의 원수는 부모의 원수와 다르다고 주장하며 김만균이 청나라 사신을 피한 것을 공격하였다. 《宋子大全隨箚 卷3》 《顯宗實錄 4年 11月 6日》

는가.'라고 대답하였다."라고 하였습니다. 이(彝)[156]에게 대답한 말 또한 단지 이와 같았으니, 어찌 이와 영이 이것을 가지고 저들을 공격하겠습니까. 이는 공격할 때 힘이 부족할까 염려된다고 해도 될 것입니다. 그가 백 개의 혀가 있다고 하더라도 어찌 터럭 하나라도 움직일 수 있겠습니까.

금노(金奴)의 사문(査問)[157]은 참으로 괴이하고 놀랍습니다. 혹자가 "미령(美令)이 서필원(徐必遠)의 일이 있은 뒤로 실성한 사람이 되었다."[158]라고 한 말이 참으로 맞습니다. 그러나 "나의 아우가 과연 그런 일이 있었다. ……"라고 한 것은 참으로 이른바 "경강(敬姜)의 말이 질투하는 부인에게서 나왔다."[159]라는 것이니, 한탄스럽기 그지

156 이(彝) : 이민서(李敏敍, 1633~1688)를 가리킨다. 본관은 전주(全州), 자는 이중(彝仲), 호는 서하(西河)이다. 영의정 이경여(李敬輿)의 아들로 송시열에게 사사하였다.

157 금노(金奴)의 사문(査問) : 금노는 청나라를 가리킨다. 1663년에 진하 겸 사은사(進賀兼謝恩使)가 연경에 갔는데 이때 수행한 허룡(許龍)과 언남(彦男)이 연경에서 유황(硫黃)을 몰래 사들인 일이 발각되어 청나라에서 이 일을 따지기 위해 사신을 보내온 일이 있었다. 《顯宗實錄 4年 11月 9日》

158 미령(美令)이……되었다 : 미령은 자가 군미(君美)인 이경휘(李慶徽)를 가리킨다. 이경휘가 서필원의 주장을 강력히 지지하였으므로 이렇게 말한 것이다. 《宋子大全隨箚 卷3》

159 경강(敬姜)의……나왔다 : 경강은 춘추 시대 노(魯)나라 대부(大夫) 공보목백(公父穆伯)의 부인이다. 아들 공보문백(公父文伯)이 죽자 상(牀)에 기대어 곡을 하지 않고서 말하기를 "옛날에 내가 이 자식을 낳고서 장차 그가 현인이 될 것이라고 여겼다. 그래서 내 일찍이 그와 함께 공실(公室)에 나아가지 않았는데, 지금 그가 죽자 붕우와 여러 신하들은 눈물을 흘리는 자가 없고, 나인들은 모두 곡하는 예를 행하여 목이 쉬었으니, 이 아들이 반드시 예에 소략함이 많았을 것이다."라고 하였다. 이에 대해 혹자가

없습니다. 이렇기 때문에 매번 그에게 사퇴하고 돌아가라고 권했는데 미적거리다가 이 지경에 이르렀으니, 이 또한 운명입니다. 그러나 미령의 일은 매우 근심스럽습니다. 지숙(持叔 민유중(閔維重))의 편지는 돌려드립니다.

"경강의 이 말을 평하자면 어머니로서는 어진 말이지만 아내로서는 질투하는 말이다." 라고 하였다. 《禮記 檀弓下》《宋子大全隨箚 卷3》

송명보에게 답함

答宋明甫

온천에 가신다는 소식을 들으니 온갖 우려가 생깁니다. 그러나 세종대왕께서 이런 행차를 하셨을 때 당시의 제현(諸賢)이 어가(御駕) 앞에서 고문(顧問)에 대비한 일은 고금의 훌륭한 일로 남아 있습니다. 오늘날도 반드시 이와 같을 것이니 도리어 기쁩니다. 저는 비록 그대로 머물러 있지만 오늘을 넘기지는 않을 것입니다. 조보(朝報)를 돌려드리려고 하는데 서울에 갈 인편이 있습니까? 이만 줄입니다.

송명보에게 답함 을사년(1665, 현종6) 4월 14일

答宋明甫 乙巳四月十四日

어제 체편(遞便)에 보내신 편지를 받고 말씀하신 뜻을 삼가 알았습니다. 집사람이 아직 도착하지 않았는데 무슨 사고가 있는지 몰라서 매우 우려됩니다. 족자(簇子)는 단지 받아 두었습니다. 오늘날 해야 할 일은 어리석고 고루한 제가 감히 관여할 일이 아닙니다. 그러나 망녕된 견해로 말하자면 성상께서 병을 조심하는 것보다 큰일이 없으니, 이것은 모름지기 눈물을 흘리면서 강력하게 간언해야 합니다. 그다음은 비록 경연을 열지 않더라도 누워 계시는 방에서 신료를 자주 접하는 것입니다. 그리고 석년(昔年)에 초령(草令)[160]을 지성스럽게 불러 놓고 그가 도착하자 함부로 대하여 낭패를 당하고 떠나게 하였으니, 이는 천 리 밖에서 사람을 막기에 충분합니다.[161] 이것은 신하를 대하는 데 불성실한 단서일 뿐만 아니라 참소하여 이간하는 자가 있을까 염려되니, 이 점을 강력하게 진달하지 않아서는 안 됩니다.

이 외에는 지난번에 대면해서 아뢴 기민(饑民)과 승려들의 변란에

160 초령(草令) : 초려(草廬) 이유태(李惟泰)를 가리키는 것으로 보인다. 《宋子大全隨箚 卷5》

161 천……충분합니다 : 맹자가 공손추(公孫丑)에게 말하기를 "만일 선(善)을 좋아하면 온 천하 사람들이 천 리를 멀게 여기지 않고 찾아와 선을 말해 주고, 만일 선을 좋아하지 않으면 사람들이 장차 '그가 교만하다는 것을 내가 이미 알고 있었다.'라고 할 것이니, 교만한 음성과 얼굴빛이 사람을 천 리 밖에서 막는다."라고 한 것을 인용하였다. 《孟子 告子下》

관한 일[162] 또한 털끝만큼이라도 주저해서는 안 됩니다. 그리고 기민이 이 지경에 이르렀는데도 기탄없이 말하는 사람이 한 명도 없는 것은 조귀석(趙龜錫)과 이단하(李端夏)가 연이어 꾸중을 들은 결과[163]이니 실로 성주(聖主)의 미덕이 아닙니다. 전(前) 감사가 구우일모(九牛一毛)라는 망발을 한 것은 까닭이 있어서 말했을 것입니다. 이 몇 가지 일을 가지고 유추해서 구한다면 어찌 그 마땅함을 얻지 못할 리가 있겠습니까. 말을 하면 성상께서 시행하실 것이고, 또 데려가려고 하신다면 사양할 말이 없을 것이며, 그렇지 않으면 팔짱을 끼고 돌아오더라도 마음에 부끄러움이 없을 것입니다. 어떻게 생각하십니까? 이만 줄입니다.

162 승려들의……일 : 충청도 서천(舒川)에 있는 천방사(千房寺)는 궁가(宮家)의 원당(願堂)이었는데, 궁가의 권세를 믿고 관아의 영을 따르지 않자 감사 이익한(李翊漢)이 한산 군수(韓山郡守) 신숭구(申嵩耉)로 하여금 그 우두머리 승려를 잡아들이게 하였다. 그러자 절의 승려 수백 명이 조총이나 활을 지니고서 험지에 웅거하여 저항하였다. 이후 승려들이 절을 불사르고 침노한 벼슬아치의 집에 불을 지르는 등 분풀이를 하였다는 소문을 들은 이익한이 공주 영장(公州營將) 양일한(楊逸漢)을 한산에 보내 승려들을 붙잡았다. 그러나 한산과 임천은 영장의 소관이 아닌 데다 치계(馳啓)하지 않고 병사에게 보고도 하지 않은 채 군병을 멋대로 징발하였으므로 결국 이 일로 이익한이 정배되었는데, 송시열이 이익한을 변론하여 벌을 감등시켰다.《顯宗實錄 5年 12月 13日, 6年 2月 25日 · 5月 1日》

163 조귀석(趙龜錫)과……결과 : 1664년 3월에 전라 감사 조귀석이 공곡(公穀)을 주변 고을에 마음대로 분급했다가 추고당하고, 이어 이단하가 조귀석을 두둔하다가 체차된 일을 가리킨다.《承政院日記 顯宗 5年 3月 19日》《顯宗實錄 5年 3月 27日》

송명보에게 답함 을사년(1665, 현종6) 5월 15일

答宋明甫 乙巳五月十五日

편지를 받고는 참으로 기뻐서 잠이 오지 않을 정도였습니다. 다시 바라건대 속히 올라가십시오. 이런 때는 하루가 아깝습니다. 제가 12일에 받은 것[164] 또한 세상에 드문 은혜와 영광입니다. 이미 온천욕을 하며 머물렀으므로 이제부터는 병이 있다고 하면서 돌아가더라도 할 말이 없지는 않지만, 그날 장 영공(張令公 장선징(張善澂)) 편에 부계(附啓)하면서 근력을 살펴 병을 무릅쓰고 길을 나서겠다고 말하였습니다. 그리고 저의 뜻도 성상께서 환궁한 후의 안부를 분명히 알고 싶었기 때문에 일단은 힘을 다해 나아가서 도성 밖에 이르거나 과천(果川)이나 수원(水原)까지만 가려고 합니다. 도성에 들어가 함께 보조하고 싶은 마음이 없는 것은 아니지만 공적으로는 흉설이 횡행하고 사적으로는 역경을 만났으니, 이 두 가지는 실로 세상에 없던 일입니다. 비록 성상께서 해와 달처럼 영명하고 천지처럼 인자하셔도 어찌 감히 조정에서 얼굴을 들 수 있겠습니까. 이는 실로 충심에서 나온 말인데, 형은 종전에 깊이 믿어 주지 않고 오히려 입에 발린 말이라고 의심하였습니다. 형도 이러한데 다른 사람은 말해 무엇 하겠습니까.

164 제가……것 : 현종이 온양(溫陽)에 와서 온천욕을 할 때 송시열이 입시하였는데, 현종이 서울로 돌아갈 때 송시열이 따라가지 않으려고 하자 대사간 이경억(李慶億)과 정언 이익상(李翊相)이 현종에게 상황을 아뢰고 송시열이 수가(隨駕)하도록 별유(別諭)를 내리기를 청하였다. 이에 현종이 우부승지 장선징을 송시열에게 보내 수가하도록 유시하였다. 《顯宗實錄 6年 5月 12日》

오늘날의 급선무는 오직 병을 진찰하여 약을 쓰는 것이니, 《황제내경소문(黃帝內經素問)》과 편작(扁鵲)의 신묘한 비방(祕方)을 다 말하더라도 한갓 빈말이 될 뿐입니다. 다만 생각건대 함께 협동할 사람으로는 좌의정(허적)만 한 사람이 없으니, 먼저 이 사람을 일깨워서 전날의 생각과 규모를 크게 변화시킨 뒤에야 함께 일을 할 수 있을 것입니다. 만약 그렇게 되지 않는다면 일찍 돌아오는 것만 못합니다. 석준(碩俊)이 바람 속에서 싫어하지 않을까 염려되니 매우 우습습니다. 저는 4일 동안 연이어 온천욕을 하였더니 눈이 깔깔한 증상에 조금 효과가 있어서 오늘부터는 머리에만 물을 붓고 있습니다. 누워서 머리에 물을 붓고 있기 때문에 글씨가 제대로 써지지 않았습니다. 이만 줄입니다.

별지

생각건대 옛날 성고(聖考)의 지문(誌文) 맨 앞에 "선제(先帝)께서 창업(創業)을 반도 이루기 전에"라고 말하였으니 "미천한 신이 폐하께 충성하고 선제께 보답하는 직분"이라는 뜻[165]은 이미 드러나서 가릴 수 없습니다. 그러나 복제(服制)에 대한 논쟁이 있은 이래로 지금까지 올린 말이 적지 않은데 다만 이궁(移宮)할 때 대왕대비의 복색(服色)에 관한 건[166] 외에는 한 가지도 시행하지 않았고 또한

165 선제(先帝)께서……뜻 : 제갈량(諸葛亮)이 후주(後主)에게 올린 〈출사표(出師表)〉의 맨 앞 문장과 끝 단락의 일부를 인용하였다. 효종의 뜻을 받들어 북벌해야 한다는 뜻을 송시열이 효종의 묘지문에 드러냈음을 말한 것이다. 《古文眞寶 後集 卷1》

166 이궁(移宮)할……건 : 이궁은 효종의 상(喪)을 가리키는 말인 듯하다. 대왕대비는 인조(仁祖)의 계비인 자의대비(慈懿大妃)를 가리키는데, 기해년(1659)에 효종이 승하했을 때 송시열의 주장으로 자의대비가 차자(次子)에 대한 복인 기년복(期年服)을

때때로 온당치 못하다는 뜻을 보이셨습니다. 이는 제가 보잘것없는 사람이 아니라면 필시 성상의 뜻이 유가(儒家)의 논의를 싫어해서이니, 두 가지 중에 반드시 하나에 해당될 것입니다. 한 가지만 해당되어도 벼슬에 나아가기 어려운데 더군다나 혹시 두 가지 모두 해당된다면 더욱 어찌 감히 직함만 헛되이 가지고 있을 수 있겠습니까. 이전에 굳게 칩복(蟄伏)한 것은 실로 이 때문입니다. 지금 또 앞에 말한 두 가지 경우가 있다면 죽음에서 벗어나기에도 겨를이 없는데 어찌 감히 다른 생각을 하겠습니까. 형의 경우는 임금의 지우(知遇)와 사람들의 신망(信望)이 저와는 절로 다릅니다. 만약 그동안 임금을 보익(補益)한 실상을 스스로 살펴보신다면 저의 말이 아첨이 아님을 아실 것입니다.

입은 일을 말한다.

송명보에게 답함 을사년(1665, 현종6) 6월 1일

答宋明甫 乙巳六月一日

그저께 12일에 보내신 편지를 보았는데, 말씀하신 내용이 저의 뜻과 배치될 뿐만이 아니었으니 한탄스럽습니다. 제가 세상에서 말살된 것이 근래에 실로 심하였으니, 이는 은미하고 심오하여 알기 어려운 것이 아니라 사람들이 모두 말하는 것입니다. 그런데도 형은 저더러 핑계대는 말을 한다고 하시니, 만약 그렇다면 제가 오늘날 당한 상황은 불행이 아니라 다행일 텐데 그것이 어찌 이치에 맞겠습니까. 이번에 사관이 행차했을 때 분부하신 뜻을 잇달아 받았으니, 매우 위로되고 감사하였습니다. 저는 본래 성상께서 저를 의심하거나 죄주리라고 생각지 않았고 저의 오늘이 있는 것은 천지와 같은 지극한 은혜가 아님이 없다고 늘 생각하였으니, 어찌 오늘이 되고 나서야 알겠습니까.

저는 통증이 매우 심해 식음을 전폐하고 있으니, 이런 상태가 계속된다면 죽는 것도 어렵지 않을 것입니다. 형의 손자 세 명이 번갈아 와서 공부하는데, 그중 둘째는 매우 수척하여 보고 있으면 눈물이 납니다. 어찌하여 몸이 상하는 것을 면하는 방도를 가르치지 않았습니까. 저의 아이가 형의 좌하(座下)에서 자주 모시는 것으로 알고 있습니다. 이 아이는 세상만사를 모두 마음에 두지 않고 오로지 화산(華山)의 수은(睡隱)[167]을 배우려고 합니다. 뜻이 높기는 하지만 가문을 계승

167 화산(華山)의 수은(睡隱) : 중국 오대(五代) 말 송(宋)나라 초기의 도교학자이자 신선가(神仙家)인 진단(陳摶, ?~989)으로, 자는 도남(圖南)이며 호는 부요자(扶

하는 도리에 있어서는 바르지 않으니, 보셨을 때 일깨워 주시면 어떻겠습니까?

자장(子章)이 갑자기 이 지경에 이를 줄은 생각지 못했으니, 애통합니다.[168] 사계(沙溪) 선생의 집안이 이로부터 더욱 적막해질 것이니 어찌하면 좋습니까. 이만 줄입니다.

搖子)이다. 송나라 태종(太宗)이 매우 존경하여 희이선생(希夷先生)이란 호를 내리기도 하였다. 신선의 술법과 역리에 정통하여 수양도인(修養導引)과 선단(仙丹) 채취 방법에 대해 말한《지현편(指玄篇)》81장을 지었다. 40여 년 동안 화산에 은거하면서 후주(後周)의 세종(世宗)과 송나라 태종이 모두 후한 예로 불렀으나 출사하지 않았다. 진단은 한번 잠이 들면 100여 일 동안 일어나지 않았기 때문에 수은(睡隱)이라고 불리었다.《宋史 隱逸列傳 陳摶》

168 자장(子章)이……애통합니다 : 자장은 사계 김장생(金長生)의 손자 김익렬(金益烈)의 호이다. 김익렬이 이때 세상을 떠났기 때문에 애통해한 것이다.

송명보에게 보냄 을사년(1665, 현종6) 6월 9일

與宋明甫 乙巳六月九日

건강은 어떠십니까? 조정에서 성상을 보필하는 일은 또 어떠합니까? 잠자는 시간 외에 어찌 일각이라도 잊을 수 있겠습니까. 어제 제 동생이 갈 때 편지 한 통을 또 보냈는데, 그간에 올린 편지를 하나하나 모두 받아 보셨습니까? 제 동생의 일은 장차 어떻게 결말이 나겠습니까? 만약 맨살을 드러내고 모욕을 받는 것을 면한다면 견책을 당하더라도 무슨 상관이 있겠습니까. 위험이 박두한 현상은 이미 드러났습니다. 이러한데도 오히려 와서 벼슬하라고 말씀하십니까? 이곳은 말할 만한 일이 없습니다. 다만 형의 손자 하현(夏賢)[169]이 와서 함께 지내고 있는데 가르칠 때 자못 저의 정신을 일깨우곤 합니다. 할 말은 많지만 인편이 바쁘다고 하여 이만 줄입니다.

169 하현(夏賢) : 송준길의 손자 송병원(宋炳遠)의 아명(兒名)이다.

송명보에게 답함 을사년(1665, 현종6) 7월 28일

答宋明甫 乙巳七月二十八日

편지를 보내 주시어 위로되고 감사하였습니다. 성은이 여기에 이르렀으니 감읍하는 마음을 어찌 말로 다 하겠습니까. 다만 저의 처지가 불편한 것이 갈수록 더욱 심합니다. 이번에 부계(附啓)한 말은 실로 충심에서 나온 것인데도 종전에 형 또한 믿어 주지 않았으니, 더구나 성상께서 믿어 주시기를 바라겠습니까. 고정(高井)의 묘표(墓表)[170]는 삼가 김 학사(金學士)가 내려오기를 기다리겠습니다. 나머지는 매우 바빠서 이만 줄입니다.

170 고정(高井)의 묘표(墓表) : 고정산으로 이장한 김장생(金長生)의 묘에 세우는 묘표의 음기(陰記)를 짓는 문제를 가리키는 것으로 보인다. 김장생의 산소는 처음에 충청남도 대덕군(大德郡) 진잠면(鎭岑面) 성북리(城北里)에 있었으나, 묏자리가 불길하다 하여 1641년(인조19) 1월에 논산군(論山郡) 연산면(連山面) 우수리(牛首里)의 고정산으로 이장하였다.

송명보에게 보냄 을사년(1665, 현종6) 8월 19일

與宋明甫 乙巳八月十九日

민 부인(閔夫人)이 갈 때 부친 편지를 영손(令孫)이 미처 올려보내지 못했다고 했는데 지금은 이미 전해졌으리라 생각합니다. 저는 누이의 병과 아이의 병 때문에 밤낮으로 근심하고 있으니 스스로 가련하고 가련합니다. 자장(子章 김익렬(金益烈))과 사징(士徵 송국시(宋國蓍))이 차례로 세상을 떠났으니 비통하고 비통합니다.

지난번에 보내신 별지(別紙)는 삼가 잘 받아 보았습니다. 그러나 제 생각에는 석연치 못한 점이 있습니다. 성현은 갈아도 얇아지지 않고 물들여도 물들지 않는다는 것을 스스로 헤아린 뒤에야 그 단단함과 흼을 스스로 시험해 보았던 것입니다.[171] 제(齊)나라와 등(滕)나라를 오가는 긴 여정에 아침저녁으로 함께 상의한 적이 없다면,[172] 이것이

171 갈아도……것입니다 : 어떤 상황에서도 자기의 지조를 변치 않는다는 뜻이다. 진(晉)나라 대부 조간자(趙簡子)의 가신 필힐(佛肸)이 중모(中牟)를 점거하여 반란을 일으켜서 공자를 부르자 공자가 가려고 하였다. 이에 자로(子路)가 반란을 일으킨 자에게 가는 것이 옳지 않다고 하자 공자가 말하기를 "단단하다고 말하지 않겠는가. 갈아도 얇아지지 않느니라. 희다고 말하지 않겠는가. 검은 물을 들여도 검어지지 않느니라."라고 하여, 자신의 지조가 굳음을 말하였다.《論語 陽貨》 송시열은 남곤(南袞)의 경지가 공자의 이 수준에 이르지 못했음을 지적한 것이다.

172 제(齊)나라와……없다면 : 맹자가 소인(小人)을 대하는 자세를 말한 것이다. 맹자가 제나라의 경(卿)이 되어 조문사(弔問使)로 등나라에 갈 때 왕의 총애를 받는 왕환(王驩)이 부사로 수행하였는데, 왕환이 아침저녁으로 문안하였으나 맹자가 그와 조문에 관한 일에 대해 말한 적이 없었다. 이에 공손추(公孫丑)가 "제경(齊卿)의 지위가

어떤 역량입니까. 그리고 악정자(樂正子)는 두 가지의 중간에 해당되는데도 오히려 그 사람을 따랐으니,[173] 그 사람이 오늘날의 군자보다 훨씬 뛰어납니다. 사화(士華)[174]가 비록 말년에는 형편없이 되었지만 일찍이 태산북두(泰山北斗)로 일컬어진 사람이니, 그 또한 오늘날 사람에 비할 것이 아닙니다. 보내오신 편지에서 말씀하신 것은 비교 대상을 잘못 잡은 듯합니다. 어떻게 생각하십니까? 그러나 절대 외부 사람이 듣게 해서는 안 됩니다. 고정(高井)의 묘표에 대해서는 전에 편지로 말씀드렸고, 지금 또 남궁(南宮 김만기(金萬基))에게 말하였으니 그와 상세히 의논하시기 바랍니다. 이만 줄입니다.

작지 않으며, 제나라와 등나라의 거리가 가깝지 않은데 왕복(往復)하는 동안 일찍이 그와 행사(行事)를 말씀하지 않음은 어째서입니까?" 하니, 맹자가 "유사가 이미 처리하고 있는데, 내 어찌 말할 것이 있겠는가."라고 한 부분을 축약하여 인용하였다. 이에 대해 주희(朱熹)는 "맹자께서 소인을 대함에 미워하지 않으면서도 엄격함이 이와 같으셨다."라고 하였다. 《孟子集註 公孫丑下》

173 악정자(樂正子)는……따랐으니 : 맹자가 인품의 단계를 구분할 때 맨 아래부터 선인(善人), 신인(信人), 미인(美人), 대인(大人), 성인(聖人), 신인(神人)의 여섯 단계로 구분하였는데, 악정자는 선인과 신인의 중간에 해당한다고 하였다. 그 사람을 따랐다는 말은 악정자가 제나라 하읍(下邑)인 합(蓋)의 대부 왕환을 따른 일을 가리킨다. 《孟子 離婁上, 盡心下》 왕환이 맹자에게는 배척을 받았지만, 맹자가 인정한 악정자가 따를 정도의 인품은 된다는 의미이다.

174 사화(士華) : 남곤(南袞, 1471～1527)의 자이다. 본관은 의령(宜寧), 호는 지정(止亭)·지족당(知足堂)이다. 김종직(金宗直)의 문인으로, 1519년(중종14) 심정(沈貞)과 함께 기묘사화를 일으켜 조광조(趙光祖), 김정(金淨) 등 신진 사림파를 숙청하였다. 문장에 뛰어나고 글씨에도 능했으나, 사화를 일으킨 것이 문제가 되어 후대에 사림의 지탄의 대상이 되었다.

송명보에게 답함 을사년(1665, 현종6) 8월 20일
答宋明甫 乙巳八月二十日

조금 전에 편지를 써서 남궁(南宮 김만기(金萬基)) 형제 편에 부쳤는데, 방금 영손(令孫)이 16일에 보내신 편지를 전해 주기에 여러 가지 말씀하신 것을 모두 알았으니 위로되고 감사한 마음 금할 수 없습니다. 저는 초려(草廬 이유태(李惟泰)) 형과 소사(蕭寺)에서 모이기로 약속하였는데, 늙은 사람과 젊은 사람들의 병 때문에 끝내 이루어지지 않았으니 한탄스럽습니다.

말씀하신 일[175]은 일찍이 성고조(聖考朝) 때 형이 그 단서를 조금 언급하면서 모(某)가 와 있을 때 의정(議定)하게 하라고 청하였는데, 제가 감당할 수 없다고 고사하였고 그에 대한 의견을 말하여 성고께서 받아들여 중지하였습니다. 그러나 오늘날의 사체(事體)는 그때와 달라서 뒤섞이고 잔결(殘缺)된 것이 이 지경에 이르렀으니 또 어찌 기다릴 수 있겠습니까. 더구나 성고의 성덕(聖德)은 황폐해져서 오랜 세월이 지난 후에 망상(罔象) 밖에서 찾게 해서는 더욱 안 됩니다.[176] 일찍이 보건대 본조(本朝)에서 〈용비어천가(龍飛御天歌)〉를 의논하여 지

175 말씀하신 일 : 종묘(宗廟)의 아악(雅樂)에 대한 일이다. 송준길이 일찍이 바로잡으려고 하였는데, 송시열이 주희(朱熹)의 묘제설(廟制說)을 끌어대서 반대하여 중지되었다. 《宋子大全隨箚 卷3》

176 망상(罔象)……됩니다 : 망상은 물속에 사는 괴물 이름이다. 선왕의 성대한 덕을 아는 사람이 모두 죽은 뒤에 사람에게는 물을 곳이 없어 귀신이나 괴물에게 묻는 상황이 되게 해서는 안 된다는 뜻이다. 《孔子家語 辯物》

을 때 개국 초기의 여러 신하 중에 살아 있는 사람이 없고 이름이 기억나지 않지만 귀양 간 신하 한 사람만 있었습니다.[177] 마침내 특별히 불러다 물어서 바로잡았으니, 그 한 사람이 보고 들은 것이 어찌 고단(孤單)하여 근거 삼기 어렵지 않았겠습니까. 이렇게 되는 것보다는 제공(諸公)이 모두 있을 때 공의(公議)를 널리 모아서 성덕의 형용(形容)을 정하는 것이 낫지 않겠습니까. 저의 견해는 이러한데 조정의 논의는 어떠할지 모르겠습니다.

177 귀양……있었습니다 : 이숙번(李叔蕃, 1373~1440)을 가리킨다. 《宋子大全隨箚 卷3》 본관은 안성(安城)이다. 태종의 총애를 믿고 오만방자하여 여러 차례 대간의 탄핵을 받아 관작을 삭탈당하고 1417년(태종17) 경상도 함양(咸陽)에 유배되었다. 세종 때 〈용비어천가〉를 짓게 되자 선왕 때의 일을 상세히 알고 있었기에 서울에 불려 와서 편찬을 도왔으나, 편찬이 끝난 뒤 다시 유배지에 보내져 그곳에서 죽었다.

송명보에게 보냄 을사년(1665, 현종6) 8월 25일

與宋明甫 乙巳八月二十五日

남궁(南宮 김만기(金萬基)) 형제가 돌아갈 때 편지 한 통을 부쳤는데 지금쯤 받아 보셨으리라 생각합니다. 저는 초려(草廬 이유태(李惟泰)) 형과 약속하여 지금 공암(孔巖)에 도착해서 앞으로 가게 될 암자에 대해 의논하고 있습니다. 만약 한 달쯤 특별한 일이 생기지 않는다면 선생의 유집(遺集) 몇 편을 교정할 수 있을 것 같습니다. 올 때 조비(祖妣) 유씨(柳氏)의 정려비(旌閭碑)[178]가 이미 바위 위에 세워져 있는 것을 보았습니다. 정려문(旌閭門) 또한 함께 옮긴 뒤라야 물에 침식되는 우환을 면할 수 있을 것입니다. 남궁이 고정(高井)의 일[179]을 아뢰었으리라 생각합니다. 강음(江陰)의 돌은 언제 도착합니까? 시일을 끌어 완성할 수 없게 된다면 기회가 참으로 아깝습니다.

진연(進宴)을 열라는 거조가 있다고 들었는데 지금 하늘의 질책이 그치지 않은 상황입니다. 이 일이 비록 그만둘 수 없는 성상의 효성에서 나왔다고 하더라도, 자성(慈聖) 또한 신기(神祇)를 받드는 주인이니 지금처럼 공경하고 두려워해야 하는 때 갑자기 즐기는 연향을 행하는 것은 도리가 아니고 또 그럴 마음도 아닐 것입니다. 형은 어찌하여

178 조비(祖妣) 유씨(柳氏)의 정려비(旌閭碑) : 송촌(松村)에 있는 송시열의 조모(祖母)의 정려비이다. 1653년에 정려되었다. 비문은 송준길이 짓고, 글씨는 송시열이 썼다. 《宋子大全隨箚 卷31》

179 고정(高井)의 일 : 124쪽 주170 참조.

간언해서 멈추게 하지 않으십니까. 그리고 설사 하더라도 음탕하고 외설스러운 외부의 기악(妓樂)들을 모아 궁궐에서 분잡하게 하는 것은 이미 마땅한 바가 아닌데, 하물며 도에 넘치는 것이 기악 말고도 더 있는 데이겠습니까. 대저 관(官)의 물건으로 조금 안면(顔面)을 씻은 자에게 별독(別督)이라는 이름을 붙인 것은 일의 체모를 크게 잃어서 성조(聖朝)에 누를 끼치는 것이니, 이것이 어찌 예를 잃은 가운데 또 예를 잃은 것이 아니겠습니까.

청주(淸州)는 우리 고장입니다. 관비(官婢) 정이(貞伊)에 대한 일을 자세히 들었는데, 국구(國舅 김우명(金佑明))의 일은 형편없다고 할 만합니다. 형은 일찍이 정자(程子)가 논한 용녀(龍女)에 대한 설[180]을 보았습니까? 형이 조정에 있지 않다면 그만이지만 지금 어찌 그대로 두고 말하지 않아서 후세의 비난을 초래할 수 있겠습니까. 유추해 보면 나머지는 알 수 있습니다. 제가 개탄스럽게 여기는 것은 지난겨울 별자리의 변고[181]는 실로 드문 일이라 반드시 그에 상응하는 변고가 있을 것이라는 점입니다. 처음에는 상하가 놀라서 조만간 사달이 날 것처럼 하더니, 어찌하여 한 해도 되지 않아 그 마음을 벌써 잊고서 한결같이 풍형예대(豐亨豫大)[182]인 것처럼 처신한단 말입니까. 가령 꼬리가 긴

180 정자(程子)가……설 : 장재(張載)가 지예원(知禮院)이 되어 용녀를 선제부인(善濟夫人)에 봉하고 부인의 품복(品服)을 따라야 한다고 하자, 정이(程頤)가 말하기를 "용은 짐승이므로 사람의 의관(衣冠)을 착용해서는 안 되고, 또 용이 무슨 공이 있습니까?" 하니, 장재가 아무 말도 하지 못하였다. 《二程遺書 卷21上 師說》

181 지난겨울 별자리의 변고 : 1664년 10월 11일 밤에 나타난 혜성을 가리킨다. 《顯宗實錄 5年 10月 12日, 26日》

182 풍형예대(豐亨豫大) : 풍형(豐亨)은 《주역》 〈풍괘(豐卦)〉의 "풍은 형통하니 왕

혜성(彗星)이 여러 사람이 제각각 주장하는 설과 같다면 제가 감히 알 바가 아니지만, 아마도 이와 같지는 않을 것입니다.

그리고 한 가지 일이 있으니 감히 다 말하지 않을 수 없습니다. 제가 받은 비방이 이미 적지 않으니 또한 온갖 일이 다 있다고 할 것입니다. 어쩌면 좋습니까. 또 제가 일찍이 율곡(栗谷)에 대해 문묘(文廟)에 종사(從祀)하기에 부족하다고 했다는 말이 이런 때에 격발되어 나왔습니다. 설사 제가 과연 그런 말을 했더라도 이런 때에 말을 전해서 저를 위험에 빠뜨릴 계책을 내는 것은 차마 못할 짓인데, 하물며 전혀 그렇지 않은 경우이겠습니까. 지금 젊은이들이 팔을 걷어붙이고 격분하여 욕하는 자까지 있다고 하니 매우 두렵습니다. 이만 줄입니다.

별지

이 문정(李文靖)은 참으로 성인입니다.[183] 그리고 장자(張子)가 "사

이라야 이를 수 있다.〔豐亨, 王假之.〕"에서 가져오고, 예대(豫大)는 《주역》〈예괘(豫卦) 단(彖)〉의 "예의 때와 뜻이 크다.〔豫之時義大矣哉!〕"에서 가져와서 네 글자로 합성한 말이다. 풍요롭고 안락한 태평성대를 뜻한다.

183 이……성인입니다 : 이 문정은 송(宋)나라 재상 이항(李沆)을 가리킨다. 이항이 정승이 되어 사방에서 일어나는 수재(水災)와 도적의 피해를 날마다 세세히 아뢰자 당시 참지정사(參知政事)였던 왕단(王旦)이 "너무 작은 일이니, 굳이 임금에게 아뢸 것이 없다."라고 하였으나, 이항은 "지금 젊은 군주에게 이러한 어려움을 알게 하여야 한다. 그렇지 않으면 뒤에 군주가 안일에 빠질 것이니, 나는 늙어서 보지 못하고 죽겠지만 왕 참정(王參政)은 이 때문에 크게 걱정하게 될 것이다."라고 하였다. 이항이 죽은 후, 진종(眞宗)은 과연 국가가 무사하다고 하여 봉선(封禪)을 일삼고 궁궐을 지으며 간신들을 등용하였다. 이에 왕단은 이항의 원대한 안목에 감탄하여 "이 문정은 참으로 성인이다."라고 하였다. 《宋史 李沆列傳》

람이 의심이 없기를 바라지만 불가능한 일이다."라고 한 말 또한 어찌 지론(至論)이 아니겠습니까. 사람이 스스로 어떻게 반성하느냐에 달려 있을 뿐입니다. 마음은 비록 그렇지 않지만 행적에 유사한 점이 있다면 사람들이 의심하는 것이 지나치더라도 내게 실로 의심을 초래할 만한 단서가 있는 것이니, 이것으로 남을 헤아린다면 이것이 곧 자신을 책망하는 것은 후하게 하고 남을 책망하는 것은 박하게 하는 방법입니다. 어떻게 생각하십니까?

○ 길보(吉甫 윤선거(尹宣擧))가 "내가 의심을 잘한다."라고 한 말 또한 매우 두려운 부분입니다. 그러나 사람은 실로 남을 책망하는 데에는 밝으면서 자신을 책망할 때에는 그렇지 않은 경우가 있습니다. 그가 지난날 저에게 말하기를 "효고(孝考 효종(孝宗))가 승하하신 뒤에 어찌하여 세도(世道)를 전부 남에게 맡기지 않아서 분란을 초래하는가."라고 하였는데, 세도를 남에게 맡기지 않은 것은 참으로 저에게 죄가 있습니다. 하지만 세도에 대한 책임을 얻지 못했는데 이렇게 말이 많은 것은 또 어째서입니까. 이것을 가지고 남을 의심한다면 남을 의심하는 것이 또한 너무 심합니다. 또 이른바 세도라고 하는 것은 저에게 지나치게 걸맞지 않고, 저 또한 일찍이 이것을 자임한 적이 없습니다. 지금 그의 말이 이와 같으니 또한 심히 부끄럽습니다. 그러나 이제부터 입을 다물고 자취를 거두어 오늘날 세도를 맡은 자가 의심하고 꺼리는 일이 없게 하려고 하더라도 제 스스로 돌아볼 때 지기(志氣)가 경박하니 또한 끝까지 이 뜻을 지킬 수 있을지 모르겠습니다. 대체로 오늘날 온전하기를 구하는 사 중에 저를 보기를 병에 전염될 듯이 여기지 않는 자가 없으니, 이것이 바로 신중한 선비가 취사를 결정할 부분입니다. 형 또한 이렇게 하고 싶지

않더라도 외부의 말이 분분한 것 때문에 괴로워하고 있으니, 이에 대해서는 방법이 한 가지 있습니다. 저에게 비록 미워할 만한 일이 있더라도 우선은 신중히 하여 다른 사람에게 말하지 말고 저에게만 경계하시고 제가 비록 남들이 미워할 만한 일을 형에게 알리더라도 그 편지를 그 사람에게 보이지 말아서, 이렇게 2, 3년간 한다면 외부의 말들이 자연히 소멸될 것입니다. 그렇지 않고 단지 말단만 다스린다면 힘만 많이 들고 실익이 없을 것입니다.

송명보에게 보냄 을사년(1665, 현종6) 10월 4일

與宋明甫 乙巳十月四日

서리가 내려 차가운데 객지에서 지내시는 건강은 신의 가호로 더욱 좋으십니까?

특별히 할 말이 있습니다. 제가 일찍이 길보(吉甫 윤선거(尹宣擧)) 등 여러 사람들과 우계(牛溪)와 율곡(栗谷)의 연보(年譜) 편찬[184]을 의논하는 자리에 참여하게 되었는데, 여러 사람의 의론이 모두 두 분의 연보를 합쳐 한 책으로 만들되 문묘(文廟)에 종사(從祀)하는 것과 변론하는 상소 등은 뒤쪽에 함께 붙이는 것이 합당하다고 하였고, 저의 생각도 역시 그러하였습니다. 그런데 어제 노선생(老先生 김장생(金長生))께서 신 광주(申廣州)[185]에게 보냈던 편지를 보니 "그대가 우계에게 긴 편지를 보내 율곡을 심하게 비난했다. ……"라고 하였습니다. 전에도 이미 선생께서 신 광주에게 불만이 있는 줄은 알고 있었지만 그가 율곡을 심하게 비난한 것까지는 일찍이 생각지 못했던 일이니, 이 때문

184 우계(牛溪)와……편찬 : 송준길과 함께 1650년(효종1)경부터 김집(金集)의 명에 따라 이이(李珥)의 연보를 편찬하고 교정하였으며, 이를 바탕으로 이해부터는 이이와 성혼(成渾)의 연보를 하나로 편찬하게 되었는데, 이 일에는 이미 성혼의 연보를 편찬한 바 있는 윤선거 및 이유태(李惟泰)도 참여하였다. 두 사람의 연보는 송시열의 서문을 붙여 이해 간성 군수(杆城郡守)로 나간 정양(鄭瀁)이 강릉(江陵)의 송담서원(松潭書院)에서 간행하였다.《宋子大全 卷137 栗谷牛溪二先生年譜序》

185 신 광주(申廣州) : 광주 목사를 지낸 신응구(申應榘, 1553~1623)를 가리킨다. 본관은 고령(高靈), 자는 자방(子方), 호는 만퇴헌(晩退軒)이다.

에 마음이 매우 두려웠습니다. 그러나 우계에게는 지성스러운 사람입니다. 이번에 두 분의 연보를 통합하고 이 사람을 뒤쪽에 붙여 놓고 보니 율곡을 추앙하여 존경하는 사람들의 마음에는 거북한 점이 있겠지만, 만일 전부 없애 버리려고 한다면 우계의 문하생에 대해서 이렇게 해서는 안 될 것 같았습니다. 그래서 저의 생각에 '벗을 사귀는 도리로는 주자(朱子)와 남헌(南軒 장식(張栻)) 같은 이가 없으나 역시 연보를 합친 규례가 없으니, 차라리 각각 따로 연보를 만들어 뒤쪽에 붙이는 내용이 각기 서로 거리끼는 바가 없게 되는 것만 못하다…….'라고 하였는데, 여러 사람의 의론은 "작은 일 한 가지 때문에 이미 합친 것을 다시 둘로 나누는 것은 타당하지 못한 점이 있다."라고 하였으니, 이 말 또한 소견이 없는 것은 아닙니다. 또 "노선생께서 책망하는 편지를 보냈으니 사귀는 도리가 끊어지지 않은 것이고, -그 편지는 갑진년(1604, 선조37) 익산(益山)에 있을 때의 것이다.- 또 신 광주가 처음에는 비록 행위가 좋지 않았지만 나중에는 뉘우친 사실이 있으니, 《율곡 선생 연보》에서 삭제할 필요가 없다."라고 하였는데 그 말 또한 일리가 있습니다. 형께서 한마디로 가부를 정해 주시는 것이 어떻겠습니까?

어제 떠나려고 할 때 길보의 편지를 받았고, 방금 보은 군수(報恩郡守)를 만났기에 이 편지를 써서 그에게 주어 형께 전하도록 합니다. 이만 줄입니다.

○ 이런 논의에 대해 또한 간섭하다가 거듭 비난을 초래하고 싶지 않지만 이번은 부득이 말을 하는 것이니 이 점 이해하시고, 젊은 사람들이 보지 않도록 해 주시기 바랍니다.

송명보에게 답함
答宋明甫

새벽에 일어나 편지를 보냈는데 보내오신 편지에 저의 편지를 받아 보았다는 말씀이 없으니 의아스럽습니다. 형께서 지난해 여러 달 동안 주상을 모셨는데 어찌 다시 미진한 일이 있겠습니까. 다만 요사이의 일을 들어 말한다면, 성상께서 원자(元子)를 책봉하는 예식을 시급히 거행하려 하지 않는 것은 그 뜻이 극히 좋습니다. 또 성상의 뜻을 가만히 헤아려 보면 원자가 숙성하고 체구가 크기는 하지만 사실은 만 다섯 살이니, 큰 예식을 전담하여 행할 때 하나하나 예절에 맞게 하기를 어찌 감히 바라겠습니까. 수많은 눈이 지켜보는 때 만일 조금이라도 실수가 있게 된다면, 신하들이야 만족스럽지 못하게 여기는 뜻이 전혀 없겠지만 성상의 입장으로 말한다면 어찌 안타까운 마음이 없겠습니까. 제 생각으로는 성상의 뜻이 이와 같을 것입니다. 또 신하의 마음으로 말한다면, 예로부터 책봉하는 예식을 가을이나 겨울에 거행한 적이 없습니다. 이는 다름이 아니라 봄과 여름은 양(陽)의 계절이고 가을과 겨울은 음(陰)의 계절이어서입니다. 동궁(東宮)을 세우는 일은 여름에 하는 것도 완전히 좋지는 못한 법인데, 더구나 가을이나 겨울은 더욱 적절한 때가 아닌 듯합니다. 이는 음양가(陰陽家)의 설이 아니라 성인이 하늘을 본받는 도리도 마땅히 사시(四時)에 순응하여 상서(祥瑞)를 내리게 하는 것이니, 두어 달 뒤로 조금 미루어 내년 봄 1월 삼양(三陽)이 되어 음양이 조화될 때를 기다리면 매우 좋겠습니다. 형의 뜻은 어떠십니까?

만일 이러한 의견으로 건의하고자 하신다면 반드시 허목(許穆)의 상소에 "국본(國本)이 결정되지 못했다."라고 한 망녕된 말을 극력 논파(論破)하여, "당초에 원자가 탄생했을 적에 비록 부녀자나 어린아이라도 누가 국본이 이미 정해졌음을 알지 못했으리오마는, 그의 망발이 이러하니 매우 애석합니다. 다행히도 대신(大臣)[186]이 그의 말을 극력 공격한 덕에 즉시 저지되었으니 국가의 다행입니다. ……"라고 한다면 완비될 것 같습니다.

만일 근본적인 것을 논하려고 하신다면 어찌 성학(聖學)에 힘쓰시라고 하는 것에서 벗어나겠습니까. 예모(禮貌) 차리는 것을 타파해 버리고 신하들을 자주 접견한다면 병을 요양하는 데에도 유익하리라는 뜻으로 반복하여 진달하는 것이 지극히 좋을 것입니다.

백성을 아끼는 정책에 있어서는, 전역(田役)은 감당하기 어려운 지경에까지 이르지 않았으나 신역(身役)이 가장 불쌍하며, 신역 중에서도 수군(水軍)이 더욱 애처롭습니다. 그러나 수군은 단지 남정(男丁)만 신역에 응하지만 노비의 경우에는 남녀가 모두 신포(身布)를 내고 있으니 더욱 변통하지 않아서는 안 됩니다.

186 대신(大臣) : 정태화(鄭太和, 1602～1673)를 가리킨다. 《宋子大全隨箚 卷3》 본관은 동래(東萊), 자는 유춘(囿春), 호는 양파(陽坡)이다. 영의정 정광필(鄭光弼)의 5대손으로, 좌의정 정치화(鄭致和)와 예조 참판 정만화(鄭萬和)의 형이다.

송명보에게 답함

答宋明甫

보내오신 편지는 삼가 잘 받아 보았습니다. 다만 죄를 지어서 존귀하게 된다는 말은 고금에 듣지 못했습니다. 그러나 형이 그 존귀한 데에 처하려고 한다면 이 죄명을 올려 드리겠습니다. 그리고 석년에 김만기(金萬基) 영공(令公)이 백분(伯奮)[187]을 막을 때 김만준(金萬埈)이 운운했던 것이 있습니다. 제 생각에 하류에 있으면 의당 이렇게 될 것입니다.[188] 지금 여러 차례 이처럼 가르침을 받았으니, 그 또한 다행이고 영광입니다. 상소 운운한 것은 깊이 생각하고 말씀하신 것입니까? 언제 올릴 수 있습니까? 다시 가르침을 주시기 바랍니다. 연보(年譜)의 서문[189]은 형세상 입정(入靜)한 뒤에야 할 수 있을 것입니다.

대기(大朞)가 이미 박두하였으므로 처음에는 남평(南平)[190]을 기다

187 백분(伯奮) : 윤원거(尹元擧, 1601~1672)의 자이다. 본관은 파평(坡平), 호는 용서(龍西)이다. 윤선거(尹宣擧)와 종형제 간으로, 윤증(尹拯)의 종숙(從叔)이다. 김장생(金長生)의 문인인데, 기해예송(己亥禮訟) 때 남인을 옹호하다가 송시열 일파의 비난을 받았다.

188 하류(下流)에……것입니다 : 자공(子貢)이 "주(紂)의 불선(不善)이 이처럼 심하지는 않았으니, 이 때문에 군자는 하류에 있는 것을 싫어한다. 천하의 악이 모두 모여들기 때문이다."라고 한 말을 가리킨다.《論語 子張》 윤원거가 송시열의 예론(禮論)과 반대편에 있었기 때문에 한 말인 듯하다.

189 연보(年譜)의 서문 : 송시열과 송준길이 함께 교정하고 편찬한 이이(李珥)와 성혼(成渾)의 연보에 대한 서문을 가리킨다. 134쪽 주184 참조.

190 남평(南平) : 송시열의 막냇동생 송시걸(宋時杰)인데, 당시에 남평 현감으로 있

려서 함께 동쪽으로 가려고 하였는데, 어제 남평의 편지를 보니 출발한 지 반일 만에 병이 나서 돌아갔다고 하니 지극히 염려됩니다. 의당 혼자 가서 제사를 지내고 그대로 조용한 곳에 앉아서 서쪽의 소식을 기다려야겠습니다. 서원(西原)의 글이 과연 조카 기후(基厚)[191]에게서 나왔다면 심히 잘못된 것이니 지극히 한탄스럽습니다. 이만 줄입니다.

었다. 《宋子大全隨箚 卷3》

191 기후(基厚) : 송시열의 당질(堂姪) 송기후(宋基厚, 1621~1674)이다. 자는 성백(誠伯)이고, 호는 문도재(聞道齋)이다. 아버지는 송시열의 사촌 송시염(宋時琰)이다. 송시열과 송준길의 문인이다.

송명보에게 보냄 병오년(1666, 현종7) 2월

與宋明甫 丙午二月

전에 보내신 답장은 삼가 잘 받았습니다. 《예기(禮記)》 〈상복소기(喪服小記)〉 주석 내용이 비록 이와 같지만 이를 이유로 차자(次子)를 위해 참최를 입는다는 뜻은 보지 못했습니다. 어제 황생(黃生 황세정(黃世楨))의 편지를 보니 19일에 대간(臺諫)의 계사에서 김수홍(金壽弘)[192]을 사판(仕版)에서 삭제하기를 청하였는데 윤허받지 못했다고 하니,[193] 경악스러움을 금할 수 없습니다. 이런 일은 모두 다른 사람에게 화를 입히는 행위이니 어찌하면 좋습니까. 황생의 편지를 전달해 올려보내려고 하였으나 마침 역소(役所)에 있어서 하지 못했습니다. 비석 세우는 일은 여기도 틈이 나는 날이 없으나 달리 얻을 곳이 없어 1일에 잠깐 불러서 갔습니다. 이곳은 2일에 비석을 세우려고 합니다.

192 김수홍(金壽弘) : 1601~1681. 본관은 안동(安東)이고, 김상용(金尙容)의 손자이다. 공조 정랑, 호조 참판을 거쳐 지돈녕부사를 역임하였다. 1674년에 효종의 비 인선대비(仁宣大妃) 장씨(張氏)가 죽자 자의대비(慈懿大妃) 조씨(趙氏)의 복상 문제가 다시 대두되었는데, 이때 송시열의 주장에 반대하고 남인의 주장에 동조하였다. 또한 명·청 교체기 중국 연호의 사용에 있어서도 송시열은 명나라 연호인 숭정(崇禎)을 주장한 반면 김수홍은 청나라의 강희(康熙)를 주장하여, 청나라에 항거하여 순절한 할아버지의 뜻과 반대되는 행보를 보였다.

193 19일에……하니 : 당시 공조 정랑이던 김수홍이 기해예송(己亥禮訟)에 대한 윤선도(尹善道)의 주장을 모아 사람들에게 전파하자, 대사간 이은상(李殷相)과 정언 최관(崔寬) 등이 김수홍을 사판에서 삭제할 것을 청하였으나 현종이 윤허하지 않았다. 《顯宗實錄 7年 2月 19日》《宋子大全隨箚 卷3》

송명보에게 답함
答宋明甫

지나가는 인편에 전해 보내신 편지는 잘 받아 보았습니다. 완(完) 대감[194]의 꿈 운운한 것은 명확하게 기억할 수 없으니 한탄스럽습니다. 유직(柳稷)이 상소하였을 때[195] 유 정승(柳政丞 유성룡(柳成龍))의 손자들이 곽문용(郭文溶)[196]에게 말하기를 "조부께서 율곡(栗谷)을 존경하여 신복(信服)하는 마음이 얕지 않으셨기 때문에 우리들은 유직의 상소에 감히 참여하지 않았다. ……"라고 했다는 것은, 대개 정(鄭)의 말과 서로 부합합니다.

유 정승이 함묵하고 있었다고 운운한 것은 이한(李翰)이 일찍이 언급하지 않았으니 무슨 일인지 모르겠습니다.

말씀하신 상주(尙州) 소식은 마땅히 문안(文案)대로 믿겠습니다마는, 어찌 당초에 사특한 논의를 하는 사람들이 급하게 장천(長川)에게 답하여서 그 뒤에 완론(緩論)에 저지된 것이겠습니까. 또 점쟁이 김가

194 완(完) 대감 : 완남부원군(完南府院君) 이후원(李厚源)을 가리킨다.

195 유직(柳稷)이 상소하였을 때 : 효종 초에 관학 유생(館學儒生) 등이 또 상소하여 이이(李珥)와 성혼(成渾)을 문묘(文廟)에 종사(從祀)하기를 청하자, 이상진(李象震) 등이 상소하여 배척하였고 영남 유생 유직 등이 뒤를 이어 상소하였다. 이들 중 소두(疏頭) 8명이 삭적(削籍)되고 유직은 부황(付黃)의 벌을 받기까지 하였다.《孝宗實錄 1年 5月 1日, 6月 22日 · 25日》《同春堂集 卷22 大匡輔國崇祿大夫……浦渚趙公諡狀》

196 곽문용(郭文溶) : 자는 성징(聖徵)이고, 문경 현감(聞慶縣監)을 지냈다. 송준길의 문인이다.《同春堂集 續集 卷12 門人錄》

(金哥)라는 사람은 분명히 정탐꾼입니다. 제가 그때 그가 호남(湖南)으로 가기 위해 길을 나선 것이 아닐 것이라고 참으로 의심했는데, 어제 자구(子耇)[197]의 편지를 보고서 비로소 믿게 되었습니다.

신생(申生)은 곧 신만(申曼)입니다. 다시 그 편지를 검토해 보니 봉화(奉化)의 아들이 아니고 곧 조카라고 했습니다. 방금 조근(趙根)의 편지를 보건대 김수홍(金壽弘)이 화산(花山 안동(安東))에 긴 편지를 보내 중지해서는 안 된다고 격려했다고 하니, 참으로 이른바 "살무사는 죽어 가면서도 꼬리를 흔든다."라는 것입니다.

오늘 홍(洪)의 편에 길보(吉甫 윤선거(尹宣擧))의 편지를 받아 보셨습니까? 상소로 논하는 것을 그만둘 수 없다는 것이었고, 초려(草廬 이유태(李惟泰))의 뜻도 역시 그렇다고 합니다. 형세상 막을 수 없으니 그대로 맡겨 둘 뿐입니다. 그러나 이 고을에서 누가 감히 형의 분부를 어기겠습니까. 이만 줄입니다.

197 자구(子耇) : 한수원(韓壽遠, 1602~1669)의 자이다. 본관은 청주(淸州)이다. 김장생(金長生)의 외손자이자 제자이다. 1635년(인조13) 성균관에 들어가 동료 유생들과 함께 이이와 성혼을 문묘에 배향할 것을 상소하였다가 허락되지 않자 과거 시험을 단념하였다.

송명보에게 보냄 병오년(1666, 현종7)

與宋明甫 丙午

감영(監營) 편에 쪽지를 겨우 부칩니다. 김수홍(金壽弘)의 이른바 "장자(長子)가 후사가 없이 죽으면 참최를 입지 않는다."라는 말은《의례(儀禮)》사종설(四種說)의 소(疏)의 마지막 문단[198]에서 나온 말인 듯합니다. 김의 설은 수찬(修撰)이 어제 가져갔습니다. 그의 설은 강빈(姜嬪)에 관해 누누이 말하며[199] 끊임이 없으니, 그의 마음이 어찌 예(禮)를 논하는 데에 있겠습니까.

오미자(五味子)와 저보(邸報)는 잘 받았으며, 저보는 보고 나서 돌려드리겠습니다. 가묘(家廟)는 이미 삼산(三山)으로 모셔 왔습니다. 비석을 세울 시기가 아득하니 답답하기 그지없습니다. 제 동생은 현재 거취를 고민 중인데 엊저녁에 만나 보니 병세가 심하여 매우 염려스럽습니다.

방금 출처가 불분명한 한 장의 글에 영남 사람들의 상소[200]를 불러온

198 의례(儀禮)……문단 : 사종설은 가통(家統)을 이은 아들이라도 부모가 그를 위해 삼년복을 입지 않는 네 가지 경우가 있다는 설을 말한다. 마지막 문단이란 그중 네 번째인 적손을 후사로 삼은 경우를 가리킨다. 37쪽 주25 참조.

199 강빈(姜嬪)에……말하며 : 강빈은 소현세자(昭顯世子)의 빈이다. 김수홍이 예를 논할 때 항시 강빈을 든 것은 송시열이 남몰래 왕의 종통(宗統)을 탈취하려 한다고 하려는 저의가 있었기 때문이다.《宋子大全隨箚 卷3》

200 영남 사람들의 상소 : 영남 유생 유세철(柳世哲) 등 1000여 명이 연명으로 상소하여 효종의 국상 때 자의대비(慈懿大妃)가 기년복을 입은 일이 잘못되었다고 주장하며

계책이 맨 먼저 백옥(伯玉)[201]에게서 나왔다고 적혀 있는데, 그럴 리가 있습니까. 방백(方伯)이 말한 한여연(韓如淵)은 누구입니까? 한여해(韓如海)의 형제인 듯한데 또한 단정할 수가 없습니다.

길보(吉甫 윤선거(尹宣擧))의 책은 봉하여 보내 드립니다. 연전에 이 친구가 예를 의논할 때 여(驪)[202]의 의론에 자주 반대하자, 형이 저에게 "길보는 신통하다고 할 만하다."라고 하고 또 "복이 있겠다고 할 만하다."라고 하였습니다. 그리고 지난가을에 초려(草廬 이유태(李惟泰)) 및 저와 함께 동학사(東鶴寺)에서 모였을 때에도 길보가 여를 소인(小人)이라고 했는데, 이번에 또 이런 흉흉한 일이 있으니 그 신통하고도 복 있음이 또한 연전보다 갑절이나 된다고 하겠습니다.

이달 초순 익산(益山)으로 가는 도중에 윤증(尹拯)과 우연히 만났는데 "아버지가 최근에 여의 편지를 받았는데, 그가 스스로 옳다고 여기는 것이 더욱 심하다고 하였습니다."라고 하였습니다. 그 사람이 연초에 오랫동안 형의 마을에 머물렀다고 들었는데 그의 이론(理論)을 들어 보셨습니까? 이만 씁니다.

지금이라도 바로잡기를 청하였다.《顯宗實錄 7年 3月 23日》

201 백옥(伯玉) : 김시진(金始振, 1618~1667)의 자이다. 본관은 경주(慶州), 호는 반고(盤皐)이다.

202 여(驪) : 여강(驪江)에 거처했던 윤휴(尹鑴)를 가리킨다.

송명보에게 답함

答宋明甫

어제 보내 주신 편지는 참으로 위안이 되었습니다. 다만 토정(土亭 이지함(李之菡))에 대한 말씀은 걸맞지 않으니 사람을 배꼽 잡고 웃게 합니다. 이곳 여러 젊은 사람들의 의론은 어찌 엄히 금하기를 기다린 뒤에 그치겠습니까. 설사 우리들이 죄를 짓게 되더라도 때와 형세를 보아야 하는데, 더구나 지금 성명(聖明)께서 위에 계시니 어떻게 처분하실지 모르겠습니다. 저들이 하는 짓은 그 마음 씀을 보건대 개도 그 똥을 먹지 않을 것이니, 저들과 비교하는 것은 욕되지 않겠습니까. 오늘날 젊은이들에게 요구되는 것은 단지 그 근원을 강구하여 밝혀서 의심나는 바가 없게 하는 것입니다. 이만 줄입니다.

송명보에게 답함 병오년(1666, 현종7) 4월 7일

答宋明甫 丙午四月七日

사관(史官)이 형의 편지를 전해 주었으니, 매우 위로되고 감사하였습니다. 장차 소장을 올려 부계(附啓)하신다고 들었는데, 그 상소의 내용은 어떻게 쓰시겠습니까? 관학 유생들이 그다지 밝혀낸 것이 없는 것처럼 한다면 하지 않느니만 못합니다. 제가 어찌 감히 하겠습니까. 다만 칩복(蟄伏)하여 대간의 계사가 정지되기를 기다리고, 저들이 재차 일을 벌이는지의 여부[203]를 보고 나서 스스로 죄를 논열하고 죄를 청할 뿐입니다. 저들이 온양(溫陽)에 많이 왔다고 하는데, 만약 실제로 재차 일을 벌인다면 반드시 목숨을 걸고 다투게 될 것이니 그 형세가 더욱 두렵습니다.

고향을 떠나온 뒤로 두 차례 편지를 올렸는데 받아 보지 못하셨다니 의아합니다. 이 내한(李內翰)의 책자는 아직 다 베끼지 못했으니, 베낀 뒤에 올려보내겠습니다. 영상 대감이 나서서 책임을 떠안았으니[204] 그 뜻이 감사하고 가상합니다. 오늘의 일은 만약 성명(聖明)께서 위에

203 저들이……여부 : 이때 영남의 유생 유세철(柳世哲) 등 1000여 명이 연명으로 상소하여 효종의 국상 때 자의대비(慈懿大妃)가 기년복을 입은 일이 잘못되었다고 주장하며 지금이라도 바로잡기를 청하였는데, 그들이 같은 일로 다시 상소할 수 있음을 말한 것이다. 《顯宗實錄 7年 3月 23日》

204 영상……떠안았으니 : 영남의 유생들이 상소하였을 때 당시 영상이던 정태화(鄭太和)가 나서서 기해년(1659) 국휼 때 자의대비의 복을 기년복으로 정한 사람은 자신이라고 한 일을 가리킨다. 《宋子大全隨箚 卷3》《顯宗實錄 7年 3月 23日》

계시지 않았다면 저희 집안 종족들은 모두 주멸되었을 것이니, 분골쇄신하겠다는 바람을 금할 수 없습니다. 그러나 사세(事勢)가 급변하는 시기에는 더욱이 오늘의 일이 단언하기 힘든 사례의 표본이 될 것입니다. 방백(方伯)의 편지를 보건대 용기백배하게 된다고 하니, 한마디로 눈앞의 상황만 볼 뿐이라고 하겠습니다.

송명보에게 답함

答宋明甫

탄핵하는 소장이 자주 올라갈 것이라는 염려는 실로 말씀하신 대로입니다. 한때의 흉흉한 상태가 언제나 안정될지 모르겠습니다. 문소(聞韶)에서의 일[205]은 지극히 놀랍습니다. 이곳 선비들이 비록 매우 어리석기는 하지만 차마 이 무리의 사람들과 비교할 수 있겠습니까. 오늘 이생(李生)이 와서 친한 사람들에게 이미 사적으로 편지를 보냈다고 하였는데, 경솔하게 보냈다고 할 만합니다. 그러나 멀리 벗어나지 않고 돌아온다면 괜찮지만 만약 그 잘못을 기어이 이루려고 한다면 작은 일이 아닙니다. 길보(吉甫 윤선거(尹宣擧))의 편지에 사성(思誠)[206]이 오늘날 매우 크게 깨달았다고 하니, 이는 실로 붕우들의 복입니다. 다만 말세의 인심은 변천하는 것을 자주 보았으니, 만약 다시 심하게 부딪치는 일이 있으면 그의 마음속에 있는 문제가 전처럼 튀어나올까 염려됩니다. 그러나 이 사람은 결국 선한 사람입니다. 일찍이 그의 편지를 보니 영남의 일[207]에 대해 우리를 위해 심히 걱정하는 말이 있었

205 문소(聞韶)에서의 일 : 문소는 경상도 의성(義城)의 옛 이름이다. 1666년(현종7) 유세철(柳世哲) 등 영남 유생 1000여 명이 복제에 대해 상소를 올릴 때 의성에 모여서 대회를 하였던 것으로 보인다. 《宋子大全隨箚 卷3》《顯宗實錄 7年 3月 22日, 23日》

206 사성(思誠) : 권시(權諰, 1604~1672)의 자이다. 본관은 안동(安東)이고, 호는 탄옹이다. 1차 예송(禮訟) 때 송시열과 대립하여 윤선도(尹善道)를 지지하다가 같은 서인의 공격을 받았다. 그의 아들 권유(權惟)가 송시열의 사위이다.

207 영남의 일 : 143쪽 주200 참조.

습니다. 그러나 초려(草廬 이유태(李惟泰))와 미촌(美村 윤선거)은 탄옹(炭翁)이 여(驪 윤휴(尹鑴))보다 심하다고 합니다. 제가 입이 닳도록 그렇지 않다고 말해도 끝내 의견이 합치되지 않으니, 소견이 같지 않은 것이 이와 같습니다. 이만 줄입니다.

송명보에게 답함

答宋明甫

어제의 답장은 매우 감사합니다. 모(某) 영공(令公)의 상소는 제 생각에 천득(天得 이상진(李尙眞))을 가리키는 듯합니다. 오늘날 영남의 일을 그와 비교한다면 욕이 됩니다. 아(丫)[208]의 뜻은 잘못된 듯한데 어찌 경계하지 않았습니까? 저는 이것도 감히 할 수 없습니다. 이 일뿐만 아니라 아(丫)와 서로 쌓인 것이 매우 많기 때문에 소식이 통하지 않은 지 오래되었습니다. 그런데 어제 갑자기 편지를 보내왔으니, 매우 놀랍고 두렵습니다.

208 아(丫) : 송시열의 문집 가운데 '아(丫)'는 대부분 김익렴(金益廉)을 가리키는데, 여기에서도 문맥으로 볼 때 김익렴을 가리키는 것으로 보인다. 《宋子大全隨箚 卷3》

송명보에게 답함

答宋明甫

어제 보내신 편지는 삼가 잘 받아 보았습니다. 박(朴)[209]의 편지에, 유능(幼能 이단상(李端相))이 영남의 일에 대해 몹시 안타깝게 여기며 자신에게 관학(館學) 상소의 초본을 짓게 하려고 하였는데 여(驪 윤휴(尹鑴))가 근자에 책자 하나를 지어 이쪽 사람들의 논의를 극력 배척하였고 그의 이름 또한 그 안에 들어 있었기 때문에 두려워서 감히 부응하지 못했다고 하였습니다.

여(驪)를 논하는 설은 시(市)[210]의 설이 합당한 듯합니다. 길(吉 윤선거(尹宣擧))은 끝까지 경솔하다고 하였는데, 그 정상(情狀)을 상세히 보고 나서야 비로소 소인(小人)이라고 하였습니다. 황(黃)의 무리[211]의 뜻은 지금 어떠한지 모르겠습니다. 다만 그 무리의 설은 자주 변해서 모호하여 파악할 수 없습니다. 어제 감히 상세히 말씀드리지 못한 것은 박(朴)이 한 경고를 깨고 싶지 않아서였는데 지금 하신 질문을

209 박(朴) : 박세채(朴世采, 1631～1695)를 가리킨다.《宋子大全隨箚 卷3》본관은 반남(潘南), 자는 화숙(和叔), 호는 현석(玄石)·남계(南溪)이다. 송시열의 손자 송순석(宋淳錫)은 그의 사위이다. 숙종 초기까지는 송시열과 정치적 입장을 같이하였으나, 노·소 분열 이후에는 윤증(尹拯)을 두둔하고 소론계 학자들과 학문적으로 교류하였다.

210 시(市) : 호가 시남(市南)인 유계(兪棨)를 가리키는 듯하다.

211 황(黃)의 무리 : 황세정(黃世楨)과 송규정(宋奎禎)을 가리킨다. 이들이 윤휴 쪽으로 붙었는데, 송시열이 누차 경계하고 꾸짖었으나 듣지 않았다.《宋子大全隨箚 卷3》

받들어 감히 이렇게 말씀드립니다. 부디 이 편지를 즉시 없애고 누설하지 마십시오. 이만 줄입니다.

송명보에게 답함
答宋明甫

어제 김포(金浦)의 이생(李生)이 형에게 가서 하직하려고 하기에 편지 한 통을 부쳤는데, 이생이 날이 저문 것을 보더니 가지 않았습니다. 지금 보내신 편지를 받았으니 그리운 마음이 조금은 위로가 됩니다.

저는 지금 동쪽으로 들어가려고 합니다. 저녁에 비가 오더니 아침에는 개어서 햇빛이 맑고 온화합니다. 두 성인(聖人)께서 유람하시어[212] 만물이 기뻐하고 있으니 천재일우(千載一遇)의 기회라고 할 만합니다. 자책하는 소장을 언제 올릴 수 있겠습니까? 저의 뜻은, 영남의 소장을 보지 못했고 그 비답(批答)도 알지 못하면서 갑자기 어가(御駕)를 맞이하지 못하겠다고 말하는 것은 감히 할 수 없는 일이니 단지 몸을 움츠리고서 기다릴 뿐입니다. 행재소(行在所)의 여러 사람들에게 보여도 괜찮을 것입니다. 떠나기 전에 급히 지어야 하는 글이 있어서 소장의 초본을 지을 겨를이 참으로 없고, 겨를이 있다고 하더라도 원래의 소장과 비답을 보지 못했으니 어렵지 않겠습니까.

송징은(宋徵殷)은 그 부고를 듣지 못했는데 형의 편지에서 말씀하셨으니 놀랍고 슬픕니다. 그의 아버지는 어찌 견디겠습니까. 슬프기 그지없습니다. 조 판서(趙判書)의 일은 전혀 듣지 못했으니 답답합니다. 이만 줄입니다.

212 두 성인(聖人)께서 유람하시어 : 현종이 자전(慈殿)을 모시고 온양 온천에 거둥한 일을 가리키는 것으로 보인다. 《顯宗實錄 7年 3月 26日》

송명보에게 보냄

與宋明甫

그저께 보낸 편지는 받아 보셨습니까? 영남의 상소에 대해 다시 들은 것이 있습니까? 연전에 재이(載邇 서필원(徐必遠))가 어떤 사람에게 말하기를 "내가 지금은 비록 이와 같지만 모(某)가 만약 위태롭거나 화를 당한다면 구제할 사람은 오직 나뿐이다. 오늘날 의당 눈을 감지 않고 볼 것이다."라고 하였으니, 매우 우습습니다. 방백(方伯)의 조보(朝報)는 기인(其人)을 통해서 올려보내겠습니다. 이만 줄입니다.

송명보에게 답함

答宋明甫

연이어 편지를 받았으니, 위안되고 다행입니다. 지난해에는 비록 흉악한 유언비어가 있었으나 성상께 알려진 일은 없었는데, 지금은 이전과 크게 달라서 감히 행재소에 가까이 갈 수 없습니다. 형의 경우는 저와 차이가 있어서 윤선도(尹善道)가 이미 심하게 논하지 않았으니, 조금씩 자신의 잘못을 진달한 뒤에 수가(隨駕)해서 도성으로 돌아가 원량(元良)을 받들어 책례(冊禮)를 거행하고 그로 인하여 덕의(德義)를 가르친다면 온 나라가 그 덕을 입을 것입니다. 형세를 가만히 보니 이와 같이 해야 할 듯합니다. 만약 행재소에서 어전에 나아갈 때 영남의 일을 통렬히 진달한다면 더욱 좋겠습니다. 이렇게 한다면 근처의 선비들이 더욱 상소하여 따지는 일이 없을 것입니다. 대저 상소하는 일은 시비를 막론하고 장자(長者)가 제지하는데도 그치지 않으면 이치를 심하게 해치게 됩니다. 동래(東萊)가 이르기를 "형의 팔을 비틀었다면 먼저 형의 팔을 비튼 잘못이 있으므로 비튼 이유가 무슨 일인지는 다시 물을 필요가 없다."라고 하였는데,[213] 오늘의 일이 바로 이와 같습니다.

213 동래(東萊)가……하였는데 : 동래는 송(宋)나라 학자 여조겸(呂祖謙)의 호이다. 맹자가 제자인 옥려자(屋廬子)에게 이르기를 "형의 팔을 비틀어야 밥을 빼앗아 먹을 수 있고 비틀지 않으면 먹지 못한다 하여도, 장차 비틀겠는가."라고 한 말을 인용하였다. 《孟子 告子下》 여기에서는 이미 도리에 어긋난 행위를 하였다면 그 이유는 따질 필요가 없다는 의미로 사용하였다.

또 한 가지 일이 있으니, 오늘날 영남 사람들이 떠드는 것은 실로 개 짖는 소리입니다.[214] 그들 중에는 허목(許穆)과 윤휴(尹鑴)와 같은 글을 짓지 못할 사람이 반드시 많을 것입니다. 이쪽 사람들 또한 이와 같을 것이니 어찌 심히 부끄러운 일이 아니겠습니까. 생각건대, 회덕(懷德)과 옥천(沃川)의 선비들을 모아도 그들의 식견과 의론이 권유(權惟)[215] 형제들의 절반이라도 감당할 수 있겠습니까. 제가 매번 이것으로 집안의 젊은이들에게 경계하기를 "너희들은 단지 그 예서(禮書)의 본말을 연구하라."라고 하였으니, 이렇게 하지 않고 단지 분분하게 떠들기만 하면 어찌 가소롭지 않겠습니까.

지난번 편지에서 명백하고 정직하다고 운운한 것은 농담을 잘한다고 할 만합니다. 초려(草廬 이유태(李惟泰))가 일찍이 말하기를 "그대가 탄옹(炭翁 권시(權諰))이 불선(不善)한 것을 모르지 않는데도 여자처럼 둘러대었으니, 이는 정직하지 않다. 동춘(同春 송준길)이 젊은이들에게 들어가 '여(驪 윤휴)와 탄(炭)이 불선하다는 것을 알면서도 엄정하지 않은 주장을 하였으니, 이 또한 정직하지 않다. 오늘날은 나처럼 우직한 이가 없다. ……'라고 하였다." 하였으니, 어찌면 이렇게 그대의 말씀과 부합합니까. 한바탕 크게 웃을 만합니다. 진리(秦吏)의 소식은 어떤 경사가 그것만 하겠습니까. 오늘날 온갖 고통을 다 겪고 있어서

214 개 짖는 소리입니다 : "개 한 마리가 이상한 형체를 보고 짖으면 다른 개들이 그 소리를 듣고서 짖어 댄다."라는 속담에서 나온 말로, 일의 진위(眞僞)를 살피지도 않고 자기 주관도 없이 맹목적으로 붙좇는 것을 말한다. 《潛夫論 卷1 賢難》 여기에서는 영남 유생들이 기해년의 복제(服制)에 대해 상소한 일을 가리킨다. 《顯宗實錄 7年 3月 23日》

215 권유(權惟) : 송시열의 맏사위이자 권시의 아들이다. 《宋子大全 卷201 夫人李氏墓表》

일찍 죽는 것만 못하지만, 이 한 가지만이 잠깐이라도 죽지 않고 싶은 이유입니다.

송 상제(宋喪制)의 별지는 돌려드립니다. 노선생(老先生 김장생(金長生))이 논한 것은 수숙(嫂叔) 간에 계체(繼體)의 구분에 불과하고, 대강만을 말하고 계체 속에서 그 후박(厚薄)을 세분할 겨를은 없었습니다. 제 뜻은 이와 같은데 어떻게 생각하시는지 모르겠습니다.

원량의 휘는 운서(韻書)에 황(晄)으로 되어 있으니 황(晄) 자와 같이 읽어야 할 것입니다.

이생(李生)이 어제 《경자록(庚子錄)》[216]을 빌려 갔습니다. 일찍이 시남(市南 유계(兪棨))이 손자에게 찌를 붙이게 한 곳이 있다고 말한 것을 기억하고 있습니다. 지금 시남이 살아 있다면 분명히 변별할 것입니다. 생각하니 눈물이 납니다. 이만 줄입니다.

216 경자록(庚子錄) : 송시열의 제자인 조근(趙根)이 집록(輯錄)한 책으로, 경자년(1660, 현종1) 예송 때 공사(公私)의 글 및 고금의 예설(禮說)과 전후의 연석(筵席)에서 대화한 내용을 수록하였다. 《損庵集 損庵趙公年譜》

송명보에게 답함

答宋明甫

아침에 보내신 편지는 잘 받아 보았습니다. 다만 "반드시 둘로 하려 든다."[217]라는 말씀은 우습기 그지없습니다. 오늘날의 사세(事勢)는 우리로 말하면 동지가 많아 군사가 강성한 편이고, 저들로 말하면 적이 많아 힘이 갈리고 있는 형편이니, 형과 제가 함께하기를 바라는 마음이 그지없습니다.

다만 저들이 이미 공격 목표를 나누어 둘로 하기는 하였으나 윤선도(尹善道)의 상소 때부터 이미 경중(輕重)과 취사(取捨)를 구별하고 있으며, 홍우원(洪宇遠)과 김수홍(金壽弘)은 그 표적을 전적으로 저에게 돌렸고, 영남 사람들은 또 한 사람만 공격하자는 의론을 주창했기 때문에 창녕(昌寧)이 그들의 의론에 자못 참여하게 된 것입니다. 형이 비록 저와 함께하려고 하고 제가 비록 형과 함께하려고 한들 될 수 있는 일이겠습니까. 만일 혹시라도 외부 사람들이 저와 함께한다면 저에게는 영광스럽고 또한 힘이 되는 일인데 제가 어찌 바라지 않겠습니까.

또 옛날에 이기(李芑)[218] 등이 문순공(文純公 이황(李滉))까지 해치

217 반드시……든다 : 당시에 홍우원과 김수홍 등이 송준길을 아울러 배척하기도 하고 송시열만 공격하기도 하였는데, 송준길의 편지에서 이 일을 언급하였을 것이다. 《宋子大全隨箚 卷3》

218 이기(李芑) : 1476~1552. 본관은 덕수(德水), 자는 문중(文仲), 호는 경재(敬齋)이다. 1545년(인종1) 을사사화 때 윤원형(尹元衡)과 결탁하여 윤임(尹任)의 세력을 제거한 공로로 보익 공신(保翼功臣) 1등에 책록되고 풍성부원군(豊城府院君)에

려고 하다가 그의 무리가 "이처럼 한다면 소인(小人)이란 이름을 면하기 어려울 것이다."라고 하여 마침내 그만두었습니다. 오늘날 저들이 한편만 들어 공격하는 것이 어찌 형의 성덕(盛德)에 더욱 광채가 있게 만들지 않겠습니까. 또 생각건대 이 일은 시일이 오래 지날수록 더욱 커질 것이니, 형이 모름지기 우물 밖에 있어야 우물 속에 있는 사람을 건질 수 있습니다. 오늘날 형이 홀로 초연히 벗어나는 것이 꼭 우리들의 복이 되지 않는 것은 아닐 것입니다. 어떻게 생각하십니까?

봉해졌으며, 1549년(명종4) 영의정에 올랐다. 죽은 뒤 문경(文敬)이라는 시호가 내려졌지만, 선조 초 훈작(勳爵)이 추삭(追削)되고 묘비도 제거되었다.

송명보에게 보냄 정미년(1667, 현종8) 1월 6일

與宋明甫 丁未正月六日

요사이 기거는 어떠십니까? 더욱 번잡하리라 생각됩니다. 저는 지금 고요한 곳에 들어와 있으니 참으로 차꼬를 벗어 버린 것 같습니다. 글은 며칠 뒤에 올리겠습니다. 지금은 단지 병을 핑계 대고 싶습니다. 시사(時事)에 대해 조금이라도 말하려고 하면 단지 입에서 나오는 대로 말하여 일에 해가 될까 염려됩니다. 또 길보(吉甫 윤선거(尹宣擧))의 비난이 두려워 주저하고 있는데 형은 장차 어떻게 하시려는지 모르겠습니다. 여러 논의가 모두 우리가 반드시 가기를 원하고 있는데, 방백(方伯) 형제의 의론을 들어 보니 그렇지 않은 점이 있습니다. 그들은 "만약 큰일을 하려고 한다면 괜찮지만, 책례(冊禮)를 위해서 반드시 움직이는 의리라면 선현의 출처(出處)와 관련된 행적에서 그것을 보지 못했다."라고 합니다. 이만 줄입니다.

송명보에게 보냄

與宋明甫

어제 보낸 편지는 받아 보셨습니까? 조보(朝報)와 정목(政目)을 아울러 돌려드립니다. 지숙(持叔) 영공의 일은 지극히 탄복스럽지만 설거주(薛居州) 한 사람이 어찌하겠습니까.[219] 저의 처지가 만일 요즈음 같지 않았다면 필시 그냥 두지 못해서 다시 분분한 소란을 일으켰을 것입니다. 일찍 이렇게 하지 못한 것이 매우 한스럽습니다. 어제 보낸 이(李)의 표(表)에 '수불감사(遂不敢辭)' 아래에 '이략지지(而略識之)' 네 글자가 빠졌습니다. 이만 줄입니다.

219 지숙(持叔)……어찌하겠습니까 : 지숙은 민유중(閔維重)의 자이다. 1667년(현종8)에 중국 사람 임인관(林寅觀) 등 95명이 제주도에 표류했는데, 조정에서 그들을 청(淸)나라로 압송하려고 하자 민유중이 상소를 올려 불가함을 진달하였으나 중론에 따라 결국 압송하였다. 《宋子大全隨箚 卷3》《顯宗實錄 8年 10月 3日》 설거주는 전국시대 송(宋)나라 신하이다. 맹자가 송나라 신하 대불승(戴不勝)에게 이르기를 "그대는 설거주를 선한 선비라 하여 그를 왕의 처소에 거처하게 하였는데, 왕의 처소에 있는 장유(長幼)와 비존(卑尊)이 모두 설거주와 같은 사람이라면 왕이 누구와 불선(不善)한 짓을 할 것이며, 왕의 처소에 있는 장유와 비존이 모두 설거주와 같은 사람이 아니라면 왕이 누구와 선한 일을 하겠는가. 한 명의 설거주가 홀로 송왕(宋王)에게 어찌하겠는가."라고 하였다. 《孟子 滕文公下》 여기에서는 민유중을 설거주에 비유한 것이다.

송명보에게 답함 정미년(1667, 현종8) 1월 11일

答宋明甫 丁未正月十一日

유우(兪友)가 와서 편지를 전하고 또 귀댁의 새사람이 좋다고 말하니 위로되고 경하드리는 마음 금할 수 없습니다. 저는 앓고 있는 감기가 아직 낫지 않았습니다. 유우가 오기는 했지만 하는 일에 강하게 힘을 쓸 수 없으니 한탄스럽습니다. 보내오신 편지에서 근력이 다하여 움직일 수 없다고 말씀하셨지만 사람들은 모두 형이 반드시 가는 것은 의심할 바 없다고 하니, 이것은 무슨 까닭입니까? 과연 사람들의 말과 같다면 삼가 형을 위해 염려됩니다. 비록 아침에 책례(冊禮)를 행하고 저녁에 한수(漢水)를 건너 나오더라도 그 은례(恩例)와 상격(賞格)을 면할 수 없을 것이니, 이것은 크게 혐의가 될 수 있습니다. 더구나 혹시라도 떠나지 못해서 을사년(1665)에 지체했던 것처럼 되어 비방이 사방에서 일어난다면 장차 어찌하겠습니까. 모쪼록 잘 헤아린 뒤에 들어가서 비난하는 자들의 말을 초래하지 마십시오. 어떻게 생각하십니까? "명절(名節)은 보존하기 어렵다."[220]라는 말을 욀 때마다 마음에 송연하지 않은 적이 없기 때문에 이렇게 말씀드립니다. 이 말을 형을 아껴서 하는 좋은 규간(規諫)으로 삼으신다면 변화하는 추세를 살펴 잘 헤아려 처신하여 큰 허물은 없을 수 있을 것입니다. 저는 7일에 이미 소장을 올렸습니다. 초본을 보내니 보신 후에 돌려주십시오. 이만 줄입니다.

220 명절(名節)은 보존하기 어렵다 : 송(宋)나라의 명재상 한기(韓琦)가 "부귀는 구하기 쉽지만 명절은 보존하기 어렵다."라고 한 말을 가리킨다. 《晦庵集 卷97》

송명보에게 보냄 정미년(1667, 현종8) 8월 19일

與宋明甫 丁未八月十九日

요사이 근황은 어떠하십니까? 깊숙이 들어온 뒤로 서로 문안할 길이 없어 서글픕니다. 저는 적막한 가운데 조손(祖孫)이 함께 지내는 것 외에는 달리 말씀드릴 것이 없습니다. 이태양(李泰陽)의 상소[221]는 들어 보셨습니까? 그가 어떤 사람이고 그 상소 내용이 얼마나 긴요한지 대수롭지 않은지는 모르겠습니다만, 그 나오는 것이 한이 없으니 어쩌면 좋습니까. 다음 달 보름 전에 신부를 맞아들이려고 하는데 그때 서쪽으로 돌아가면 뵐 수 있을 것 같습니다. 다만 저쪽에 무슨 변고가 있을지 알 수 없을 뿐입니다.

○ 출가한 딸은 아버지의 후사가 된 자에 대해 강복(降服)하지 않는데, 아버지가 살아 있을 때에도 그렇게 합니까? 적자(嫡子)는 있는데 적손(嫡孫)은 없는 경우의 의리로 미루어 보면 강복해야 한다는 데 의심이 없습니다. 다만 그 아버지가 이미 장자(長子)를 위해 삼년복을 입었으면 그 딸 또한 기년복을 입어야 합니까? 이른바 '아버지의 후사가 된 자'란 그 아버지가 그를 위해 삼년복을 입은 아들을 가리킵니까?

221 이태양(李泰陽)의 상소 : 현종 때의 유생으로, 붕당의 폐해에 대한 상소를 올려 노론과 남인이 국정을 전횡하고 서로 공격하여 천재(天災)를 불렀다고 주장하였다. 《顯宗實錄 8年 8月 6日》

송명보에게 답함 정미년(1667, 현종8) 8월

答宋明甫 丁未八月

보내 주신 답장은 위로가 되었습니다. 지난번에 좌의정[222]에게 들으니 "나라 안에 지금 《집주소학(集註小學)》을 반포하는데 언해(諺解)는 예전대로 한다면 영(郢) 사람이 연(燕)나라 상국(相國)에게 편지를 쓴 이야기[223]와 다름이 없다. 조정에서 만약 하나의 국(局)을 설치하여 별도로 언해를 만들어 병행되게 한다면 좋을 듯하다. ……"라고 하였습니다. 지금 예관(禮官)이 오는 것은 이 일 때문인 듯합니다. 이만 줄입니다.

222 좌의정 : 허적(許積)을 가리키는 것으로 보인다. 《송자대전수차(宋子大全隨箚)》 권3에는 정치화(鄭致和)라고 하였으나, 이때 정치화는 우의정, 좌의정은 허적이었고, 이듬해인 무신년(1668) 2월에 정치화가 좌의정이 되었다. 《顯宗實錄 8年 8月 25日, 9年 2月 24日》 만약 《송자대전수차》의 내용이 맞다면 이 편지는 정미년이 아니라 무신년의 편지여야 한다.

223 영(郢)……이야기 : 원래의 의도와는 다른 결과를 초래하는 것을 가리킨다. 옛날 초(楚)나라 영 땅 사람이 연나라 재상에게 국서(國書)를 보냈는데, 국서를 쓰는 도중에 방이 어두우므로 촛불을 들고 있는 사람에게 "촛불을 들라.〔擧燭〕"라고 말하니 받아쓰던 사람이 그 말까지 잘못 써넣었다. 이에 국서를 받은 연나라 재상은 이 말을 현인을 등용하라는 암시로 알고 현인을 등용하여 나라를 잘 다스렸다고 한다. 《韓非子 外儲說左上》

송명보에게 보냄 무신년(1668, 현종9) 9월

與宋明甫 戊申九月

병 때문에 도성에 들어가지 못해 아직까지 만나지 못하고 있으니 한탄스럽습니다. 또 격례에서 벗어난 새로운 명(命)을 받았으니,[224] 황공하기 그지없습니다. 외람됨을 무릅쓰고 소장을 올리게 되었으니, 또 장차 여러 날이 소요될 것 같습니다.

어떤 사람이 어버이의 묘를 이장하려고 관을 꺼냈는데 사정이 생겨서 외관(外棺)을 갖추어 우선 다른 산에 매장하고 내년을 기다리고 있습니다. 그 기간이 빨라질지 늦어질지는 아직 기약하지 못하는 상태입니다. 장차 어떻게 해야겠습니까? 헤아려 알려 주십시오. 벼슬에 있는 자도 아직 장사 지내기 전처럼 해야 합니까? 이만 줄입니다.

224 격례에서……받았으니 : 당시 영의정 정태화(鄭太和)가 송시열을 세자의 서연(書筵)에 출입하게 해야 하는데 명호(名號)가 없어서 불편하다고 하자, 현종이 송시열에게 세자부(世子傅)를 겸임하게 한 일을 가리킨다. 《顯宗改修實錄 9年 9月 25日》

송명보에게 보냄 무신년(1668, 현종9) 10월 7일

與宋明甫 戊申十月七日

소명(召命)을 듣고 감히 계속 누워 있을 수 없어 병을 무릅쓰고 나아갔으나 지금까지 밥 한 톨 목에 넘기지 못하였으니 오싹하여 스스로 불안합니다. 부득이 휴가를 청하여 평산(平山)에 있는 조부 산소에 가서 성묘하고 이 기회에 시골집의 한적한 곳에서 며칠간 조용히 조섭하려고 합니다만, 이것은 격례에서 벗어나는 일이라 청을 들어주실지 모르겠습니다. 저의 안색을 성상께서도 불안하게 여기셨기 때문에 오늘 아침 권유(權愉)[225]를 보내와 살피게 하셨을 것입니다.

어제 한 얘기에 잘못이 있다고 생각지 못했습니다. 잘못이 있다면 필시 제가 형보다 배는 더할 것입니다. 문안에서 절하는 문제는, "당(堂) 아래에서 절해야 하는데 임금이 사양하면 비로소 당 위에 올라가 절한다."[226]라는 글귀로 보면 문안에서 하는 것이 옳을 듯한데, 여러 사람들이 그렇지 않다고 하니 어제의 일은 망녕된 것입니다. 두렵고

225 권유(權愉) : 1616~?. 본관은 안동(安東), 자는 낙이(樂而)이다. 1639년(인조17)에 의과에 급제하여 이때 어의(御醫)로 있었다. 《醫科榜目》《顯宗實錄 9年 1月 1日, 12月 4日》

226 당(堂)……절한다 : 공자가 이르기를 "당 아래에서 절하는 것이 예(禮)인데 지금은 당 위에서 절하니, 이는 교만(驕慢)하다. 나는 비록 사람들과 어긋난다 하더라도 당 아래에서 절하겠다."라고 하였는데, 이에 대해 주희(朱熹)가 설명하기를 "신하가 임금과 예를 행할 때에는 마땅히 당 아래에서 절해야 하는데, 임금이 이를 사양하면 그제야 당 위로 올라가서 절을 끝낸다."라고 하였다. 《論語集註 子罕》

두렵습니다. 지금 두려움에 떨려서 하나하나 말씀드리지 못하겠습니다.

○ 우리들이 스스로 처신할 것은 '귀(歸)'라는 글자 하나 외에 다시 무슨 일이 있겠습니까. 다시 황연(黃壖)[227]과 이석복(李碩馥)[228]이 있기를 기다린 뒤에야 돌아간다면 너무 지혜롭지 못한 것입니다. 지금 응시자들이 많이 모여 있으니 다시 무슨 일이 있을지 모르겠습니다. 이 때문에 빨리 서쪽으로 가고 싶은데, 만약 일이 있다는 소식을 들으면 그것을 계기로 남쪽으로 돌아가려고 합니다. 형은 광주(廣州)로 가실 뜻은 없습니까? 강화 경력(江華經歷)은 순량(循良)한 관리라고 들었습니다. 곡(斛)의 일은 필시 곡절이 있을 텐데 갑자기 엄중한 공박을 받았으니 한탄스럽고 애석합니다. 탁지(度支 호조(戶曹))에 대략 말은 하였는데 들어줄지 모르겠습니다.

227 황연(黃壖) : 영남의 유생으로 1667년에 상소하여 송시열과 송준길 등 9명을 비난하여 현종으로부터 정거(停擧)의 처분을 받았다. 《顯宗實錄 8年 2月 26日》 경상도 상주(尙州) 방촌(厖村) 뒤에 거주하였다. 《宋子大全隨箚 卷2》

228 이석복(李碩馥) : 1667년에 상소하여, 조정의 젊은 신하들이 싸움만 일삼으며 국가의 안위를 걱정하지 않는다고 비판하였다. 아울러 당시 유배 중이던 윤선도(尹善道)가 10년이 되도록 풀려나지 못하고 있음을 지적하여 고령인 윤선도를 사면해 줄 것을 간청하였다. 《顯宗實錄 8年 5月 11日》 이석복의 본관은 인천(仁川)이고, 충청도 옥천(沃川)에 거주하였다. 《宋子大全隨箚 卷2》

송명보에게 답함

答宋明甫

추위가 이처럼 심하니 몸이 움츠러들어 더욱 생기가 없는데 문안 편지를 받으니 위로되고 감사하기 그지없습니다. 아(丫)[229]의 일은 그가 비록 중시되지는 않았지만 또한 어찌 우리들이 먼저 손을 썼기 때문이겠습니까. 저는 단지 "하늘을 원망하지 않고 남을 탓하지 않는다."라는 글귀만을 지킬 뿐입니다.[230] 무엇보다 직명이 체차되면 뒤도 돌아보지 않고 돌아가서 전혀 자취를 남기지 않을 텐데 쉽게 기약할 수 없으니, 이런 고민을 어떻게 말할 수 있겠습니까. 이만 줄입니다.

229 아(丫) : 김익렴(金益廉)을 가리키는 듯하다. 김익렴이 살던 지명이기 때문에 그를 아연(丫淵) 또는 아계(丫溪)라고 부르기도 하였다. 《宋子大全隨箚 卷3》

230 단지……뿐입니다 : 공자가 "나를 알아주는 이가 없구나." 하자 자공(子貢)이 "어찌하여 선생님을 알아주는 이가 없다고 하십니까?" 하니, 공자가 이르기를 "하늘을 원망하지 않으며 남을 탓하지 않고, 아래로 인간의 일을 배워서 위로 하늘의 이치를 통달하니, 나를 알아주는 자는 하늘일 것이다."라고 한 말을 인용한 것이다. 《論語 憲問》 여기에서는 송시열이 자기의 처지를 편안히 받아들이겠다는 의미로 사용하였다.

송명보에게 답함 무신년(1668, 현종9) 11월

答宋明甫 戊申十一月

지난번 편지에서 공자가 안연(顔淵)에게 고하고 중궁(仲弓)에게 고한 말씀[231]을 보여 주신 뜻은 삼가 잘 알았습니다. 다만 저의 뜻과는 크게 상반됩니다. 오늘날 안으로는 궁중으로부터 밖으로는 여염에 이르기까지 한 가지도 병들지 않은 일이 없는 것은 전적으로 사의(私意)가 제멋대로 횡행하는 데에서 비롯되었습니다. 이것이 제거되지 않으면 공자, 맹자, 정자(程子), 주자(朱子)가 날마다 한가한 때에 모신다고 하더라도 무슨 도움이 되겠습니까. 그러므로 제 생각은 서둘러 성상의 마음을 깨우치는 것을 급선무로 삼아서 성상의 마음이 본말과 완급의 소재를 확연히 알게 해야 합니다. 그렇게 하여 하루 사이에 마음을 바꾸어 위에서 표준을 세운다면 오늘날 나라 형편이 이처럼 위급하더라도 만에 하나 부지할 가망이 있습니다. 그리고 성상의 마음에 학문과 일이 별건(別件)이 아니라는 것을 안 뒤에 하나의 선(善)을 듣고서 그 선을 행하고 하나의 이치를 밝혀서 그 이치를 미루어 나가 학문이 마음속을 그냥 스쳐 지나가지 않게 한 뒤에야 비로소 이로움이 있게 될 것입니다. 삼가 살펴보건대 성상께서 글의 뜻에 대해서는 기쁘게

231 공자가……말씀 : 안연이 공자에게 인(仁)을 묻자 "자기의 사욕을 이기고 예(禮)로 돌아가는 것이 인을 하는 것이다." 하였고, 중궁이 공자에게 인을 묻자 "문을 나가서는 큰손님을 뵌 듯이 하며, 백성에게 일을 시킬 때에는 큰 제사를 받들 듯이 하고, 자신이 하고자 하지 않는 것을 남에게 베풀지 말아야 한다."라고 한 말을 가리킨다. 《論語 顔淵》

듣지 않은 적이 없으나 마음을 바로잡고 일을 논하는 데에 이르러서는 곧 안색이 싸늘해지니, 그렇다면 기쁘게 들은 것 또한 그저 그런 것일 뿐입니다. 어찌 이른바 연석(筵席)이 공연히 만들어진 것이겠습니까. 만약 형의 말씀과 같다면 7년 된 병에 3년 묵은 쑥을 구하는 것[232]이니 이미 늦은 것입니다. 지금부터 또한 비축하지 않아서 끝내 죽고 망하는 데에 이르는 것이 어찌 이치이겠습니까.

그리고 제 선왕(齊宣王)과 양 혜왕(梁惠王)과 송 효종(宋孝宗)은 그 기질이 결코 같지 않은데 맹자와 주자가 진언(進言)한 것이 여러모로 일깨우면서 격절(激切)하지 않은 적이 없었고 다만 상세하고 소략한 차이만 있었습니다. 만약 형의 말씀과 같다면 맹자가 제 선왕과 양 혜왕에게 한 수많은 말과 주자의 무신봉사(戊申封事)[233]와 연화주차(延和奏箚)[234]가 모두 부질없는 말이 되고 맙니다. 더구나 공자가 안연

232 7년……것 : 맹자가 왕천하(王天下)하는 방법에 대해 논하면서 "오늘날 왕천하하고자 하는 것은 7년 된 병에 3년 묵은 약쑥을 구하는 것과 같으니, 만일 지금 약쑥을 뜯어 비축해 두지 않으면 종신토록 구해도 얻지 못할 것이다. 만일 인정(仁政)에 뜻을 두지 않으면 종신토록 근심하고 치욕을 받아 죽고 망함에 이를 것이다."라고 하였다. 《孟子 離婁上》 여기에서는 임금의 마음을 깨우치려고 하면 지금부터 차근차근 노력해야 한다는 의미로 인용하였다.

233 무신봉사(戊申封事) : 송 효종 순희(淳熙) 15년(1188)에 주희(朱熹)가 직보문각(直寶文閣) 주관서경숭산숭복궁(主管西京嵩山崇福宮)으로 있을 때 올린 봉사이다. 그 근본은 제왕(帝王)의 학문에 두고 있는데, 첫째 태자를 바르게 인도하고, 둘째 대신(大臣)의 적임자를 가려 뽑으며, 셋째 기강을 진작하고, 넷째 풍속을 변화시키며, 다섯째 백성의 힘을 기르고, 여섯째 군정(軍政)을 정리할 것을 언급하되, 임금의 마음이 바르면 천하의 일이 모두 바르게 된다고 하였다. 《晦庵集 卷11 封事》

234 연화주차(延和奏箚) : 주희가 송 효종에게 지어 올린 주차로, 순희 8년(1181)에 7회, 순희 15년에 5회 올렸다. 《晦庵集 卷13 奏箚》

과 중궁에게 고한 말이 다르기는 하지만 그 이치는 같습니다. 그러므로 경(敬)과 서(恕)에 종사하겠다고 하였으니,[235] 또한 장차 극복할 만한 사욕이 없을 것입니다. 그렇다면 '극기복례'와 '경서(敬恕)'가 과연 두 가지 일이겠습니까. 또 우리들이 오늘날 임금의 은총을 받았으면서 임금의 덕과 나라의 일에 털끝만큼도 도움이 없이 아직까지 머뭇거리면서 돌아가지 않고 있으니 이것이 무슨 도리입니까. 더구나 무익할 뿐만 아니니, 비난하는 자들은 도리어 해가 있다고 합니다. 예를 들어 금암(琴巖)[236]에 월름(月廩)을 지급해 달라는 청에 대해, 저의 생각은 단지 이렇게 해마다 기민(饑民)을 구제하고 서둘러 군량미를 비축하는 때 마지못한 경우가 아닌 데에 재물을 허비하는 것이 애석합니다.

근자에 들으니 외부 사람들이 혐의를 피하지 않는다고 많이들 말한다고 합니다. 저는 한 사람에게만 들었는데 제 아이가 들은 바로는 한 사람에게 그치지 않는다고 하였습니다. 이 아이를 불러다 물으시면 알 수 있을 것입니다.

성상께서 사의(私意)를 제거하지 못하시는 것이 본래 병통의 근원인데 또 이런 것으로 도우니 식자들의 의심이 없을 수 없고, 많은 사람들이 다투어 비난하는 것이 무슨 괴이할 것이 있겠습니까. 대저 서울에

235 경(敬)과……하였으니 : 공자가 중궁에게 대답한 내용 중에 "문을 나가서는 큰손님을 뵌 듯이 하며, 백성에게 일을 시킬 때에는 큰 제사를 받들 듯이 하라."라는 것은 경(敬)에 해당하고, "자신이 하고자 하지 않는 것을 남에게 베풀지 말아야 한다."라는 것은 서(恕)에 해당한다. 경과 서에 종사한다는 것은 중궁이 "제가 비록 불민하지만 이 말씀에 종사하겠습니다."라고 한 말을 바꾸어 표현한 것이다. 《論語 顔淵》

236 금암(琴巖) : 송국택(宋國澤, 1597~1659)이 살던 곳인데, 당시에 송국택의 부인이 살고 있어서 나라에서 월름을 지급해 주었다. 《宋子大全隨箚 卷3》

올라온 뒤에 조정의 분위기를 대략 보니 어수선하고 나태하여 한 가지도 믿을 만한 것이 없고, 믿을 것은 단지 성상의 마음뿐입니다. 지금 저의 망녕된 견해로 들여다보니, 허물 듣기를 즐거워하고 용맹하게 선(善)으로 옮겨 가려는 뜻이 부족한 듯하였습니다. 제가 부득이 한 말씀을 올리기는 하였으나 단지 몸을 닦고 집안을 바르게 하는 것만을 말하였고 그 외의 일에 대해서는 감히 거론하지 못하였습니다. 지금 보내온 편지에서 말씀하신 뜻을 보니 이렇게 말한 것도 오히려 너무 강하게 말했다고 하시는 것 같습니다. 형의 뜻도 이와 같다면 더 이상 무엇을 바라겠습니까. 그리고 제가 외람되게도 성상께서 염려해 주시어 한가한 자리에 있게 되었으니, 죽을 때까지 도성에 있더라도 무슨 불가할 것이 있겠습니까. 다만 은혜로운 대우가 날로 더해지니 이것이 큰일입니다. 제가 떠나려고 하는 이유가 바로 여기에 있는데 수(受) 대감[237] 같은 사람도 오히려 이러한 뜻을 헤아려 주지 않고 도리어 한번 분에 넘치는 은총을 받은 것을 요행으로 여겨 어전에서 아뢰지 않으려고 하시니, 지우(知友)를 만나기란 참으로 어렵습니다.

근자에 병이 날로 더해져서 종일토록 수저를 들지 못하고 밤새도록 잠을 자지 못하기도 하며, 때로 기침이 나면 오장육부가 온통 뒤집혀 한 식경이 지나서야 그치니 죽을 날이 머지않았음을 잘 알고 있습니다. 이 때문에 돌아가기를 청하고 싶은 마음이 간절한데도 지금까지 질질 끌고 있으니 실로 괴이한 일입니다. 병으로 마음이 무료하여 이렇게 속마음을 마구 다 말하였으니 양해해 주시기 바랍니다.

237 수(受) 대감 : 민정중(閔鼎重)을 가리킨다. 민정중의 자가 대수(大受)이기 때문에 이렇게 부른 것이다.

송명보에게 보냄
與宋明甫

오늘은 양기(陽氣)가 돌아오는 날인데 하나의 선(善)이 싹트는 것도 느끼지 못하고 온갖 근심만 모여드니 어찌하면 좋습니까. 그저께 사원(士元 박광일(朴光一))이 훈청(訓廳) 인정(人靜)의 온돌방이 따뜻하여 땀을 낼 수 있다고 극구 권하기에 마침내 그곳에서 묵고 늦게 일어났습니다. 교외의 집보다는 훨씬 나았으나 오래 머무는 것은 불편하여 어제 나왔습니다.

듣건대 성주(城主) 이운(李秐)이 석년에 판교(板橋)의 무고(誣告)로 여러 사람들이 의혹을 품어 아직까지 현읍(縣邑)에 의망되지 않는다고 하니, 마음속으로 적이 놀랐습니다. 당시에 제가 성주더러 실례를 하였다고 꾸짖었다는 말이 있었습니다. 그 말은 나온 곳이 있었고 돌고 돌아서 마침내 제원(濟原)에게 이르렀는데, 제원이 그 말이 나온 곳을 실제로 알고 있으면서도 변명해 주지 않았기 때문에 모르는 자들은 성주가 정말로 실례를 하였고 제가 정말로 꾸짖었다고 여겼으니, 제 마음이 항상 불안하였습니다. 이제는 계절이 바뀌고 해가 바뀌었으므로 의당 사라졌으리라 여겼는데, 거짓으로 인하여 사실에 해를 끼치는 것이 이와 같은 데에 이르렀으니 어찌 심히 한탄할 일이 아니겠습니까. 형과 좌우 시랑(侍郞)은 사는 곳이 가까우니 만약 만난다면 한마디 하여 그 원통함을 풀어 주시기 바랍니다. 그리고 공사(公事)로 말하면 그의 정밀하고 진실하며 우직함은 견줄 자가 없으니, 버린다면 아깝지 않겠습니까. 저는 지난밤 새벽까지 기침하느라 경하하는 반열에 나아가지 못했으니 부득이 소장을 올려 저의 죄를 아뢰고 이어 소회를 진달해야겠습니다.

송명보에게 답함 무신년(1668, 현종9) 12월

答宋明甫 戊申十二月

답신은 삼가 잘 보았습니다. 저의 뜻은, 우리들이 이곳에 머물러 있는 것이 어찌 전혀 무익하다고 하겠습니까마는 나라에 이로운 것은 심히 적고 몸에 손해되는 것은 심히 큽니다. 그렇다면 오늘날 거취의 의리는 알기 어렵지 않습니다. 형께서 만약 광주(廣州)에서 그대로 돌아가시려고 한다면 저는 의당 말씀을 받들어 조금 늦게 출발하겠습니다. 그렇지 않으면 제가 먼저 출발하는 것을 면치 못할 듯합니다. 헤아려 회답을 주시기 바랍니다. 다만 거취를 정할 때 필시 다른 사람들이 지레 계달(啓達)하여 특별한 은혜를 받게 될 것이니, 이는 크게 온당치 않습니다. 저처럼 불초한 자가 무슨 영향력 있는 인물이라고 매번 분수에 넘치는 은혜와 영광을 더해 주신단 말입니까. 이만 줄입니다.

송명보에게 답함 무신년(1668, 현종9) 12월

答宋明甫 戊申十二月

문안 편지가 연이어 이르렀으니 위로됨을 이루 말할 수 없습니다. 본원(本源)에 크게 이로운 바가 있다는 것은 실로 말씀하신 것과 같으니 참으로 만세토록 태평할 일이므로 어려울 일이 없을 것입니다. 이렇게 된다면 떠날 의리가 없고, 떠날 의리가 없으니 광주(廣州)로 갈 필요가 없을 것입니다. 저의 생각에는 매번 한갓 그 심신을 스스로 망친다고 크게 근심하곤 하였습니다. 지금 사직소에 무과(武科) 시험에서 선발하는 인원수를 추가했다가 도로 중지한 잘못을 언급하려고 하는데, 이 일에 대해 형의 뜻은 어떠한지 모르겠습니다. 말씀해 주시기 바랍니다. 선친의 묘표[238]를 일운(一運)[239] 영공(令公)이 보기를 원하기 때문에 홍길(興吉)[240]에게 베껴서 보내게 했습니다. 이만 줄입니다.

238 선친의 묘표 : 송준길의 부친 송이창(宋爾昌)의 묘표를 가리킨다. 송시열이 그 묘표문을 지었다. 《宋子大全 卷201 淸坐窩宋公墓表》

239 일운(一運) : 정만화(鄭萬和, 1614~1669)의 자이다. 본관은 동래(東萊), 호는 익암(益菴)이다. 영의정 정태화(鄭太和)의 아우로, 병조 참판, 대사간 등을 지냈다.

240 홍길(興吉) : 송준길의 서종제(庶從弟)이다. 《宋子大全隨箚 卷3》

송명보에게 보냄 기유년(1669, 현종10) 1월

與宋明甫 己酉正月

《자치통감강목(資治通鑑綱目)》은 겸하여 진강하는 것으로 여쭈어 정하였습니다. 제가 건의한 것은 단지 훈국(訓局)을 변통하는 일이었는데, 여론이 일치하지 않으므로 행해지지 못할 듯합니다. 별군직(別軍職)은 일이 가부간 결정이 나지 않은 상태에 있으므로 어떻게 결론이 날지 모르겠습니다. 이 외에는 대사마(大司馬)가 진달한 것이 많고 저는 옆에서 조금 거들었을 뿐인데 대체로 받아들여진 것이 많습니다. 정추(禎樞)에 대해 다시 들은 것이 있거든 알려 주십시오.

송명보에게 답함 기유년(1669, 현종10) 1월 24일

答宋明甫 己酉正月二十四日

편지를 받고 위로되는 마음 그지없습니다. 저는 잠잘 때 들려오는 사람 소리와 말〔馬〕 소리가 괴로워 그저께 소격동(昭格洞) 깊은 골짜기로 이사했는데, 몹시 맑은 것이 산골과 비슷한 점이 있어서 성시(城市)가 곁에 있다는 것을 느끼지 못합니다. 그러나 집이 엉성하여 한기(寒氣)를 받은 것이 가볍지 않아 지금 바위 사이에서 볕을 쬐고 있으니 이것이 무슨 광경입니까. 게다가 무중(武仲 유계(兪棨)) 집안의 일은 듣고서 놀랍고 참혹하여 살고 싶은 뜻이 전혀 없습니다. 그 장부(長婦)의 일[241]은 차마 들을 수 없는 일이지만 지극히 감탄스럽습니다. 채(蔡)의 소본(疏本)을 보았는데 매우 다행입니다. 상세히 읽어 보고 돌려드릴 계획입니다. 이만 줄입니다.

241 그 장부(長婦)의 일 : 장부는 유계의 아들 유명윤(兪命胤)의 처 윤씨(尹氏)를 가리킨다. 유명윤의 병이 위독해지자 윤씨가 단지(斷指)하여 피를 내서 먹인 일을 말한다. 《宋子大全 卷171 淑人尹氏旌閭碑》

송명보에게 답함 기유년(1669, 현종10) 2월 3일

答宋明甫 己酉二月三日

오늘 나아가지 못한 것은 실제로 병이 있어서이고 또한 마음에 불안한 바가 있어서였으나 종일토록 큰 집에서 염려하고 있었습니다. 방금 보내 주신 편지를 받으니 감격스럽고 위로되는 마음 그지없습니다. 방금 가형(家兄 송시묵(宋時默))의 편지를 보았는데 시골집의 3, 4명이 병이 위독하다고 하니 매우 심란합니다. 허물을 돌릴 데가 없어서 한강 너머로 나가는 것에 허물을 돌려 마침내 남쪽으로 내려가지 않았습니다. 오직 호서(湖西)의 직임이 체직된 것만이 기쁜 일입니다. 그러나 저는 또 아무 생각이 없고, 단지 밤낮으로 제공(諸公)이 협동하여 세도(世道)를 부지하기를 원할 뿐입니다. 나머지는 날이 저물어 이만 줄입니다.

송명보에게 보냄 기유년(1669, 현종10) 2월 5일

與宋明甫 己酉二月五日

어제 올린 답장은 받아 보셨습니까? 근일의 일은 형이 보시기에 어떻습니까? 처음에는 망녕된 생각에 그래도 할 수 있으리라 여겼는데 지금에 와서는 전혀 그렇지 않게 되었으니, 지난겨울에 남쪽으로 돌아가지 않은 것이 심히 후회됩니다. 어제 서필원(徐必遠)의 상소[242]에서 곧바로 대신(大臣)을 '불충(不忠)'이라고 지척하면서도 그것을 어렵게 여기지 않았습니다. 그리고 안흥창(安興倉)을 설치하는 일은 제가 주장한 것인데 이로 인하여 일어난 소란이 이 지경에 이르렀으니[243] 제가 어찌 감히 편안하겠습니까. 부득이 상소하여 물러나기를 청해야겠습니다. 형은 장차 어떻게 하실지 모르겠습니다. 대저 오늘날 사의(私意)와 속론(俗論)의 소굴과 근거지는 누구도 감히 건드릴 수 없는데 작은 힘으로 손을 대려고 하였으니 이렇게 된 것은 이상할 것이 없습니다. 이만 줄입니다.

242 어제 서필원(徐必遠)의 상소 : 《현종실록》에 실리지 않아 정확한 내용을 알 수 없다. 다만 1750년(영조26)에 이의철(李宜哲)이 편집한 《우암선생서절요집해(尤庵先生書節要集解)》 권2에, 당시 형조 판서 서필원의 상소에 "이 일이 국가에 해가 되는데도 의논하여 바로잡지 않았으니 이는 불충이다."라고 한 내용을 인용한 부분이 있다.

243 안흥창(安興倉)을……이르렀으니 : 송시열이 충청남도 태안(泰安) 안흥(安興)에 조창(漕倉)을 설치하자고 건의하자 현종이 대신과 비국의 신하들을 인견하여 논의하였는데, 의견이 분분하여 결국 최초 계획에서 절반으로 줄여 40칸으로 짓기로 하였다. 《顯宗實錄 10年 2月 3日》

송명보에게 보냄

與宋明甫

문안 편지는 매우 감사합니다. 저의 처지는 형이 보시기에 머물러 있을 만합니까? 에둘러 천천히 해면되어 돌아갈 계획을 세울 수밖에 없습니다. 오늘 올린 차자 또한 남을 허물하는 말이 없습니다. 《대학(大學)》을 먼저 공부해야 한다는 것에 대해서는 이미 선유(先儒)가 정한 의론이 있으니 바꿀 수 없을 듯합니다. 나머지는 조만간 찾아뵙고 말씀드리겠습니다.

송명보에게 보냄 기유년(1669, 현종10) 3월 9일

與宋明甫 己酉三月九日

봄추위가 아직 매서운데 서울도 그러한지 모르겠습니다. 객지에서 기거는 어떠하며, 거취에 대한 계획은 또 어떠합니까? 작년 겨울부터 매번 만년의 지조를 보전하시라는 말씀을 드렸습니다. 이는 실로 지극한 정성에서 나온 말인데 받아들여 주지 않으셨습니다. 그러나 이 마음은 오히려 변함이 없습니다. 나라에 무익하고 자신에게 해로워 훗날 돌아보면 후회를 이길 수 없을 것이니, 붕우도 함께 책임이 있는 것입니다. 서울에 있을 때부터 조금 들은 것이 있지만 감히 다 말하지 못하였으니, 말하지 않아도 이해하시리라 생각합니다. 약재(藥材)를 보내주셔서 매우 감사합니다. 이만 줄입니다.

송명보에게 보냄 기유년(1669, 현종10) 4월 1일

與宋明甫 己酉四月一日

형의 아이가 또 요절하였으니 너무나 참혹합니다. 대저 동배(同輩)들의 운기(運氣)는 모두 서로 관련이 있으니 어찌하면 좋습니까. 저는 외손의 상(喪)을 발인하여 보내고 날마다 여망(汝望 윤문거(尹文擧))과 괴로운 말을 주고받을 뿐입니다. 어가(御駕)가 궁궐에 돌아간 뒤의 계획은 어떠합니까? 돌아와 만년의 지조를 보전하는 것만 못할 것입니다. 이 말을 누차 드리기는 했지만 어찌 과도하다고 혐의할 수 있겠습니까. 간곡히 당부드립니다. 마침 예조 낭관의 행차를 만나 이렇게 써서 그 편에 전달합니다.

송명보에게 보냄 기유년(1669, 현종10) 4월 16일

與宋明甫 己酉四月十六日

요즈음 객지에서 지내는 근황은 어떠합니까? 오랫동안 안부를 듣지 못하여 그립기 그지없습니다. 형의 두 딸이 요절했을 때 모두 위문편지를 보냈는데 전달되었는지 모르겠습니다. 저는 처음에는 길가에서 어가를 뵙고 전송하려고 했는데 정상(貞相)이 힘껏 공격하여[244] 결국 감히 나아가지 못하고 단지 글만 올렸습니다. 민 영공(閔令公 민정중(閔鼎重))이 말하기를, 형이 보내온 편지에 춘궁(春宮)이 근자에 많이 수척해졌다는 말이 있었다고 하니 우려스럽기 그지없습니다. 지금은 어떠합니까? 마침 석남(石南) 인편을 통하여 대략 이렇게 씁니다.

244 정상(貞相)이 힘껏 공격하여 : 정상은 이경석(李景奭)을 가리킨다. 이때 현종이 왕대비와 중궁과 공주들을 대동하고 온천욕을 하기 위해 온양(溫陽) 행궁에 있었다. 이경석이 차자를 올려 "지난날 조정에서는 물러나려는 기색이 이어지더니 오늘날 행궁에는 달려가 문안하는 신하가 있다는 말을 듣지 못했습니다. 군부(君父)가 병이 있어 궁을 떠나 멀리 행궁에 계시면, 사고가 있거나 늙고 병들었거나 먼 곳에 있는 자가 아니라면 신하의 도리상 이와 같이 해서는 안 됩니다. 이는 나라의 기강과 의리에 관계된 것입니다." 하였는데, 그의 뜻은 송시열이 입조(入朝)하지 않고 있음을 지목한 것이었다. 《宋子大全隨箚 卷3》《顯宗實錄 10年 4月 3日》

송명보에게 보냄 기유년(1669, 현종10)

與宋明甫 己酉

어제 묘당(廟堂)의 의론[245]에 대해 윤허를 받았다는 소식을 듣고 저도 모르게 눈물을 흘렸습니다. 이는 소릉(昭陵)을 복위하고[246] 나서 느낀 사람들의 심정과 같습니다. 성덕(聖德)이 여기에 이르렀으니 또 무슨 근심이 있겠습니까. 참으로 경하하는 마음 금할 수 없습니다. 저는 설사 증상이 아직 그치지 않아 기운이 날로 빠지니 늠연히 스스로 불안합니다. 나머지는 뵙고서 말씀드리겠습니다. 이만 줄입니다.

245 묘당(廟堂)의 의론 : 태조의 두 번째 비 신덕왕후(神德王后) 강씨(康氏)의 능을 보수하고 태묘(太廟)에 부묘(祔廟)하자는 의론이다. 이해 1월에 송시열이 건의하고 다른 사람들이 잇달아 건의하였는데, 6월 24일까지는 현종이 계속해서 윤허하지 않았다. 9월 1일에 윤허한 이후 후속 조치를 하는 기사가 나온 것으로 보아 8월경에 윤허가 난 것으로 보이나 정확한 날짜는 알 수 없다. 《宋子大全隨箚 卷3》《顯宗實錄 10年 1月 4日, 6月 24日, 9月 1日》

246 소릉(昭陵)을 복위하고 : 소릉은 문종의 비인 현덕왕후(顯德王后) 권씨(權氏)를 처음 안산(安山)에 장례했을 때의 능호인데, 뒤에 문종의 능인 현릉(顯陵)으로 옮겨와 문종과 합장하였다. 1437년(세종19) 세자빈이 되었으며, 1441년에 단종을 출생하고 3일 뒤에 죽었다. 문종이 즉위한 후에 왕후로 추봉되고 1454년(단종2)에 인효순혜(仁孝順惠)의 휘호(徽號)가 추상(追上)되었는데, 세조가 즉위한 후 동생인 권자신(權自愼)이 성삼문(成三問) 등과 단종 복위를 꾀하다가 피살되자 죄인의 일가라고 하여 폐위되었다. 그 후 1512년(중종7) 11월부터 삼사에서 몇 달에 걸쳐 복위를 건의하였는데, 중종이 계속해서 거부하다가 1513년 3월에 마침내 윤허하여 복위되었다. 《宋子大全隨箚 卷3》《中宗實錄 7年 11月 22日, 8年 3月 6日》

송명보에게 답함 기유년(1669, 현종10) 8월 26일

答宋明甫 己酉八月二十六日

편지를 받고 위로되고 마음이 놓입니다. 헌의(獻議)한 내용 중에 "감쇄(減殺)하는 쪽을 따라서는 안 된다."라는 말씀[247]은 참으로 지론입니다. 그러나 열성조의 시책(諡冊) 중 잃어버린 것이 많으니 의당 함께 서둘러서 갖추어 두어야지 신덕왕후(神德王后)의 시책만 갖추어서는 안 됩니다. 어떻게 생각하십니까? 근자에 윤생(尹甥)[248]과 함께 지내고 있으니 참으로 기쁘고 다행스럽지만 또한 매우 가련합니다.

247 헌의(獻議)한……말씀 : 신덕왕후를 태묘에 부묘(祔廟)하기로 결정하고 시책문(諡冊文)을 새로 지어야 하는 상황이 되었는데, 이때 태묘에 부묘된 신위 중 시책문이 없는 곳이 여덟 곳이었다. 이 문제로 수의(收議)할 때 송준길이 신덕왕후의 시책문만 새로 지을 것이 아니라 나머지 시책문이 없는 일곱 신위의 시책문도 함께 지어서 갖추어야 한다는 의미로 한 말이다. 《同春堂集 卷9 神德王后諡冊追補議》《顯宗實錄 10年 9月 1日》

248 윤생(尹甥) : 송시열의 둘째 사위 윤단(尹摶)을 가리킨다.

송명보에게 보냄 기유년(1669, 현종10) 9월 9일

與宋明甫 己酉九月九日

날씨가 이미 청량해졌는데 형이 계신 정자에서도 그러한지 모르겠습니다. 예조 낭관이 또 멀리까지 왔으니 마음이 지극히 편치 않습니다. 질문하신 것은 제가 감히 알 수 있는 일이 아닙니다. 그러나 사체(事體)로 말하면, 종묘(宗廟)는 태조(太祖)의 종묘이고, 그 아래 열성(列聖)은 대왕과 왕비를 막론하고 모두 뜰에서 부알(祔謁)하는 것입니다. 지금 신덕왕비(神德王妃)는 곧 태조와 대등한 지위이니 어찌 아래로 신하들의 예와 같이 할 수 있겠습니까. 또 정알(庭謁)할 때 태종(太宗) 이하 여러 신위들께서 마음이 편할 수 있겠습니까. 저는 지금 다시 감히 헌의(獻議)하지 못합니다. 형께서 이러한 뜻으로 속히 글을 지어 진달하는 것이 어떻겠습니까? 부묘(祔廟)의 예가 초하루로 정해졌다는 소식을 들었으니 기쁘고 다행스러운 마음 금할 수 없습니다. 이만 줄입니다.

송명보에게 답함 기유년(1669, 현종10) 11월 25일

答宋明甫 己酉十一月二十五日

그저께 조카 기후(基厚)가 21일에 보내신 편지를 전해 주었으니, 오랫동안 격조하던 차에 매우 위안되고 감사하였습니다. 저는 조카 기융(基隆)의 상차(喪次)에서 몸이 손상된 것이 그대로 때아닌 설사가 되어 지금 고생하고 있으니 노년의 일이 매우 가련합니다. 말씀해 주신 성상의 건강은 놀랍고 염려되는 마음 끝이 없습니다. 저는 전혀 들은 것이 없습니다. 달려가서 문안드리는 것이 참으로 신하 된 정(情)과 의리상 당연하지만, 저의 경우는 병세가 이미 억지로 일어나기 어려운 형편이고 또 시의(時義)가 편치 않아서 단지 속만 태울 뿐입니다.

〈돈암서원묘정비(遯巖書院廟庭碑)〉의 오자(誤字)는 당연히 말씀하신 대로 하겠습니다. 〈동래남문비(東萊南門碑)〉에 추록(追錄)하는 것[249]은 삼가 글이 오기를 기다리겠습니다. 영손(令孫)들의 일은 저 또한 들은 바가 없습니다. 다만 조카 기융이 살아 있을 때 의론을 좋아하여, 인가(人家)의 자제들이 대문 밖을 조금만 나가도 행동이 뜻에 차지 않고 부형(父兄)에게 누를 끼치는 것이 많다고 매번 말하였습니다. 그래서 그는 자식들을 매우 엄하게 단속하여 사람들과 접하거나

249 동래남문비(東萊南門碑)에 추록(追錄)하는 것 : 송시열이 〈동래남문비〉를 지어 임진왜란 당시 동래산성에서 왜적을 막다가 전사한 사람들의 사적을 기록하였는데, 비문을 완성한 뒤에 당시 양산 군수(梁山郡守) 조영규(趙英珪) 역시 동래 부사 송상현(宋象賢)과 함께 순절했다는 얘기를 듣고 동래남문비 끝에 조영규의 사적을 추록하였다. 《宋子大全 卷171 東萊南門碑》

한가하게 출입하지 못하게 하였습니다. 그는 이미 죽었지만 그의 말은 매우 생각해 볼 만하므로 자손들을 수습하여 굶주림을 참으며 함께 지키려고 하는데, 서울에 있는 자들이 많아서 우려가 매우 깊기 때문에 지난번 편지에서 대략 언급하였던 것입니다. 대저 젊은이들은 스스로 통제를 벗어나 있게 해서는 안 됩니다. 나머지는 병을 무릅쓰고 쓰느라 이만 줄입니다.

송명보에게 답함 경술년(1670, 현종11) 7월 7일

答宋明甫 庚戌七月七日

체편(遞便)을 통해 멀리서 보내신 답장을 받았으니 기쁘기 그지없습니다. 말씀하신 서울의 일은 지극히 한탄스럽습니다. 이곳은 외부에서 오는 사람도 없고 조보(朝報)도 없고 또한 서찰도 없어서 정황을 일체 듣지 못했고, 지금 부본(副本)을 통해서 그 대략을 상상해 봅니다. 석년에 서울에 있을 때 제가 매번 제 아들에게 말하기를 "모(某)는 반드시 처음부터 끝까지 조심성이 많은 사람이라서 지적할 만한 허물이 하나도 없을 것이다. 만에 하나 차질이 생긴다면 어려워질 것이다." 라고 하였는데 지금 과연 이와 같이 되었으니, 이는 삼척동자라도 반드시 그렇게 되리라는 것을 알 수 있으므로 제가 천려일득(千慮一得)의 소견이 있었던 것입니다.

퇴계(退溪)의 습유(拾遺)는 주부(主簿) 이성철(李誠哲)[250]이 퇴계 선생이 살아 있을 때 몇 년을 공들여 겨우 그 허락을 얻어 내서 실제로 예안 현감(禮安縣監) 한성보(韓聖輔)를 통해서 베껴 냈습니다. 다만 오류가 매우 많은데 원본과 대조할 수 없기 때문에 이미 윤증(尹拯), 박세채(朴世采)와 함께 의논해서 교정하여 그 책이 지금 윤 상주(尹喪主)[251]에게 있습니다. 며칠간 교정하여 마치면 돌려보낼 것인데, 편지

250 이성철(李誠哲) : 퇴계의 손자 이억(李嶷)의 차남이다.

251 윤 상주(尹喪主) : 윤증을 가리키는 것으로 보인다. 그의 아버지 윤선거(尹宣擧)가 1669년에 죽었으므로 아직 상중이기 때문에 이렇게 부른 것이다.

를 보내오시면 올려보내겠습니다. 다만 이 때문에 이 주부가 영남에서 혹독한 비방을 들었다고 합니다. 앞으로는 원본을 다시 볼 수 없을 것이므로 다시 한 본(本)을 베낀 뒤에 남들에게 내보이려고 하니, 이는 혹 잃을까 염려해서입니다. 이만 줄입니다.

송명보에게 답함 경술년(1670, 현종11) 9월 13일

答宋明甫 庚戌九月十三日

두 통의 편지는 모두 잘 받아 보았습니다. 괴이한 사물도 있어서는 안 되는데 더구나 요사한 사람이야 말할 것이 있겠습니까. 일소(一笑)에 부치고만 말아서는 안 됩니다. 그러나 놀라 소동을 일으켜 나라의 근심거리를 조장하지 않는 것이 옳을 듯합니다. 다만 사체(事體)로 볼 때 전혀 사달이 없을 수는 없을 듯하니 이미 결말이 났으리라 생각합니다. 결말을 들은 뒤에 짧은 상소로 황공하다는 뜻을 대략 진달해도 괜찮겠습니까? 헤아려 일러 주십시오. 우재(迂齋 이후원(李厚源))의 시장(諡狀)을 올려보내고 형의 손자의 편지 또한 보냅니다. 이만 줄입니다.

송명보에게 답함 경술년(1670, 현종11) 10월 7일

答宋明甫 庚戌十月七日

수성(隋城)[252]의 인편을 통해 편지를 보내 주시어 집에 돌아가신 상황을 알았으니 기쁘고 위로되기 그지없습니다. 이세직(李世直)[253]이 과연 후배(厚培)라면 친척 관계가 있는 자인데 실로 좀 부족한 사람입니다. 몇 년 전에 갑자기 찾아와서 선배(善培)의 종형제라고 하면서 지금 지술(地術)을 하고 있다고 말하고 말린 거북을 얻기를 원했습니다. 제가 이르기를 "그대의 거동을 보건대 술사(術士)가 되기는 어려운데 어찌 농사를 짓지 않는가." 하니, 그가 "예예." 하고 돌아갔습니다. 그 후에는 다시 오지 않았습니다.

직령(直領)에 관한 이야기는 전혀 기억나지 않습니다. 지난번에 비답을 전한 한림(翰林)이 국청(鞫廳)에 입대(入對)할 때 그도 입시하였다고 스스로 말하며 그때의 일을 상세히 말하였는데, 저도 모르게 더욱 기가 막혔습니다. 국청에서 이미 직접 뵙고 진달하겠다고 청하였는데 무엇 때문에 감히 쓰지 못할 내용을 낱낱이 쓴단 말입니까. 입으로 감히 말할 수 없어서 그런 것입니까? 성상께서 안색이 심하게 변하였

252 수성(隋城) : 경기도 수원(水原)의 옛 이름이다.

253 이세직(李世直) : 송시열의 먼 친척인데, 그가 지술을 배우므로 송시열이 꾸짖어 물리친 적이 있었다. 이해 9월 7일에 종각(鐘閣)에 난입하여 종을 발로 찬 일로 형조에 붙잡혀 치죄를 받다가 역변을 고하면서 송시열과 송준길 및 청주(淸州) 사람들을 무함하였다. 국청을 열어 국문(鞫問)한 뒤 이세직을 무고죄로 논하였는데 미처 사형에 처하기도 전에 죽어 버렸다. 《顯宗實錄 11年 9月 15日》

고, 안색이 안정된 뒤에야 이러저러한 하교를 하셨다고 하니 더욱 황공합니다. 그 후에 조가(曺哥) 무리는 어떻게 되었습니까? 결말을 듣지 못하여 답답하기 그지없습니다. 이만 줄입니다.

송명보에게 답함 경술년(1670, 현종11) 10월 13일

答宋明甫 庚戌十月十三日

백 상사(白上舍)[254]가 와서 편지를 전해 주었으니 기쁘고 감사하기 그지없습니다. 저는 추위를 만나 병이 더욱 심해져서 영원히 사람을 만나지 않으려고 했는데 이 또한 뜻대로 할 수 없으니, 역량이 남들에 미치지 못함을 스스로 한탄합니다. 연씨(延氏) 성을 가진 사람이 실제로 부도(不道)한 말로 사람을 현혹하였으니 천지 사이에 용납할 수 없는데도 끝내 그대로 두었으니 오늘날은 지극히 어진 세상이라고 할 만합니다. 일전에는 오래도록 귀먹고 눈먼 사람이 되었는데, 이번에는 나오자마자 제법 사람들과 접하고 있습니다. 소문은 의당 퍼뜨린 자가 있겠지만 번거로워서 감히 말하지 않겠습니다.

254 백 상사(白上舍) : 백광서(白光瑞, 1638~1716)를 가리키는 것으로 보인다. 본관은 수원(水原), 자는 문옥(文玉)이다. 휴암(休菴) 백인걸(白仁傑)의 현손(玄孫)으로, 윤선거(尹宣擧)의 문인이다. 송시열이 그를 보내며 지은 송서(送序)가 있다. 《宋子大全 卷138 送白上舍光瑞序》

송명보에게 답함 신해년(1671, 현종12) 1월 7일

答宋明甫 辛亥正月七日

오늘의 일은 형의 말씀을 기다리지 않아도 애통한 마음을 금할 수 없습니다. 말씀하신 뜻은 의리(義理)가 어떠한지를 논하지 않고라도 만약 혹시라도 이렇게 된다면 일을 맡은 자가 필시 마음이 편치 못할 것이고, 사면(辭免)하는 일이 있게 되면 일에 해가 되고 더욱 사람을 죽게 만드는 것이 어찌 한량이 있겠습니까. 그리고 이런 처지에서 감히 시사(時事)를 말하면 사람들이 필시 배나 놀라고 의아해할 것이므로 작년 가을에 소본(疏本)을 마련해 놓고 변고를 만나 올리지 못한 것이 있습니다. 이것은 단지 사정을 진술하고 자책하는 내용이지만 진달하는 데에는 오히려 주저하고 있습니다. 습유(拾遺)는 봉납(奉納)하여 분암(墳菴)에 보관하고 있기 때문에 아들과 손자를 보내 가져오게 하느라 날이 저물었습니다. 이만 줄입니다.

송명보에게 답함 신해년(1671, 현종12)

答宋明甫 辛亥

떠나신 뒤에 세 통의 편지를 받고서 형께서 명탄(鳴灘)에서 드디어 서쪽으로 가신 것을 알았으니, 어진 사람의 마음가짐을 볼 수 있습니다. 그러나 우려되는 마음은 끝내 없을 수 없습니다. 예로부터 만년(晩年)의 절조를 무너뜨린 것은 모두 벼슬길에 나간 데서 말미암았으니, 벼슬에 나가 뭇사람의 마음을 만족시키기란 어렵기 때문입니다.

두 번째 편지의 말단에 하신 말씀은 저도 모르게 혼자 웃음이 나옵니다. 제게 만약 다른 사람을 유익하게 할 만한 포부가 있었더라면 지난날에 스스로 실행하기에도 겨를이 없었을 것입니다. 모순되고 불안정하여 스스로 실패한 상황을 어찌 다 알지 못하시겠습니까. 그런데도 오히려 그런 말씀을 하신단 말입니까.

봉산사(鳳山祠)에 관한 의론[255]은 삼가 민 상서(閔尙書 민정중(閔鼎重))에게 보낸 편지에 고루한 제 소견을 대략 말했으니 가져다 보고 가부를 결정해 주시기 바랍니다. 일찍이 《파산문고(坡山文稿)》의 습유(拾遺)[256] 한 책을 보니 그 내용에 구로(龜老)[257]에 관한 두어 가지

255 봉산사(鳳山祠)에 관한 의론 : 이때 사림들이 송익필(宋翼弼)을 위해 강원도 원주(原州) 봉산에 사당을 세우려고 의논하다가 실현하지 못했다. 《宋子大全隨箚 卷3》

256 파산문고(坡山文稿)의 습유(拾遺) : 《파산문고》는 성혼의 문집인 《우계집(牛溪集)》을 가리킨다. 본집은 1621년(광해군13)에 간행되었으나, 속집은 11년 뒤인 1682년(숙종8)에 간행되었다. 파산(坡山)은 파주(坡州)의 옛 이름이다.

257 구로(龜老) : 구봉(龜峯) 송익필을 가리킨다.

일을 기록했는데 내용이 매우 좋지 않았습니다. 그의 사람됨이 소탈하여 오직 자신만 그르친 것이 아니라 남을 그르친 것이 많아서였으리라 생각합니다. 오늘의 봉산사에 관한 의론은, 제 생각으로는 파산(坡山 성혼(成渾))의 문인들이 또한 마음에 만족하게 여기지 않을 듯합니다. 그의 행장(行狀)은 일찍이 그 후손의 부탁을 받았으나 지극히 소략하여 상고할 만한 내용이 없기에 자세히 기록해 오도록 하였는데, 지금까지 거의 7, 8년이 되도록 다시 소식이 없으니 비록 짓기를 끝마치려 해도 어찌할 수가 없습니다.

듣건대 초려(草廬 이유태(李惟泰))도 함께 소명(召命)을 받고 나간다니 염려되는 마음이 배나 더합니다. 어제 여망(汝望 윤문거(尹文擧))의 편지에 농담으로 답하기를 "옛날에 명도(明道 정호(程顥))가 여공저(呂公著)[258]와 사마광(司馬光)을 나서도록 권면하였는데, 두 분이 오늘 흥기한다고 해도 우리들이 원하지 않는 것은 두 분이 여공저와 사마광만 못해서가 아니라 필시 우리들이 명도와 같은 마음이 없어서 그러할 것이다." 하였습니다. 두 형이 과연 나아가고 물러나기를 여공저와 사마광같이 한다면 온 나라가 받는 혜택이 많을 것입니다. 이 점을 간절히 바랍니다.

258 여공저(呂公著) : 1018~1089. 자는 회숙(晦叔), 시호는 정헌(正獻)이다. 송(宋)나라의 명재상으로, 왕안석(王安石)이 새로 제정한 청묘법(靑苗法)에 반대하여 철종(哲宗) 때 상서 우복야(尙書右僕射)에 제수되자 사마광과 함께 신법 폐지를 주장하였다.

별지

신독재(愼獨齋) 선생께서 살아 계실 때 제가 이 의론에 대한 말씀을 들었는데, "만일 시대의 선후로 본다면 율곡(栗谷)께서 평소에 항시 휴암(休菴 백인걸(白仁傑))을 선배로 대하였으니, 오늘날 결코 휴암을 율곡 아래에 놓을 수 없다. ……" 하셨습니다. 이 의론을 매우 엄하게 지키기는 하지만 그분들의 도덕으로 논한다면 참으로 논할 만한 점이 있습니다. 만일 한결같이 시대 순서만으로 차서를 삼는다면 사론(士論) 또한 만족하지 못할 수도 있습니다. 그래서 제가 감히 여쭙기를 "마땅히 백록동서원(白鹿洞書院)의 제도에 의거하여 율곡과 휴암의 사당을 별도로 하나씩 만든다면, 각각 그 존대(尊待)를 전일하게 할 수 있어 서로 압존(壓尊)하는 혐의가 없을 것입니다. 어떻게 생각하십니까?" 하였더니, 말씀하기를 "이와 같이 한다면 근거가 있게 될 듯하다. 그러나 본 고을에서 이미 청송(聽松 성수침(成守琛))의 사당을 세웠는데 이번에 또 두 개의 사당을 세운다면 수호하기가 매우 어렵지 않겠느냐. 일찍이 들으니 자운서원(紫雲書院)의 사당을 수호하고 제사 받드는 일이 이미 소홀해진 병폐가 있다고 한다. ……" 하셨습니다. 이 말씀은 또 심원한 염려이긴 하지만, 단지 본 고을 사우(士友)들의 형편에 달렸다고 봅니다.

그리고 하나의 사당으로 하되 동서로 나누자는 의론으로 말하면, 본래 퇴계(退溪)의 말씀이 있습니다. 그러나 그 본뜻을 자세히 궁구해 보면 역시 한훤당(寒暄堂 김굉필(金宏弼))과 문열공(文烈公 이조년(李兆年))은 각각 사당을 세워야 하지만, 지금 이미 하나의 사당을 세웠기 때문에 부득이하여 중간을 나누어 동쪽에는 한훤당을 모시고 서쪽에는 문열공을 모신다는 것입니다. 퇴계 또한 어찌 백록동서원의 제도가 있는 것을 몰랐겠습니까. 오늘날 의논하는 사람들이 그의 말만 알고 그의 뜻은 알지 못하며, 또 재력의 형편과 사세(事勢)에만 구애되어 매양 사당 하나를 반으로 나누는 것만 좋게 여기고 그것이 구차하다는 것은 알지 못하니, 바로 주자(朱子)가 말한 "물러나서는 하고 있는 것이 부득이하다는 의론을 지킬 줄만 알고, 나아가서 진선진미한 계책을 찾을 줄은 모른다."라는 경우입니다. 만일 퇴계가 승지 이자발(李子發)[259]에게 답한 편지 원본을 고찰해 보신다면 그 뜻의 소재를 알 수 있을 것입니다. 어떻게 생각하십니까?

수호하기가 곤란하다는 문제는 과연 신독재께서 염려하신 것과 같습니다. 그러나 두 개의 사당을 한 담장 안에 함께 세운다면 사당 하나에서 자리를 분리해 놓는 것과 얼마나 차이가 있겠습니까. 이것 때문에 같은 사당에 모시는 사례를 굳이 찾을 필요는 없을 듯합니다. 저의 의견은 이러하니, 다시 회답해 주신다면 매우 다행이겠습니다.

259 이자발(李子發) : 이문건(李文楗, 1494~1567)으로, 본관은 성주(星州), 자는 자발, 호는 묵재(默齋)·휴수(休叟)이다. 조광조의 문인이다.

송명보에게 답함 신해년(1671, 현종12) 6월 3일
答宋明甫 辛亥六月三日

지난번에 보내신 답장은 삼가 잘 받아 보았고, 이번에 보내 주신 편지는 더욱 감사하였습니다. 제가 상소에서 재덕(才德)이 있는 사람을 속히 구해서 보상(輔相)의 자리에 두어야 한다고 한 것은, 제 스스로는 이것이 나라를 다스리는 지극히 중요한 법이라고 여겼습니다. 그런데 보내온 편지에서 "그런 사람이 없으니, 이것은 나라를 다스리는 법을 외면하는 것이다." 하셨으니, 참으로 생각지 못한 부분입니다.

방백과 성주가 모두 불같이 화내고 있으니, 그 사이에서 불에 타는 것을 면한 것만도 다행인데 어떻게 중재하겠습니까. 그리고 성주가 영비(營裨)에게 크게 욕을 한 뒤에는 더욱 수습하기 어려워졌습니다.

영숙(永叔 김만기(金萬基)) 영공(令公) 운운한 것은 전혀 기억나지 않습니다. 다만 지난겨울에 형이 쪽지를 보내서 "조정에서 속히 어사(御史)를 파견하여 민간(民間)을 살펴야 하니, 이 뜻은 모(某) 영공과 교통할 만하다."라고 하셨는데 제가 그 쪽지를 답장 안에 넣어서 보냈으니, 이것이 어찌 불평할 만한 일이 되겠습니까. 필시 말을 전한 자가 망녕되게 전했을 것입니다. 만약 곧바로 교통하지 않은 것을 유감으로 여기신다면, 이 또한 후하게 대하는 뜻에서 나온 것입니다. 다만 이 영공은 고변당한 일[260]에 대해 한번 위로한 뒤로는 한 통의 편지도 없었

260 고변당한 일 : 이세직(李世直)의 고변을 가리킨다. 《宋子大全隨箚 卷3》 193쪽 주253 참조.

고 그 아우는 또 고변당한 일에 대해 위로하지 않았으니, 비록 기뻐하거나 노하는 뜻이 있더라도 어떻게 들을 수 있겠습니까. 여(驪 윤휴(尹鑴))의 설은 만약 공격해서 깨뜨리려고 한다면 입에서 나오는 대로 뱉게 되어 그에게 해로울 뿐만 아니라 도리어 자신에게 해로울 것입니다. 이 부제학(李副提學)과 연명으로 상소한 사람은 전혀 기억나지 않습니다. 이만 줄입니다.

남운로[261]가 물은 《의례》의 의의에 대한 송명보의 질문에 답함

答宋明甫質以南雲路所問儀禮疑義

〔문〕 빈초주인조(賓酢主人條)의 '숭주(崇酒)'에 대한 주(註)에 "맛없는 술로 서로 잔을 채운다.〔酒惡相充實〕"라고 하였는데, "맛없는 술로 서로 잔을 채운다."라는 말은 원래 어떤 책에서 나왔으며 그 뜻은 또 무엇입니까?

낙빈조(樂賓條)에 노래하는 자와 비파를 타는 자와 생황을 부는 자에게는 주인이 모두 술잔을 올렸는데 경(磬)을 치는 자에게만 술잔을 올리지 않은 것은 무슨 까닭인지 모르겠습니다.

도(圖)의 헌빈조(獻賓條)에 '장곡읍(將曲揖)'이라는 말이 있는데 그 뜻을 모르겠습니다.

낙빈조 아래의 기(記)[262]에 주인이 악공에게 올리는 술잔을 아래 대광주리〔篚〕에 놓는다고 하였는데, 오르고 내리는 의절에 대한 예문(禮文)이 없는 것은 무슨 이유인지 모르겠습니다.

261 남운로(南雲路) : 남구만(南九萬, 1629~1711)으로, 본관은 의령(宜寧), 자는 운로, 호는 약천(藥泉)·미재(美齋)이다. 송준길의 문인이다. 효종 때부터 숙종 때까지 벼슬하였는데, 소론(少論)의 영수로서 남인과 대립하여 환국(換局)에 따라 유배와 벼슬을 반복하였다.

262 기(記) : 《의례》에 나타나는 독특한 문체로, 주공(周公)이 지은 원문이 아니라 후대 사람이 기술한 것인데 경문(經文)을 해석하거나 경문에 미비된 부분을 보충하는 내용으로 구성되어 있다.

〔답〕 남 국자(南國子)가 질문한 것은 이곳에 서적이 없어서 고정(考訂)할 수 없어 일찍이 연구하여 대략 알고 있는 것으로 여쭈니, 《의례》 등 여러 책을 상고해서 그 가부를 회답해 주시는 것이 어떻겠습니까?

빈초주인조의 '숭주'에 대한 주에 "맛없는 술로 서로 잔을 채운다."라고 한 대목은 가장 난해한 부분입니다. 이때는 빈(賓)에게 술잔을 올리고 나서 주인이 술을 마실 때이고 또 빈에게 술을 권하고 다음가는 빈〔介〕에게 술잔을 올리려고 하는 때이므로 겸사로 술맛이 좋지 않은데도 주인과 빈이 서로 술잔을 채운다고 한 것이니, '충실(充實)'은 그것을 그릇에 채우는 것입니다. 술은 주인의 물건이기 때문에 이런 겸사를 하여 빈에게 사례하는 것입니다. 이 부분은 주인이 빈에게 술잔을 올릴 때 빈이 술이 맛있다고 고하는 데 대해 대답하는 뜻입니다. 경문의 '숭(崇)' 자 위에 '고(告)' 자를 넣어서 보아야 그 뜻이 비로소 통합니다.

낙빈조에 경을 치는 사람에게 술잔을 올린다는 예문이 없는 것은 참으로 의문을 가질 만합니다. 아마도 노래하는 자와 비파를 타는 자와 생황을 부는 자는 여러 악기가 연주되기 전에 특별히 그 시(詩)를 연주하기 때문에 연주가 끝나면 곧바로 술잔을 올리는 예(禮)가 있고, 경은 음악이 끝나려고 할 때에 여러 악기와 합주하기 때문에 노래하거나 비파를 연주하는 여러 악공과는 다르게 대우하였거나 술잔을 올렸는데 예문이 갖추어지지 않았을 것입니다.

도(圖)의 헌빈조의 '장곡읍'은, 빈과 주인이 처음 대문에 들어가서 모두 북면(北面)을 하다가 이때에 이르러 빈은 서쪽으로 가고 주인은 동쪽으로 가서 방향을 전환하여 조금 서로 등지게 되므로, 방향을 전환하려고 할 때 읍을 하고 가는 것입니다.

낙빈조의 기(記)에 악공에게 술잔을 올릴 때 오르고 내리는 의절이 없는 것은, 아마도 경문에 이미 갖추어져 있기 때문에 다시 드러내지 않았을 것입니다. 유종원(柳宗元)의 글 〈송양의지서(送楊儀之序)〉에 '숭주'라는 말이 있음을 기억하는데,[263] 그 주를 참고해 볼 만합니다.

263 유종원(柳宗元)의……기억하는데 : 유종원의 글에 숭주(崇酒)라는 단어가 나오는 작품은 〈송설존의지임서(送薛存義之任序)〉이다.《柳河東集 卷23》 송시열이 착각한 것으로 보인다.

송명보에게 보냄

與宋明甫

주자(朱子)가 향약(鄕約)을 고치고, 모여서 향약을 읽는 곳에 선성(先聖)과 선사(先師)의 상(像)을 설치하였으니, 여기에는 배례(拜禮)가 있어야 하는데 없는 것은 무슨 까닭입니까? 율곡(栗谷)의 향약에 서원(書院)의 강당에 모여 분향하고 재배하는 예가 있는데, 율곡의 〈서원향약(西原鄕約)〉[264]에는 상을 설치하는 의절이 없고, 〈사창계약속(社倉契約束)〉의 강신의(講信儀)[265]에도 상을 설치하는 의절이 없습니다. 이렇게 다른 부분에 대해 가르침을 주시기 바랍니다.

264 서원향약(西原鄕約) : 이이(李珥)가 36세 때인 1571년(선조4) 청주 목사(淸州牧使)로 부임했을 때 고을의 교화를 위하여 만든 향약이다. 서원은 청주의 옛 이름이다. 이 고을 군수로 있던 이증영(李增榮)이 만든 기존 향약을 토대로 여씨향약(呂氏鄕約)을 참고하고 절충하여 만들었다. 《栗谷全書 卷16》

265 사창강신의(社倉講信儀) : 사창은 환곡(還穀)을 저장하기 위하여 지방의 각 촌락에 설치한 창고이다. 이이가 만든 〈사창계약속〉은 사창을 운영하면서 지키고 행해야 할 규율을 정해 놓은 것으로, 입약범례(立約凡例), 약속(約束), 사창법(社倉法), 강신의(講信儀), 회시좌차(會時坐次)로 구성되어 있다. 《栗谷全書 卷16》

송명보에게 보냄

與宋明甫

지난번에 문원(文院)[266] 유생이 와서 규조(圭祖 송인수(宋麟壽))의 위판(位版)을 고쳐 쓰는 절목을 물었는데, 이 일을 언급한 예서(禮書)가 없습니다. 숭현서원(崇賢書院)에 일찍이 이런 일이 있었으므로 그때의 의절이 있을 것입니다. 만약 없다면 사가에서 신주를 고쳐 쓰는 의절과 똑같이 하는 것이 어떻겠습니까? 다만 사가의 경우는 각각 별도의 감실이 있기 때문에 술과 과일을 한 분에게만 진설하더라도 혐의가 없습니다. 그러나 지금 이 사우(祠宇)의 경우는 다른 신위와 교의(交椅)를 나란히 붙여서 배설되어 있으므로 한 분에게만 진설하면 어찌 미안하지 않겠으며, 함께 진설하는 것은 더욱 의의가 없으니, 이 한 가지 절목이 절로 난처합니다. 그리고 사우를 새로 지어서 봉안하는 경우 봉안하는 날 새벽에 위판을 쓰는 것이 합당할 듯하지만, 위판을 고쳐 쓰는 경우에는 반드시 정일(丁日) 전날 저녁에 고쳐 써서 다시 봉안하고 다음 날 제사를 지내는 것이 합당할 듯합니다. 만약 위판에 씌어 있던 예전 글자를 지운 상태로 사우에서 하룻밤을 지내고 다음 날 새벽을 기다려 위판을 쓰려고 한다면 매우 온당치 못할 듯합니다. 이런 일들은 모두 근거할 데가 없으니 헤아려서 분부해 주시는 것이 어떻겠습니까?

266 문원(文院) : 문의(文義)에 있는 노봉서원(魯峯書院)을 가리킨다. 규암(圭菴) 송인수와 북창(北窓) 정렴(鄭磏)의 위패가 봉안되어 있고, 훗날 송시열 역시 이 서원에 배향되었다. 《宋子大全隨箚 卷4》

송명보에게 보냄

與宋明甫

백부(伯父)의 후사(後嗣)가 없어 조카 기융(基隆)의 집에서 부제(祔祭)를 지내 오다가 조카가 죽은 뒤에 그 신주를 이미 매안(埋安)하였습니다. 조카 기융의 아들 원석(元錫)이 "이분의 위전(位田)을 경작하는 전민(田民)이 적지 않고 지금은 묘제(墓祭)만 남아 있으니, 묘제를 지내는 명목의 전답만 헤아려서 남기고 나머지는 여러 집에 나누어 주십시오."라고 하기에 제가 옳지 않다고 하였으나 그는 강력하게 요청하기를 그만두지 않습니다. 제 의견으로는, 당초에 이렇게 처리했다면 그때는 근거할 만한 국법과 시속의 전례가 있어서 괜찮았을 테지만 지금은 이미 모두 종가(宗家)로 귀속하여 종가의 소유가 된 지 오래인데 이제 와서 나누어 주는 것은 그럴 만한 이치가 전혀 없습니다. 이에 형의 분명한 한 말씀을 얻어서 그를 일깨워 주고 또 저희 집안의 정식(定式)으로 삼으려고 합니다.

송명보에게 보냄

與宋明甫

이씨(李氏) 집안에 시집간 누이가 이미 형강(荊江)[267]으로 향했을 것입니다. 경중(輕重)에 대한 말씀은 저 또한 알 수 없습니다. 다만 제사는 중한 제사를 먼저 지내고 경한 제사를 나중에 지낸다는 설로 보면 의당 조모를 중하게 보아야 하는데, 어찌 장사 때에만 경중을 바꿀 수 있겠습니까. 평소에 입는 복(服)도 조모에 대한 복을 입는 듯한데, 이는 아버지를 대신해서 입기 때문일 것입니다. 어떻게 생각하십니까?

267 형강(荊江) : 충청북도 문의(文義)의 남쪽 충청남도 회덕(懷德)의 북쪽에 위치하여 동쪽에서 서쪽으로 흐르는 금강(錦江)의 상류이다. 이 강이 하류로 내려가면서 공주(公州) 지역에서는 금강으로, 부여(扶餘) 지역에서는 백마강(白馬江)으로 불렸으며, 상류로 거슬러 올라가면서 오늘날 대청댐 수몰 지역에서는 주로 초강(楚江)으로, 옥천 지역에서는 적등강(赤燈江)으로, 영동(永同) 지역에서는 양강(楊江)으로 불렸다.

송명보에게 보냄 임자년(1672, 현종13)

與宋明甫 壬子

고조와 증조의 신주(神主)를 종자(宗子)의 사후에 가형(家兄)의 집에 옮겨 모시고 있었습니다. 지금 가형이 이 지경에 이르렀으므로[268] 사당의 제사를 장사 전에는 중단해야 하지만 그 묘제(墓祭)는 어떻게 해야 합니까? 장성(長城)과 순창(淳昌) 두 고을에서 간략하게 설행해도 무방하겠습니까?[269] 장사를 만약 추석 전에 지낸다면 이런 의문이 없을 것입니다. 가형의 삼년상을 마친 뒤에 고조와 증조의 신주를 저희 집으로 옮겨 와야 하는데, 조카가 고조는 참으로 그렇게 해야 하지만 증조는 자기도 아직 친진(親盡)되지 않았다고 하면서 자기가 제사를 모시겠다고 합니다. 저의 생각으로는 이것은 예(禮)를 제정한 뜻으로 볼 때 결코 따를 수 없습니다. 이미 옮겨 왔더라도 얼마 지나지 않아 다시 모셔 간다면, 멀리 갔으면 물러나 되돌아오지 않는다는 뜻[270]에 무슨

268 가형이……이르렀으므로 : 이해 7월에 중형 송시묵(宋時默)이 작고하였다.

269 장성(長城)과……무방하겠습니까 : 이때 동생 송시도(宋時燾)가 장성 현감(長城縣監)으로 있었고, 막냇동생 송시걸(宋時杰)이 순창 현감(淳昌縣監)으로 있었으므로 두 아우가 묘제를 지내는 문제를 물은 것이다. 《宋子大全隨箚 卷3》

270 멀리……뜻 : 자하(子夏)가 "창문 아래에서 반함(飯含)을 하고, 호(戶) 안에서 소렴(小斂)을 하고, 동쪽 섬돌 위에서 대렴(大斂)을 하고, 서쪽 섬돌 위에서 빈(殯)을 하고, 뜰에서 조전(祖奠)을 하고, 묘(墓)에서 장사 지내니, 이는 점점 멀리 가는 것이다. 그러므로 상사(喪事)는 전진하여 가는 것만 있고 물러나 되돌아오는 것은 없다."라고 하였다. 《禮記 檀弓上》 초상이 나면 순차적으로 집에서 점점 멀어지면서 장례 절차가 진행되는 것이지 거꾸로 집에 가까워지는 쪽으로 진행되지 않는다는 뜻이다.

해될 것이 있겠습니까. 저의 견해는 이와 같은데 예에 어긋나지 않는지 모르겠습니다.

혹자는 최장방(最長房)이 죽으면 그가 모시던 신주는 즉시 그다음 최장방으로 옮기는 것이지 삼년상을 마치기를 기다리지 않는다고 하는데, 이 설은 어떻습니까?

송명보에게 보냄

與宋明甫

전날 보내신 답장은 삼가 받아 보았습니다. 다만 최장방(最長房)이 삼년상을 마치기를 기다릴 필요 없이 조주(祧主)를 체천(遞遷)한다는 것은 상고할 바가 없습니다만 최장방이 조주를 모시는 것은 그 일의 체모가 종가(宗家)와는 다릅니다. 단지 임시로 제사를 모시려고 한 것인데 다시 삼 년 동안 제사를 폐하는 것은 온당치 못한 점이 있기 때문에 앞서 편지에서 말씀드린 의구심이 있었던 것입니다. 그리고 저의 아우들이 고조와 증조의 묘에 간략하게 제사를 지내는 것은 형의 말씀이 정(情)과 예(禮)에 매우 부합합니다. 그렇다면 선친의 묘에도 똑같이 제사를 지냅니까? 다시 가르침을 주십시오.

송명보에게 답함

答宋明甫

위문편지를 받으니 위로되고 감사합니다. 저는 윤생(尹生)이 떠난 뒤로 더 이상 사람을 데리고 있을 형편이 못 되어 계속 몸져누워 있습니다. 특히 복통이 멈추지 않아 장차 설사병이 될 것이니 답답합니다. 윤아(尹兒)가 어제 또 크게 앓았습니다. 연일 이러하니 어찌 살 가망이 있겠습니까. 운명이 기박하니 언제나 이 고해(苦海)를 벗어나 죽을지 모르겠습니다.

부인(婦人)의 글은 《주자대전(朱子大全)》에 실린 것은 전혀 없고, 그 부계(夫系)를 상세히 말한 것입니다. 〈주자명(朱子銘)〉은 그 시아버지 또한 쓰지 않았기 때문에 당초에 저의 뜻은 혹시 싣는다 하더라도 빈주(賓主)가 있게 하려고 하였습니다.

꿩의 다리는 받아서 먹었습니다. 감사하기 그지없습니다. 언제 흥농(興農)에 도착하십니까? 이 모임만을 목을 빼고 기다리고 있는데 저의 병이 계속 이런 상황이라면 모이더라도 재미가 없을 것입니다. 이만 줄입니다.

송명보에게 보냄[271]

與宋明甫

옛사람이 어린아이가 묘를 지키면 그 곡하는 것이 성인만은 못하더라도 밤에 원숭이가 곡하는 것보다는 낫다고 하였는데, 그 말이 매우 슬펐습니다. 이 경우는 그보다 더욱 슬프기 때문에 인용한 것입니다.

행주(行周)는 구양첨(歐陽詹)[272]의 자(字)입니다. 구양첨은 남주(南州)의 호걸로서 한퇴지(韓退之 한유(韓愈))와 벗이 되었고, 또 주자(朱泚)[273]의 난 때에 정대한 의론을 이끌어서 장차 큰일을 할 수 있었습니다. 불행히 고성(高城)의 미녀 때문에 인생을 그르치고 고성의 시[274]를

271 송명보에게 보냄 : 이 편지는 송시열이 송준길의 사위 나명좌(羅明佐)의 묘표를 쓰면서 묘표 안에 들어갈 내용에 대해 의논하는 내용이다. 이 편지에서 인용한 내용은 모두 나명좌의 묘표에 들어 있다. 《宋子大全 卷199 羅生墓表》

272 구양첨(歐陽詹) : 당(唐)나라 덕종(德宗) 때 인물로, 한유, 이관(李觀), 이강(李絳) 등과 동시에 진사에 급제하였다. 그가 죽자 한유가 〈구양생애사(歐陽生哀辭)〉를 지었다. 《新唐書 歐陽詹列傳》

273 주자(周泚) : 당나라 덕종 때의 반신(叛臣)이다. 대종(代宗) 때 절도사 주희채(朱希彩)를 죽이고 대신 절도사가 되었고, 덕종 때에 태위(太尉)가 되었다. 경원 절도사(涇原節度使) 요영언(姚令言)이 반란을 일으켰을 때 추대되어 제위(帝位)에 올라 국호를 대진(大秦)이라 하였다. 얼마 후 이성(李晟)에게 쫓겨 도망치던 중 부하 장수에 의해 살해되었다. 《新唐書 朱泚列傳》

274 고성(高城)의 시 : 구양첨의 시 〈초발태원도중기태원소사(初發太原途中寄太原所思)〉에 "말을 달려 점점 멀어져 가니, 돌아보매 긴 길에 먼지가 자욱하네. 고성이 이미 보이지 않는데 하물며 성안의 사람이겠는가.〔驅馬覺漸遠,廻頭長路塵. 高城已不見, 況復城中人.〕"라는 시구가 있어서 이 시를 고성의 시라고 한 것이다. 《歐陽行周文集 卷2》

남기고 마침내 죽었으니, 당시에 사우(士友)들이 모두 애석해하였기 때문에 인용한 것입니다.

송자대전

제32권

書서

김중문[1] 익희 에게 답함 기축년(1649, 효종 즉위년) 12월

答金仲文 益熙○己丑十二月

유지(諭旨)를 가지고 온 사람이 그대의 편지를 전해 주었는데, 펴서 읽어 보니 얼굴을 대하는 것 같았습니다. 저는 위통(胃痛)이 갈수록 심해져서 한 끼에 먹는 것이 한 숟갈도 못 되는데 이미 토하고 싶어집니다. 이는 운기(運氣)가 좋지 못해서이니 이 세상을 버리고 떠나고 싶습니다.

새로 내려온 어명은 어찌 감히 수레에 멍에 메우기를 기다리겠습니까.[2] 다만 앓고 있는 병이 이와 같아 지금 산당(山堂)에 있으면서 군필(君弼) 부자[3]에게 애걸하고 있습니다. 유 의관(柳醫官)[4]의 처방대로

1 김중문(金仲文) : 김익희(金益熙, 1610~1656)로, 본관은 광산(光山), 자는 중문, 호는 창주(滄洲)이다. 김장생(金長生)의 손자이다.

2 수레에……기다리겠습니까 : "공자는 임금이 부르면 수레에 멍에 메우기를 기다리지 않고 급히 걸어서 먼저 출발하셨다."라고 한 말을 인용한 것으로, 공자가 임금을 섬기는 예를 기록한 내용이다. 《論語 鄕黨》 임금의 명이 있으면 곧바로 달려가야 한다는 뜻이다.

3 군필(君弼) 부자 : 군필은 신익륭(申翊隆, 1602~1657)의 자이다. 본관은 평산(平山), 호는 호량(濠梁)이다. 신흠(申欽)의 손자이고, 김상헌(金尙憲)의 문인이다. 그의 아들 신만(申曼, 1620~1669)은 자가 만정(曼倩), 호는 주촌(舟村)이다. 송시열의 문인이다. 두 사람 모두 의술에 조예가 깊었다.

4 유 의관(柳醫官) : 인조 때부터 현종 때까지 3대에 거쳐 의관으로 활약한 유후성(柳後聖)이다. 침을 잘 놓기로 유명하였는데, 1646년(인조24)부터 3년간 왕실의 전의(典醫)를 역임하였다. 1662년(현종3) 대왕대비의 병이 완쾌되자 이를 특별히 경하하여 그에게 정1품 보국숭록대부(輔國崇祿大夫)를 특별히 가자(加資)하였다.

약을 지어 만약 조금이라도 효험을 보면 다음 달 초에 출발하겠지만 날짜가 지연되어 지극히 황공합니다. 내일 소장을 올려 체직해 주기를 청하려 하는데, 만약 원하는 대로 된다면 얼마나 다행이겠습니까. 태재(太宰 이조 판서)의 직책은 만약 용을 잡고 호랑이를 때려잡는 수단[5]을 쓰지 않고 단지 전례만을 따르고 임시방편으로 때우려고 한다면 사람들의 기대를 크게 저버릴 것입니다. 그러나 긴밀하게 보좌하는 공은 바로 능력 있는 자의 죽이고 살리는 수단에 달려 있으니, 전야(田野)에서 나라를 근심하는 자의 마음을 조금은 풀 수 있을 것입니다.

태형(泰兄 이유태(李惟泰))은 일찍이 만나고서 서로 소식을 자주 왕래하고 있습니다. 특히 송형(松兄)은 온 집안이 역질(疫疾)에 걸렸는데, 그가 모친만 모시고 피해 나왔으나 피난 온 곳에서 모친의 병환이 지극히 위독하다고 하니 가련한 마음이 듭니다. 저 또한 어제 윤실이[6]의 병이 위독하다는 말을 듣고 근심으로 미친 사람처럼 배회하고 있습니다. 하고 싶은 말은 많지만 어찌 글로 다 쓰겠습니까. 이만 줄입니다.

5 용을……수단 : 송(宋)나라 장재(張載)가 전관(銓官)의 장(長)에 걸맞은 인재상을 논하면서 "천관(天官)의 직(職)은 한없이 많은 천하의 일을 용과 뱀을 잡듯 호랑이와 표범을 때려잡듯 마음과 힘을 써서 보아야 비로소 가하다."라고 한 말을 이용한 것이다. 《張子全書 卷4 周禮》

6 윤실이 : 윤단(尹摶)에게 시집간 송시열의 둘째 딸을 가리킨다.

김중문에게 보냄 계사년(1653, 효종4) 동지 전날

與金仲文 癸巳閉關前日

작별한 뒤 즉시 조정으로 돌아가실 것이라 생각하여 재빨리 편지 한 통을 써서 연모하는 심정을 조금이나마 말하여 가형(家兄) 편에 전달하였습니다. 그런데 형이 벼슬에 나가기 어려워하는 지조가 더욱 견고하고 초야에 있으려는 마음이 이미 깊어서 서사(書史)에 잠심하며 여유롭게 세월을 보낼 줄은 미처 생각하지 못했습니다. 멀리서 그윽한 흥취를 상상하니 저도 모르게 정신이 그곳으로 날아갑니다.

오늘날의 분규는 형이 실로 그 발단을 일으킨 것으로 여러 사람들이 그 화를 받았다고 들었는데, 과연 그런 것입니까? 한스러운 점은 형이 일찍 물러서지 않아 허다한 일을 야기하게 된 것입니다.

저의 노모는 그럭저럭 건강하십니다. 다만 흉년에 빚 독촉에 시달리느라 사는 맛이 전혀 없습니다. 노모는 동생 집으로 옮겨 가셨고, 저의 집 식구들도 각각 내보내고서 빈산에 우두커니 있으니 갑자기 산승(山僧)처럼 되어 생활이 간소해졌음을 자못 느끼니, 왕승복(王承福)이 나를 속이지 않은 것입니다.[7]

오늘날 일의 형세는 더 이상 가망이 없습니다. 형이 이미 앞질러

7 왕승복(王承福)이……것입니다 : 재능이 없고 공(功)이 작은 자는 가족을 거느리지 않고 홀로 사는 것이 옳다는 뜻이다. 《한창려집(韓昌黎集)》 권12 〈오자왕승복전(圬者王承福傳)〉에서 왕승복이 "공이 큰 자는 자신의 생활도 풍족하고 처자도 다 자신이 먹여 살리지만, 나는 재능도 없고 공도 작으니 처자식을 두지 않는 것이 옳다."라고 한 말을 인용하여, 현재 자신의 상황을 빗대어 말하였다.

먼저 뛰어나갔으나 도리어 흔적이 없게 되었으니, 이제부터 들어앉아 다시 나가지 않는다면 섬강(蟾江) 노인[8]이 어찌 다시 진실한 비결(祕訣)을 주지 않겠습니까. 금공(衿公)[9]이 이미 사직소를 올렸고 또한 성상께서 군이 붙잡은 일도 없었는데 슬그머니 다시 조정에 들어갔다가 이런 진퇴양난의 처지를 만나 여러 사람들에게 누를 끼쳤던 일을 일찍이 괴이하게 여겼습니다. 《역경(易經)》에 이른바 "절개가 돌과 같다."라는 것은 이와 같지 않을 듯합니다.[10] 어떻게 생각하십니까?

형의 죽곡(竹谷)[11] 계획은 과연 차질이 없으십니까? 아직 진산(珍山) 노인을 만나지 못하여 나아가도록 권면하지 못하고 있으니 한탄스럽습니다. 여망(汝望)[12]은 아주 가까운 곳에 터를 잡아 내년 봄에 집을

8 섬강(蟾江) 노인 : 섬강은 강원도 횡성군 둔내면과 평창군 봉평면의 경계에 있는 태기산(泰岐山)에서 발원하여 원주시를 지나 남한강으로 흘러드는 강이다. 노인은 누구를 가리키는지 알 수 없다. 《宋子大全隨箚 卷4》

9 금공(衿公) : 조석윤(趙錫胤, 1606~1655)을 가리킨다. 본관은 배천(白川), 자는 윤지(胤之), 호는 낙정재(樂靜齋)이다. 김상헌(金尙憲)의 문인이다. 그가 사는 곳이 금천(衿川)이기 때문에 붙인 칭호이다. 벼슬살이에서 한번 물러난 후 여러 차례 벼슬을 내려도 그때마다 사직 상소를 올리고 취임하지 않다가, 이때 다시 조정에 들어가 전조(銓曹)의 장관을 논박하여 효종에게 당이 같은 사람은 비호하고 당이 다른 사람은 공격한다는 혐의를 받아 영암(靈巖)으로 귀양 갔다가 강계(江界)로 이배되었다. 《宋子大全隨箚 卷4》

10 역경에……듯합니다 : 《주역》 〈예괘(豫卦) 구이(九二)〉에 "절개가 돌처럼 견고하여 하루가 다 가기를 기다리지 않고 떠난다."라고 한 말을 인용하여 조석윤의 처신이 굳은 지조가 없음을 비난한 것이다.

11 죽곡(竹谷) : 공주(公州) 사오(沙塢)의 이웃 마을 이름이다. 《宋子大全隨箚 卷4》

12 여망(汝望) : 윤문거(尹文擧, 1606~1672)의 자이다. 본관은 파평(坡平), 호는 석호(石湖)이다. 김집(金集)의 문인이다.

짓기로 정하였으니, 거의 아침저녁으로 어울릴 수 있겠습니다. 이 형은 -원문 빠짐- 미칠 수 없습니다.

이곳은 혹시 한 열흘쯤 지나면 빚과 관련한 일이 대략 마무리될 수 있을 것 같습니다. 만일 의외의 일만 없다면 몇 권의 남은 책을 마칠 수 있겠지만, 또한 어찌 기필할 수 있겠습니까. 무엇보다도 노선생(老先生)의 행장(行狀)이 아직도 정리되지 못한 것이 문제인데, 대체로 여러 사람들이 각기 듣고 본 것을 첨가한 다음에야 누락되는 일이 없게 될 것입니다. 형도 조만간 소록(小錄)을 하나 만들어 보여 주는 것이 어떻겠습니까?

요사이 옥천(沃川) 고을의 젊은이들이 귀신같은 무리들과 싸웠는데, 노선생이 구설에 많이 올랐으니 몹시 괴롭기 그지없습니다. 다행히 수령의 노력에 힘입어 대략 진정되어 가고 있습니다. 이 일은 만나서 얘기하지 않고서는 다 말하기 어렵습니다.

우재(迂齋)[13] 형 또한 이미 조정에 다시 들어갔으나 그의 벗어나려는 뜻이 매우 굳으니 대단히 가상합니다. 여러 사람이 거의 모두 피해를 당하였는데도 조금 남아 있는 사람들은 아직도 억지로 지탱하려고 하고 있으니, 어딘가에서 은거한 사람이 베개에 기대어 한바탕 웃을 것입니다. 나머지 수많은 사연은 모두 짐작에 맡길까 합니다.

○ 아내가 병중에 있는 그의 어머니를 보기 위해 어제 올라갔는데, 사세가 장차 겨울을 지내게 될 형편이라 호구지책을 마련하기가 참으

13 우재(迂齋) : 이후원(李厚源, 1598～1660)의 호이다. 본관은 전주(全州), 자는 사진(士晉)・사심(士深)이다. 김장생(金長生)의 문인이다. 1623년 인조반정 후 정사공신(靖社功臣)으로 완남군(完南君)에 봉해졌다.

로 어려우리라 생각합니다. 형이 저번의 은혜를 마저 베풀어 주시려고 한다면 뱃길을 이용하여 다급한 사정을 다소나마 도와주는 것이 어떻겠습니까? 보내 준 절인 어물은 말한 대로 노모께 올리겠습니다. 참으로 감사합니다. 지난번에 말하였던 매〔鷹〕는 혹시 잊지 않았습니까?

김중문에게 보냄 병신년(1656, 효종7) 11월
與金仲文 丙申十一月

시열은 머리를 조아려 두 번 절하고 말씀드립니다. 슬픔 속에 그리워하던 중 지난번에 사재(沙齋)가 형에게 받은 편지를 체편(遞便)으로 보내 주었을 때 그 편지에 지나치게 슬퍼하는 내용이 있었으니, 사람을 지극히 처량하고 슬프게 하였습니다. 형의 편지를 보지 못한 지 지금 여러 날이 지났으니 안락하게 지내신다고 하더라도 염려할 만한데 더구나 이처럼 고통을 받고 계시니 말할 것이 있겠습니까. 요즈음은 또 어떠신지 모르겠습니다. 형의 타고난 기질로 보건대 어찌 말씀하신 것과 같은 데에 이르겠습니까. 설사 조금 일찍 죽는다고 하더라도 저의 병이 날로 고질이 되고 있어서 단지 밥 몇 끼 차이뿐일 것이니 어찌 말할 것이 있겠습니까. 노선생(老先生 김장생(金長生))에게 시호를 내리는 일은 성상의 윤허를 받았는데, 제가 마침 상중이라 제현(諸賢)의 논의에 끼지 못하여 은혜를 저버리게 되었으니 어쩌면 좋습니까. 사재로 가는 체편이 있다는 소식을 듣고 급히 써서 부치느라 두서없이 삼가 씁니다.

유무중[14] 계 에게 답함 정해년(1647, 인조25) 2월 23일

答兪武仲 棨○丁亥二月二十三日

봄추위가 아직 매섭고 시기(時氣)가 좋지 않아 천 리 멀리서 그리워할 때마다 몹시 슬펐는데, 천만뜻밖에도 이렇게 정이 담긴 편지를 받고 뜯어서 읽으니 열 배나 위안이 됩니다. 새해가 된 뒤에 보내 주신 편지는 길보(吉甫 윤선거(尹宣擧))를 통해 전해 받아 말씀하신 뜻을 잘 알았습니다. 그 후에 세 번이나 편지를 써서 완산(完山)의 집에 전하여 체편(遞便)을 통해 전달되기를 기대했는데, 모두 전해지지 못하고 있는 것 같으니 한탄스럽습니다.

저는 모친을 모시고 곤궁하게 살면서 변변찮은 음식으로 봉양하며 그럭저럭 지내나 때로 옛 책을 읽고 있으니, 이 속에도 절로 흥취가 있습니다. 이달 초에 군필(君弼 신익륭(申翊隆))의 병이 점점 위독해진다는 소식을 듣고 가서 병문안하였습니다. 돌아온 지 겨우 며칠 만에 사환으로 부리던 종이 갑자기 요절하였는데, 기한(飢寒)을 함께 겪어 정이 들고 익숙한 사람이라 지극히 슬픕니다. 요즘은 마을 아이와 냉천(冷泉)[15]의 외진 곳에 와 있는데 계곡과 산이 매우 맑아 인간 세상이

14 유무중(兪武仲) : 유계(兪棨, 1607~1664)로, 본관은 기계(杞溪), 자는 무중, 호는 시남(市南)이다. 김장생(金長生)의 문인으로, 예학과 사학에 정통하였으며, 송시열, 송준길(宋浚吉), 윤선거, 이유태(李惟泰) 등과 더불어 호서 산림의 오현(五賢)으로 일컬어졌다. 저서에 《가례원류(家禮源流)》가 있다.

15 냉천(冷泉) : 충청북도 영동군 황간면 냉천리를 가리킨다. 송시열은 1638년부터 이곳에 거주하였다.

아니니, 제 신세를 돌아보면 이것만이 웃을 수 있는 일입니다.

예서(禮書)는 두서가 이루어지기를 날마다 기다리고 있는데 지금 이렇게 말씀하신 것을 보니 한탄스럽기 그지없습니다. 여기에서도 세도(世道)를 볼 수 있으니 어쩌면 좋습니까. 또 한 가지 말씀드릴 일이 있으니, 부임하는 것을 사양하지 마십시오.

일찍이 대구(大丘)에서 《황극경세서(皇極經世書)》를 간행했다는 소식을 듣고 처음에는 소옹(邵雍)의 책이라고 여겼는데 지금 그것이 동양(東陽)의 속록(續錄)이라는 것을 알았으니, 이른바 소옹의 본서(本書)는 우리나라에 유포되지 않았습니다. 시주(時周)[16] 영공(令公)의 집에 한 본(本)이 있다는 말을 들었는데, 이 책은 현야(玄爺)[17]가 -원문 빠짐- 연경(燕京)의 서점에서 사온 것으로, 아껴서 일찍이 남에게 보여 주지 않았다고 합니다. 지금 속록이 유포되어 있지만 본서가 감추어져 있으면 이는 지류만 있고 본원은 없는 것이니 어찌 크게 유감스러운 일이 아니겠습니까. 그리고 책을 가지고 있으면서 남이 보는 것을 두려워하는 것 또한 어찌 군자의 크게 공변된 마음이겠습니까. 형이 시주 영공에게 이 일을 잘 말해서 아끼더라도 이 책을 내놓도록 해서 나주(羅州), 광주(光州), 순천(順天) 등 몇몇 고을의 재력을 모아 빨리 간행한다면 사우(士友)들의 바람을 조금이나마 만족시킬 수 있을 것입니다. 비록 간행하지 못하더라도 한 본을 필사하여 여러 벗들에게 돌아

16 시주(時周) : 신면(申冕, 1607~1652)의 자이다. 본관은 평산(平山), 호는 하관(遐觀)이다.

17 현야(玄爺) : 신흠(申欽, 1566~1628)을 가리킨다. 자는 경숙(敬叔)이며, 호는 현헌(玄軒)·상촌(象村)·현옹(玄翁)·방옹(放翁)이다. 호가 현헌 또는 현옹이기 때문에 현야라고 지칭한 것이다.

가며 베껴서 보게 하는 것도 한 가지 방법입니다. 형께서 힘써 도모하시는 것이 어떻겠습니까?

보내 주신 김은 노모의 반찬으로 갖출 수 있으니 매우 감사합니다. 현단(玄丹)[18]은 어찌하여 끝내 나주어 주시지 않습니까? 먼저 이천(伊川)의 단약(丹藥)[19]을 올리겠습니다. 우습습니다. 나머지는 짐작에 맡기겠습니다.

18 현단(玄丹) : 마음을 가리키는 말로 사용되는 경우가 있고, 주묵(朱墨) 즉 붉은 먹과 검은 먹으로 교정(校訂)을 가리키는 뜻으로 사용하는 경우가 있는데, 여기에서는 어떤 의미로 사용했는지 알 수 없다. 《雲笈七籤 卷11》

19 이천(伊川)의 단약(丹藥) : 이천 정이(程頤)의 〈사왕전기단(謝王佺寄丹)〉이라는 시에 "지극한 정성은 성인과 통하고 약은 신령과 통하는데, 멀리서 약 보내 주어 노쇠한 늙은이의 병든 몸을 고쳐 주네. 내게도 단약이 있는데 그대는 믿겠는가. 이것을 쓰면 이 백성을 장수하게 할 줄 안다네.〔至誠通聖藥通靈, 遠寄衰翁濟病身. 我亦有丹君信否, 用時還解壽斯民.〕"라는 구절이 있는데, 백성을 잘 살게 하여 백성이 장수할 수 있게 해 주는 선정(善政)을 여기에서 단약이라고 한 것이다. 《二程文集 卷9》

유무중에게 보냄 정해년(1647, 인조25) 11월

與兪武仲 丁亥十一月

산에는 눈이 쌓이고 강에는 얼음이 얼어 작년 이호(梨湖)[20]의 노상(路上)과 똑같은데 형이 보지 못하는 것이 한스럽습니다. 요즈음 정무를 보시는 기거는 어떠하십니까? 평소보다 배나 더 그립습니다. 저는 변변찮은 음식으로 노모를 봉양하며 그럭저럭 지내고 있는데, 이런 흉년을 만나 생계가 옹색하여 곤궁하게 사는 것이 비록 분수에 맞기는 하지만 옛사람이 위로 부모를 봉양하고 아래로 처자식을 기르던 도를 생각하면 매우 부끄럽습니다. 9월에 보내신 편지는 지난달 그믐쯤에야 받아서 읽어 보았는데 위안되는 마음이 만나서 담소하는 것 같았습니다. 김생(金生) 운운하신 말씀은, 제가 비록 어리석고 고루하지만 형과 교유한 지 이미 세월이 오래되었는데 어찌 감히 믿지 못하겠습니까. 그러나 한 문공(韓文公)이 말한 "족하(足下)가 나를 알아주지 않을까 두렵다."라는 면은 조금 있습니다.[21] 그렇습니까? 우습습니다.

형이 고향에 돌아갈 계획을 한 것은 참으로 좋은 일입니다. 그러나 도리로 말하면, 이미 벼슬길에 나오는 것을 면치 못했다면 굳이 구차하게 떠날 필요 없이 한 지방의 백성들에게 은혜를 베푸는 것 또한 하나의

20 이호(梨湖) : 현재 여주시 금사면 이포리이다.

21 한……있습니다 : 문공은 당(唐)나라 한유(韓愈)의 시호이다. 한유가 오랫동안 사귄 동년(同年) 최군(崔群)에게 보낸 편지에서 자기는 최군을 대략 알지만 최군이 자기를 알아주지 않을까 두렵다고 하였다. 《五百家注昌黎文集 卷17 與崔群書》 송시열은 김생과 관련해서 유계가 자기의 뜻을 알아주지 못할까 염려된다는 의미로 인용하였다.

일입니다. 주 선생(朱先生)이 "임장현 사방 천 리에 굶주려 죽은 시체와 유혈〔臨漳千里餓殍流血〕"이라고 한 글[22]을 읽을 때마다 눈물을 흘리지 않은 적이 없었으니, 인자(仁者)의 마음이 과연 이처럼 측달(惻怛)하다고 여겼습니다. 어떻게 생각하십니까? 그러나 또한 정무를 보는 여가에 곧바로 옛 성현의 책을 가져다 보아 매번 의리를 가슴속에 쌓아서 두 가지를 함께 한다면 참으로 벼슬과 학문이 서로 도움이 될 테니, 이것이 실로 제가 간절히 바라는 것입니다.

저는 요즈음 환곡(還穀)을 거두어들이는 일을 마치고 책을 싸 들고 산으로 들어와 아침부터 저녁까지 한가로이 책을 읽고 있습니다. 혼자 공부하는 것이 고루하기는 하지만 외부의 쓸데없는 시비를 듣지 않으니 이것도 즐거운 일입니다. 청천(淸川)의 편지[23]와 귤은 잘 받았습니다. 저의 답장을 전해 주시는 것이 어떻겠습니까? 할 말은 많지만 마침 여관에서 붓을 구하여 편지를 써서 조만간 전달되게 하려고 하다 보니 자세히 다 갖추어 쓰지 못합니다.

22 주……글 : 주희(朱熹)가 남송(南宋) 광종(光宗)과 영종(寧宗) 때 재상을 지낸 유정(留正)에게 보낸 편지에 "임장현 사방 천 리에 사는, 낭패하여 본업을 잃은 백성들에게 사죄하려는 것이다.〔解謝臨漳千里狼狽失業之民〕"라고 한 말을 인용한 듯하다. 《晦庵集 卷29 與留丞相書》

23 청천(淸川)의 편지 : 청천은 전라남도 무안(務安)의 지명이다. 송시열이 후사(後嗣)를 잇기 위해 그 고을 유운(柳運)의 딸을 측실(側室)로 들이려고 하였는데, 청천은 바로 그 집이 있는 곳이었다. 유계가 이때 무안 현감으로 있었는데, 유운이 유계를 통해 송시열에게 편지를 보낸 것으로 추측된다. 《宋子大全隨箚 卷4》

유무중에게 보냄 정해년(1647, 인조25) 12월

與兪武仲 丁亥十二月

덕이 있는 집안을 하늘이 가련히 여겨 주지 않아 현질(賢姪)이 갑자기 또 요절하였으니, 혹시 지나치게 슬퍼하다가 죽음에 이른 것은 아닙니까? 배나 더 놀랍고 슬픕니다. 삼가 생각건대 다른 사람보다 더욱 사랑했던 사람이니 몹시 비통하실 텐데 어떻게 견디십니까? 서로 멀리 떨어져 있어 기쁜 일이나 슬픈 일을 제때 알지 못하니 이것이 어찌 대대로 교유한 집안의 의리이겠습니까. 저는 어머니를 모시고 외로이 살면서 분수에 따라 지내고 있는데, 가난하고 병든 상황은 예전과 똑같습니다. 지난번에 당질(堂姪)이 일 때문에 찾아뵌다기에 그에게 안부를 자세히 전했으니 아마도 이곳의 사정을 들어서 아실 것입니다.

형이 고향에 돌아가려고 하는 뜻은 전에 태지(泰之 이유태(李惟泰))를 통해서 그 의지가 매우 강하다는 것을 들었고 그가 속히 돌아가라고 권했다고 하는데, 저의 생각에는 그럴 필요가 없습니다. 당초에 이미 벼슬길에 나오는 것을 면치 못했으면 위로 세도(世道)를 담당하여 국가의 근간을 견고하게 하고, 비록 역량이 미치지 못하더라도 지방관의 자리에서 조금 시험하면 혜택이 백성들에게 미칠 수 있으니, 진실로 마음을 공변되게 해서 행한다면 무슨 일인들 유자(儒者)의 일이 되지 않겠습니까. 삼가 명도(明道 정호(程顥))와 회암(晦庵 주희(朱熹))의 일을 보건대 어찌 식견이 얕은 사람이 알 수 있는 일이겠습니까. 지금 만약 의리와 관계되는 일이 아닌데 구차히 떠난다면 일전에 지방관이 된 것은 열 식구의 기한(飢寒)을 위한 계책이었음을 면치 못하게 되고 또한 중도에 그만두게 될까 염려됩니다. 더구나 정치가 점점 이루어지고 일이 점점 한가해지면 또한 독서하고 농사짓고 꽃을 기를 수 있으니 이때 천천히 나가서 세도를 담당하여 두터이 쌓인 역량을 크게 베푼다면 어찌 더욱 사림(士林)의 영광이 되지 않겠습니까. 다시 바라건대 노력하여 우러러보는 사람들의 기대에 부응해 주십시오.

수원(水原) 어른이 끝내 병석에서 일어나지 못했으니 몹시 애통합니다. 사성(思誠)과 길보(吉甫) 집안의 혼사[24]는 참으로 기쁜 일입니다. 형과 명보(明甫 송준길(宋浚吉))가 끝내 약속을 이룬다면 어찌 더욱 기쁘지 않겠습니까. 이 형이 오늘날 낭패를 당한 것은 실로 붕우들이 그를 위해 도모하는 데 충성스럽지 않아서이니, 참으로 자책할 일입니다.

청천(淸川)의 일[25]은 형이 처음부터 끝까지 맡아 주시리라는 것을 잘 알고 있기 때문에 매번 그 일을 행하고 행하지 않는 것에 대해 반드시 조처를 하시리라고 생각하고 있습니다. 내년 봄이 어찌 멀겠습니까. 이 일에 대해서는 이전 편지에서 이미 상세히 말씀드렸습니다.

보내 주신 두 가지 음식은 감사하기 그지없습니다. 세곡(稅穀)은 특히나 뜻밖이니, 대문 밖의 아전이 방금 물러갔습니다. 노모를 봉양하는 변변찮은 음식마저 자주 떨어져 식량을 마련하는 동안 노모께서 안심하지 못하셨는데, 도와주신 곡식으로 수십 일을 지탱할 수 있게 되었으니 감사하기 그지없습니다. 할 말은 많지만 인편이 재촉하므로 갖추어 쓰지 못합니다.

24 사성(思誠)과……혼사 : 사성은 탄옹(炭翁) 권시(權諰)의 자이고, 길보는 윤선거(尹宣擧)의 자이다. 윤선거의 아들 윤증(尹拯)이 권시의 딸과 혼인하였다.

25 청천(淸川)의 일 : 230쪽 주23 참조.

유무중에게 보냄 기축년(1649, 효종 즉위년) 6월 26일

與兪武仲 己丑六月二十六日

당초에 실제로 충성하고픈 뜻이 있어서 죽음을 무릅쓰고 청대(請對)하여 사리를 들어 말하였으니, 왕명을 기다리지 않고 자청하여 구차하게 망발한 꼴과 같으므로 낭패를 당하는 것은 당연한 일입니다. 그 후에 인견(引見)하시겠다는 하교가 성상의 뜻에서 나왔다면 애써 머물러 등대(登對)할 수 있었겠지만, 정원(政院)에서 강하게 요구한 뒤에야 허락하셨으니 여기에서 제가 이미 임금께 미움받고 경시당하고 있음을 볼 수 있습니다. 어찌 부질없이 얽매여 있을 수 있겠습니까. 오늘 한강을 건너 도성을 떠나는 것이 비록 성이 나서 자리를 박차고 떠나는 것에 가깝기는 하지만, 상소에서 이미 진달하였으니 감히 머뭇거려서 임금을 기망하는 죄를 지을 수는 없습니다. 그러나 머리를 돌려 남산을 바라보면 눈물과 콧물이 한꺼번에 쏟아지니, 임금과 신하 간의 정의(情誼)는 천성에서 나와 없앨 수 없는 것임을 알겠습니다. 그다음으로는 여러 형들을 모시고 어울리지 못한 것이 지극히 서글프지만 또한 여러 형들도 서운하지 않을 수 없음을 알고 있습니다. 진중(珍重)하시기 바랍니다.

유무중에게 보냄 기축년(1649, 효종 즉위년) 7월 1일

與兪武仲 己丑七月一日

신재(愼齋 김집(金集)) 선생께서 하루에 두 차례나 오시어 머무르도록 권면하셨을 때는 진실로 며칠 머물려고 생각하였으나, 정원(政院)이 "떠나려고 하니 만류하십시오."라고 아뢰었다는 말을 듣고서는, 간다고 말해 놓고 가지 않아 임금의 은택을 구한다면 실로 임금을 협박한다는 혐의가 있을 것이기 때문에 상소 한 통을 남기고 돌아왔습니다. 우리 임금을 등지고 떠나자니 죄가 무겁고 마음이 언짢았으니 "떠나는 걸음 더디고 더뎌, 발과 마음이 서로 어긋나네.〔行道遲遲, 中心有違.〕"[26]라는 말은 진실로 지금의 내 마음을 먼저 안 말입니다. 그러나 이 걸음에 만일 털끝만큼이라도 성상의 마음에 대해 의심을 가진 점이 있었다면 하늘이 반드시 저를 버릴 것입니다. 다만 이미 나왔다가 도로 들어가는 것은 염치에 크게 관계되는 일입니다. 더구나 나라의 풍속이 검박(儉朴)하면 예(禮)로써 보여 주지 않을 수 없고[27] 소과괘(小過卦)

26 떠나는……어긋나네 : 《시경》〈패풍(邶風) 곡풍(谷風)〉의 구절로, 남편에게 버림받은 여인이 집을 떠나면서 차마 발걸음이 떨어지지 않는 심정을 읊은 시이다. 송시열이 조정을 떠나 낙향하는 심정을 이 시를 인용하여 대신하였다.

27 나라의……없고 : 증자(曾子)가 "나라에 도가 없으면 군자가 예에 가득차게 행하는 것을 수치로 여기는 것이니, 나라의 풍속이 사치스러우면 검소함을 보이고 나라의 풍속이 검박하면 예로써 보인다."라고 한 말을 인용하였다. 《禮記 檀弓下》 즉 나라의 풍속이 사치하지는 않지만 중도에 못 미칠 경우 이렇게 하는 것이 예라는 것을 보여 풍속을 바로잡는다는 의미이다. 송시열의 이번 행위에 나라의 풍속을 바로잡으려는 의도가 있음을 말한 것이다.

의 때와 뜻이 당연하여[28] 신재 선생의 뜻에 마침내 부응하지 못하게 되었으니, 이 유감이 어찌 성상을 저버린 것보다 덜하겠습니까. 조만간에 말씀드릴 생각이지만 우선 형을 통해서 사죄하고 싶습니다.

삼가 오늘날의 사세를 보건대, 청의(淸議)는 객(客)이 되고 이론(異論)이 주(主)가 되었으니 반드시 준수한 사람들을 시급히 거두어 조정에 모이게 한 뒤에야 많은 자가 이기게 되어 이론이 저절로 소멸될 것입니다. 바로 회암(晦庵 주희(朱熹))이 말한 "오래 아픈 사람이 기해(氣海)와 단전(丹田)에 뜸을 뜨면 기혈(氣血)이 흉격(胸膈)에 모여 이목(耳目)과 수족(手足)이 좋아진다."라는 것이니, 이는 분명히 반드시 효과를 보게 될 교훈입니다. 형이 모름지기 이 의리를 힘써 견지하여 가만히 사세를 전환하기를 간절히 바랍니다. 간곡히 당부하건대 더욱 몸을 잘 보호하여 멀리서 염려하는 저의 성의에 부응해 주십시오. 저 또한 길이 세상을 등질 사람이 아니니, 혹시라도 면하기 어려운 난관이 있게 된다면 감히 다시 일어나 망동(妄動)을 해서라도 형을 돕지 않겠습니까. 이만 줄입니다.

28 소과괘(小過卦)의……당연하여 : 《주역》 〈소과괘 단(彖)〉에 "과(過)하게 하되 정(貞)함이 이로움은 때에 따라 행하는 것이다." 하였고, 〈상전(象傳)〉에 "산(山) 위에 우레가 있음이 소과(小過)이니, 군자(君子)가 보고서 행실은 공손함을 과하게 하며 상사(喪事)는 슬픔을 과하게 하며 소비는 검소함을 과하게 한다."라고 한 내용을 가리킨다. 송시열이 상소를 남기고 낙향해 버린 것이 과하기는 하지만 현재의 상황으로 볼 때 과하게 행동하는 것이 시기적으로 적절하다는 뜻이다.

유무중에게 보냄 경인년(1650, 효종1) 1월 2일

與兪武仲 庚寅元月二日

어느새 새해가 되어 큰 복을 받으셨을 것이니 경하드리는 마음 한량없습니다. 저는 노모를 모시고 새해를 맞이하니 한편으로 기쁘고 한편으로 두려우며, 나이는 노쇠해지는데 학문은 퇴보하여 영원히 처음 뜻을 저버리게 되었음을 스스로 한탄합니다. 이산(尼山)에 있는 집을 통해 보내오신 여러 장의 편지를 받고 여러 번 읽었으니, 종이에 보푸라기가 일도록 손에서 놓지 못했습니다. 오늘날의 사세(事勢)는 지혜로운 자를 기다릴 것도 없이 몸이 떨리도록 한심한데, 더구나 형은 고명하시니 전야(田野)에서 나라를 걱정하는 마음을 금할 수 없을 것입니다. 그러나 천하가 복이 없어 백순(伯淳)으로 하여금 복이 없게 하니[29] 어찌하면 좋습니까.

보내오신 편지에서 책자 하나를 만들려 한다고 하셨으니, 또한 어진 사람의 마음을 볼 수 있습니다. 지금은 쓰이지 않더라도 참으로 장차 쓰이게 되는 데에 아무런 문제가 없고, 더구나 하늘이 송(宋)나라에 복을 내리려고 하니 결국 성상의 마음에 맞지 않으리라고 어찌 장담하겠습니까.[30] 바라건대 생각을 더욱 다 쏟아서 글의 뼈대와 조목이 환히

29 천하가……하니 : 백순은 송대(宋代)의 학자 정호(程顥)의 자이다. 어떤 사람이 부필(富弼)에게 정호에 대해 묻으니 부필이 대답하기를 "백순이 복이 없으니 천하의 사람들 또한 복이 없다."라고 한 말을 인용하여 유계를 정호에 비유하였다. 《宋名臣言行錄 外集 卷2》

30 하늘이……장담하겠습니까 : 하늘이 송나라에 복을 내리려고 한다는 것은 사마광

드러나게 하여 사람마다 이렇게 하면 반드시 일을 이룰 수 있고 이렇게 하지 않으면 반드시 낭패를 당하는 데에 이른다는 것을 알게 하십시오. 그렇게 한다면 형이 세상을 다스리고 백성을 구제하는 방도는 몸이 세상에 나아가지 않아도 이미 행해지는 것입니다. 보내오신 편지는 여러 벗들에게 돌려 가며 보여 주겠습니다.

저는 지금 상소에 대한 비답을 기다리고 있으니, 비답의 뜻을 보아서 거취를 어떻게 할지 다시 정할 생각입니다.

○ 경대동(京大同)[31]은 윤곽을 잡은 뒤에 신재(愼齋 김집(金集)) 선생께서 임금께 아뢰어 혁파하였습니다. 그 후에 선발한 사람들을 승진시키기를 청하였고, 또 유학(幼學)을 선발하여 입사(入仕)시키기를 청하였는데, 우의정[32]이 매우 강하게 막고 심지어 권세를 남용한다는 말까지 하였으니 이는 대동법을 반대한 데 대한 보복이었습니다. 분열된 것이 이 지경에 이르렀으니 기대할 것이 전혀 없는 형편입니다. 형은

(司馬光)이 한 말이다. 《宋史全文 卷13上 哲宗1》 여기에서는 하늘이 우리나라에 복을 내리려고 한다면 유계가 만들 책자가 결국은 임금의 뜻에 맞을 것이라는 의미로 인용하였다.

31 경대동(京大同) : 1608년(광해군 즉위년)에 대동법이 처음 시행되는 과정에서 드러난 문제를 해결하기 위해 실시된 방법 중 하나이다. 서울 각 관사에 내는 것만 미포(米布)로 거두고 나머지 각 관사에서 집행되는 역가(役價)는 예전대로 거두는 것으로, 반동법(半同法)이라고도 한다. 《이정철, 仁祖 初 三道大同法 論議와 經過, 한국사연구 121호, 한국사연구회, 2003, 126~132쪽》

32 우의정 : 김육(金堉, 1580~1658)을 가리킨다. 본관은 청풍(淸風), 자는 백후(伯厚), 호는 잠곡(潛谷)·회정당(晦靜堂)이다. 기묘팔현(己卯八賢)의 한 사람인 김식(金湜)의 4대손이다. 대동법의 확장 시행에 적극 노력하여 대동법의 실시를 반대하는 김집과 불화를 빚었다.

일정(一正)[33]과 친분이 있으니 편지를 보내서 주선해 주시겠습니까?

33 일정(一正) : 김좌명(金佐明, 1616~1671)의 자이다. 호는 귀계(歸溪) 또는 귀천(歸川)이다. 우의정 김육의 아들이다.

유무중에게 답함 경인년(1650, 효종1) 3월 18일
答兪武仲 庚寅三月十八日

형이 10일에 보내신 편지를 받아 읽고 나니 위로되고 마음이 후련하여 고질병이 있다는 것도 까맣게 잊었습니다. 그리고 음산한 봄 날씨에 조용히 지내는 기거가 좋으시다는 것을 알았으니 매우 기쁘고 위로됩니다. 저는 지난달 보름쯤부터 오랫동안 몹시 앓고 있는데 지금까지 남은 증세가 없어지지 않고 조금 나았다 심해졌다를 반복하고 있으니, 밖의 몸을 호랑이가 먹을 뿐만이 아닙니다.[34]

시사(時事)[35]는 듣고 싶지 않습니다. 우리들이 사는 곳이 극락이 아닌데 죽는 것을 어찌 심히 애석해하겠습니까. 병중에 부질없이 누차 경계하고 행장을 꾸리고 식량을 싸 가지고 확실한 소식을 기다리고

34 밖의……아닙니다 : 《장자(莊子)》〈달생(達生)〉에 전개지(田開之)가 주 위공(周威公)에게 말하기를 "노(魯)나라의 단표(單豹)라는 자는 산중에 은거하면서 물만 마시고 사람들과 이끗을 다투지 않아서 나이가 칠십이 되어도 마치 어린아이 같았는데, 불행히 굶주린 호랑이에게 잡아먹혔습니다. 또 장의(張毅)라는 사람은 부잣집, 가난한 집을 두루 쫓아다니며 명리를 얻기에 급급했는데 나이 사십에 속으로 열이 나는 병에 걸려 죽었습니다. 그러고 보면 단표는 안의 정신만 길러서 호랑이가 그 밖의 몸뚱이를 잡아먹었고, 장의는 밖의 몸뚱이만 길러서 병이 그 안을 침범한 것이니, 이 두 사람은 모두 그 뒤떨어지는 부분을 채찍질하지 못한 것입니다." 하였다. 송시열은 밖의 몸을 건사하지 못했을 뿐만 아니라 안의 정신도 기르지 못했다는 의미로 인용하였다.

35 시사(時事) : 이때 조경(趙絅)이 지은 인조의 묘지문인 장릉 지문(長陵誌文)에 청(淸)나라 연호를 쓰지 않고 명(明)나라 연호를 썼는데, 김자점(金自點)이 이를 청나라에 고자질하였다. 이에 청나라에서 국경에 군대를 주둔하고 사실을 조사하려고 사신을 파견한 일이 있었다. 《宋子大全隨箚 卷4》

있었습니다. 지금 들으니 몇 개의 안위(安危)와 화복(禍福)을 모두 부인 한 사람[36]에게 의탁하고서 조정에서 기뻐하며 서로 경하하고 있다고 합니다. 우리들이 구차하게 살아서 눈으로 이 일을 보는 것보다는 차라리 한번 죽는 것이 더 편하지 않겠습니까. 굴자(屈子)가 오래 살기를 원했던 것이 혹시 하나의 방도가 되지 않겠습니까.[37] 군필(君弼 신익륭(申翊隆))을 통해 약(藥)을 물을 때마다 저도 모르게 한번 웃었습니다. 우리들은 이제부터 함께 한가한 사람이 될 것이니 조만간 작은 수레를 타고 중간에서 모임을 갖고자 합니다.

36 부인 한 사람 : 청나라 태조(太祖)의 열넷째 아들 예충친왕(睿忠親王) 도르곤(多爾袞)은 태종의 아홉째 동생 구왕(九王)으로 당시 청나라의 실권을 잡고 있었는데, 이때 조선의 공주와 결혼하기를 청하였다. 이에 조선에서는 종실인 금림군(錦林君) 이개윤(李愷胤)의 딸을 의순공주(義順公主)에 봉하고 구왕에게 시집보냈다. 여기에서 말한 부인은 의순공주를 가리킨다. 《宋子大全隨箚 卷4》《孝宗實錄 1年 4月 20日》

37 굴자(屈子)가……않겠습니까 : 굴자는 전국 시대 초(楚)나라 삼려대부(三閭大夫) 굴원(屈原)이다. 주희(朱熹)가 굴원을 평하면서 "굴평(屈平)이 지난 일은 미처 보지 못했고 미래는 듣지 못한다고 하여 오래 살기를 바라는 뜻이 있었는데 이 또한 당시 사람들의 행태를 견디지 못하여 끝에 어떻게 결말이 날지 보고 싶어 한 것이니, 이 부분을 읽을 때마다 크게 웃지 않은 적이 없다."라고 하였다. 《晦庵集 續集 卷4 答劉德修》 송시열은 오늘날 세태의 결말이 어떻게 나는지 보고자 한다는 자조적인 의미로 이 말을 인용하였다.

유무중에게 보냄 경인년(1650, 효종1) 4월 12일

與兪武仲 庚寅四月十二日

전에 계룡산에서 모이자는 약속을 하였기 때문에 그끄저께 병을 무릅쓰고 서쪽으로 갔었는데 도중에 형이 귀양 가신다는 소식[38]을 듣고 놀라 망연자실하여 마음을 가눌 수 없었습니다. 이 일이 현인의 일로 보면 영광이겠지만 청명한 조정으로 보면 지극히 애석한 일입니다. 생각건대 형이 도보로 길을 갈 것이니 서산(西山)의 다리에 피가 나지 않겠습니까.[39] 절 앞 다리에서의 전별연에는 병 때문에 가서 손을 잡고 작별하여 못하였고,[40] 임천(臨川)에서는 가난하여 나귀를 드리지 못하였으니,[41] 구구한 저의 마음을 형은 짐작하시리라 생각합니다. 환난에

38 형께서……소식 : 이달 4일 인조의 시호를 정하는 과정에서 '조(祖)' 자를 쓸 수 없다고 했다는 이유로 유계를 극변(極邊)에 정배하라는 명을 내렸는데, 영의정 이경여(李敬輿) 등 대신이 신구(伸救)하여 16일에 석방되었다. 《孝宗實錄 1年 4月 4日, 16日》

39 서산(西山)의……않겠습니까 : 서산은 송(宋)나라 학자 채원정(蔡元定, 1135~1198)의 호이다. 자는 계통(季通)이다. 주희(朱熹)의 제자로 한탁주(韓侂胄)에게 위학당(僞學黨)으로 몰려 도주(道州)로 귀양을 갔는데, 아들 채침(蔡沈)과 짚신을 신고 3000리를 걸어갔으므로 발에서 피가 흘렀다고 한다. 《宋史 蔡元定列傳》

40 절……못하였고 : 채원정이 도주로 귀양 갈 때 주희가 평소 교유했던 지인 100여 명과 함께 소사(蕭寺)의 다리에서 전별연을 열고 작별하였다. 《宋史 蔡元定列傳》 지금 유계가 귀양 가는데 그 전별연에 송시열이 병 때문에 참석하지 못했음을 말한 것이다.

41 임천(臨川)에서는……못하였으니 : 주희의 제자인 증극(曾極) 역시 한탁주에게 위학당으로 몰려 도주로 귀양을 갔는데, 임천을 지날 때 어떤 사람이 나귀를 주어 도보로 가는 수고를 면하였다고 한다. 《晦庵集 續集 卷3 答蔡伯靜》

처하면 그 상황에 맞게 처신한다[42]는 것은 평소에 익숙히 익혔을 것입니다. 오늘날이 바로 힘을 얻어 길을 가야 하는 상황이니, 간곡히 당부하건대 마음을 더 써서 음식을 삼가고 풍토병을 경계하여 멀리서 걱정하는 사람의 마음에 부응해 주기 바랍니다.

지금 진잠(鎭岑)의 장원(莊園)에 도착하였으나 차마 혼자 계룡산을 유람할 수 없어 그대로 숲속에 있는 집에서 지내며 체편(遞便)을 통해 문후하는 편지를 보냈는데 전달되었는지 모르겠습니다. 행낭(行囊) 안에 서책이 얼마나 있습니까? 정자(程子)와 주자(朱子)의 글을 익숙히 보아서 옥성(玉成)의 뜻[43]에 부응한다면 매우 다행이겠습니다.

42 환난에……처신한다 : 군자는 어떤 상황에 처하더라도 그 상황에 맞게 처신한다는 의미이다. 《中庸章句 第14章》

43 옥성(玉成)의 뜻 : 하늘이 온갖 시련을 주어 완전한 사람이 되도록 만든다는 뜻이다. 송나라 장재(張載)의 〈서명(西銘)〉에 "그대를 빈궁하게 하고 근심하고 슬프게 하는 것은 장차 그대를 옥으로 만들어 주려 함이다."라고 하였다. 《古文眞寶 後集 卷10》 여기에서는 유계가 귀양 가는 시련을 당하는 것이 하늘이 유계를 완전한 사람이 되도록 하려는 뜻이라는 의미로 사용되었다.

유무중에게 답함 경인년(1650, 효종1) 4월

答兪武仲 庚寅四月

12일에 형이 멀리 귀양 가신다는 소식을 듣고 즉시 편지 한 통을 써서 체편(遞便)을 통해 문후하는 편지를 올리려고 하였는데 호형(濠兄)[44]이 갑자기 형이 6일에 보내신 편지를 전해 주었습니다. 이미 귀양길을 떠났다는 것을 알았으니 망연자실한 마음 배나 더 심했습니다. 일찍이 '계통(季通)이 귀양 갈 때 주자(朱子) 문하에 눈물을 흘리는 자가 있었는데 어찌 이렇게까지 하였을까.'[45]라고 생각했는데, 오늘 내가 이 일을 당해 보니 인정상 그렇지 않을 수 없다는 것을 알았습니다. 그러나 주자가 편지에서 말한 동파첩(東坡帖)의 내용[46]이 또한 매우 엄숙하니, 지금 이것으로 이 비탄하는 마음을 위로합니다.

우리나라의 문헌이 근래에 매우 쇠락해졌으니 한적한 곳에서 귀양살이하는 중에 서책 한 건을 정리하여 이 세상을 계도하는 것 역시

44 호형(濠兄) : 송준길(宋浚吉)을 가리킨다. 송준길이 호읍천(好音川) 가에 살았는데, 호(濠) 자와 호(好) 자의 음이 같기 때문에 이렇게 부른 것이다.《宋子大全隨箚 卷3》

45 계통(季通)이……하였을까 : 계통은 채원정(蔡元定)의 자이다. 241쪽 주39, 주40 참조.

46 주자가……내용 : 주희(朱熹)가 저용(儲用)에게 보낸 편지에, 소식(蘇軾)이 어떤 사람에게 보낸 편지의 내용이 자기의 뜻과 맞아 좌우명으로 삼을 만하다고 하였다. 그 내용은 "보내오신 여러 통의 편지에 모두 멀리 이별하여 실의에 빠진 뜻이 있습니다. 비록 공이 나를 두터이 사랑하기 때문이겠지만 나는 본래 철심석장(鐵心石腸)으로 공에게 기대하고 있는데 어찌하여 그렇게 하십니까."라고 한 대목을 가리킨다.《晦庵集續集 卷6 答儲行之》《東坡全集 卷80 與李公擇》

하나의 일이니, 하늘의 뜻 또한 우연히 시련을 주는 것이 아닐 것입니다. 시 짓고 술 마시며 아까운 세월을 그르치지 말고 부디 노력하시기를 바랍니다. 저처럼 어리석고 게으른 데다 병까지 걸린 사람은 앞날을 이미 알 수 있습니다. 하늘이 본성을 부여해 준 뜻을 저버렸으니 몹시 황공할 뿐입니다. 변무(辨誣)하는 글[47]은 지금 지으려고 하는데, 조만간 정정(訂正)을 받을 길이 있을 것입니다. 나머지는 다만 더욱 자애하시기를 빌 뿐입니다.

47 변무(辨誣)하는 글 : 효종 초에 관학 유생(館學儒生) 등이 상소하여 이이(李珥)와 성혼(成渾)을 문묘(文廟)에 종사(從祀)하기를 청하자, 이상진(李象震) 등이 상소하여 배척하였고 그 뒤를 이어 영남 유생 유직(柳稷) 등이 상소하여 이이와 성혼을 배척하였다. 이에 송시열이 태학생(太學生)을 대신하여 변무소를 지었다. 《孝宗實錄 1年 5月 1日, 6月 22日·25日》《同春堂集 卷22 大匡輔國崇祿大夫……》《宋子大全 卷21 擬兩賢辨誣疏》

유무중에게 보냄 경인년(1650, 효종1) 윤월[48] 17일

與兪武仲 庚寅閏月十七日

북변(北邊)에서 귀양살이하는 것[49]은 이미 적응하셨을 것입니다. 듣건대 이번 겨울에 북쪽 지역에 눈이 내리지 않는다고 하니, 혹시 하늘의 뜻이 얼어 죽을까 염려하여 이렇게 해 주는 것입니까. 그러나 북쪽에서 거센 바람이 불어올 때마다 심장이 무너지는 것 같으니, 추위가 뼛속을 파고드는 고통을 어떻게 견디십니까? 방문과 창문을 단단히 막고 조용히 성현의 책을 대하여 날마다 새로 얻는 것이 있으면 장차 나이가 부족하다는 것을 알지 못할 것이니, 옥성(玉成)하게 해 주는 후한 은혜가 또한 지극할 것입니다. 다만 현재 인심이 화평하지 않고 시사(時事)가 장차 멈출 곳이 없으니, 이렇다면 기(杞)나라 부인의 근심[50]은 끝내 그칠 수 없을 것입니다.

도중에 보내신 편지 몇 통을 하나하나 받아서 읽어 보았는데 기미가

48 윤월 : 1650년에는 11월에 윤달이 들었다. 따라서 이 편지는 《송자대전》의 서간문 편제 순서로 볼 때 이해 9월 6일 편지 뒤에 편차되어야 한다.

49 북변(北邊)에서 귀양살이하는 것 : 조복양(趙復陽)과 민응형(閔應亨)이 유계의 무죄를 주장한 일로 유계는 다시 효종의 노여움을 사 이해 10월 28일에 온성부(穩城府)에 정배되었고, 1651년 9월 2일에 영월(寧越)로 양이(量移)되었다. 《孝宗實錄 1年 10月 28日, 2年 9月 2日》

50 기(杞)나라 부인의 근심 : 기나라 부인은 춘추 시대 제(齊)나라 대부 기량(杞梁)의 처로서, 곡을 잘하여 제나라의 풍속을 바꾸었다고 맹자가 칭찬한 사람이다. 《孟子 告子下》 그러나 문맥으로 볼 때 여기에서는 '기우(杞憂)'를 가리키는 말로, 송시열 자신의 근심을 말한 듯하다.

전혀 없으니[51] 평소에 익숙하게 익혔음을 볼 수 있습니다. 다만 형이 아우에 대해 크게 근심하였다고 들었으니, 이는 인정상 면하기 어려운 것입니다. 그러나 이 또한 마음에서 내려놓아 너무 고민하지 않는 것이 어떻겠습니까. 저는 추위가 온 뒤로 병이 더욱 고질이 되어 장차 조석을 보장할 수 없게 되었으니, 조물주가 이 몸을 잠시 세상에 남겨 두어 형이 살아서 돌아오기를 기다리게 해 줄지 모르겠습니다. 아니면 외부에서 논의가 준엄하다고 하니 혹시 형을 따라 멀리 귀양 가서 귀양지가 쓸쓸하지 않게 할 수도 있겠습니다. 모든 것을 하늘에 맡길 뿐입니다.

형이 떠난 뒤에 영남의 사특한 자들[52]이 한층 더 날뛰어 심지어 비답(批答)을 날조하여 바른 사람을 해치려는 꾀를 이루어 사람을 지극히 소름이 돋게 하니, 어찌 이른바 인생 만사 참으로 없는 일이 없다는 것이 아니겠습니까. 하고 싶은 말은 많지만 병 때문에 겨우 이렇게 씁니다. 올해에 형이 있는 곳에 갈 수 있을지 모르겠습니다. 더욱 자애하시기를 바랍니다.

51 기미가 전혀 없으니 : 채원정(蔡元定)이 도주(道州)로 귀양 갈 때 주희(朱熹)와 평소 교유했던 100여 명이 소사(蕭寺)에서 전별하였는데, 채원정이 평소와 다름없이 행동하는 것을 보고 주희가 감탄하기를 “붕우 간에 사랑하는 정과 채계통(蔡季通)의 꺾이지 않는 뜻이 둘 다 올바른 도리를 얻었다고 할 만하다.”라고 하였다. 《宋史 蔡元定列傳》 여기에서는 채원정이 귀양 가면서 뜻이 꺾이지 않은 것처럼 유계가 자신이 귀양 간 것에 대해 슬퍼하거나 노여워하는 기색이 전혀 없었음을 말한 듯하다. 《宋子大全隨箚 卷4》

52 영남의 사특한 자들 : 이이(李珥)와 성혼(成渾)의 문묘 종사를 배척하는 내용으로 상소한 영남 유생 유직(柳稷) 등을 가리킨다. 244쪽 주47 참조.

유무중에게 보냄 경인년(1650, 효종1) 5월 21일

與兪武仲 庚寅五月二十一日

형상(衡湘)을 엿보고자 하는 것은 보통보다 월등하고자 하는 것과 같으니 그 득실이 어떠할지 모르겠습니다.[53] 집에 도착한 뒤에 건강은 좋으시며 병은 나지 않으셨는지 모르겠습니다. 이제부터는 향상(向上)의 일[54]에 전념할 수 있을 것이니, 하늘의 뜻이 참으로 우연이 아닐 것입니다. 유선(由善)[55]과 정숙(靜叔)[56]이 전후로 보낸 편지가 체편(遞便)에 도착하였는데 격세(隔世)의 일과 같을 뿐만이 아닙니다. 여기에

53 형상(衡湘)을……모르겠습니다 : 형상은 중국의 형산(衡山)과 상수(湘水)를 가리키는데, 당(唐)나라 때 유종원(柳宗元)이 유주 자사(柳州刺史)로 있을 때 이 지역에서 교화를 폈다. 한유(韓愈)가 유종원의 묘지명에 "형상 남쪽에서 진사가 된 자들은 모두 자후(子厚)를 스승으로 섬겼는데, 자후가 입으로 강론하고 손가락으로 써 가며 직접 가르침을 준 것을 받아 문장을 지은 것이 모두 볼만한 법도가 있었다."라고 하였다. 《五百家注昌黎文集 卷32 柳子厚墓誌銘》 여기에서는 유계가 북변(北邊)으로 귀양 가서 유종원처럼 교화를 편 효과가 있을 것인데, 그 효과가 유종원과 비교해서 누가 나을지 모르겠다는 의미로 인용하였다.

54 향상(向上)의 일 : 도리(道理)를 가리킨다. 송시열이 어떤 사람에게 답한 편지에 "향상은 속언의 '우다히'라는 말과 같으니, 이는 도리를 가리켜 말한 것입니다."라고 하였다. 《宋子大全 卷121 答或人》

55 유선(由善) : 김경여(金慶餘, 1596~1653)의 자이다. 본관은 경주(慶州), 호는 송애(松崖)이다. 김장생(金長生)의 문인으로 송준길(宋浚吉), 김집(金集) 등과 교유하였다.

56 정숙(靜叔) : 이태연(李泰淵, 1615~1669)의 자이다. 본관은 한산(韓山), 호는 눌재(訥齋)이다. 김집의 문인으로, 대사간, 이조 참의, 평안도 관찰사를 역임하였다.

서만 그치고 말지 알 수 없으니, 이 마음이 어떻겠습니까.

저는 앓고 있는 병이 낫지 않고 번뇌가 또 쇠털처럼 많으니 언제나 고해(苦海)에서 벗어서 피안(彼岸)에 도달할지 모르겠습니다. 지금 동학사(洞學寺)[57]에 들어가 의원과 함께 지내며 때로 옛날에 보던 책을 다시 보는데 그때마다 정신이 망연하므로 또 책을 놓아두고 냇가에 가서 한번 웃을 뿐입니다. 영상 대감(이경여(李敬輿))의 편지는 잘 받았습니다. 몹시 바빠 이만 줄입니다.

57 동학사(洞學寺) : 계룡산에 있는 동학사(東鶴寺)를 가리키는 것으로 보인다. 송시열이 김홍욱(金弘郁)에게 보낸 편지에 공암(孔巖) 위에 동학사(洞學寺)가 있다고 하는 것으로 보아, 당시에 동학사(洞學寺)로 불렀거나 오류인 것으로 보인다. 공암은 지금의 공주시에 속한 지명인데, 계룡산 아래에 있다. 《宋子大全 卷43 答金文叔》

유무중에게 보냄 경인년(1650, 효종1) 9월 6일

與兪武仲 庚寅九月六日

지난번에 노성(魯城) 집에서 체편(遞便)을 통해 형의 편지를 전해 주었고, 저 또한 그 편에 답장을 보냈는데 받아 보셨습니까? 호상(湖上)의 늦가을에 맑은 흥취가 배나 더하리라 생각되는데, 혹시 반랑(潘郎)의 귀밑머리가 센 근심[58]은 없습니까? 저는 청명한 가을이 되어 묵은 병이 조금 나아지기를 고대했는데 이제는 희망이 사라졌으니, 참으로 장차 초목과 함께 시들 것입니다. 게다가 처의 병이 날이 갈수록 점점 위중해지니 어찌하여 액운이 거듭 이른단 말입니까.

영외(嶺外)로 귀양 간 사람에 대해 이미 군신의 의리를 무시했다는 형률을 내렸는데 나라에 재앙을 끼쳤다는 죄목을 호남에 더했으니, 앞으로 또 무슨 죄안이 있을지 모르겠습니다. 지금 행장을 꾸려 놓고 견책을 기다리는데, 병든 몸이 영해(嶺海)의 기운을 견디겠습니까.

태지(泰之) 형이 지난번에 당한 참화(慘禍)[59]는 애석한 마음 금할

58 반랑(潘郎)의……근심 : 반랑은 진(晉)나라 때 시인 반악(潘岳)을 가리킨다. 그는 젊어서 용모가 매우 아름다웠는데 중년에 백발이 되었다 한다. 반악의 〈추흥부(秋興賦)〉에 "나는 나이 서른둘에 처음 흰머리가 났다." 하였는데, 이 글을 인용하여 송(宋)나라 사달조(史達祖)가 〈제천악백발(齊天樂白髮)〉이라는 사(詞)에서 "가을바람이 일찍 반랑의 귀밑머리에 들어가니, 이처럼 희끗희끗한 머리에 문득 놀라노라."라고 하였다. 《梅溪詞》 여기에서는 유계의 나이가 40대 중반이 되었으므로 귀밑머리가 세지 않았느냐고 한 것이다.

59 태지(泰之)……참화(慘禍) : 태지는 이유태(李惟泰)를 가리킨다. 이때 금산(錦山) 사람 박정(朴珽)이 김자점(金自點)의 사주를 받고 이유태를 모욕하자 금산의 선비

수 없습니다. 호랑이게 잡아먹히거나 병에 걸리는 것도 이에 비하면 오히려 작은 일이니, 장차 어떻게 잘 처리해야겠습니까?

황생(黃生)[60]이 가르침을 받기 위해 멀리 찾아갔으니 자익(子翼)의 심한 고생[61]이 될 뿐만이 아닐 것입니다. 만날 날 아득하니 멀리서 서글픈 마음뿐입니다. 어제 윤실이[62]를 보내는데 딸아이가 나를 끌어안고 통곡을 하고서 떠났으니, 아비가 오래 살지 못하리라는 것을 보고서 그런 것이 아니겠습니까. 이로 인하여 병든 마음이 더욱 좋지 않아 하나하나 다 쓰지 못합니다. 나머지는 모두 이 아이가 말로 전할 것입니다. 아이가 돌아오면 전하는 말씀이 있을 것이니, 눈을 씻고서 기다리겠습니다.

○ 남헌(南軒 장식(張栻))도 간혹 점을 쳤으니, 저의 운명을 점쳐서 보여 주십시오. 전에 사주(四柱)를 찾았던 것이 어찌 뜻이 있겠습니까.

들이 일제히 분노하여 배척하니, 신면(申冕)이 다른 사람을 사주하여 선비들을 모함하여 큰 화가 일어나려 하였는데 송광식(宋光栻)이 상소하여 변호하였다. 《宋子大全隨箚 卷3》

60 황생(黃生) : 황세정(黃世楨, 1622~1705)을 가리킨다. 《宋子大全隨箚 卷3》 본관은 회덕(懷德), 자는 주경(周卿), 호는 제곡(霽谷)이다. 기해년 복제 문제로 송시열과 송준길이 관직이 추삭(追削)되고 유배당하자 그 억울함을 알리고 반대파들을 비난하는 상소를 올렸다가 곧바로 진도(珍島)에 유배되었다.

61 자익(子翼)의 심한 고생 : 자익은 삼국 시대 유세객인 장간(蔣幹)의 자이다. 조조(曹操)가 오(吳)나라 주유(周瑜)를 유혹하려고 장간을 유세객으로 보냈는데, 주유가 그를 극진하게 환대한 뒤에 손권(孫權)과 자기와의 뗄 수 없는 의리를 강조하면서 "소진(蘇秦)과 장의(張儀)가 다시 세상에 나온다고 하더라도 그 뜻을 바꿀 수 있겠는가."라고 하여 아무 말도 하지 못하게 하고 돌려보냈다. 《資治通鑑 卷66 孝獻皇帝》

62 윤실이 : 윤단(尹摶)에게 시집간 송시열의 둘째 딸을 가리킨다.

유무중에게 답함

答兪武仲

일양(一陽)이 이미 회복되어[63] 군자가 자신을 반성하는 공부가 이런 때에 날로 진전이 있을 것이니 앙모하는 마음 날마다 항상 간절합니다. 지금 부소(扶蘇)의 체편(遞便)에 보내신 편지를 받았으니, 마치 직접 뵙고 얘기하는 것 같아 기쁘고 후련한 마음 어찌 이루 다 말할 수 있겠습니까. 멀리서 생각건대 얼음과 눈이 온 산을 덮어서 소나무와 대〔竹〕가 더욱 아름다울 것이고, 동 태사(董太師)의 지기(知己)[64]가 함께 지내며 강론하고 연구할 것이니 세상의 지극한 즐거움 중에 무엇이 이만하겠습니까. 사람을 지극히 부럽게 합니다.

저는 노모께서 고향을 그리워하여 이달 초에 노모를 모시고 옥천(沃川) 산골짜기로 들어왔습니다. 노모의 약을 달이는 여가에 인사(人事)가 적어 책을 볼 수 있습니다만, 막히는 곳을 만나도 함께 의논할 사람이 없으니 때때로 스스로 답답해할 뿐입니다. 화도편(和陶篇)[65]은 읊을

63 일양(一陽)이 이미 회복되어 : 음력 11월의 괘가 복괘(復卦)인데, 10월의 순음괘(純陰卦)인 곤괘(坤卦)에서 맨 아래 양효(陽爻) 하나가 생겨났기 때문에 일양이 회복되었다고 한 것이다.

64 동 태사(董太師)의 지기(知己) : 동태사는 당(唐)나라 덕종(德宗) 연간에 승상을 지낸 동진(董晉)을 가리킨다. 그의 둘째 아들 동계(董溪)와 부자간에 지기라고 하였다. 《五百家注昌黎文集 卷29 唐故朝散大夫……》 여기에서는 유계가 아들과 함께 지내며 강론하는 것을 가리킨다.

65 화도편(和陶篇) : 도잠(陶潛)의 시에 화운(和韻)한 시를 가리킨다. 중국 송대(宋

때마다 매우 마음에 와닿아 매번 따라서 지어 보려고 하지만 원시(原詩)를 얻지 못하여 아직까지 못 하고 있습니다. 베껴서 보여 주실 수 있겠습니까? 돌아가려는 가형(家兄)의 뜻을 막을 수 없어 앞으로는 서신을 전할 방법이 없으니 더욱 서글프고 한탄스럽습니다. 명보(明甫 송준길(宋浚吉))와 태지(泰之 이유태(李惟泰)) 두 형은 모두 편안합니다. 저 두 집안이 금년에 쓸쓸하지 않으니, 이 또한 기이합니다. 날씨가 몹시 추우니 간곡히 당부하건대 보중(保重)하시기 바랍니다.

代) 시인 소식(蘇軾)에 의해 처음 시도된 형식이다.

유무중에게 답함

答兪武仲

무더위가 물러가려고 하니 매미 소리가 더욱 청량합니다. 멀리서 덕스러운 모습을 생각하니 그리운 마음 어찌 한량이 있겠습니까. 지난번에 체편(遞便)을 통해 멀리서 보내 주신 편지를 받고 기쁘게 읽어 보았으니, 마치 직접 뵙는 것 같아 기쁘고 감격스럽기 그지없었습니다.

저는 변변찮은 음식마저 자주 떨어져 온갖 어려운 상황이 다 일어납니다. 우리들이야 참으로 이와 같을 수밖에 없다고 하더라도 자식의 정리로는 속상하고 한탄스럽지 않을 수 없습니다. 근자에 또 윤실이[66]의 병환 때문에 밤낮으로 애태우고 있으니 몹시 괴롭습니다.

형은 돌아올 계획이 이미 결정되었는데 다시 몇 달을 지체하고 있으니, 형의 뜻에 달갑지 않을 듯합니다. 그러나 미리 행할 방향이 정해져 있으면 병폐가 없으므로 뜻대로 되지 않는 일이 없을 것이니, 형이 어찌 심지를 확고하게 정하지 못한 사람이겠습니까. 장차 지팡이 짚고 배를 타고 강호(江湖)에서 담소하게 될 것입니다.

석호(石湖 윤문거(尹文擧))가 예(禮)를 논란한 것에 대한 형의 답이 매우 정밀합니다. 그러나 환하게 이해하지 못했다면 대면한 뒤에 일깨워 주어야 할 것입니다. 안사(安使)는[67] 잘 받았습니다. 답장은 확실히 전해 주시고 또 답장을 요구해 주시는 것이 어떻겠습니까? 할 말은

66 윤실이 : 윤단(尹摶)에게 시집간 송시열의 둘째 딸을 가리킨다.

67 안사(安使)는 : 두주에는 '使下恐脫'로 되어 있다.

많지만 체편이 재촉하므로 감히 다 쓰지 못합니다. 살펴 주시기 바랍니다. 다만 더욱 자애하시기를 빕니다.

유무중에게 보냄 임진년(1652, 효종3) 12월 20일

與兪武仲 壬辰十二月二十日

옛날 오(吳) 땅의 처사(處士)는 자신이 죽어 소미성(少微星)에 부응할 것이라고 여겼다가 천고의 웃음거리만 되고 말았습니다.[68] 형은 유독 어떤 사람이기에 잠시 왕래하였는데 능히 하늘의 별에 호응하는 것이 이처럼 명백한 지경에 이른 것입니까. 이 말을 제가 조덕후(趙德厚)에게 확인해 볼 것입니다.[69] 아니면 장차 형에게 큰 직임을 내리려고 우선 이것으로 형과 사람들에게 보인 것입니까. 이는 참으로 두려운 점입니

68 옛날……말았습니다 : 소미성은 처사성(處士星)으로, 소미성이 희미하거나 떨어지면 인간 세상의 처사가 죽는다고 전한다. 진(晉)나라 사부(謝敷)는 벼슬에 나가지 않고 태평산(太平山)에 10여 년 동안 은거하였다. 하루는 달이 소미성을 범하여 점치는 사람이 "처사가 죽을 것이다."라고 하자, 당시 명망이 높았던 대규(戴逵)는 자신이 죽을 것이라고 근심하였는데 사부가 죽었다. 이에 회계(會稽) 사람들이 조롱하기를 "오중(吳中)의 고상한 선비, 죽으려고 하였으나 죽지 못했네."라고 하였다. 《晉書 隱逸列傳 謝敷》 오 땅의 처사는 대규를 가리킨다.

69 형은……것입니다 : 송준길(宋浚吉)이 유계에게 보낸 편지에 "지난 기축년(1649, 효종 즉위년) 초가을에 조덕후가 찾아와 아무 별이 아무 자리에 들어갔으니 예(禮)를 논한 신하가 죄를 받게 될 것이라고 하였습니다. …… 그리고 또 일관(日官)이 와서 말하기를 '성관(星官)이 아무 별이 나타났으니 나라에 경사가 있을 것이라고 하였다.' 하였는데 이튿날 형과 윤지(胤之) 형에 대한 사면령(赦免令)이 내렸으니, 위로 공경대부로부터 아래로 하인과 종들까지 반색하며 경하하지 않는 자가 없었습니다."라고 하여 유계가 귀양 갈 때와 해배(解配)될 때 별자리에 변동이 있었음을 말하였다. 윤지는 조석윤(趙錫胤)의 자이다. 조덕후는 누구인지 알 수 없으나 별자리를 볼 줄 아는 자일 것이다. 《宋子大全隨箚 卷4》《同春堂集 卷11 與兪武仲(壬辰)》

다. 형은 며칠에 나오십니까? 만약 임천(林川)의 장원(莊園)에 도착하시면[70] 감히 즉시 찾아가 뵙지 않겠습니까. 형을 보지 못한 지 몇 해가 되었는데 그곳에 찾아가지 못했으니 혜주(惠州)가 참으로 천상(天上)에 있는 것입니다.[71] 부끄럽고 부끄럽습니다. 하고 싶은 말은 많지만 여행이 편안하시기를 빕니다.

○ 시사(時事)가 장차 어떻게 결말이 날지 모르겠습니다. 옛사람 중 이런 경우를 만났을 때 잘 대처한 사람이 누구입니까? 말씀해 주시기 바랍니다.

70 임천(林川)의 장원(莊園)에 도착하시면 : 이때 유계가 영월(寧越)에서 유배 생활하다가 풀려나 전리방귀(田里放歸)되었다.《孝宗實錄 3年 12月 2日》 유계의 집이 임천에 있기 때문에 임천의 장원에 온다고 한 것이다.

71 혜주(惠州)가……것입니다 : 소식(蘇軾)이 혜주로 귀양 갔을 때 아들들이 아버지의 소식을 듣지 못해 근심하자, 정혜원(定慧院)의 승려 탁계순(卓契順)이 소식의 아들 소매(蘇邁)에게 말하기를 "그대는 어찌 심하게 근심하는가. 혜주가 천상에 있지 않으니 출발하면 곧 닿게 된다. 내가 그대를 위해 편지를 가지고 가겠다."라고 한 고사에서 나온 말이다.《淸河書畫舫 卷8下》 여기에서는 유계의 귀양지인 온성(穩城)이나 영월이 아무리 멀어도 하늘 위에 있지 않으므로 마음만 먹으면 갈 수 있는데 가지 않은 것을 자책하는 말이다.

유무중에게 답함 임진년(1652, 효종3) 윤월[72] 22일

答兪武仲 壬辰餘月二十二日

보내 주신 답신을 받고 말씀하신 뜻을 삼가 잘 알았습니다. 말씀이 엄하고 의리가 정당하며 또 피차간에 간격이 없는 마음을 보았으니 매우 다행입니다. 다만 한 가지 드릴 말씀이 있으니, 사실대로 드러내어 애정을 보이신 뜻에 답하지 않을 수 없습니다.

대저 상량(上樑)에 글이 있는 것은 어느 시대에 시작되었고 누가 처음 지었는지는 제가 몽매하여 모르겠습니다. 그러나 주 부자(朱夫子)만 한 사람이 없으니, 주 부자가 동안(同安)에 경사각(經史閣)을 지을 때 마음을 쓰는 것이 지성스러웠습니다. 사군자(士君子)의 언행이 주 부자와 같을 수 있다면 또한 지극하다고 할 수 있으니, 주 부자의 일을 고례(古例)로 삼는 데 무슨 문제가 있겠습니까. 더구나 옛날에 또 증거로 삼을 만한 일이 있으니, 진(晉)나라 대부(大夫) 헌문자(獻文子)가 집을 완성하자 대부 장로(張老)가 가서 하례하기를 "아름답도다, 높고 큼이여. 아름답도다, 빛나고 화려함이여. 이곳에서 노래하고, 이곳에서 곡하며, 이곳에서 또한 국빈(國賓)과 종족을 모으리로다."라고 하였는데 군자가 송축을 잘하였다고 하였으니, 이것이 어찌 상량문의 근원이 아니겠습니까. 이와 같은데도 오히려 고례가 아니라고 한다면 감히 수긍하지 못하겠습니다.

72 임진년 윤월 : 편집 오류로 보인다. 경인년(1650, 효종1) 11월에 윤달이 들었고 계사년(1653) 7월에 윤달이 들었으므로, 임진년에는 윤달이 들 수 없다.

형은 또 어리석다고 변명하였으니, 군자의 겸손한 덕으로 볼 때 어찌 그렇게 말하지 않을 수 있겠습니까. 온 세상을 다 본다면 적임자가 없다고 감히 말할 수는 없겠지만 맑은 명성과 곧은 도(道)로 사림의 추앙을 받는 사람을 찾는다면 여기 있는 여러 사람은 감히 다른 사람에게서 찾을 수 없습니다. 다시 바라건대 지나치게 사양하지 마시고 많은 사람의 바람에 부응해 주시는 것이 어떻겠습니까? 이곳 사람들이 형을 찾아뵙기를 원하는 뜻이 실로 간절한데 지난번 답신에 방문을 거절하는 뜻이 매우 강했기 때문에 감히 곧바로 찾아뵙지 못했으니, 아울러 양해해 주시기 바랍니다. 실제 공부에 힘쓰는 것을 우선으로 삼아야 한다는 가르침을 받았으니, 이곳의 모든 사람들이 실로 함께 명심할 것입니다. 이것이 바로 "그 사람을 존경하는 것이 그 도를 흠모하는 것만 못하고, 그 도를 흠모하는 것이 그 마음을 스승 삼는 것만 못하다."[73]라는 것이니, 참으로 긴요한 말은 번거롭지 않다고 할 만합니다. 나머지는 모두 뵙고서 말씀드리겠습니다. 이만 줄입니다.

73 그 사람을……못하다 : 주희(朱熹)의 문인 면재(勉齋) 황간(黃榦)이 주희 사당의 기문에 쓴 말이다. 《勉齋集 卷19 徽州朱文公祠堂記》

유무중에게 보냄 계사년(1653, 효종4) 6월

與兪武仲 癸巳六月

형이 돌아온 뒤로 그리움이 더욱 간절합니다. 일찍이 형강(荊江)[74]에서 두세 사람이 탈 수 있는 작은 배를 구해 황생(黃生 황세정(黃世楨))과 약속하여 강을 따라 내려가서 찾아뵈려고 했는데 봄부터 여름까지 병고가 잦아 계획이 마침내 어긋나게 되었으니, 작년 가을에 여장을 꾸려 멀리 찾아가겠다고 한 약속이 속인 것이 아니면 거짓말이 되었습니다. 지금 날씨가 더운데 조용히 지내는 기거는 좋으시며 무슨 책을 보십니까? 날마다 좋은 정취가 있으실 텐데 맑은 가르침을 받지 못하는 것이 한탄스럽습니다.

저는 변변찮은 음식으로 노모를 봉양하며 지내는 것 외에 다른 일은 없고, 충원(忠原)의 일이 겨우 결말이 났으니[75] 이제부터 마음 편히 시골에서 지낸다면 벗들의 수치가 되지 않을 것입니다. 지난번에 하신 말씀은 재차 상소하게 하시려는 것입니까?

74 형강(荊江) : 충청북도 문의(文義)의 남쪽 충청남도 회덕(懷德)의 북쪽에 위치하여 동쪽에서 서쪽으로 흐르는 금강(錦江)의 상류이다. 이 강이 하류로 내려가면서 공주(公州) 지역에서는 금강으로, 부여(扶餘) 지역에서는 백마강(白馬江)으로 불렸으며, 이 강의 상류로 거슬러 올라가면서 오늘날 대청댐 수몰 지역에서는 주로 초강(楚江)으로, 옥천 지역에서는 적등강(赤燈江)으로, 영동(永同) 지역에서는 양강(楊江)으로 불렸다.

75 충원(忠原)의……났으니 : 송시열이 이해 3월에 충주 목사(忠州牧使)에 제수되었는데, 여러 차례 상소를 올려 체직된 일을 가리킨다. 《宋子大全隨箚 卷4》《孝宗實錄 4年 3月 21日》

이곳의 유선(由善 김경여(金慶餘)) 형이 마침내 고인(古人)이 되었습니다. 유소(遺疏)에 충심(忠心)을 다하였고, 정실(正室)에서 바르게 누워 편안히 세상을 떠났으니, 이 형처럼 바르게 세상을 마친 사람이 고금에 몇이나 되겠습니까. 이 형이 세상을 떠난 뒤로 이곳은 지극히 쓸쓸하니, 옛사람이 서주(西州)의 문을 지나지 않았던 이유[76]가 참으로 이 때문이었습니다. 형이 그의 일을 언급한 것을 보고 저도 모르게 더욱 눈물이 났습니다. 시기(時氣)가 좋지 않으니 간곡히 당부하건대 더욱 보중(保重)하십시오.

76 옛사람이……이유 : 죽은 사람을 몹시 그리워한다는 의미의 고사이다. 진(晉)나라 사람 양담(羊曇)이 젊어서 사안(謝安)에게 사랑을 받았는데, 사안이 죽은 뒤 1년 동안 음악을 그치고 길을 갈 때에도 서주의 성문을 경유하지 않았다. 한번은 크게 취하여 노래를 부르며 길을 걷다가 자신도 모르게 서주의 성문에 이르렀다. 주위 사람들이 이곳은 서주의 성문이라고 알려 주자, 양담은 슬퍼해 마지않고 채찍으로 문짝을 두드리며 조식(曹植)의 "살아서는 화려한 집에서 살다가 죽어서는 산속으로 돌아가는구나.〔生存華屋處, 零落歸山丘.〕"라는 시를 읊고 통곡하면서 떠나갔다. 《晉書 謝安列傳》

유무중에게 답함
答兪武仲

옛날에 한 약속을 오랫동안 이루지 못하여 두 번이나 편지를 쓰시게 하였습니다. 편지를 받고 이른 장마에 조용히 지내시는 기거가 더욱 좋으시다는 것을 알았으니 이 점은 위안되고 다행입니다. 저는 여러 벗들과 함께 나아가기로 의논하였는데 사고가 잇달아서 지금까지 미루고 있으니, 형은 말하지 않아도 이해하시겠지만 훌륭한 동산의 푸른 대〔竹〕는 끝내 어찌 말이 없겠습니까. 저의 중형(仲兄)이 부여 현감(扶餘縣監)이 되었는데 사적인 정리가 급하여 장차 법을 무릅쓰고 노모를 모시고 갈 계획입니다. 시기는 다음 달 보름쯤으로 잡았습니다. 그때는 형이 비록 약속을 지키지 않았다는 이유로 장대를 들고 쫓아내더라도 전날의 태만했던 죄를 찾아뵙고 사죄할 것입니다. 영윤(令胤)이 장원(壯元)을 하였으니,[77] 어린 나이에 지은 시가 이미 온 세상에 진동하였습니다. 다만 그의 재능과 운명이 부친이 세상과 어긋난 것을 답습하지 않을지 모르겠습니다. 우습습니다.

77 영윤(令胤)이 장원(壯元)을 하였으니 : 영윤은 유계의 아들 유명윤(兪命胤)이다. 유명윤이 대과에 급제한 것은 1657년(효종8)이므로, 소과(小科)나 1654년에 응시한 명경과(明經科)에서 장원하였던 것으로 보인다.

유무중에게 보냄 갑오년(1654, 효종5) 5월

與兪武仲 甲午五月

고란사(皐蘭寺)에서의 모임은 돌이켜 생각하면 더욱 한탄스럽습니다. 무더운 장마철에 형의 기거는 편안하십니까? 저는 과분하게 받은 직함이 아직 완전히 삭직되지 않아서 이미 세 번이나 상소하였는데, 만약 모두 강등되거나 삭탈된다면 참으로 저에겐 다행일 것입니다. 혹시 그렇게 되지 않더라도 야인(野人)의 거친 성격을 여전히 잃지 않을 것이니, 조물주가 부여한 것이 참으로 우연이 아닙니다. 다만 처음 비답에 신하의 분수와 의리로 책망하셨기에 두 번째 상소에서 대략 회옹(晦翁 주희(朱熹))의 설(說)로 벼슬하고 그만두며 물러나고 나아가는 것이 신하의 분수와 의리 아님이 없음을 밝혔습니다. 연석(筵席)에서 성상께서 "모(某)가 나에게 미안한 바가 있지 않겠는가."라고 하교하셨는데, 제가 그 말을 듣고 두려워서 몸 둘 곳이 없었습니다. 이번에 올린 것은 이전의 뜻을 재차 진달하고 아울러 분에 넘치는 품계에 대해 거듭 청하였습니다. 대체로 두 번째 올린 상소에서 주장한 의리는 분명한 근거가 있었지만 말이 부드럽지 못하여 성상께서 하교하시게 하였으니, 이는 치우친 기질이 만나는 일마다 작용한 것입니다. 옛날에 이른바 기질을 변화시킨다는 것은 어떤 공부를 하여야 가능한 것입니까? 슬프고 한탄스러운 마음 금할 수 없습니다.

부여(扶餘) 관아에 와서 모친을 뵌 지 이미 며칠이 지났습니다. 처음에는 찾아뵙고 며칠간 함께 지내려고 생각했는데 갑자기 일이 생겨 동쪽으로 돌아왔으니, 인사(人事)가 어긋나는 것이 이와 같단 말입니까. 장마가 개고 날씨가 서늘해지면 안문(雁門)의 불우함을 보상하시기를[78] 간절히 바랍니다. 그러나 듣건대 -원문 빠짐- 무리가 형을 위해서 점쟁이들에게 두루 물어보니 모두 6월에 사면되는 성은을 입는다고 합니다. 만약 그렇게 된다면 뒷날의 모임 또한 기약할 수 없을 것입니다. 그렇다면 저들은 형이 곤경을 겪는 것을 가련하다고 여겨서 이렇게 애를 태우는 것입니까? 아니면 인정상 그만둘 수 없는 것입니까? 매우 우습습니다. 망형(望兄)[79]의 일이 결말이 난 것은 기쁘지만 험로 중에 일이 순조롭게 되는 것은 더욱 쉽지 않은 일입니다.

78 안문(雁門)의 불우함을 보상하시기를 : 한(漢)나라 성제(成帝) 때 단회종(段會宗)이 안문 태수(雁門太守)를 지내다 범법하여 면직되었다가 다시 서역(西域)의 도호(都護)에 제수되었는데, 부임할 때 그의 친구 곡영(谷永)이 증언(贈言)하기를 "그대는 옛 제도를 따르고, 특별한 공로를 세우려 들지 말라. 마치고 다시 속히 돌아오기만 해도 안문의 불우함을 보상하기에 충분할 것이다. 만 리 밖에 나가서는 몸을 근본으로 삼으니, 어리석은 나의 말을 잘 생각해 보기 바라노라."라고 하였다. 《漢書 段會宗列傳》 여기에서는 유계에게 날씨가 서늘해지면 건강을 회복하기를 바란다는 의미로 인용하였다.

79 망형(望兄) : 자가 여망(汝望)인 윤문거(尹文擧)를 가리킨다.

유무중에게 보냄

與兪武仲

지난번에 보낸 편지는 받아 보셨으리라 생각합니다. 지금 봄 날씨가 쌀쌀한데 형의 기거는 어떻습니까? 저는 흐리멍덩한 상태로 세월을 보내고 있으니 말씀드릴 것이 없습니다. 청천(淸川)은 조금 안정되는 기미가 있으니, 어찌 이치를 따르는 자라고 해서 가난 또한 잊을 수 있겠습니까. 세전(歲前)에 금리(錦里)[80]를 통해 4단(端)의 무명과 삼베를 보내서 형이 주선하여 종이를 구해 금판(錦板)[81] 《논어(論語)》 2건을 찍어서 보내 주기를 바랐는데, 지금 들으니 물건은 전해졌는데 편지가 전해지지 않았다고 하니 한탄스럽습니다. 혹시 지금이라도 구할 수 있겠습니까? 지난번에 거취를 함부로 논하였는데 형의 뜻에 어떠한지 모르겠습니다. 도(道)와 함께 뜻을 펴기도 하고 감추기도 하는 것은 다만 자신이 스스로 아는 법인데, 한 가닥만을 잡고서 큰소리로 주장하는 것은 참으로 밤중에 코끼리 귀를 만져 보고는 코끼리는 키〔箕〕처럼 생겼다고 하는 격이니, 우습습니다. 마침 어수선하여 이만 줄입니다.

80 금리(錦里) : 금산(錦山)에 살았던 이유태(李惟泰)를 가리킨다. 《宋子大全隨箚 卷3》

81 금판(錦板) : 전라도 감영을 완영(完營)이라고 하고 완영에서 간행한 목판본을 완판(完板)이라고 하는 것에 비추어 볼 때, 충청도 감영을 금영(錦營)이라고 하므로 금영에서 간행한 판본이라는 의미로 짐작된다.

유무중에게 답함

答兪武仲

연이어 편지를 받았으니 한번 만나는 것은 여사(餘事)에 불과합니다. 형이 빨리 돌아갈 줄은 이미 짐작하고 있었습니다. 27일에 말씀해 주신 것은 참으로 저의 생각과 부합합니다. 다만 저의 생각은 처음에 신원사(神院寺)[82]에 도착해서 맞이하려고 하였습니다. 그런데 다시 생각해 보니 임천(林川)과의 거리가 조금 멀고 형의 행차가 만약 그대로 서쪽으로 향하려고 하지 않는다면 참으로 편치 않을 것입니다. 그러나 돈암서원(遯巖書院) 또한 평온하고 조용한 곳이 아니고, 병을 핑계로 벼슬에 나아가지 않는 사람으로서 고을 몇 개를 거쳐서 한가하게 여행하는 것 또한 매우 불편합니다. 7일에 산간(山間)을 경유하여 지름길로 고운사(孤雲寺)[83]에 가서 기다리려고 하니, 형이 한 걸음 더 나오시는 것이 어떻겠습니까? 초려(草廬 이유태(李惟泰)) 형이 26일에 판여(板輿)를 모시고 금산(錦山)을 떠나려고 한다고 하니, 만약 이 소식을 알린다면 그 또한 투숙할 뜻이 있을 것입니다. 저의 청을 따라 주기 어렵다면 즉시 답장을 주시어 병든 몸이 헛되이 움직이지 않게 해 주시는 것이 어떻겠습니까? 저의 거취에 대한 계책이 이처럼 간곡하니 어찌 감동할 줄 모르겠습니까. 저의 뜻 또한 고집하는 것이 없습니

82 신원사(神院寺) : 충청남도 공주(公州)에 있는 절 이름이다. 《宋子大全隨箚 卷4》

83 고운사(孤雲寺) : 충청남도 논산시 벌곡면 양산리에 있던 사찰로, 1656년(효종7) 인근의 대둔산(大芚山)으로 이전하였다가 6·25때 소실되었다.

다. 지금 동춘(同春 송준길(宋浚吉)) 형과 의논하고 있고, 장차 초려·미촌(美村 윤선거(尹宣擧))과 의논해서 하려고 합니다. 그러나 나가고 난 뒤에 낭패를 면하게 해 주지 않는다면 덕이 있는 사람이 소진(蘇秦)과 장의(張儀)의 계책을 쓴다는 원망[84]을 저의 입에서 막기 어려울 것이니, 우습습니다.

84 덕이……원망 : 여조겸(呂祖謙)이 일찍이 주희(朱熹)에게 벼슬에 잠깐 나아가기를 권면하여 주희가 벼슬에 나아갔다 돌아왔는데, 그 뒤에 또 "이미 돌아왔으니 노력해서 하지 않아서는 안 됩니다."라고 하자 주희가 나무라기를 "덕 있는 사람도 소진과 장의의 꾀가 있는 줄 몰랐다."라고 한 말을 인용한 것이다. 《宋子大全隨箚 卷4》

유무중에게 보냄 병신년(1656, 효종7) 윤월[85] 27일

與兪武仲 丙申閏月二十七日

요즈음 무더운 장마철인데 형의 기거는 어떠십니까? 우리의 도(道)가 불행하여 신재(愼齋 김집(金集)) 선생께서 마침내 세상을 떠나셨으니 오장이 무너지는 슬픔이 끝이 없습니다. 저는 그 문하에 출입한 지 거의 30년이 되었습니다. 그 온화하고 겸손하며 신중하고 치밀한 덕을 비록 감히 언저리도 엿보지 못했지만 그분과 맺은 깊은 정과 의리는 실로 산악과 같습니다. 화란을 겪고 난 몸이 이제는 의귀(依歸)할 곳이 없어졌으니 애통한 마음을 어찌 말로 할 수 있겠습니까. 쇠퇴한 사림(士林)을 붙들 책임을 누가 지겠습니까. 제 생각에 존형(尊兄)이 이제부터는 이 책임을 사양할 수 없을 듯하니, 뜻이 평안하지 못한 점에 대해 다시 더욱 마음을 쓰시기 바랍니다.[86] 말이 여기에 이르니 더욱 눈물이 납니다. 애통하고 애통합니다. 염(殮)을 하고 빈소(殯所)를 차렸을 때 함께 모여 곡하지 못하였고, 장사하는 날에도 이렇게 될 것이

85 윤월 : 1656년에는 5월에 윤달이 들었다.

86 뜻이……바랍니다 : 뜻이 평안하지 못하다는 것은 《주역》 〈관괘(觀卦) 상구(上九) 상(象)〉의 "그 내는 것을 살핀다는 것은 뜻이 평안하지 않은 것이다.〔觀其生, 志未平也.〕"라는 말을 인용한 것이다. 관괘의 상구는 지위에 있지 않으면서 도덕이 천하에 존경받는 현인(賢人)과 군자(君子)에 해당한다. 사람들이 그 덕(德)을 보고서 본보기로 삼으므로 스스로 삼가고 살펴서 항상 군자다움을 잃지 않는다면 사람들이 소망을 잃지 않아서 교화될 것이니, 지위에 있지 않다는 이유로 안일하게 방심해서는 안 된다는 뜻이다. 여기에서는 사림이 유계를 우러러보는 상황이므로 덕을 닦고 행실을 경계하라는 의미로 인용하였다.

니,[87] 언제나 만나서 슬픈 마음을 풀 수 있을지 모르겠습니다. 마침 체편(遞便)이 있어서 이전 편지를 함께 보냅니다.

87 염(殯)을……것이니 : 이때 송시열은 모친의 상중에 있었기 때문에 김집의 상에 문상하지 못하였다.

유무중에게 보냄 정유년(1657, 효종8) 7월 13일

與兪武仲 丁酉七月十三日

어제 관청에서 보내는 인편을 통해 저의 뜻을 답변하여 올렸으니 조만간 받아 보실 것입니다. 저는 잇달아 병을 앓고 있는 데다 근심과 고통까지 겹쳐서 하고자 하는 일[88]을 아직 초를 잡지 못했으니 마음이 매우 어지럽습니다. 지난번의 말씀은 실로 저의 뜻과 부합합니다. 그 나머지 절실하고 급한 일에 대해서도 다시 말씀해 주시기 바랍니다. 만약 다시 자주 글로 지어서 보내 주신다면 더욱 매우 다행이겠지만 감히 바랄 수는 없습니다. 대체로 회옹(晦翁 주희(朱熹))이 봉사(封事)를 올린 예(例)를 써서 별도로 상소 한 통을 올려 성상 앞에서 뜯어보기를 청한다면 기밀에 관계된 일이라도 어려움이 없을 것입니다. 다시 정밀히 생각하여 말씀해 주셔서 다행히 성상께서 받아들여 주신다면 이는 형의 충성이 행해지는 것으로 남과 나의 구분이 없을 것입니다. 이 박생(朴生)의 인편이 매우 정확하여 잘못될 염려가 없기 때문에 감히 청합니다. 답장해 주시기가 쉽지 않다면 며칠 묵히더라도 무방합니다. 박생은 돈후하고 신중하여 괜찮은 사람이니 집안에 두고서 청소를 시키더라도 남을 성취시켜 주는 인(仁)이 될 것입니다.

88 하고자 하는 일 : 봉사를 올리는 일을 가리킨다. 이해 8월 16일에 정유봉사(丁酉封事)를 올렸다. 《宋子大全隨箚 卷4》《宋子大全 卷5 丁酉封事》

유무중에게 답함 정유년(1657, 효종8) 7월 24일

答兪武仲 丁酉七月二十四日

박생(朴生)이 형의 편지를 소매에 넣어 가지고 왔습니다. 별지(別紙)에 조목조목 말씀해 주신 것을 손을 씻고 공경히 읽어 보니 감사한 마음 이루 말할 수 없습니다. 그 뜻을 부연하여 글을 지어서 나라를 근심하는 뜻을 감히 제가 대신 다 기술하지 않을 수 있겠습니까. 지금 더위가 아직 남아 있고 장마까지 겹쳤는데 조용히 지내시는 기거는 어떠신지 모르겠습니다. 소소한 하찮은 병은 이미 나으셨으리라 생각됩니다. 저는 일전에 앓던 병이 갑자기 심해졌으니 죽음이 백지장 한 장 너머에 있다는 말도 오히려 느슨한 말이지만 단잠을 자는 것처럼 편안히 받아들일 뿐입니다. 다만 형을 다시 만나 보지 못하는 것만이 죽어도 눈을 감기 어려운 일입니다. 모형(某兄)[89]은 떠날 계책이 이미 결정되었는데 떠난 뒤에는 그 혀를 붙잡기 어려울 테니, 강호(江湖)의 은거한 선비들이 차례로 편안키 어려움을 보게 될 것입니다. 저는 신명의 보살핌을 후하게 입어 병 때문에 홀로 누워 있는 것이 다행입니다. 듣자 하니 백강(白江)[90]의 상소에 대한 비답에 "지극한 고통이 마음에 있는데 날은 저물고 갈 길은 멀다."라는 하교가 있었다고 하니, 마음이 달려가고 기운이 솟아나 절반쯤 죽었던 몸이 수공전(垂拱殿)에 올라가

89 모형(某兄) : 송준길(宋浚吉)을 가리키는 듯하다. 《宋子大全隨箚 卷4》

90 백강(白江) : 이경여(李敬輿, 1585~1657)의 호이다. 본관은 전주(全州), 자는 직부(直夫), 다른 호는 봉암(鳳巖), 시호는 문정(文貞)이다.

두 번째 주차(奏箚)를 기운차게 읽는 것 같습니다.[91] 바라건대 형은 소양을 더욱 쌓아 벼슬에 나아가 세상에 쓰이도록 하십시오. 그렇게 하신다면 천만다행이겠습니다. 초야에서 충성 바치기를 바라는 뜻만 부질없이 간절하니, 여강(驪江)을 바라보며 그 풍절(風節)을 그리워하고만 있는 것이 부끄럽습니다. 이만 줄입니다.

91 수공전(垂拱殿)에……같습니다 : 남송 효종(南宋孝宗) 1년(1163)에 주희(朱熹)가 수공전에 입대(入對)하여 두 번째 주차를 올렸다. 당시 남송 조정은 주화론(主和論)이 대세를 이루고 있었는데, 주희는 이 글을 통해 주화론을 반대하면서 이적을 물리치고 조종의 원한을 갚을 것을 극력 주장하였다. 《晦庵集 卷13 癸未垂拱奏箚二》

유무중에게 보냄 정유년(1657, 효종8) 9월 22일

與兪武仲 丁酉九月二十二日

몇 해 전 이맘때 모친을 뵙기 위해 부여(扶餘) 관아에 갔다가 형의 집에 찾아갔는데, 국화꽃 띄운 백주(白酒)를 내놓으며 정답게 맞아 주시는 극진한 환대를 받았습니다. 지금 산속에 혼자 있는데 잠깐 사이에 고로여생(孤露餘生)으로 쇠잔한 몸이 되어 이미 지난날의 내가 아니고 노형(老兄)의 맑은 의표(儀表)는 아득히 멀어 따를 수 없으니 서글픈 마음만 더할 뿐입니다.

회옹(晦翁 주희(朱熹))이 말하기를 붕우는 운기(運氣)가 서로 관련되어 있다고 하였으니, 더군다나 부자간은 말할 것이 있겠습니까. 형 집안의 장자(長子)가 대과(大科)에 급제하였으니, 이는 형의 재능과 덕이 세상에 쓰일 수 있는데 숨기고 막았기 때문에 홰나무를 심은 해[92]에 발로한 것이 아니겠습니까. 실로 이 또한 운기와 관계된 것이니, 노형이 이제부터 장차 운수가 펴질 것이기에 축하하는 마음 금할 수 없습니다. 다만 후생(後生)이 벼슬에 나왔을 때 예봉이 날카롭지 않으면 간혹 지나치게 무르게 되는 것이 염려됩니다. 삼가 생각건대 형

92 홰나무를 심은 해 : 송(宋)나라 왕우(王祐)가 태조의 미움을 받아 화주(華州)에 안치(安置)되어 7년 동안 부름을 받지 못하였다. 그가 귀양 갈 때 뜰에 홰나무 세 그루를 심고서 "나의 자손 중에 반드시 삼공(三公)이 되는 자가 있을 것이다."라고 하였는데, 그의 아들 왕단(王旦)이 재상이 되었다. 《山堂肆考 卷97 三槐》 여기에서는 유계가 1652년에 전리방귀(田里放歸)되고 나서 서용되지 못하고 있는 상태에서 아들 유명윤(兪命胤)이 과거에 급제하였기 때문에 한 말이다.

집안의 가풍에 영향을 받아 평소 본말이 있겠지만, 영외(嶺外)의 바람을 너무 두려워할까 염려되니,[93] 우습습니다.

저는 고질병이 점점 심해져 자지도 먹지도 못하고 있습니다. 네 번이나 소장을 올려 호소하였으나 아직까지 체직되지 못했으니, 이제는 형세상 현(縣)과 도(道)를 통해 상소하여 힘껏 청해야겠습니다.

지금 삼가 형에게 간청할 일이 있습니다. 지난날 재앙을 당하여 해를 넘기도록 장사 지내지 못하다가 다행히 붕우와 종족들의 은혜를 입어 고향에 반장(返葬)하려는 소원을 이루었으니, 이른바 "음악은 처음 생겨난 바를 즐거워하고, 예(禮)는 그 근본을 잊지 않는다."[94]라는 말에 가까울 것입니다. 후세에 혹시 이 뜻을 안다고 하더라도 세월이 오래 지난 뒤에 산소를 엄격하게 보호하지 않고 신중히 제향(祭享)하지 않아서 저의 불효의 죄를 무겁게 할까 두렵기 때문에 이미 묘표(墓表)와 묘갈(墓碣)을 만들어 당세(當世) 군자의 글을 받아 그 행적이 영구히 전해지도록 도모하였습니다. 또 가난한 살림 속에서도 전답을 구매해서 친진(親盡)한 후에라도 해마다 한 번씩 제사를 지낼 수 있게 하였으며 6, 7칸짜리 정사(精舍)를 짓고 기와를 덮어 제기(祭器)와 문서를 보관하고 이어 재계하고 제사를 준비하는 곳으로 삼았으니, 그 규모와

93 영외(嶺外)의……염려되니 : 영외란 귀양지를 가리킨다. 이전에 유계가 멀리 귀양 갔기 때문에 한 말이다. 《宋子大全隨箚 卷4》

94 음악은……않는다 : 주(周)나라 때 태공(太公)이 제(齊)나라에 봉해졌는데, 태공이 죽자 주나라에 장사 지내고 그 후로 5세(世)까지도 주나라에 장사 지내자, 군자가 이르기를 "음악은 처음 생겨난 바를 즐거워하고, 예는 그 근본을 잊지 않는다."라고 하여, 죽어서 고향으로 반장하는 것이 인(仁)이 된다고 하였다. 《禮記 檀弓上》 여기에서는 송시열이 자기 부모를 고향에 반장하는 것이 예에 맞음을 말하기 위하여 인용하였다.

안배가 대략 갖추어졌습니다.

오직 세대가 더욱 멀어지면 예가 더욱 미치지 못하게 되고, 예가 혹시 미치더라도 사람의 마음은 해이해지기 쉬우니 이것은 참으로 어찌할 수 없습니다. 다만 비록 어떤 사람인지 모르는 분이라도 그 몸이 있는 이상 어찌 아비 없는 사람이 있겠습니까. 만약 지금 나의 마음으로 마음을 삼는다면 오늘날 어렵사리 겨우 이룬 법도를 실추하지 않을 수 있을 것입니다. 형의 한 말씀을 얻어서 현판에 새겨 정사의 벽에 걸어 두어 후손에게 게을리하지 말라는 뜻을 보이기를 원합니다. 형이 저를 불쌍히 여겨 들어주신다면 자손과 종족들이 함께 헤아릴 수 없는 큰 은혜를 받는 것입니다. 이미 노로(魯老)[95]의 대자(大字)를 얻어서 교산정사(橋山精舍)의 편액을 걸었습니다. 대체로 양친을 이장한 것이 병신년(1656) 3월이고, 교산정사가 이해 7월에 완공되었습니다. 한천정사(寒泉精舍)의 제도[96]를 감히 본떠서 이곳에 상주하며 초하루와 보름에 돌아가 궤연(几筵)에 치전(致奠)하고 있는데, 혹시 성현이 권도(權道)로 만든 제도를 함부로 따라한다고 죄를 묻는다면 감히 사양하지 않겠습니다.

95 노로(魯老) : 윤증(尹拯)의 숙부인 동토(童土) 윤순거(尹舜擧, 1596~1668)를 가리키는 듯하다. 윤순거가 일찍이 글씨를 잘 쓰는 것으로 명성이 있었고, 그의 자가 노직(魯直)이기 때문에 노로라고 일컬은 듯하다. 《宋子大全隨箚 卷4》

96 한천정사(寒泉精舍)의 제도 : 한천정사는 주희(朱熹)가 1169년에 어머니 축 부인(祝夫人)이 세상을 떠나자 복건성(福建省) 건양현(建陽縣) 마복(馬伏) 천호(天湖) 북쪽에 장례를 지내고 그 곁에 지은 정사이다. 주희는 모친의 장사를 치른 뒤에 이 정사에 머물면서 조석으로 하는 궤전(饋奠)은 고례(古禮)에 따라 폐지하고, 초하루와 보름에 집으로 돌아와서 궤연에 치전하였다.

쌍청(雙淸) 조고(祖考)[97] 및 선고(先考) 비문의 탁본을 각각 한 통씩 보내 드리니, 그중에 한두 가지 내용은 기문에 넣어서 후손에게 보이더라도 무방할 것입니다. 또한 시 한 편을 지어 주시어 이 정사에 들어오는 자들에게 척연(惕然)히 감격하고 경계하는 마음이 들게 한다면 또 큰 다행일 것이니, 간곡히 바라는 지극한 마음을 금할 수 없습니다. 쌍청 조고는 형 또한 먼 외손이니, 묘표의 음기(陰記)에 상세히 기록되어 있는데 지금 기록하여 올리지 못합니다. 지난번 돈암서원(遯巖書院)의 모임 때 저의 마음을 조금 말씀드렸으나 감히 다 말씀드리지는 못했습니다. 지금 의당 직접 찾아뵙고 부탁드려야 하지만 시의(時義)에 구애되는 바가 있어서 감히 가볍게 나갈 수 없기 때문에 윤실이[98] 편에 감히 부쳐서 간청드리니, 이 점도 아울러 양해해 주시기 바랍니다.

97 쌍청(雙淸) 조고(祖考) : 송시열의 조상인 쌍청당(雙淸堂) 송유(宋愉, 1389~1446)를 가리킨다.

98 윤실이 : 윤단(尹摶)에게 시집간 송시열의 둘째 딸을 가리킨다.

유무중에게 보냄 무술년(1658, 효종9) 1월 8일

與兪武仲 戊戌元月八日

해가 이미 바뀌어 그리운 마음 더욱 깊습니다. 지난번에 진천(鎭川)의 인편에 편지를 부쳐 전달되기를 바랐는데 중간에 유실되지는 않았습니까? 저는 산통(疝痛)이 있은 후로 날이 갈수록 몸이 쇠약해지고, 억지로 앉아서 밥을 먹을 때에는 두통이 수반됩니다. 참으로 오래 살 징후가 아니니, 단지 조용히 죽음을 기다릴 뿐입니다. 교산정사(橋山精舍)의 기문을 윤색해 주시겠다는 답장을 받았으니 더욱 감격스럽고 다행스럽습니다. 삼가 공손히 가르침을 기다리겠다는 뜻은 지난번 편지에서도 대략 말씀드렸습니다.

'흥융출호(興戎出好)'[99]에 대해서는 이미 저들에게 맡겼는데 다시 후세의 양자운(揚子雲)[100]이 있을지 모르겠으니, 우습습니다. 한스러운 것은 이 망언(妄言)으로 인하여 많은 사람의 조화(造化)를 드러냈다

99 흥융출호(興戎出好) : 정이(程頤)의 〈사잠(四箴)〉 중 언잠(言箴)에 "말은 추기이므로 전쟁을 일으키기도 하고 우호 관계를 맺기도 하니, 길흉과 영욕 모두 말이 불러오는 것이다.〔矧是樞機, 興戎出好, 吉凶榮辱, 惟其所召.〕"라고 한 말을 인용한 것인데, 당시에 송시열이 말과 관련된 사건이 있었던 듯하다. 《二程文集 卷9》

100 후세의 양자운(揚子雲) : 양자운은 한(漢)나라 양웅(揚雄)의 자이다. 옛날에 양웅이 《태현경(太玄經)》을 지으니 사람들이 모두 비웃자 양웅이 "세상 사람들이 나를 알아주지 않아도 해될 것 없다. 후세에 다시 자운이 있어서 반드시 좋아할 것이다."라고 한 말을 인용한 것이다. 《五百家注昌黎文集 卷17 與馮宿論文書》 송시열이 자신의 뜻을 지금 사람들은 이해하지 못하더라도 후세에 이해할 사람이 있으리라는 의미로 인용한 듯하다.

는 것입니다. 미촌(美村)은 온몸이 푸른 데에 가까워서 베개에 기대어 보기에 좋을 것이니 저를 한바탕 크게 웃게 할 만합니다.[101] 짧은 글이 노성(魯城) 관아에 있기에 그것을 형에게 여쭈라고 청하였습니다. 여기에는 회경(懷慶)[102]에 대한 글이 없어 연좌시킬 만한 법률이 없을 듯하니, 통렬히 바로잡아 주시기 바랍니다. 어떻게 생각하십니까?

101 이……만합니다 : 망언은 송시열이 원(元)나라 학자 허형(許衡)을 문묘(文廟)에서 출향(黜享)하기를 청한 상소를 가리킨다. 미촌은 윤선거(尹宣擧)의 호이다. 이때 윤선거가 "이 일은 반드시 세상에 큰 소란을 일으킬 것이다."라고 하며 임금의 부름에 나아가지 않았는데, 이 일을 두고 송시열은 윤선거가 홍역에 걸려 온몸이 푸르게 되어 움직이지 못하는 사람과 같다고 비난한 것으로 보인다. 《宋子大全隨箚 卷4》《孝宗實錄 8年 8月 16日》

102 회경(懷慶) : 원나라 학자 허형의 거주지가 회경로(懷慶路)이기 때문에 붙인 칭호로 보인다.

유무중에게 답함 무술년(1658, 효종9) 2월 18일
答兪武仲 戊戌二月十八日

저의 동생이 어제 돌아왔는데, 그를 통해 보내 주신 편지를 받고 아울러 구두로 말씀하신 다소의 얘기를 전해 들었으니 위로되고 감사하기 그지없습니다. 세전(歲前)에 보낸 편지가 일찍 전해지지 못해서 만났을 때 가르침을 듣지 못한 것이 매우 한탄스럽습니다. 그때에는 길보(吉甫 윤선거(尹宣擧))가 농담을 잘하였기 때문에 저 또한 농담으로 수작한 것이지 어찌 형이 염려하시는 것과 같은 일이 있겠습니까. 아장(亞丈) 운운한 것은 일찍이 저의 편지에서 은밀하게 말한 것입니다. 몸이 한가한 곳에 있으면서 어찌 그 지방관을 비난할 수 있겠습니까. 초려(草廬 이유태(李惟泰)) 형의 농담으로 인하여 수작할 때 대략 말한 것이 있지만, 아장이 전한 것은 본의를 크게 상실하였습니다. 조만간 뵙고서 말씀드리겠습니다. 길보 형은 이미 돌아왔습니까? 바로 퇴도(退陶)의 가가시(呵呵詩)[103]에서 취한 것이 아니겠습니까. 서원(書院)에서 보내는 인편이 제생(諸生)의 편지를 가지고 관사(官司)에 갈 텐데 문지기가 막을 염려가 있으니 주선해 주시는 것이 어떻겠습니까?

103 퇴도(退陶)의 가가시(呵呵詩) : 조목(趙穆)이 풍기 군수(豐基郡守)가 된 퇴계 이황(李滉)에게 장난삼아 시를 보냈는데, 때마침 조목 역시 공릉 참봉(恭陵參奉)에 임명되었다는 소식을 듣고 이황이 화답으로 보낸 시에 "어떤 새가 숲을 떠났다가 그물에 걸리니 숲속의 다른 새가 껄껄대며 웃었다네. 그러나 또다시 그물을 가진 자가 있어 제 둥지 덮쳐도 어찌할 수 없음을 어찌 알리.〔有鳥辭林被網羅, 林中一鳥笑呵呵. 那知更有持羅者, 就掩渠巢不奈何?〕"라고 한 것을 말한다.《退溪集 卷4 豐基館答趙上舍士敬》

유무중에게 보냄 무술년(1658, 효종9) 2월 27일

與兪武仲 戊戌二月二十七日

요즈음 조용히 지내는 기거는 더욱 좋으십니까? 매제 이사오(李士悟)[104]가 한 해 넘게 병을 앓다가 마침내 그저께 세상을 떠났습니다. 선량한 성품과 순후한 자질을 갖추고 있었으니 세상에 어찌 다시 이런 사람이 있겠습니까. 통곡하고 통곡합니다. 상가(喪家)를 위해 옻칠을 구하려고 군(郡)에 편지를 보냈는데, 태수(太守)가 이 집안과 매우 친하다고 합니다. 만약 문지기에게 저지당한다면 형께서 주선해 주시는 것이 어떻겠습니까?

윤 서방[105]이 어제 형의 편지를 전해 왔으니 위로되고 감격스럽기 그지없습니다. 사랑하고 염려하는 뜻에서 해 주신 말씀은 매우 감사합니다. 제가 한번 움직이는 것을 아끼는 것이 아니라, 단지 나간 뒤에 명보(明甫 송준길(宋浚吉)) 형을 본받으려고 하니 재능이 없고 사성(思誠 권시(權諰))을 본받으려고 하니 습성(習性)이 아니며 길보(吉甫 윤선거(尹宣擧))가 훌훌 벗어던진 것처럼 하려고 하니 역량이 또 부족해서입니다. 이 때문에 스스로 난처하여 어떻게 해야 좋을지 모르겠으니 다시 가르침을 주시기 바랍니다. 지금 염(殮)을 하는 중이라 경황이 없어 이만 줄입니다.

104 이사오(李士悟) : 이경(李憬)으로, 사오는 그의 자이다. 《宋子大全 卷152 祭李察訪憬文》

105 윤 서방 : 송시열의 둘째 사위 윤단(尹摶)을 가리킨다.

유무중에게 보냄 무술년(1658, 효종9) 6월 11일

與兪武仲 戊戌六月十一日

그리운 마음이 날이 갈수록 간절합니다. 전에 증산(甑山)의 체편(遞便)을 통해 답장을 올렸는데 받아 보셨습니까? 안부는 어떠합니까? 저는 연석(筵席)에서 연이어 윤음(綸音)이 있었다는 말을 듣고 부득이 위중한 몸을 이끌고 상경할 계획을 세웠는데, 중간에 쓰러진다면 소장을 올리고 돌아올 것입니다. 종가(宗家)가 문의(文義)와 청주(淸州) 경계에 있는데, 근자에 제사가 있어 그곳에 도착하여 구불구불 돌아서 서쪽으로 향하느라 개인적인 종자(從者)만 데리고 마음 가는 대로 멈추어 숙박하다가 운거(雲擧)[106]가 있는 곳에 도착하였으니, 기력이 어떠한지를 확실히 알게 되었습니다. 종전에 여러 형이 말할 때에는 큰소리만 쳤는데, 이 상황에 이르고 보니 참으로 많이 헤아려서 한 말이었으니 장차 어떻게 해야 할지 모르겠습니다. 작년에 봉사(封事)를 올릴 때 형의 가르침을 그대로 따랐는데, 성상께서 시행해 주신 것은 한두 건뿐이었습니다. 김구지(金久之) 형제가 은밀하게 말하기를 '시행된 것이 매우 많은데 외부 사람은 알지 못한다'고 하니, 이는 형에게 이로운 점이 많은 것입니다. 다시 긴요한 방도를 정밀히 생각하여 하나로 정하여 가르침을 주시는 것이 어떻겠습니까? 임천(林川) 관청에서 보내는 인편이나 순찰사 편에 부탁하여 제가 있는 곳에 보내 주시면 매우

106 운거(雲擧) : 이상(李翔, 1620~1690)의 자이다. 본관은 우봉(牛峯), 다른 자는 숙우(叔羽), 호는 타우(打愚)이다. 송시열을 통하여 김집(金集)의 학통을 이어받았다.

다행이겠습니다. 할 말은 많지만 나머지는 모두 형이 마음으로 짐작하시기 바랍니다.

○ 전에 형이 논한 5말(斗)을 거두는 대동법이 있었는데, 오늘날 의심 없이 행할 수 있습니까? 그 근본은 모름지기 지출을 절약하는 데 있고, 새어 나가거나 침해하고 속이는 폐단에 대해서는 조정에서 또한 방비하고 금지하는 대책을 세워야 하니, 이는 매우 우려스러운 일입니다. 회옹(晦翁 주희(朱熹))이 조정에 나아갈 때 이 선생(李先生)에게 물었는데,[107] 오늘날 삼가 이 뜻을 본받으려고 합니다.

107 회옹(晦翁)이……물었는데 : 남송 효종(南宋孝宗) 1년(1163)에 주희가 효종의 부름을 받고 수공전(垂拱殿)에 입대(入對)하여 주차(奏箚)한 일이 있는데, 이것이 유명한 〈계미수공주차(癸未垂拱奏箚)〉이다. 주희가 부름을 받고 올라갈 때 스승인 연평(延平) 이동(李侗)에게 임금에게 무슨 말을 해야 하는지 묻자, 이동이 "오늘날 삼강(三綱)이 확립되지 않고 의(義)와 이(利)가 구분되지 않기 때문에 중국의 도(道)가 쇠하고 이적(夷狄)이 흥성하고 있다. 사람들이 모두 이익에만 달려들고 의리를 돌아보지 않기 때문에 임금의 형세가 고립되어 있다."라고 하였는데, 주희가 그 말을 가지고 효종에게 주차를 올렸다. 《朱子年譜 卷1上》《晦庵集 卷13 癸未垂拱奏箚》

유무중에게 보냄 무술년(1658, 효종9) 6월

與兪武仲 戊戌六月

여러분의 기거는 어떠합니까? 그립기 그지없습니다. 저는 출발한 후에 두 번이나 성상의 유지(諭旨)를 받았으므로 참으로 빨리 올라가야 하지만 병세가 억지로 움직이기 어려운 상황이기에 편한 곳을 만나면 그때마다 다시 지체하게 되니, 이는 성상의 하교가 그렇습니다. 오늘 낮에 안로(晏老)[108]가 급히 전해 준 함(咸) 영공(令公)[109]이 보낸 편지를 갑자기 보았는데, 사람을 소름 돋게 하여 몸 둘 바를 모르겠습니다. 서울에 들어가서 변론하는 것이 참으로 마땅하지만 다시 생각하니 만약 형들과 멀리 떨어져 있으면 누구와 편지를 주고받으며 의논하겠습니까. 이에 순찰사 영공에게 부탁해서 여러 형들에게 빨리 알리니, 자세히 보시고 조목조목 반박하여 우매한 제가 그 논리를 사용할 수 있게 해 주십시오. 《혼정록(混定錄)》[110]과 《계갑록(癸甲錄)》[111]과 《관

108 안로(晏老) : 자가 안숙(晏叔)인 정양(鄭瀁)을 가리키는 듯하다. 《宋子大全隨箚 卷4》

109 함(咸) 영공(令公) : 자가 함경(咸卿)인 이일상(李一相)을 가리킨다. 당시 경기 관찰사로 있었는데, 입시했던 승지의 편지를 전해 주며 급히 올라오라고 재촉하였다. 이때 효종의 병이 위중하고 또 밀교(密敎)가 있었기 때문이다. 《宋子大全隨箚 卷4》

110 혼정록(混定錄) : 안방준(安邦俊)이 1575년(선조8)부터 1650년까지의 동서 분당의 시말과 이이(李珥) · 성혼(成渾)의 신원(伸冤)에 관한 글을 모아 엮은 책이다. 안방준의 문집인 《은봉전서(隱峯全書)》에는 〈혼정편록(混定編錄)〉이라는 이름으로 실려 있는데 송시열의 5대손 송환기(宋煥箕)가 서문을 썼다. 《魯西遺稿 附錄上 年譜》

111 계갑록(癸甲錄) : 윤휴(尹鑴)의 부친 윤선거(尹宣擧)가 안방준의 《혼정록》과

시록(觀時錄)》[112]을 모두 빌려주시면 매우 다행이겠습니다. 또《주자대전(朱子大全)》과《주자어류(朱子語類)》에서 고증할 것이 있으니 함께 빌려주시는 것이 어떻겠습니까? 윤선도(尹善道)의 상소에 대한 비답[113]에 대해서는 만약 사람들의 마음에 차지 않는다면 이대로 상소하고 다시 화정(和靖)[114]을 인용하고 돌아올 것입니다. 어떻게 생각하십니까? 할 말은 많지만 이만 줄입니다.

《관시록》을 편차하고 수정 및 보완하여 당쟁의 전말을 보이고 선조(宣祖) 연간에 일어난 왜란의 시말을 기록하여 총 4책으로 엮은 저서이다.《魯西遺稿 附錄上 年譜》

112 관시록(觀時錄) : 1583년에서 1591년까지 정철(鄭澈)의 언행을 중심으로 당쟁에 관한 기록을 날짜순으로 적은 책인데, 저자는 확실하지 않고 정철의 집에 소장되어 있었다.《魯西遺稿 附錄上 年譜》

113 윤선도(尹善道)의……비답 : 송준길이 정개청(鄭介淸)의 사우(祠宇)를 훼철할 것을 청하자 윤선도가 상소하여 정개청을 신구(伸救)하면서 김장생(金長生)까지 무함하였는데, 이에 대한 효종의 비답을 가리킨다.《孝宗實錄 9年 4月 6日》《宋子大全隨箚 卷4》

114 화정(和靖) : 정이(程頤)의 제자 윤돈(尹焞)의 호이다. 송 고종(宋高宗)이 파천하는 길에 부르자 소명을 받들고 올라가다가 간관(諫官) 진공보(陳公輔)가 상소하여 정이의 학문을 공격했다는 소식을 듣고는, 자신은 정이의 제자이므로 경연에 나아가더라도 자신이 하는 말은 스승에게 들은 것뿐이니 스승에게 배운 것을 버리는 것은 군부(君父)를 속이는 일이라 상소하고서 더 이상 나아가지 않았다.《宋史 尹焞列傳》

유무중에게 답함 무술년(1658, 효종9) 7월

答兪武仲 戊戌七月

감영의 인편에 저의 편지가 전해졌습니까? 여관에 머물며 날마다 답장이 오기를 기다리고 있다가 방금 체편(遞便)을 통해 편지와 운문(韻文)[115]을 받았습니다. 두세 번 거듭 읽으니 어찌 한문(寒門)에 날아가 맑은 바람에 씻은 정도일 뿐이겠습니까.[116] 매우 감격스럽습니다. 이번에 올라가는 일은, 위로는 엄한 유지(諭旨)가 두렵고 아래로는 여러 사람들의 질책에 밀려 경솔하게 나아갔다가 낭패를 당한 상황이니, 도성에 들어간 뒤에 또 얼마나 많은 일이 있을지 모르겠습니다. 가르침을 주신 뜻이 매우 간곡하여 감격의 눈물을 흘리게 하셨으니 감히 각골명심(刻骨銘心)하여 조금이라도 저버리는 일이 없게 하지 않겠습니까. 조우(趙友)에게도 말씀해 주시는 것이 어떻겠습니까? '이부족(二不足)'이라는 경계 또한 가슴에 새기겠습니다. 다만 저의 성격이 편급(偏急)하여 우리 임금에게 무례한 사람을 보면 참지 못할까 염려됩니다. 절동(浙東)에 대한 말씀[117]은 참으로 절실합니다. 다만 성심(誠心)으로

115 편지와 운문(韻文) : 송시열이 효종의 부름을 받고 올라갈 때 유계가 송시열에게 보낸 편지와 14구로 된 운문이다. 현재 운문만 남아 있는데, 효종에게 건의할 일을 나열하여 송시열이 참고하도록 한 것이다. 《市南集 卷12 與宋英甫別紙》

116 한문(寒門)에……뿐이겠습니까 : 매우 시원하다는 의미이다. 주희(朱熹)가 공풍(鞏豐)에게 답한 편지에 "이 무더운 여름철을 당하여 한문에 날아가 맑은 바람에 씻은 듯이 시원합니다."라고 한 말을 인용하였다. 《晦庵集 卷64 答鞏仲至》《초사(楚辭)》〈원유(遠游)〉에 대한 왕일(王逸)의 주에 "한문은 북극(北極)의 문이다." 하였다.

물건을 아끼는 자를 얻기가 쉽지 않으니 어쩌면 좋습니까. 생각하신 것이 있으면 하나하나 가르침을 주시기 바랍니다. 초려(草廬 이유태(李惟泰)) 형은 평소에는 참으로 의론을 냈었는데 지금 가르침을 청하니 또 입을 열지 않습니다. 어찌 자릉(子陵)의 발로 오히려 일을 삼는단 말입니까.[118] 우습습니다. 할 말은 많지만 이만 줄입니다.

117 절동(浙東)에 대한 말씀 : 주희가 1181년에 절동 제거(浙東提擧)에 임명되어 연화전(延和殿)에서 송 효종(宋孝宗)에게 올린 주차(奏箚)의 내용을 가리키는 것으로 보인다. 이때 올린 내용이 7건인데 어떤 내용을 가리켜 말한 것인지는 알 수 없다. 《朱子年譜 卷2下》

118 자릉(子陵)의……말입니까 : 자릉은 후한 광무제(後漢光武帝) 때의 은사(隱士) 엄광(嚴光)의 자이다. 어려서 광무제와 동문수학하였는데, 광무제가 즉위하자 이름을 바꾸고 은거하였다. 후에 광무제가 불러서 궁궐에 들어와 함께 자다가 광무제의 배 위에 발을 올렸는데, 다음 날 태사(太史)가 "객성(客星)이 어좌(御座)를 범하였습니다." 하자 광무제가 웃으며 "짐이 친구 엄자릉과 함께 잤다."라고 하였다. 광무제가 엄광에게 벼슬을 내렸으나 엄광은 받지 않고 부춘산(富春山)에 들어가 농사지으며 일생을 마쳤다. 《後漢書 逸民列傳 嚴光》 여기에서는 이유태가 엄광처럼 임금이 불러도 벼슬에 나아가지 않고 은거하려 한다는 의미로 인용하였다.

유무중에게 답함 무술년(1658, 효종9) 8월
答兪武仲 戊戌八月

답장이 매우 감격스러우니 직접 만난 것과 다름이 없습니다. 만나고 싶은 마음 간절하지만 직명(職名)에 매여 있어 그럴 수 없으니 원망스럽습니다. 유소(儒疏)는 십분 힘을 써서 겨우 정지시켰지만 남은 논쟁이 계속되고 있으니 한탄스럽습니다. 황정(荒政)의 시급함은 참으로 말씀하신 것과 같지만, 저의 생각에는 경창(京倉)에 비축된 것이 아직 많은데 유사(有司)가 하리(下吏)들에게 겁을 먹어 감히 사실을 조사하지 못하고 있습니다. 반드시 먼저 이것들을 조사해야 국가의 재정을 대략 계산하고 백성들의 역(役)을 크게 감면할 수 있습니다. 이것이 시급한 일인데 사람이 미천해서 믿음을 받지 못하니 어쩌면 좋겠습니까. 또 듣건대 호조 판서가 청렴하고 신중함은 넘치지만 강명(剛明)함이 부족하여 날마다 속임을 당하기 때문에 날이 갈수록 일이 문란해지고, 또 겸하여 맡은 구황(救荒)의 일에 대해 물의(物議)가 매우 많은데도 그는 오히려 자처(自處)하지 못하고 있으니 이것이 매우 염려스럽다고 합니다.

말씀하신 일설(一說)은 무슨 일인지 모르겠습니다. 끝까지 다 듣기를 매우 바라 마지않습니다. 부디 은밀히 보여 주시어 제가 받들어 주선할 수 있게 해 주시기를 간곡히 바랍니다. 모(某) 영공(令公)의 말과 기색에 그다지 드러난 자취가 없으니 이는 형과 길보(吉甫 윤선거(尹宣擧))의 힘이지만, 또한 협동하는 뜻이 없으니 이는 결국 세덕(世德)이 있는 분을 함부로 말한 소치일 듯합니다. 길보 형이 일찍이 말하기를 "그 아버지를 공격하고서 그 아들과 벗이 되는 것은 이치에 없는 일이다."라고 하였는데 참으로 격언입니다. 성상의 증세는 재차 농(膿)이 찬 뒤에 다시 차도가 있었는데 어제부터 번열(煩熱)이 또 일어났습니다. 근심스럽고 답답하니 어쩌면 좋습니까. 이만 줄입니다.

유무중에게 보냄 무술년(1658, 효종9) 8월

與兪武仲 戊戌八月

여행은 이미 마치셨고 건강은 좋으신지 모르겠습니다. 저는 전에 앓던 설사병이 잠시 멈추었는데 비할 수 없이 기운이 없으니 여차(旅次)에서 죽게 될까 두렵습니다. 특히 성상의 병세는 외부 사람이 확실히 알 수 없는데, 며칠 전에 다시 고름이 한 되 남짓 나왔습니다. 평상으로 회복할 기약이 지금으로서는 아득하니 근심스럽고 애타는 마음 이루 말할 수 없습니다. 조정의 분위기는 한결같이 답답하여, 비록 제갈공명(諸葛孔明)에게 담당하라고 하더라도 어떻게 해 볼 수 없는 형편이니 어쩌면 좋습니까. 날씨가 잠시 서늘해지자 묵은 병이 벌써 발작하여 불안해서 오래 머물 수 없습니다. 지레 먼저 내려가자니 의리상 마음이 감히 편치 못한 점이 있어 밤새도록 생각해도 마땅한 계책을 모르겠으니, 노형(老兄)께서 가르침을 주시기 바랍니다.

명보(明甫) 형은 헌부(憲府)에서 윤선도(尹善道)를 논핵하고 있으므로 형적에 혐의가 없을 수 없어[119] 이미 한강 가로 나가서 지금 떠날지 머물지를 고민하고 있습니다. 경저리(京邸吏)로 적당한 사람을 끝내 구하지 못했으니, 외로워서 더욱 의지할 사람이 없습니다. 전날 말씀하

119 명보(明甫)……없어 : 명보는 송준길(宋浚吉)의 자이다. 송준길이 정개청(鄭介淸)의 사우(祠宇)를 훼철할 것을 청한 데 대해 윤선도가 상소하여 정개청을 신구(伸救)하면서 김장생(金長生)까지 무함하자, 사헌부에서 윤선도의 관직을 삭탈하고 전리(田里)로 내려보내라고 청한 일을 가리킨다. 이에 대해 효종은 파직만 하라고 명하였다. 《孝宗實錄 9年 4月 6日, 8月 12日》

신 성언부규(成言俯規)의 설에 대해 처음에는 범범한 유언비어라 일소에 부칠 만하다고 여겼고, 이로 인하여 점차 혐의가 될 것이라고는 생각지 못했으니 지극히 근심스럽고 한탄스럽습니다. 외성(外城)의 예송(禮訟)[120]에 대한 저의 뜻은 초려(草廬 이유태(李惟泰))의 설과 똑같습니다. 할 말은 많지만 바쁘고 어수선하여 한 가지만 말씀드립니다.

○ 가르침을 주실 만한 일이 있으면 반복되는 것을 꺼리지 말고 말씀해 주시는 것이 어떻겠습니까?

120 외성(外城)의 예송(禮訟) : 외성은 곧 충청남도 연산(連山)으로 외성(巍城)이라고도 하는데, 김집(金集)이 살았던 곳이다. 예송은 무슨 일을 가리키는지 알 수 없다. 《宋子大全隨箚 卷4, 卷5》

유무중에게 보냄 무술년(1658, 효종9) 9월

與兪武仲 戊戌九月

요즈음 조용히 지내시는 기거는 좋으십니까? 오늘 돈암서원(遯巖書院)의 성대한 의식은 이미 거행하였습니까? 옛날을 생각하니 서글픈 눈물이 흐릅니다. 노형(老兄)이 특별히 성은(聖恩)을 입어 시강원의 직임에 제수하라는 명이 내려졌기 때문에 이 일이 있게 된 것입니다.[121] 두 대에 걸쳐 같은 벼슬을 한 것은 참으로 특별한 일이니, 성인께서 덮어 주고 비춰 주신 덕이 지극히 흠앙할 만합니다. 요즈음 제가 크게 기뻐하는 것은 노형을 위해서가 아닙니다. 조정에서부터 여항에 이르기까지 사람을 만날 때마다 서로 축하하니, 양초(梁楚) 지역에서 어떻게 이것을 얻었는지 모르겠습니다.[122] 신발 신기를 기다리지 않으시리라 생각되니,[123] 언제 도성에 들어오십니까? 저는 9일에 입대(入對)하

121 노형(老兄)이……것입니다 : 송시열의 천거로 유계가 시강원 문학(侍講院文學)에 제수된 일을 가리킨다. 《孝宗實錄 9年 9月 12日》

122 조정에서부터……모르겠습니다 : 《사기(史記)》 〈계포열전(季布列傳)〉에 "조구(曹邱)가 계포에게 읍하며 말하기를 '초(楚)나라 사람들의 말에 황금 100근을 얻는 것이 계포의 승낙을 한 번 얻는 것만 못하다고 하는데, 족하(足下)는 어떻게 양초 지역에서 이런 명성을 얻었습니까?'라고 하였다."라는 고사가 있는데, 이는 계포가 그만큼 신용이 있었음을 말한다. 여기에서는 유계가 두루 신망을 받고 있음을 비유한 말이다.

123 신발……생각되니 : 《예기》 〈옥조(玉藻)〉에 "임금이 부르면, 관청 안에 있으면 신발을 신을 겨를도 없이 달려가고, 외부에 있으면 수레에 멍에 메우기를 기다리지 않고 달려간다."라고 한 말을 인용한 것으로, 지금 임금이 관직을 제수하여 불렀으므로 급히 서울로 올라올 것이라는 의미이다.

여 일을 논할 때 했던 말이 대신(大臣)의 비위를 저촉하여 지금 자인(自引)하고 있으므로 돌아갈 길이 점점 열릴 것이니, 참으로 제비와 기러기처럼 될 것입니다.[124] 형의 장남이 이미 갔는지 알 수 없으니 답답합니다.

124 참으로……것입니다 : 제비는 여름 철새이고, 기러기는 겨울 철새이기 때문에 서로 만나기 어렵다는 뜻이다. 송시열은 내려갈 것이고 그사이에 유계는 올라올 것이므로 서울에서 만나기 어렵다는 뜻이다.

유무중에게 보냄 무술년(1658, 효종9)

與兪武仲 戊戌

그저께 부친 답장은 받아 보셨습니까? 어제 정사(政事)에서는 갑자기 당황하여 더욱 헤아리지 못했으니 한탄스럽습니다. 심(沈)을 영가(永嘉 안동(安東))에 임명하는 것은 참으로 좋지만, 전날 정사에서 이미 옥당의 낭청 자리에 의망(擬望)하였으므로 초본(草本)을 내보여서 반드시 변통하려고 한다면 분란이 생길 것 같습니다. 오(吳)와 유(柳)[125]가 마침내 승정원에 의망되지 못했으니 이는 동료들의 의견과 모두 같았는데, 낭청만 일찍이 한만한 자리에 의망하려고 했었습니다. 다만 윤휴(尹鑴)의 무리가 극도로 비웃으며 제가 조 시랑(曺侍郞)[126]을 내치지 않은 일을 가지고 큰 죄로 삼았습니다.

형께서는 도리가 어떤지 한번 생각해 보십시오. 도리가 실제로 이와 같다면 비록 내칠 수는 없더라도 저의 도리에서는 의당 물의(物議)에 따라서 그로 하여금 자처할 도리를 알게 해야 할 것입니다. 어떻게 생각하십니까? 처음에는 조 시랑이 부박(浮薄)한 잘못이 있지만 지금은 윤휴 무리의 부박함이 또 그보다 배나 심합니다. 대저 저는 저의 분수와 시세(時勢)를 헤아리지 못하고 단지 마음과 힘을 다하여 임금

125 오(吳)와 유(柳) : 오는 오정위(吳挺緯)를 가리키는 듯하다. 유는 누구를 가리키는지 알 수 없다. 《宋子大全隨箚 卷4》

126 조 시랑(曺侍郞) : 조한영(曺漢英)을 가리킨다. 조한영이 이조 참의로서 윤휴에게 벼슬을 제수해서는 안 된다고 말한 적이 있다. 《宋子大全隨箚 卷4》

의 지우(知遇)에 보답하려고 하였는데, 지금 임금의 뜻이 쇠하지도 않았는데 동료들이 먼저 무너뜨리니 참으로 운명인가 봅니다. 형께서 이곳의 실상을 이성(尼城 이산(尼山))에 자세히 알려서 부박한 버릇을 억눌러 저 무리의 빌미가 되지 않게 해 주시는 것이 어떻겠습니까?

○ 오늘날 윤휴를 위해 떠드는 자는 김태숙(金泰叔)이 실로 근본인데, 이류(李瀏)[127]의 무리가 부끄러워하지 않고 큰소리로 떠들고 있습니다. 만약 김태숙을 조금 참게 한다면 분란이 그칠 것 같은데, 형께서 함께 주선해 주실 수 있겠습니까? 군미(君美)[128]와 지숙(持叔)[129] 또한 그에게 넘어갔다고 하니 한탄스럽습니다.

127 이류(李瀏) : 윤휴의 사위이자, 윤증(尹拯)의 아우 윤추(尹推)의 장인이다.

128 군미(君美) : 이경휘(李慶徽, 1617~1669)의 자이다. 본관은 경주(慶州), 호는 묵호(默好)·춘전거사(春田居士)이다. 벼슬은 이조 판서에까지 올랐고, 시호는 익헌(翼憲)이다.

129 지숙(持叔) : 민유중(閔維重, 1630~1687)의 자이다. 본관은 여흥(驪興), 호는 둔촌(屯村)이다. 숙종의 비 인현왕후(仁顯王后)의 아버지이다.

유무중에게 답함 무술년(1658, 효종9)

答兪武仲 戊戌

제가 인편을 보냈는데 형이 마침 외출 중이어서 서운하던 차에 형의 답장이 뒤따라 도착했으니 위로되고 감격스럽기 그지없습니다. 현량(賢良)한 이를 등용하는 한 가지 길은 말씀하신 대로 할 것입니다. 모쪼록 정밀히 더 깊이 살펴서 어리석은 저를 도와주시기 바랍니다. 특히 김태숙(金泰叔)과 이류(李瀏)의 설은 고아하고 담박하지 않은 것이 많으니, 이른바 "귀신같은 무리가 일을 망친다."[130]라는 말은 반드시 이 무리를 가리키는 말일 것입니다. 형께서 힘을 다해 주선하여 이 무리만 공격하고 시랑(侍郎 조한영(曺漢英))은 공격하지 않는다면 이 무리는 유면화(劉綿花)처럼 탄핵을 버틸 것입니다.[131] 길보(吉甫 윤선거(尹宣擧))를 잘 타일러서 부박(浮薄)한 논란을 조금이나마 진정하게 한다면 매우 힘을 얻게 될 듯합니다. 영가(永嘉)에 대해서는 차후에 형의 말씀을 따르겠지만 분분하게 소란을 일으키는 자가 있지 않겠습

130 귀신같은……망친다 : 송(宋)나라 석개(石介)가 〈경력성덕송(慶曆聖德頌)〉을 지었는데, 충(忠)과 사(邪)를 지나치게 구분하여 범중엄(范仲淹)과 부필(富弼) 등을 칭찬하고 하송(夏竦)을 간인(奸人)이라 지적하였다. 범중엄이 그 시를 보고 "이런 귀신같은 무리 때문에 일을 망친다."라고 하여, 충과 사를 지나치게 가르는 것을 경계하였다. 《古今事文類聚 別集 卷8》

131 유면화(劉綿花)처럼……것입니다 : 유면화는 명(明)나라 사람 유길(劉吉)을 가리킨다. 잔꾀가 많아 말을 잘 꾸며 대어 내각에 있는 18년 동안 언관들의 수없는 탄핵을 받으면서도 이를 견뎌 내었기 때문에 사람들이 유면화라고 불렀다. 《明史 劉吉列傳》

니까. 이 또한 정밀히 생각해서 다시 말씀해 주십시오. 형 또한 체차해 주기를 청하는 소장을 올렸으므로 시강원의 일이 모두 알 수 없게 될 것이니, 이 또한 걱정스럽습니다. 그러나 구구한 저의 마음은 나라를 위해서만 도모할 뿐이고 사적인 도모를 할 겨를이 없습니다. 어떻게 생각하십니까?

유무중에게 답함 무술년(1658, 효종9)

答兪武仲 戊戌

보내신 편지가 도착하여 매우 위안이 되었습니다. 길보(吉甫) 부자[132]의 편지는 읽고서 마음이 시원하였으니, 이런 말이 있다는 것은 잘 알고 있습니다. 형은 원만하게 하려고 힘쓰는데 초동(草洞)[133]은 아름답게 하려고 힘씁니다. 저쪽 사람들을 내치는 데에도 이렇게 저지하는데 오히려 무슨 말을 하겠습니까. 길보의 꾸중은 참으로 달게 받을 것입니다. 그러나 길보 부자가 들은 것은 모두 희중(希仲 윤휴(尹鑴)) 무리에게서 나온 말이니, 이것은 모두 그다지 공정한 데에서 나온 것이 아닙니다. 희중의 무리는 제가 조 시랑(曺侍郞 조한영(曺漢英))을 내치지 않은 것을 허물하고 그들이 지지하는 사람을 빨리 발탁하는 것을 관례를 따르는 일이라고 하는데, 이것은 전혀 인정할 수 없습니다. 대신(大臣)으로부터 이하가 희중이 그 도당을 세우고 임금의 명을 무시하고 남의 묘지를 함부로 빼앗으려는 것[134]을 극력 저지하였습니다.

132 길보(吉甫) 부자 : 윤선거(尹宣擧)와 그의 아들 윤증(尹拯)을 가리킨다.

133 초동(草洞) : 송준길(宋浚吉)을 가리킨다. 초동은 조선 시대 충청도 임천군(林川郡)에 있던 지명인데, 송준길이 이곳에 살았기 때문에 이렇게 부른 것이다. 《宋子大全隨箚 卷4》

134 남의……것 : 윤휴가 모친상을 당하여 송도(松都)에 장사 지내려고 하면서 진사 김의지(金義智)의 묘를 빼앗으려고 하다가 김의지의 증손 김처양(金處陽)과 다투게 되었다. 이에 윤휴가 그 지역에 현감 김의지(金義智)라는 사람의 묘가 따로 있다는 말을 듣고 그 묘를 김처양의 증조 묘라고 꾸미기 위해 아름드리 소나무를 베어다 김

이 상황에서 조 시랑은 단지 기력이 매우 작은 한 사람일 뿐인데 어떻게 전적으로 그에게 허물을 돌려서 내칠 수 있겠습니까. 오늘의 일은 저의 작은 힘으로 보면 죽을힘을 다해 도모했다고 할 수 있을 것입니다. 그런데도 저 무리가 오히려 불만을 품고서 욕하는 말을 마구 쏟아내니, 이는 희중에게 누가 될 뿐으로 매우 한탄스럽습니다. 지장(支丈)이 이미 나갔는데[135] 제가 어찌 감히 나가지 않겠습니까. 영가(永嘉) 건은 좌우 시랑이 의망한 것이므로 삼가 고치겠습니다. 두 심씨(沈氏)의 일은 삼가 말씀대로 하겠습니다.

진사의 묘에 몰래 꽂아 놓고서 "이 묘는 주인이 없는 고묘(古墓)이다."라고 하였다. 김좌명(金佐明)이 경기 관찰사였는데 《송경지(松京誌)》를 가져다 보니 과연 두 명의 김의지가 있었으므로 윤휴를 간사한 사람이라고 여겼다. 《宋子大全隨箚 卷4》

135 지장(支丈)이 이미 나갔는데 : 지장은 호조 판서 정유성(鄭維城)을 가리키는 듯하다. 당시 정유성은 오정위(吳挺緯) 사건에 연루되어 사직소를 올렸다. 《孝宗實錄 9年 11月 21日, 24日, 25日》《宋子大全隨箚 卷4》

유무중에게 답함
答兪武仲

오랫동안 만나지 못했으니 그리운 마음 이루 말할 수 있겠습니까. 방금 형의 편지를 받았으니 위로되고 감사한 마음 어찌 끝이 있겠습니까. 저는 날마다 궐에 나아가다 보니 근력이 모두 소진되었으니 어쩌면 좋습니까. 내일 비국(備局)의 좌기(坐起)에 나아가고 이어 서연(書筵)에 들어갈 계획입니다.

윤휴(尹鑴)를 의망(擬望)하는 문제는 말씀하신 뜻이 참으로 좋습니다. 다만 정릉(貞陵) 이상(李相)[136]의 경우 전관(前官)에 임명해 달라는 간청을 들어준 것은 크게 옳지 않다고 생각합니다. 이 길이 한번 열리면 장차 모두들 자기가 원하는 관직을 요구해서 그 자리를 얻게 될 테니 참으로 한심하다고 할 수 있습니다. 앞으로는 모두 단절해야 할 것입니다. 길보(吉甫 윤선거(尹宣擧))가 화를 내는 것은 이미 익숙한 일이니 마음에 담아 둘 것이 없습니다. 대사마(大司馬)는 대관(大官)인데 조방장(助防將)을 많이 만드는 것을 성패를 결정짓는 척도로 삼으니 우스울 뿐입니다. 다만 말씀하신 것이 옳을 듯하나 일이 한집안과 같으니 제가 어찌 감히 나서서 담당하겠습니까. 대사헌이 또 체차되었으니, 어찌 그리도 일이 많은 것입니까. 지극히 한탄스럽습니다.

136 정릉(貞陵) 이상(李相) : 이경석(李景奭, 1595~1671)을 가리킨다. 본관은 전주(全州), 자는 상보(尙輔), 호는 백헌(白軒)이다. 김장생(金長生)의 문인이다. 황화방(皇華坊) 정릉동에 살았기 때문에 정릉이라고 지칭한 것으로 보인다.

여조(驪趙)[137]에 관한 것은 실로 근거 없는 글입니다. 방령(方令)[138]에 대해서는 성천(成川)과 천천히 의논해 보는 것이 어떻겠습니까?

137 여조(驪趙) : 윤휴와 조경(趙絅)을 합칭한 말로 짐작되나 확실하지는 않다. 《宋子大全隨箚 卷3》

138 방령(方令) : 임의백(任義伯, 1605~1667)을 가리키는 듯하다. 《宋子大全隨箚 卷4》 본관은 풍천(豊川), 자는 계방(季方), 호는 금시당(今是堂)이다. 김장생의 문인으로, 송시열, 송준길 등과 교유하였다.

유무중에게 답함 무술년(1658, 효종9)

答兪武仲 戊戌

어제 대궐에서 나와 찾아뵈려고 하였는데 날이 저물고 비까지 내려서 마침내 처음 생각과 어긋났으니 지극히 한탄스러웠습니다. 방금 보내주신 편지를 받았으니 위로되고 감사한 마음 어찌 끝이 있겠습니까. 희중(希仲 윤휴(尹鑴))의 일은 매우 의아스럽습니다. 제가 이 직책을 맡은 뒤로 이 벗과 너무도 상의하고 싶어 자주 물었고 또한 감히 벼슬길을 열거나 막는 일로 번거롭게 하지 않았습니다. 그런데 그의 답은 매우 냉담하여 심지어 장차 여강(驪江)으로 나갈 것이라고까지 하였습니다. 그 후에 들으니 10월부터 11월 상순까지 연이어 서울에 있었다고 합니다. 제가 회옹(晦翁)의 "늙은 내가 운명이 박(薄)하여 여러 사람에게 누를 끼쳤다."[139]라는 말을 해 주기까지 하였으니, 이는 분명 기축년(1649, 인조27)의 일을 크게 징계 삼아 지성스러운 마음으로 혐의를 피하기 위해서였습니다. 이때부터 감히 편지를 왕래하지 못하였으나 붕우 간의 정은 어찌 이렇게 할 수 있겠습니까. 그 간절한 마음을 절로 금할 수 없습니다. 오늘 새벽에 혐의를 무릅쓰고 편지 한 통을 보내 문안하였는데, 그는 반드시 꺼리고 미워할 것입니다. 혹시 그렇게 하지

139 회옹(晦翁)의……끼쳤다 : 주희(朱熹)가 황간(黃榦)에게 답한 편지에 "다만 우리 무리가 허다한 공격을 받는 것도 우스우니, 어쩌면 또한 하나의 좋지 못한 운기가 크게 행해져서 그런 것이거나 아니면 또한 늙은 내가 명이 박하여 여러 벗들에게 누를 끼친 것이겠지요."라고 한 데서 인용한 말이다. 《晦庵集 續集 卷1 答黃直卿》

않는다면 이보다 더 큰 다행이 어디 있겠습니까. 오늘날의 물정(物情)을 크게 볼 수 있을 것입니다. 이산(尼山)에 답장을 보내신다면 이곳의 상황을 자세히 알려 주십시오. 별지에 대해 회신을 보내 주시기 바랍니다. 이만 줄입니다.

별지

진원(鎭院) 운운한 것은 참으로 그런 일이 있습니다. 당초에 제가 듣고 크게 놀라 편지로 꾸짖기를 "만약 이 어른[140]에게 이렇게 한다면 나와도 절교해야 할 것이다." 하니, 그가 곧바로 크게 뉘우치고 즉시 그 자리에 나아가 사죄하고 이어 모시고 자면서 가르침을 청하였습니다. 모(某) 형이 시원스럽게 마음이 풀려 밤새도록 회포를 풀었고, 작별할 때 손을 잡고 경계하기를 "이후로는 유언비어가 나돌더라도 둘 다 믿지 말아야 할 것이다. ……"라고까지 하였습니다. 그 후에 그가 저를 보고 말하기를 "꾸짖어 주신 가르침 덕분에 이전의 과실을 고칠 수 있었으니 더없이 감사합니다. 이제부터는 더 이상 다른 사달은 없을 것입니다."라고 하였습니다. 그러나 그가 윤휴를 매우 강력하게 공격하여 윤휴의 무리 한 사람 한 사람과 원수처럼 되었고 호시(湖試)의 과장(科場)에서 익명의 글을 내거는 변고[141]가 있자 그가 분한 마음을 이기지 못하여 범인을 적발하는 일을 담당하고 나선

140 이 어른 : 송준길(宋浚吉)을 가리키는 듯하다. 《宋子大全隨箚 卷4》

141 호시(湖試)의……변고 : 당시에 충청도 지방의 어떤 무리가 윤휴를 편들고 송시열과 창주서원(滄洲書院) 사람들을 원망하였다. 마침 김만기・김만증(金萬增) 형제가 호시에 응시하였는데, 불측한 내용의 익명서를 벽에 걸어 놓은 자가 있었다. 사람들이 모두 윤휴 무리가 지은 것이라고 지목하였다. 《宋子大全隨箚 卷4》

일이 있었기에, 제가 경계하기를 "그대의 도리는 단지 문을 닫아걸고 책을 보는 것인데 어찌 굳이 그렇게 할 것이 있겠는가." 하니, 그가 곧 "예예." 하였습니다.

생각건대 이 일로 윤휴 무리가 옛일을 끄집어내서 공격하는 기치로 삼는 것 같습니다. 전후의 곡절은 이와 같은 데 불과합니다. 오늘날 윤휴 무리가 흩어진 무리를 수습하여 다시 한번 싸우는 계책으로 삼을 것이 불 보듯 뻔합니다. 이해(利害)에 밝은 자는 또 배회하면서 관망할 것이고 또 겉으로는 배척하는 척하면서 몰래 돕는 자도 있을 것이니, 저들이 날뛰는 것은 금니(金柅) 백 개로도 제어하기 어려운 점이 있습니다.[142] 그 무리가 원망하는 말을 대략 들으니, 저를 가장 심하게 원망하고 그다음이 초려(草廬 이유태(李惟泰))이고 그다음이 남궁(南宮 김만기(金萬基))이고 형의 집안이 또 그다음입니다. 훗날 우리들이 다시 이 굴레를 벗을 수 없겠지만 또한 어찌하겠습니까.

142 저들이……있습니다 : 금니는 수레의 바퀴가 굴러가지 못하도록 하는 제동장치이다. 윤휴의 무리가 날뛰어 군자를 해치는 것을 아무리 제어하려고 하더라도 제어되지 않을 것이라는 말이다. 《周易 姤卦 初六》

유무중에게 답함 무술년(1658, 효종9)

答兪武仲 戊戌

보내 주신 두 통의 편지는 매우 위안이 되었습니다. 서원(西原)은 옛날에 들으니 그 맑고 곧은 지조가 비파의 붉은 줄도 오히려 부끄럽다[143]고 하기에 빨리 언관의 자리에 두려고 하였으나 논의에 조금 차질이 있었기 때문에 우선 천천히 하였고, 또 마침 분란이 있었기 때문에 우선 그것을 해결하게 하였습니다. 그러나 대각(臺閣)의 자리가 날 때마다 그를 생각하지 않은 적이 없습니다. 지금 만약 갑자기 돌아가서 준기(準期)[144]로 장애가 된다면 이렇게 사람이 부족한 때를 당하여 조정에 심히 불편을 초래할까 염려되니, 형이 그 사이에서 주선하여 우선 갑자기 결단하여 돌아가지 말고 방백(方伯)이 의혹을 풀기를 기다리게 하는 것이 어떻겠습니까? 방백이 들은 말은 실로 말씀하신 것과 똑같지만 춘장(春長)의 설은 반드시 십분 진실할 것이니, 제가 방백에게 그렇지 않다는 것을 분명히 보증하겠습니다. 지금 농사가 매우 염려되어 그를 대신할 사람을 구하기가 지극히 어려우니 공사(公

143 비파의……부끄럽다 : 《예기》 〈악기(樂記)〉에 "〈청묘(淸廟)〉를 연주하는 비파는 붉은 줄을 마전하고 비파의 구멍을 성글게 뚫는다." 하였는데, 여기에서는 서원의 맑고 곧은 지조를 비파의 곧은 줄에 비유하였다.

144 준기(準期) : 준기불서(準期不敍)의 준말로, 교관(敎官)이나 수령(守令)에 임명된 자가 연고(緣故)를 핑계 대고 사면(辭免)할 경우 임명되었던 벼슬의 임기가 끝날 때까지 서용(敍用)하지 않던 법이다. 임기가 만료되어 서용하더라도 다시 외방(外方)의 관원으로 임명하였다. 영불서용(永不敍用)과 상대적인 개념으로 사용된다.

私) 간에 양쪽으로 우려스러운 것이 매우 적지 않기 때문에 이렇게 말씀드립니다.

별지

그저께 낭청 및 참판과 형의 조카에 대해 의논하였는데, 한 곳에 대해서는 조금 사양하는 기색이 있고 반드시 송하(宋下)로 가려고 하지만 그다지 대단한 문제는 없습니다.

어제 한 곳에서 편지가 왔는데,-동료는 아니다.- 그 내용에 "그 조부가 본래 선하지 않아서 일찍이 모처(某處)의 찰방이 되었는데 탐오하고 포학한 행실을 이루 다 기록할 수 없고, 체차된 지 석 달이 지났는데도 관사(館舍)를 떠나지 않고서 기필코 역(驛)의 물건을 다 긁어내서 돌아갔으니, 이는 하나의 장리(贓吏)입니다. 또 돌아갈 때 부자(父子)가 요망한 물건도 싣고 갔으니 그 가도(家道)가 추악하여 관리의 지극한 치욕입니다. 모(某)는 선현의 자손으로서 도를 깨닫지 못하였으니 지금 청직에 선발할 때 잘 헤아려야 할 것입니다." 하였고, 또 "만약 그 표(表)가 아니면 더욱 이해할 수 없습니다. ……" 하였습니다. 제가 지극히 놀랍고 의아해서 얼른 이것을 가지고 그 말을 조금 완화하여 동료들과 의논하였으니 또 차질이 있게 되었습니다. 제 생각에 이 공(公)을 위해서 스스로 끝없는 비난을 감당해야만 그 말망(末望)에 의망할 수 있을 것입니다. 곡절이 매우 많지만 대략은 이와 같습니다. 형이 한번 상세히 물어서 알려주시면 제가 비록 힘은 작지만 의당 주선해서 있는 사실은 있다고 하고 없는 사실은 없다고 하여 끝내 일을 망치는 데에는 이르지 않게 하겠습니다.

백분(伯奮)[145] 등 여러 사람이 목마르게 그립습니다. 이런 일은 별천(別薦)이 정리된 뒤에 의논하여 처리할 것입니다. 더디다는 의론에 대해서는 원래 알고 있지만, 말세의 인심이 오래 참지 못하니 이것이 우려될 뿐입니다. 근래에 희중(希仲 윤휴(尹鑴))의 일로 보면 그 무리 중에 성격이 급하지 않은 사람이 없어 이 벗에게 누만 끼칠 뿐이니 매우 애석합니다. 이 편지는 즉시 태워 버리십시오.

145 백분(伯奮) : 윤원거(尹元擧, 1601~1672)의 자이다. 본관은 파평(坡平), 호는 용서(龍西)이고, 윤증(尹拯)의 5촌 당숙이다. 김장생(金長生)의 제자이다.

유무중에게 답함 무술년(1658, 효종9)

答兪武仲 戊戌

편지를 받고 또 형의 장남을 만나 자상한 가르침을 모두 알았으니 위로되고 감사한 마음 어찌 끝이 있겠습니까. 저는 병이 대략 나았으니 내일 나가서 숙배하겠습니다. 군서(君瑞)의 일은 이미 여론을 들었습니다. 대저 세운 뜻이 우뚝하게 높으면 후일에 작은 흠은 저절로 없어질 것이니, 이것이 참으로 군자가 남이 선(善)을 행하도록 도와주는 뜻입니다. 지금 비록 갑자기 통달하지 못하더라도 끝내 버려서는 안 될 것이니, 이런 뜻으로 제현(諸賢)에게 말씀해 주시는 것이 어떻겠습니까?

유무중에게 답함

答兪武仲

어제 마상(馬上)에서 보내 주신 편지를 받고서 답장을 보내지 못하여 매우 한탄스러웠습니다. 그저께 올린 상소에는 다른 말은 없이 사적인 의리가 불편하다는 것만을 말하였습니다. 대체로 동기(同氣)의 원수가 있는데 오늘날 스스로 평범한 사람과 똑같이 행세한다면 마음에 편치 않은 바가 있기 때문에 대략 이것을 인용하여 운운한 것입니다. 만약 정원(政院)의 여러 공(公)을 묻는 것이라면 염려할 것이 없음을 알 수 있습니다. 어제 정사(政事)에 대해 사람들의 의론은 뭐라고 합니까? 오늘의 일은 일반적인 관례를 따를 수 없기 때문에 이렇게 하지 않을 수 없습니다. 들으신 것과 형의 고견을 말씀해 주시면 매우 다행이겠습니다.

형은 언제 나가서 숙배합니까? 모든 일을 의논하고 싶은 마음 간절합니다. 이곳은 종일토록 찾아오는 손님이 없어 실로 아주 편안합니다. 찾아와 주신다면 무척 감사하고 다행이겠습니다. 매우 간절히 기대하며 이만 줄입니다.

유무중에게 보냄 무술년(1658, 효종9) 12월 23일

與兪武仲 戊戌十二月二十三日

겸관(兼官)은 과연 바라던 대로 되었으니 기쁘고 다행스럽습니다. 앞으로의 일은 어떻게 하시려고 합니까? 대정(大政)은 제 스스로는 사심 없이 했다고 생각하는데도 마음에 맞지 않는 것이 매우 많은데, 공의(公議)는 말할 것이 있겠습니까. 힘껏 사양하지 않을 수 없습니다. 오늘의 일은 참으로 죽을 때까지 온 힘을 다해야 하겠지만, 재능이 없으면서 억지로 하면 자신이 죽기 전에 나랏일이 먼저 그릇될 것이니 이것을 몰라서는 안 됩니다. 이것으로 결단코 자처(自處)하려고 합니다. 형은 전에 사적인 정성을 스스로 드러내려는 뜻이 있었고 이에 따라 판단하셨으니 앞길 또한 평탄할 것입니다.

유무중에게 답함 무술년(1658, 효종9) 12월

答兪武仲 戊戌十二月

말씀하신 뜻을 삼가 잘 알았습니다. 저의 병이 괴롭게도 낫지 않고 있으니 답답합니다. 부득이 내일 다시 해면(解免)을 청해야겠습니다. 포척(布尺)의 장단(長短)[146]에 대해 성상의 뜻이 이처럼 듣기를 좋아하시는데 제공(諸公)은 이렇게까지 반대하니, 가까운 사람을 친압하고 먼 사람을 잊는다[147]고 할 수 있을 것입니다. 옛날부터 세금을 많이 거두는 나라의 경우 어찌 반드시 임금과 신하가 모두 스스로 착복하였겠습니까. 비록 국가의 경비로 사용하더라도 세금이 너무 무거우면 백성이 곤궁해집니다. 조정에 있는 사람 중에 독서하고 의(義)를 말하지 않는 사람이 없는데 실행하는 경우에는 도리어 이와 같으니 앞으로는 요역(徭役)을 가볍게 하자는 말을 성상 앞에서 올리기 어려울 것입니다. 한탄스럽습니다. 나머지는 병이 나아지면 찾아뵙고 말씀드리겠습니다. 하나하나 다 말씀드리지 못합니다.

146 포척(布尺)의 장단(長短) : 국가에서 세금으로 거두는 베〔布〕 한 필의 길이를 처음에 35자로 하였다가 나중에 40자로 늘려서 백성들에게 원성을 샀다. 송시열은 원래대로 35자로 하자고 주장하고 대신들은 40자를 주장하였는데, 효종이 대신들의 주장을 따른 일을 가리킨다. 《宋子大全 附錄 卷2 年譜》《孝宗實錄 8年 8月 16日》

147 가까운……잊는다 : 맹자가 주(周)나라 무왕(武王)의 덕을 논하면서 "무왕은 가까운 사람을 친압하지 않고, 먼 사람을 잊지 않으셨다."라고 한 말을 역으로 인용하여 당시의 세태를 풍자한 것이다. 《孟子 離婁下》

유무중에게 보냄

與兪武仲

이장(李丈)은 지금 어떻습니까? 염려를 조금도 늦출 수 없습니다. 시장(諡狀)은 지성스러운 말씀을 어기기 어려워 참람함을 잊고 지어 올리고 삼가 취사(取捨)하시는 명을 기다리겠습니다. 내일 빈청(賓廳)에 나아가 보려고 하는데 오늘 밤은 잠자리에 드시렵니까? 다만 포척(布尺)에 관한 논의가 장차 어떻게 될지 모르겠습니다. 오늘 대간이 내현하여 저의 말을 윤허해야 한다고 강력히 말하였고 재상 또한 옳다고 하였습니다. 많은 사람들의 마음이 이와 같은데 끝내 성상께서 따라주지 않으신다면 어찌 크게 한탄스럽지 않겠습니까. 동춘(同春 송준길(宋浚吉)) 형은 반드시 내일 탑전(榻前)에서 사직하겠다고 결단할 것인데 끝내 만류하기를 청하는 자가 없으니, 참으로 한탄스럽습니다. 이만 줄입니다.

유무중에게 보냄

與兪武仲

오늘의 일은 근력이 올 만하면 오는 것이고 병 때문에 오지 못한다면 어찌할 수 없습니다. 길보(吉甫 윤선거(尹宣擧))로 말하면 오고 오지 않는 것이 모두 의리를 크게 손상할 일이 없습니다. 이는 모두 선현이 이미 행한 자취가 있으므로, 일을 그가 처음 시작한 것이 아니지만 의리는 모두 근거가 없습니다. 이번에 번거롭게 되었으니 일이 많다는 것을 크게 느낍니다. 어떻게 생각하십니까?

유무중에게 답함

答兪武仲

편지를 보내 주셔서 매우 감사합니다. 유소(儒疏)에 대해서는 여러 의론이 이와 같아 참으로 어찌할 수 없으나, 단지 온화한 말로 체례(體例)로써 고해 주는 것이 옳을 듯합니다. 만약 곧바로 지적한다면 상대에게 빌미만 주게 되어 우리의 병통이 될 것입니다. 더구나 맹상군(孟嘗君)도 오히려 검(劍)을 받은 자의 말을 받아들였으니,[148] 상대가 선하고 선하지 않음을 어찌 물을 것이 있겠습니까. 초려(草廬 이유태(李惟泰)) 형이 아직까지 소식이 없으니, 장차 거취(去就)를 석증(石甑)[149]과 달리할지 같이할지 모르겠습니다. 초려 형이 오더라도 많은 사람들의 의견이 이와 같다는 것을 알면 어찌 죽을힘을 다해서 담당하려고 하겠습니까. 대체로 오늘의 일은 너그럽게 용납하고 탕평(蕩平)하는 것으로 마음을 삼고 절대 거스르는 것으로 강함을 삼아서는 안 되며, 상세히 살피는 것으로 밝음을 삼아야 합니다. 어떻게 생각하십니까?

148 맹상군(孟嘗君)도……받아들였으니 : 전국 시대 제(齊)나라 맹상군이 초(楚)나라에 갔을 적에 초왕(楚王)이 신하 등도직(登徒直)에게 상아로 만든 걸상을 맹상군에게 전하게 하였다. 그런데 그 걸상이 매우 귀중한 물건이라서 등도직이 담당하지 않으려고 맹상군의 문인(門人) 공손수(公孫戍)에게 명하여 보검을 뇌물로 주면서 맹상군이 그 상아 걸상을 받지 않게 해 달라고 부탁하였다. 이에 공손수가 맹상군에게 "지금 처음 초나라에 이르러서 상아 걸상을 받으면 아직 가지 않은 나라들은 무엇으로 접대하겠습니까." 하니, 맹상군이 그 말을 옳게 여겨 받지 않았다.《資治通鑑 卷2 周紀2 顯王48年》

149 석증(石甑) : 윤문거(尹文擧)를 가리킨다. 윤문거가 사는 곳이 석증이었기 때문에 이렇게 부른 것이다.《市南集 卷6 次吉甫惠示韻兼呈石甑案下》

송자대전

제33권

書서

유무중[1]에게 보냄 기해년(1659, 효종10)

與兪武仲 己亥

편지 한 통을 보내려다가 방금 작성된 회계(回啓)의 초안을 보았습니다. 다른 일들은 시행되든 시행되지 않든 그다지 긴요하지 않지만, 참하관(參下官)에 머물러 있는 문관(文官)과 음관(蔭官) 중에 쓸 만한 사람이 매우 많은데 조용(調用)하는 격례에 구애되어 천전(遷轉)할 수 없습니다. 원래 상소의 뜻이 전적으로 여기에 있는데 지금 이 회계에서는 첫 번째 건에 대해 전혀 손을 쓰지 못하게 하였으니, 형이 주선하여 몇 마디를 변경해서 해당 조(曹)로 하여금 융통성 있게 운영하도록 해 주시는 것이 어떻겠습니까? 참상관(參上官)들은 이미 모두 외임(外任)에 임명되어서 지금은 외임에 합당한 사람이 전혀 없으니, 이 조항이 허락된 뒤에야 모양새가 이루어질 수 있습니다. 이는 실로 절박한 사정이기 때문에 어제 연석(筵席)에서 이 말을 대략 진달하였습니다. 이것도 아울러 헤아려 주시기 바랍니다.

자부(子婦)가 머리에 종기가 나서 심하게 앓고 있어 생사가 우려되니 몹시 애가 탑니다. 웅담(熊膽)에 대해 정부(政府)나 본조(本曹)에 체지(帖紙)를 내려 주실 수 있습니까?

1 유무중(兪武仲) : 유계(兪棨, 1607~1664)로, 본관은 기계(杞溪), 자는 무중, 호는 시남(市南)이다. 김장생(金長生)의 문인으로, 예학과 사학에 정통하였으며, 송시열, 송준길(宋浚吉), 윤선거(尹宣擧), 이유태(李惟泰) 등과 더불어 호서 산림의 오현(五賢)으로 일컬어졌다. 저서에 《가례원류(家禮源流)》가 있다.

유무중에게 보냄 기해년(1659, 효종10)

與兪武仲 己亥

새해가 된 뒤로 신문(新門)[2]을 나가지 않다가 어제 비로소 한가한 틈을 타서 몇 곳의 인사(人事)를 둘러보았는데, 그사이에 형의 편지가 도착하였으므로 답장을 써 보내지 못했습니다. 돌아와 말씀하신 뜻에 따라 즉시 답장을 쓰려고 하였으나 날이 이미 저물었습니다.

백옥(伯玉)[3]의 대명(待命)이 끝날 기약이 없어 어제 예조 판서에게 알려서 그에게 규례에 따라 입계(入啓)하게 하여 성상께서 처분을 내리기를 기대하고 물러 나왔는데, 말씀하신 내용이 이러하니 저의 뜻이 망령된 것입니까? 속히 예조 판서와 의논하는 것이 어떻겠습니까?

그날 조용히 얘기하고 싶은 마음 간절했는데 틈을 얻지 못했으니 지금 와서 한탄스러운 마음 어찌 끝이 있겠습니까. 특히 민적(民籍)과 전적(田籍) 두 가지는 서둘러 의정(議定)하지 않아서는 안 됩니다. 이것이 의정되면 제가 그래도 애써 일할 수 있지만 의정되지 않으면 고향으로 돌아가려는 뜻을 일찍 결단해야 하니, 말류에서 낭패를 보고 싶지 않습니다. 이 뜻은 형하고만 은밀히 의논하는 것이니, 입직하면서 한가할 때 한번 헤아려 보시는 것이 어떻겠습니까? 이만 줄입니다.

2 신문(新門) : 노성의 서문(西門)인 돈의문(敦義門)을 속칭 신문이라고 한다. 《宋子大全隨箚 卷3》

3 백옥(伯玉) : 김시진(金始振, 1618~1667)의 자이다. 본관은 경주(慶州), 호는 반고(盤皐)이다.

유무중에게 답함 기해년(1659, 효종10)

答兪武仲 己亥

보내 주신 답장은 매우 위안이 되었습니다. 은혜를 베풀고 폐단을 혁파하는 것을 언제까지 기다려야 할지 모르겠으니, 이것이 지극히 사람을 답답하게 합니다. 초려(草廬)[4] 형에게서 오늘 아침 편지를 받았는데 거취에 대한 말이 없으니, 필시 오지 않을 것 같습니다. 어제 비국(備局)의 계사에서 공금(公金)에 관한 일로 드러나게 배척당해 이미 편하게 있을 수 없으니, 길보(吉甫)[5]의 편지에서 말한 '정병(政柄 이조 판서)에서 떠나는' 것이 좋은 계책입니다. 그러나 그가 사(私)라고 이른 것은 필시 이쪽 사람을 가리키고, 화니(和泥)[6]라고 이른 것은 필시 저쪽 사람을 가리킨 것입니다. 저쪽도 그르고 이쪽도 그르다고 하면 어디에서

4 초려(草廬) : 이유태(李惟泰, 1607~1684)의 호이다. 본관은 경주(慶州), 자는 태지(泰之)이다. 김장생(金長生)·김집(金集) 부자를 사사하여 그 문하의 송시열, 송준길(宋浚吉), 윤선거, 유계와 더불어 호서 산림의 오현(五賢)으로 일컬어졌다.

5 길보(吉甫) : 윤선거(尹宣擧, 1610~1669)의 자이다. 본관은 파평(坡平), 호는 미촌(美村)·노서(魯西)·산천재(山泉齋)이다. 윤증(尹拯)의 아버지이며, 김집의 문인이다. 송시열이 경전(經傳)의 주해(註解) 문제로 윤휴(尹鑴)와 사이가 나빠지자 평소 윤휴와 친교가 깊었던 윤선거는 그를 변호하는 태도를 취하였는데, 이로 인해 교분이 두터웠던 송시열로부터 배척을 당하게 되었다. 이것은 뒤에 노론과 소론이 갈라지는 한 계기가 되었다.

6 화니(和泥) : 화니합수(和泥合水) 또는 타니대수(拖泥帶水)의 줄임말로, 선(善)과 악(惡), 시(是)와 비(非) 등이 뒤섞여 분명히 구별되지 않음을 뜻한다. 《晦庵集 卷33 答呂伯恭, 卷47 答呂子約》

인물이 나오겠습니까.

백옥(伯玉 김시진(金始振))의 일은 끝내 마음에 납득되지 않습니다. 일찍이 대명하던 자들을 보건대 본부(本府)에서 규례에 따라 입계하고서 성상의 처치를 기다렸습니다. 지금 홀로 시종(侍從)의 반열에 입직해서 본부의 문 바깥에 엎드려 있게 하고서 기용하지 않으니, 이것이 어찌 마땅한 일이겠습니까. 그러나 사체(事體)가 이와 같다면 또한 어찌 감히 논하겠습니까. 김공(金公)은, 그런 사람을 얻기가 참으로 어렵습니다. 유(柳)는 방금 상복을 벗었다는 말을 들었고, 민(閔) 또한 그 이름을 들은 지 오래되었습니다. 이(李)는 기용하려고 한 지 오래되었는데, 월등(越等)하라는 처벌이 있었으니 어쩌면 좋겠습니까? 단성(丹城)은 새 수령이 이미 문밖에 도착했다고 들었습니다.

○ 근자에 여러 사람들의 행태를 보니 무사히 목전의 부귀만 구차하게 얻으려고 하고 길보 같은 사람은 인재를 취사(取捨)하는 과정에서 피차를 분별하려고만 하니, 모두 국가의 일은 생각지 않습니다. 이런 자들은 모두 제 마음에 있지 않으니, 이렇기 때문에 이 뜻을 행하기 어렵다는 것을 분명히 알아서 돌아가려고 계획한 지 오래되었습니다.

유무중에게 답함 기해년(1659, 효종10)

答兪武仲 己亥

형의 편지를 연이어 받아 보고 병든 마음이 매우 위로되었습니다. 연석에서의 대화를 단지 상세히 알고 싶을 뿐이지 무슨 일일이 논할 일이 있겠습니까.

오늘날 관원이 데리고 다니는 하인의 숫자가 매우 많으니, 이는 모두 국가의 재정을 축내는 것으로 줄이지 않을 수 없습니다. 더구나 많이 데리고 다니기를 힘쓰기 때문에 분에 넘치는 일이 매우 많아 여염의 상놈 아이들에게 책을 끼고서 대문을 나설 수 없게 하였습니다. 이 명령이 있은 뒤로 상놈들 중에 기뻐하지 않는 자가 없었는데, 지금 어찌 다시 이전의 인습을 답습할 수 있겠습니까. 더구나 방금 금했다가 다시 허용한다면 참으로 이른바 어지럽고 잡다한 것이니 어쩌면 좋습니까? 해당 각 관사의 서리(胥吏) 숫자를 줄이는 것은 병조의 사목(事目)이니 이조와는 관계가 없습니다. 이만 줄입니다.

유무중에게 보냄 기해년(1659, 효종10)

與兪武仲 己亥

근래의 기거는 어떠십니까? 형의 생질(甥姪)의 일은 제가 이미 정청(政廳)에서 허물을 저에게 돌렸으니, 이제부터는 일이 없을 것입니다. 오직 종통(宗統)을 옮기는 일은 잘 타일러서 빨리 고친다면 또 좋은 일 중에서도 좋은 일입니다. 사람이 누군들 허물이 없겠습니까. 고치는 것이 귀하니, 형의 생질에게 매우 간곡히 바라는 일입니다.

또 한 가지 일이 있습니다. 전에 듣건대 북부(北部)에 패륜(悖倫)한 사람이 있었는데 북부의 관원이 적발하여 보고하지 않았으니, 이는 직무를 제대로 수행하지 못한 것이라고 합니다. 진위를 알아보려고 북부의 관원을 불러서 물었더니 다음 날 북부에서 알려 왔는데, 그 일은 북부에서 있었던 일이 아니고 사실은 중부(中部)에서 있었던 일로 이미 파악해서 헌부에 고했다고 합니다. 패륜한 자가 또 중부에 있다는 말을 듣고 오늘 중부의 관원을 불러서 이전의 태만에 대해 말하고 앞으로 잘하라고 꾸짖었더니 주부(主簿)는 대답하지 못하고 참봉(參奉)이 옆에서 대신 대답하는데 자못 상세하였습니다. 제가 말하기를 "우선 이 일을 해결하는 것을 보고서 상이나 벌이 있을 것이다."라고 하였습니다. 그들이 나간 뒤에 여러 동료들이 모두 직책에 걸맞은 사람이 아닌 것 같다고 하였는데, 참판만 혼자 미소를 지으면서 말하기를 "이 사람은 사실 모(某)의 인척입니다."라고 하여 제가 비로소 형의 인척이라는 것을 알았습니다. 이른바 중부의 패륜한 사람은 감토전(甘土廛) 행랑 뒤에 사는 화원(畫員) 김명국(金命國)인데, 아비가 죽고 장사 지내기 전에 결혼한 자입니다. 이것으로 추문(推問)하여 헌부에 고하게 하는 것이 어떻겠습니까? 하나하나 다 말씀드리지 못합니다.

유무중에게 답함 기해년(1659, 효종10) 1월 22일

答兪武仲 己亥元月二十二日

보내 주신 답장은 매우 위안이 되었습니다. 저는 앓고 있는 병이 오래도록 낫지 않아 답답함을 이루 말할 수 없습니다. 곽향정기산(藿香正氣散)을 복용하여 병증을 해소하고 싶은데 형이 주선해 주실 수 있겠습니까?

기(起)[7]의 상소가 저지되었으니 한탄스럽습니다. 공사(公事)는 이미 말씀하신 대로 종백(宗伯)에게 고했는데, 다만 이 형 또한 변통이 불가하다고 하니 이룰 수 없을 듯합니다. 형도 힘을 다하시는 것이 어떻겠습니까? 어제 병조 판서가 찾아왔기에 병조의 정사(政事)에서 고쳐야 할 것을 대략 말하였으니, 형이 본말을 깊이 생각해 보시는 것이 어떻겠습니까? 이 일은 천 사람이 막는다고 해도 끝내 그만둘 수 없습니다. 이만 줄입니다.

7 기(起) : 자가 기지(起之)인 김수홍(金壽興, 1626~1690)을 가리키는 듯하다. 《宋子大全隨箚 卷4》

유무중에게 답함 기해년(1659, 효종10)

答兪武仲 己亥

편지를 받고 위로되고 감사하였습니다. 상소 내용은 어떤 것이며, 비답은 또한 장차 어떠할 것 같습니까? 이 기회가 작은 기회가 아니니 어찌 인력으로 미칠 수 있는 것이겠습니까. 북쪽의 소식[8]은 참으로 두려울 것이 없지만 경인년(1650)의 지난 일[9]이 심히 후회됩니다. 만약 좋아하지 않는 자가 이를 빌미로 위협해서 조정의 뜻을 움직인다면 그 결과는 말할 수 없게 될 것입니다. 형이 우환을 방비하는 것이 지나치게 치밀하니, 의리를 굳게 지키는 데에 혹시 해가 될까 염려됩니다. 이만 줄입니다.

8 북쪽의 소식 : 청(淸)나라의 소식일 듯한데 무슨 일인지 알 수 없다. 《宋子大全隨箚 卷4》

9 경인년의 지난 일 : 조경(趙絅)이 지은 인조의 묘지문인 장릉 지문(長陵誌文)에 청나라 연호를 쓰지 않고 명(明)나라 연호를 썼는데, 김자점(金自點)이 이를 청나라에 고자질하였다. 이에 청나라에서 국경에 군대를 주둔시키고 사실을 조사하려고 사신을 파견한 일이 있었다. 《宋子大全隨箚 卷4》

유무중에게 답함 기해년(1659, 효종10) 2월

答兪武仲 己亥二月

답장은 매우 감사합니다. 병들어 추운 집에 누워 교외(郊外)의 광경[10] 상상해 보니 배나 더 통곡할 만하지만 또한 어찌하겠습니까. 모형(某兄)이 돌아오는 길은 막을 수 없을 듯하고, 성상께서는 단지 빨리 돌아오라고 당부하실 뿐일 것입니다. 저의 사적인 일의 경우 법전에 실려 있으니 다시 무슨 말로 금지하겠습니까. 다만 저의 병이 낫지 않으니 내쫓더라도 움직일 수 없습니다. 그러나 저 같은 사람이야 머물러 있더라도 무엇 하겠습니까. 실로 우스울 뿐입니다. 신포(身布)를 면제하는 일은 일찍이 맹분(孟賁)[11]이 동자(童子)에게 힘을 빌렸겠습니까. 더구나 길보(吉甫 윤선거(尹宣擧))가 매번 시사(時事)를 함부로 말하지 말라고 경계하였으니, 그는 참으로 사람을 사랑하는 사람입니다. 서로 만날 수 없으니 서글픈 탄식만 더합니다. 이만 줄입니다.

10 교외(郊外)의 광경 : 《송자대전수차(宋子大全隨箚)》 권4에는 앞 편지의 '북쪽의 소식[北聲]'과 같은 것으로 청(淸)나라 사신을 영접할 때의 광경이라고 하였으나, 《효종실록》에는 이 시기에 청나라 사신을 영접했다는 기록이 없다.

11 맹분(孟賁) : 전국 시대 진 무왕(秦武王)의 역사(力士)로, 살아 있는 소의 뿔을 맨손으로 뽑았다고 한다. 《漢書 汲黯傳》

유무중에게 보냄 기해년(1659, 효종10) 2월

與兪武仲 己亥二月

내일 인견(引見)은 형이 처음 비국(備局)에 들어가는 것입니다.[12] 장차 무슨 말을 성상께 아뢰실지 모르겠습니다. 저는 매번 토지가 균등하지 않아 잔약한 백성들만 고통받는 실상을 가지고 변통하기를 청했는데, 성상께서는 경청하지 않은 적이 없으나 대신 중에 협조해 주는 자가 없었습니다. 저녁쯤에 비국 낭청에게 동래 부사(東萊府使)를 체차해야 한다는 뜻을 구두로 아뢰게 했는데 과연 전달되었습니까? 그 후임으로는 여휴(汝休)[13]보다 나은 사람이 없으니, 영공(令公)께서 주선해 주시기 바랍니다. 이만 줄입니다.

12 내일……것입니다 : 유계가 귀양에서 풀려나 송시열과 송준길(宋浚吉)의 천거로 이해 1월에 병조참지 겸 비변사부제조에 제수되어 이달 3일에 대신과 비변사의 신하를 인견하는 자리에 나아간 일을 가리킨다. 《효종실록》에는 효종이 "유계에게 비국의 직임을 맡긴 것은 의도가 우연한 것이 아니다. 이후로는 크고 작은 공사(公事)를 그가 전담하게 하라."라고 한 말만 있고, 유계가 아뢴 내용은 없다. 《孝宗實錄 10年 2月 3日》

13 여휴(汝休) : 이상일(李尙逸, 1600~1674)의 자이다. 본관은 벽진(碧珍), 호는 용암(龍巖)이다. 김장생(金長生)의 문인이다.

유무중에게 답함 기해년(1659, 효종10)

答兪武仲 己亥

이른 아침에 가르침을 받았으니 감사하고 위로됩니다. 이 두 상소를 올린 뜻은 참으로 이런 비답을 받고자 했던 것입니다. 이후로 어전에 나아갈 때 궁가(宮家)의 폐단 한 가지에 대해 거취(去就)를 가지고 간쟁할 생각이니, 만약 윤허를 받는다면 여러 일이 가망이 있을 것이기 때문입니다. 전에 처리하고 있는 일이 있다고 말한 것이 이것인데, 이것이 과연 잘못된 것입니까? 헤아려서 말씀해 주시기 바랍니다. 이곳에는 동복(僮僕)이 없으니 다시 형의 인편을 보내 주시는 것이 어떻겠습니까?

유무중에게 답함 기해년(1659, 효종10) 2월
答兪武仲 己亥二月

보내 주신 편지는 삼가 잘 받아 보았습니다. 이 일[14]은 당초에 화해시키려고 했었는데 각각 스스로 큰일이라고 여겨서 점차 곁가지가 생기기에 제가 즉시 그만두었더니 곧바로 일이 줄어듦을 느꼈습니다. 그러다가 간원(諫院)의 피혐(避嫌)하는 상소의 초본을 보고서 도합 3일 동안 하루에 두 차례 편지를 주고받으며 의논한 결과, 처음 초본에 비해 열에 여덟아홉이 줄었습니다. 그러나 버리려고 했으나 버리지 못한 것이 아직 많기 때문에 방금 편지를 보내 강력히 말하였는데 과연 들어줄지 모르겠습니다. 대체로 저쪽 사람들이 그 분노를 이기지 못해 연좌(連坐)의 형률이 점차 미쳐서는 안 되는 사람에게까지 미쳐서 간관(諫官)[15]으로 하여금 더욱 강하게 주장하도록 하였으니, 그 허물이 전적으로 여기에만 있지 않습니다. 이는 실로 운기(運氣)에 관계된 것이니 어찌하겠습니까. 간관이 대궐에 나아가거든 형께서 모쪼록 편의대로

14 이 일 : 이류(李瀏)의 일을 가리키는 듯하다. 이해 1월에 대사간 이홍연(李弘淵)과 정언 김만기(金萬基)가, 이류가 집에 기거하거나 고향에서 살 때 모두 불미스러운 행위가 있어서 사론(士論)이 다 그 사람을 천하게 여기는데도 추천장에 올랐으므로 이류의 천목(薦目)을 지워 버리고 그 천주(薦主)도 아울러 추고해야 한다고 청하자 효종이 받아들였다.《孝宗實錄 10年 1月 6日, 2月 27日》《송자대전수차(宋子大全隨箚)》에는 그 후 이상진(李尙眞)이 상소하여 신구(伸救)하였다고 하였으나, 실록에는 이상진의 상소 일부만 기록되어 있고 신구한 사실은 기록되어 있지 않다.

15 간관(諫官) : 당시 정언이었던 광성부원군(光城府院君) 김만기를 가리키는 듯하다.《宋子大全隨箚 卷4》

만나서 상의해 주십시오. 만약 간관의 답장을 받는다면 저에게 보내 주시는 것이 어떻겠습니까? 이를 위해 사람을 보냅니다.

유무중에게 답함 기해년(1659, 효종10)

答兪武仲 己亥

근래에 마음이 매우 좋지 않아 부득이 이런 계획을 하였는데, 이렇게 지성스럽게 말씀해 주시는 편지를 받으니 감격스럽기 그지없습니다. 오늘 아침에 화순(和順)이 찾아와 그만두지 않은 한 가지 일로 저를 꾸짖었고, 또 제가 벼슬을 그만두고 물러나지 않는다고 꾸짖었으니, 이 말이 사람을 지극히 부끄럽게 하였습니다. 그래서 포객(暴客)[16]이 조금 멀어지면 얼른 사직소를 올리려고 하였는데, 형의 말씀이 이와 같으니 감히 척연히 마음을 바꾸지 않겠습니까. 오직 초려(草廬 이유태(李惟泰)) 형이 온다면 협조를 바랄 수 있는데, 반드시 온다고 보장하기 어려우니 한탄스럽습니다. 이조 참판이 와서 만났는데 그의 말이 형의 말과 대략 같았습니다. 나머지는 뵙고서 다 말씀드리겠습니다. 이만 줄입니다.

16 포객(暴客) : 사나운 도적이라는 의미로, 여기에서는 청(淸)나라 사신을 가리키는 듯하다. 《宋子大全隨箚 卷4》

유무중에게 답함

答兪武仲

인편을 보내 문안하려 하고 있는데 형의 편지가 먼저 왔으니 위로되고 감사하기 그지없습니다. 사목(事目)은 대체로 합당합니다. 비록 소소하게 소루한 점이 있기는 하지만 천천히 다듬는다면 절로 매우 상세해질 것입니다. 다만 대신(大臣)은 하려고 하지 않고 여러 사람의 비방이 먼저 비등하니 제 생각에는 결코 행할 수 없을 듯합니다. 어쩌면 좋습니까.

어전에 나아갔을 때의 대화 내용을 함께 돌려보냅니다. 다만 이 종이에는 군목(軍木) 한 가지 일만 기록되어 있는데, 제가 보고 싶은 것은 제가 아뢴 이성철(李誠哲)과 정륜(鄭錀)의 일입니다. 그때 대신이 가부(可否)를 말한 대화 내용이 함께 있을 것이니, 형의 생질에게 부탁하여 상세히 기록해서 저에게 보여 주게 해 주시면 어떻겠습니까? 이만 줄입니다.

유무중에게 보냄

與兪武仲

오늘 찾아와 주셔서 매우 감사합니다. 산군(山郡)의 수군(水軍)은 모두가 호소하면서 바라는 것이므로 그 일은 실로 변통(變通)해야 합니다. 형께서 그 글을 가져다 보시고 내일 비변사에서 힘을 써 주시는 것이 어떻겠습니까?

유무중에게 보냄

與兪武仲

오늘의 일은 사람을 가슴이 답답하게 하니, 차라리 죽고 싶습니다. 유언비어는 본래 이와 같은데 더군다나 오늘날은 말할 것이 있겠습니까. 다만 성심(誠心)을 극진히 다하여 충효(忠孝)의 죄인이 되지 않게 하는 것이 저의 소망입니다. 지금 강원(講院)으로 향하고 있으니, 본원(本院)에서 뵙는 것이 이미 불가능하게 되었습니다. 이만 줄입니다.

유무중에게 답함
答兪武仲

상세하게 회답해 주셨으니 감사하고 위로되는 마음 어찌 한량이 있겠습니까. 다만 이장(李丈)이 병으로 고생한다는 소식을 들으니 염려스러운 마음 끝이 없습니다. 오늘날의 소란스러운 일은 작아지게 하고 싶은 마음이 간절하지만, 남들의 마음이 내 마음과 같지 않으니 단지 몹시 괴로울 뿐입니다. 모레 병세가 억지로라도 몸을 추스를 수 있다면 감히 말씀하신 대로 하지 않겠습니까. 모형(某兄)이 탑전(榻前)에서 명을 받들었을 때 승선(承宣)이나 다른 사람이 그를 만류하라고 청하기를 유선(由善)[17]이 신로(愼老)[18]에 대해 했던 것처럼 했다면 그나마 괜찮았을 것입니다. 수부(秀夫)[19]가 나에게 차자를 올리라고 권하였으니 우습습니다. 저 또한 매우 돌아가고 싶은 사람인데 어찌 스스로 고달프게 할 수 있겠습니까. 이장의 병세를 알고 싶어서 삼가 이렇게 답신을 전하는 인편을 보내니 상세히 알려 주시면 매우 다행이겠습니다. 이만 줄입니다.

17 유선(由善) : 김경여(金慶餘, 1596~1653)의 자이다. 본관은 경주(慶州), 호는 송애(松崖)이다. 김장생(金長生)의 문인으로 송시열, 송준길(宋浚吉), 김집(金集) 등과 교유하였다.

18 신로(愼老) : 신독재(愼獨齋) 김집을 가리킨다. 김장생의 아들이다.

19 수부(秀夫) : 권준(權儁)의 자이다. 윤선거(尹宣擧)의 매제이고, 윤휴(尹鑴)의 처남이다. 《宋子大全隨箚 卷3》

유무중에게 답함 기해년(1659, 효종10) 2월

答兪武仲 己亥二月

답장을 보내 주시어 매우 위로되었습니다. 집법(執法)에 관한 의론이 일어난다면 스스로 침묵해서 진정되기를 기다려야지 어찌 감히 그들과 다투겠습니까. 군목(軍木)은 이미 논의가 시작되었으므로 다시 미진한 소회를 상신(上申)하는 것이 매우 좋겠습니다. 근래에 이 일로 어지럽게 떠드는 자가 많으나 이미 펼친 것은 오므릴 수 없고 시행되고 있는 것은 숨길 수 없습니다. 형이 만약 혼자 상소하기 어렵다면 제 이름을 연명으로 쓰는 것이 어떻겠습니까?

방금 천득(天得)이 상소하여 묘금(卯金)을 위해서 억울함을 호소했다는 말을 들었습니다.[20] 이 일이 점차 만연해지는 데에 이를 것이니 개탄스러운 마음 금할 수 없습니다. 이는 필시 그 무리가 선동해서 이 영공(令公)으로 하여금 자신의 의지대로 하지 못하게 하여 그렇게 된 것이니 어쩌면 좋습니까. 형이 모쪼록 힘을 다해 빨리 제지하시는 것이 어떻겠습니까? 이만 줄입니다.

20 천득(天得)이……들었습니다 : 천득은 이상진(李尙眞)의 자이다. 묘금(卯金)은 윤휴(尹鑴)의 사위이자 윤증(尹拯)의 아우 윤추(尹推)의 장인인 이류(李瀏)를 가리키는 말이다. 이상진이 이류를 위해 상소한 일에 대해서는 327쪽 주14 참조.

유무중에게 보냄 기해년(1659, 효종10)

與兪武仲 己亥

밤사이 기거는 어떠하십니까? 말씀하신 뜻은 삼가 잘 알았습니다. 오늘날 조정의 의론이 저의 뜻과 합치하지 않는 것이 있기는 하지만, 어찌 감히 그들과 다툴 일이겠습니까. 그러나 며칠 동안 조용하니 어찌 조정의 의론 또한 저의 견해가 크게 어긋난다고 여기지 않아서가 아니겠으며, 만약 그렇다면 어찌 조정의 복이 아니겠습니까. 천득(天得 이상진(李尙眞))의 상소를 아직 보지 못했지만 비답 내용에 채납하지 않겠다고 하셨으니 원래의 상소가 들어가더라도 그 일에 대해 말을 꾸민 것이 대단하지는 않을 듯합니다. 그러나 우리들은 천득의 일이 있는 줄 모르는 것으로 서로 맹세하는 것이 좋겠습니다. 저쪽 사람들이 이 일을 크게 벌이려고 힘쓰므로 일찍이 괴롭게 여겼습니다. 형의 상소가 완성되었으면 저에게 보여 주시기 바랍니다. 어떻게 생각하십니까?

유무중에게 답함 기해년(1659, 효종10)

答兪武仲 己亥

편지를 받아 보기를 목이 빠지게 기다리고 있었는데 보내신 편지가 갑자기 이르렀으니 위로되고 감사한 마음 어찌 끝이 있겠습니까. 저는 여러 가지 마음에 맞지 않은 일로 심신이 모두 편안치 못합니다. 직임을 오랫동안 비우고 있어서 마음이 지극히 불안하기 때문에 부득이 사직소를 올렸는데 성상의 은혜만 더 받았으니 황공하여 몸 둘 바를 모르겠습니다. 대저 세상과 맞으면 머물고 맞지 않으면 떠나는 것이 분명한 도리인데, 아직까지 이렇게 머뭇거리고 있는 것은 성상의 뜻이 쇠하지 않아 차마 곧바로 떠나겠다고 고하지 못해서입니다. 예로부터 낭패를 당한 자 중에 저와 같은 사람이 누가 있겠습니까. 이 때문에 마음이 잡히지 않아 사람을 대하면 할 말을 잊고 밥상을 대하면 먹는 것을 잊습니다. 장차 어떻게 해야 합당한 도리를 얻을 수 있을지 모르겠습니다. 가르침을 주시기 바랍니다.

영상(領相)이 들어온 것에 대해 어떤 이가 말하기를 "대사간이 이증(李曾)을 너무 엄하게 추론(追論)했기 때문에 마음이 편치 못해서이다."[21]라고 하는데, 실제로 그런 것인지 모르겠습니다. 이만 줄입니다.

21 영상(領相)이……못해서이다 : 전(前) 장령 이증이 재령(載寧) 사람 최홍원(崔弘源)과 노비를 두고 송사를 벌였다. 이증이 그의 노복을 시켜 최홍원을 죽여서 강물에 던져 자취를 없애게 하였으므로 이증을 잡아다 국문하였는데, 자복하지 않고 버티다가 옥중에서 죽었다. 당시 대사간 이응시(李應蓍)가 이증이 장(杖)을 맞고 죽었는데도 정상적으로 장례를 치렀다고 하여 이증의 형 이석(李晳)을 파직하고 이증의 직명을

별지

모(某) 간관(諫官)은 이미 연명(聯名)했다고 곧바로 인피하였고, 이(李) 간관이 출사(出仕)한 때가 어제 저물녘이었으니 그 전에는 간통(簡通)하지 않았습니다. 그런데 듣건데 그가 출사하고 나서 곧바로 인피하면서 말하기를 "마치 기회를 틈탄 것 같은 점이 있다."라고 하였으니, 그 뜻이 매우 교묘하므로 그가 체직된 것은 당연한데 지금 체직시킨 자가 견책을 받았습니다. 일마다 바른 자가 지고 바르지 않은 자가 이기니 시사(時事)가 지극히 한탄스럽습니다. 형이 후설(喉舌)의 자리에 있으니 가만히 앉아서 보기만 해서는 안 될 것입니다. 모쪼록 동료들을 기다려 자세한 말로 한번 아뢰고 이어 마음을 다스리는 설을 논하시기 바랍니다. 어떻게 생각하십니까? 우려를 금할 수 없어 감히 이렇게 다시 번거롭게 말씀드립니다.

말씀하신 뜻은 삼가 잘 알았습니다. 비답 내용은 매우 기쁘고 다행스럽습니다. 제가 깊이 우려하고 홀로 두려워하는 것은 이렇게 나오지 않는 말이 없는 때 외부의 의론이 분분하여 성상의 귀를 솔깃하게 해서 혹시라도 성상이 자만하는 기색을 보인다면 관계된 바가 결코 작지 않다는 점입니다. 김(金)의 소장(疏章)을 봉입하지 않았다는 말이 장래에 대각(臺閣)에 들어갈 사람의 입에서 나왔으니, 한바탕 풍랑이 이는 것을 면하지 못할 것 같습니다. 대체로 오늘날 일은 반드시 성상께서 온 나라의 모든 일을 보고 듣는 것을 위주로 삼아야 할 것입니다.

모두 추탈하기를 청하여 효종이 윤허하였다. 당시 영상은 심지원(沈之源)이었는데, 심지원과 이증의 관계는 알 수 없다. 《孝宗實錄 9年 9月 25日, 10年 2月 18日》

유무중에게 보냄 기해년(1659, 효종10) 2월

與兪武仲 己亥二月

기거는 어떠십니까? 지난번에 다행히 뵈었으나 소란스러워 차분히 얘기를 나누지 못했으니 지금까지 한탄스럽습니다. 귀조(貴曹)에서 가포(價布)를 검사하여 퇴짜를 놓는 것이 전날과 같다고 들었습니다. 보은(報恩)의 경우 세 차례나 퇴짜를 맞았다는 것을 어제 그 고을 수령이 찾아와서 말해 주었습니다. 영형(令兄)이 재직하고 있는 때에도 오히려 이러하니 백성들의 실망이 어떻겠습니까. 통렬히 살피시기 바랍니다. 그리고 조정에서 얼마 전에 군포를 거둘 때 35자를 기준으로 하라고 지방에 공문을 보냈는데, 지금 들으니 어영청에서 45자를 기준으로 거둔다고 합니다.[22] 이와 같다면 백성과 털끝만 한 이익을 다툴 뿐만 아니라 조정의 명령이 수령들에게 전혀 행해지지 않고 대장(大將) 또한 귀를 막고 종을 훔친 죄[23]를 면치 못할 것입니다. 지금 차자를

22 조정에서……합니다 : 이때 지방에서 거두어들이는 군포 1필의 기준을 35자로 하라고 공문을 보냈는데, 어영청에서 그 전의 규정인 45자를 기준으로 거두었기 때문에 송시열이 차자를 올려 시정을 요구하였다. 《宋子大全 卷8 辭職兼論事箚》

23 귀를……죄 : 춘추 시대 진(晉)나라 대부 범무자(范武子)의 후손 범씨(范氏)가 죽자 어떤 사람이 그의 종을 얻어 달아나려고 하였는데, 종이 커서 짊어질 수 없자 몽둥이로 종을 부수었고 종에서 소리가 나자 남들이 빼앗아 갈까 봐 얼른 자기 귀를 막았다는 고사에서 온 말이다. 여불위(呂不韋)는 임금이 자기 허물 듣기를 싫어하는 것이 이와 같다고 하였다. 《呂氏春秋 卷24 自知》 여기에서는 어영대장이 35자로 거두라는 조정의 명령을 알면서도 모른 척하고 45자를 기준으로 거둔 잘못을 지적하는 의미로 인용하였다.

올려 논하려고 하는데 어떻게 생각하십니까? 저는 병세가 더욱 심해졌으니 다시 며칠을 지켜보고 나서 소장을 올리겠습니다. 이만 줄입니다.

유무중에게 보냄

與兪武仲

오랫동안 격조하여 몹시 그립습니다. 이부(李溥)가 끝내 사간원에서 태거(汰去)되었으니 한탄스럽습니다. 방금 들으니 공주 목사(公州牧使)가 병 때문에 부임하지 않았다고 합니다. 이 주(州)는 실로 한 도(道)의 도회(都會)이고 이남(二南 영남과 호남)의 요충인데 근자에 온갖 폐단이 다 나와서 결코 수습할 수 없습니다. 전(前) 목사가 벼슬을 버리고 돌아갔는데, 비록 전 관찰사에게 미움을 받아서라고 핑계 대기는 하였지만 실은 서로 다투었다고 합니다. 지금 관찰사는 전에 이 주를 맡았으므로 전말을 잘 알고 있고 또 아전과 백성들의 신복을 받고 있으므로, 만약 이 주를 겸임하게 한다면 감사가 구임(久任)하게 되어 치적을 이룰 수 있을 뿐만 아니라 이 주의 폐치(廢置) 또한 반드시 합당하게 될 것입니다. 형께서는 부디 재상의 자리에서 힘써 말하여 변통할 계책으로 삼는 것이 어떻겠습니까? 오늘날의 급선무는 구임보다 큰 것이 없습니다. 매번 장애가 있을 때마다 이로 인하여 변통한다면 점차 손쓸 곳이 있을 것입니다.

유무중에게 보냄
與兪武仲

저의 몸시 곤란한 상황이 이와 같으니 앞날에 대해서는 말할 수 없는 점이 있습니다. 다만 눈앞의 일이 대단히 불안하여 바늘방석에 앉아 있는 정도일 뿐만이 아니니 어쩌면 좋습니까. 이른바 도성을 나갔다는 것은 단지 전날 왕래하면서 종숙(從叔)의 집에 잠시 이르러 소란이 조금 진정되기를 기다린 것뿐이지 부채질하여 불을 끄려고 한 것[24]이 아닙니다. 보내온 편지에서 말씀하신 뜻을 삼가 보건대 마치 제가 불안한 것이 성상의 뜻과 대신으로부터 나온 것처럼 말씀하셨는데, 이는 저의 뜻을 크게 놓친 것입니다. 오늘날 공사 간의 일을 처치하는 것이 매우 온당한데도 우상(右相)의 차자와 강헌(姜憲)의 상소와 옥당(玉堂)의 소란이 차례로 나왔고 또 선비들 또한 어지럽게 떠든다고 하니, 제가 차마 이 몸으로 가시밭 속에 들어가 한없는 고통을 감내할 수 있겠습니까. 도성을 나가고 나가지 않는 것은 처음에 대단한 뜻이 없었고 주어진 명에 따르려고 하였습니다. 그러나 일에는 알 수 없는 것이 있으니, 이 계획이 끝내 이루어질 수 있을 것입니다. 이만 줄입니다.

24 부채질하여……것 : 원래 목적은 불을 끄려는 것이었으나 방법이 잘못되어 도리어 불이 크게 일어나게 된다는 말로, 일을 잠재우려고 하였으나 방법이 잘못되어 도리어 일을 크게 키우는 결과가 된다는 뜻이다. 《中說 卷5 問易》

유무중에게 보냄 기해년(1659, 효종10)

與兪武仲 己亥

어제 보내 주신 답장은 위로되고 감사하였습니다. 이장(李丈)의 병환이 지금은 어떻습니까? 매우 염려됩니다. 어제 보낸 편지를 형은 이해하지 못하셨습니까? 마교(馬橋)[25] 주변에서 헐뜯는 말이 범위가 점점 넓어지고 말을 날조하는 일이 점점 빈번해져 분분한 소란이 그칠 때가 없으니 몹시 괴롭습니다. 어제 듣건대 부제학이 고한 것이 까닭이 있다고 하는데, 과연 그렇다면 저는 심히 불안하니 또한 감히 나갈 수 없습니다. 어떻게 생각하십니까? 만약 그렇지 않다면 성상께서 별도로 병을 물으신 일은 출사하기를 권하는 뜻이 있어서이니, 황공한 마음 금할 수 없기에 병을 무릅쓰고 출사해야 할 것입니다. 어떻게 생각하십니까? 헤아려서 가르침을 주시기 바랍니다.

오늘날 인가(人家)의 자제들 중에 말을 신중히 하는 자가 드물어, 근거 없는 의론의 유행을 초래한 것이 결코 그 부형들의 뜻은 아닐 테니 지극히 한탄스럽습니다. 이런 생각에 참으로 몹시 서글픕니다. 어제 들으니 포척(布尺)에 대해 좌상(左相)이 변통할 뜻이 없다고 하였다 하니 한탄스럽습니다.

○ 그 사람[26]이 처음에는 이처럼 심한 데에는 이르지 않았는데 대사

25 마교(馬橋) : 이류(李瀏)가 사는 곳이다. 《宋子大全隨箚 卷4》 이류의 일에 대해서는 327쪽 주14 참조.

26 그 사람 : 이류를 가리키는 듯하다. 《宋子大全隨箚 卷4》

마(大司馬) 등 여러 사람[27]이 함께 거들어서 꺼리는 것이 없게 하였으니 지극히 한탄스럽습니다. 부디 정론(正論)이 없어지면 나라가 망한다는 -원문 빠짐- 제공(諸公)에게 조금씩 말씀하시는 것이 어떻겠습니까? 영형(令兄)은 제공에게 믿음을 받고 있으니 반드시 이전의 견해를 바꿀 것이고, 더구나 오늘 간관(諫官)에게 내린 비답의 내용을 보면 제공 또한 반드시 놀라서 후회할 것입니다. 형이 마침 간원(諫院)에 있으니, 한번 계사를 올려 완곡하게 간언할 수 있겠습니까? 답답합니다.

27 대사마(大司馬)……사람 : 이경억(李慶億) 등을 가리키는 듯하다. 《宋子大全隨箚 卷4》

유무중에게 보냄 기해년(1659, 효종10) 2월

與兪武仲 己亥二月

오늘 안부를 듣지 못하여 답답했습니다. 동래 부사(東萊府使)의 장계가 있다는 말을 들었는데 어떠한지 모르겠습니다. 서원(西原)이 변론해 주겠습니까? 길보(吉甫 윤선거(尹宣擧))가 전후로 보내온 편지는 보는 즉시 돌려보내겠습니다. 초동(草洞)[28]이 그 편지를 보지 못했다고 하는데 형이 보여 주지 않았습니까? 특히 초동에 대해 사치한다고 하고 저에 대해서 사사로운 정을 따른다고 한 것은 더욱 크게 경계해야 할 말이니 의당 초동이 보게 해야 하고, 말한 사람은 없는데 들은 것처럼 하더라도 좋을 것입니다. 춘방공(春坊公)[29]이 홍문록(弘文錄)에서 빠진 것에 대해 제가 매우 애석하게 여기기는 하였으나 남을 탓하는 말을 한 적이 없고, 지숙(持叔)[30]에 대해서는 더욱 한마디 말도 하지 않았습니다. 그런데 지금 외부 사람들이 형을 증인으로 삼아 제가 말을 했다고 하고 부제학이 아뢴 것도 저 때문에 한 일이라고 하였다고 하니, 아주 이상한 일입니다. 일찍이 들으니 형이 궐내에서 쪽지를 보고

28 초동(草洞) : 송준길(宋浚吉)이 사는 마을 이름으로, 송준길을 가리킨다. 《宋子大全隨箚 卷4》

29 춘방공(春坊公) : 김만기(金萬基, 1633~1687)로, 본관은 광산(光山), 자는 영숙(永叔), 호는 서석(瑞石), 시호는 문충(文忠)이다. 김장생(金長生)의 증손이고 송시열의 문인이다. 딸이 숙종의 정비가 됨에 따라 광성부원군(光城府院君)에 봉해졌다.

30 지숙(持叔) : 민유중(閔維重, 1630~1687)의 자이다. 본관은 여흥(驪興), 호는 둔촌(屯村)이다. 숙종의 비 인현왕후(仁顯王后)의 아버지이다.

좋지 않다고 말하였고 종백(宗伯)이 영돈녕부사의 내상(內喪)에서 큰 소리로 말하였다고 하는데 오늘날 비방은 저에게 모여드니, 참으로 하류(下流)에 있는 것을 싫어한다[31]는 것입니다. 지극히 우습습니다. 속담에 "울고 싶은 아이를 더구나 때림에랴."라는 말이 있습니다. 제가 돌아갈 길이 점점 열리니 이 점은 다행입니다. 이만 줄입니다.

31 하류(下流)에……싫어한다 : 공자의 제자 자공(子貢)이 "군자는 하류에 있는 것을 싫어한다. 천하의 악행이 모두 모여들기 때문이다."라고 한 말을 인용하여, 송시열 자신이 비난받을 위치에 있기 때문에 하지 않은 잘못까지 뒤집어쓴다는 의미로 사용하였다. 《論語 子張》

유무중에게 보냄 기해년(1659, 효종10) 2월

與兪武仲 己亥二月

날이 흐리고 비가 내려서 저의 증상이 더욱 괴로우므로 내일 감히 출사하지 못하겠습니다. 춘방(春坊)의 일은 탑전(榻前)에서 진달하는 것이 좋기는 하지만 제각각 떠드는 사람들과 힘껏 싸워야 할 듯하니 몹시 나쁘지 않겠습니까. 제 생각에는 조용하게 공공연히 말하는 자가 많아서 사람마다 귀에 익숙하게 한다면 괜찮을 것 같은데, 어떻게 생각하십니까?

부제학이 들어온 것이 녹계(錄啓)하기 전이고, 그 형이 '녹계한 후에 즉시 정고(呈告)해야 한다'고 와서 말하였다고 하는데, 오늘의 일과는 무관합니다. 일찍이 들으니 대군(大君)의 시호(諡號)를 고치는 일[32]은 여론이 자못 심복(心服)하지 않기 때문에 편안할 수 없다고 합니다. 오늘날 근거 없는 말들을 어찌 이루 다 말할 수 있겠습니까. 형조 참의 문제는 형이 말씀하신 것이 참으로 옳습니다. 다만 동료와 벗들에게 저의 뜻까지 통지하시는 것이 어떻겠습니까? 이만 줄입니다.

32 대군(大君)의……일 : 인조의 셋째 아들 인평대군(麟坪大君) 이요(李㴭)의 시호를 충경(忠敬)으로 고친 일을 가리킨다. 《宋子大全隨箚 卷3》

유무중에게 보냄 기해년(1659, 효종10) 3월 10일

與兪武仲 己亥三月十日

어제 보내 주신 편지는 삼가 잘 받아 보았습니다. 이장(李丈)은 밤새 어떻습니까? 걱정을 그칠 수 없습니다. 알려 주신 정(靜) 영공(令公)[33]의 말은 모두 저의 뜻과 부합합니다. 다만 박(朴)의 설은 의심스러우니, 당초에 그 사람을 아껴서 그냥 두었다면 그만이지만 이미 수령으로 정한 뒤에 탐오(貪汚)의 실상을 밝혔다가 곧바로 다시 덮어 주었으니 번신(藩臣)의 도리가 아닌 듯합니다. 그리고 그가 당연히 해야 할 직무인데 대간에게 미룬 것은 더욱 말이 되지 않습니다. 박은 우선 논하지 않더라도 정 영공을 논하는 도리는 이와 같아야 할 듯합니다. 어떻게 생각하십니까?

저는 내일 정사(政事)가 있으면 출근하려고 하는데, 마치고 나서 곧바로 휴가를 청하여 동쪽 교외로 잠시 나가려고 합니다.

33 정(靜) 영공(令公) : 이태연(李泰淵)의 자가 정숙(靜叔)이기 때문에 이렇게 부른 것이다. 《宋子大全隨箚 卷4》

유무중에게 보냄 기해년(1659, 효종10)

與兪武仲 己亥

어제 보내 주신 답장은 위로되고 감사하였습니다. 저의 일은 저동(苧洞)[34]과 상의하니 "이와 같이 하면 초동(草洞 송준길(宋浚吉))도 편안할 수 없고, 양전(兩銓)이 불안하면 재상 또한 편안키 어려워서 반드시 한 차례 다툼이 일어날 것이다. 또 저 사람이 당일에 한 말은 중망(重望)을 빌리려는 뜻인 듯하고 실제로 공격하려는 마음은 없었다. ……" 하였는데, 어떻게 생각하십니까? 형의 뜻을 보여 주시기 바랍니다. 초려(草廬 이유태(李惟泰))의 책자는 모두 산삭(刪削)하고 윤색(潤色)하였습니까? 저상(苧相 이후원)이 보려고 하니 속히 도모하시기 바랍니다.

응지소(應旨疏) 또한 완성하였습니까? 성상의 마음이 탁월하시어 백성들이 기뻐하고 있으니 이 기회를 잃는다면 큰일을 할 수 있는 때가 없을 것입니다. 형께서 충심(衷心)을 다 쏟아서 극론(極論)을 할 계책으로 삼는 것이 어떻겠습니까? 이만 줄입니다.

34 저동(苧洞) : 완남부원군(完南府院君) 이후원(李厚源, 1598~1660)이 살았던 곳으로, 여기서는 이후원을 가리킨다. 본관은 전주(全州), 자는 사심(士深), 호는 우재(迂齋)이다. 김장생(金長生)의 문인이다. 1635년(인조13) 문과에 급제하여 이조 판서, 한성부 판윤, 우의정 등을 역임하였다. 《宋子大全隨箚 卷3》

유무중에게 답함 기해년(1659, 효종10)

答兪武仲 己亥

찾아와 주신 데 대해 지금까지도 몹시 감사하고 위로됩니다. 지금 보내주신 편지를 받았으니 돌보아 주신 은혜에 더욱 감사드립니다.

말씀하신 군징(君徵)[35]의 일은 제현(諸賢)의 뜻을 듣기는 했지만 반복해서 생각해 보아도 끝내 납득되지 않습니다. 만약 제현의 말과 같다면 자신이 편안할 수 있는 도리에서는 좋은 방법을 얻었다고 할 수 있을 것입니다. 그러나 자기는 온당치 않다고 여겨 하려고 하지 않으면서 동료가 이렇게 하는 것은 묵묵히 들어준다면 참으로 귀를 가리고 종을 훔치는 격[36]으로 그 죄가 더욱 크니, 이렇게 된다면 차라리 자신이 하는 것이 마음이 편안할 것입니다. 더구나 금산(錦山)은 나쁜 지역이라서 사람들이 싫어하고 피하는 곳이니, 비록 외직에 보임하더라도 어찌 차마 이곳에 두어서 좋아하지 않는 자의 마음을 기쁘게 할 수 있겠습니까.

제현의 뜻은 저를 아껴서 매우 근심하는 것임을 잘 알고 있으니,

35 군징(君徵) : 홍우원(洪宇遠, 1605~1687)의 자이다. 본관은 남양(南陽), 호는 남파(南坡)이다. 자의대비(慈懿大妃) 조씨(趙氏)의 복상(服喪) 문제로 유배된 윤선도(尹善道)의 석방을 주장하다 파직되었다가 숙종 즉위 초 2차 예송논쟁(禮訟論爭)에서 승리한 남인이 집권하면서 응교로 복직되었다. 1680년(숙종6) 경신대출척으로 남인이 몰락하자 허적(許積)의 역모 사건에 연루되어 명천(明川)으로 유배되었다가 나이가 많다는 이유로 문천(文川)으로 이배된 뒤 1687년 배소에서 죽었다.

36 귀를……격 : 338쪽 주23 참조.

참으로 감사한 마음 금할 수 없습니다. 그러나 저의 성격이 급하고 편협하여 갑자기 바꿀 수 없으니 한탄스럽습니다.

유무중에게 보냄 기해년(1659, 효종10)

與兪武仲 己亥

며칠간 만나지 못해 몹시 그립습니다. 저는 어제부터 목이 붓는 증세가 있어 지금 누워서 앓고 있으니 매우 염려됩니다. 모(某) 영공(令公)의 연시회(延諡會)는 제가 복중(服中)일 뿐만 아니라 실로 성대하게 잔치를 벌일까 염려되었으니, 한번 그 연회에 참석하면 차후에 들어가 고하는 데 구애되는 바가 있을 것입니다. 대체로 주 부자(朱夫子)가 "그대를 책망하려는 것을 가지고 먼저 나 자신을 책망하고 싶다."라고 하였는데, 이 말씀이 참으로 침으로 몸을 찌르는 것 같기 때문에 간여하지 않으려고 하였던 것입니다. 그 후로 연시회에 참여한 자를 만났는데 간소하게 차렸다고 극구 말하였으나 지금 그렇지 않은 점이 있다는 말을 들었으니 어느 말을 믿어야 할지 모르겠습니다. 액정(掖庭)의 하인이 모가(某家)에서 성대한 접대를 받았다고 해서 모가가 장차 탄핵을 받을 텐데 혼자만 면한다면 반드시 공평하지 않다는 의론이 있을 것입니다. 형이 분명한 말을 은밀히 말씀해 주시는 것이 어떻겠습니까? 대체로 석숭(石崇)의 간소한 음식이 걸인에게는 성대한 음식이니, 이 때문에 이런 말이 있는 것은 아닌지 알 수 없습니다. 사모(紗帽)가 조금 크니 줄이라고 명하시는 것이 어떻겠습니까? 이만 줄입니다.

유무중에게 답함 기해년(1659, 효종10) 4월

答兪武仲 己亥四月

오늘 이장(李丈)의 출상(出喪)에 가서 송별하지 못했으니 죽은 이와 산 이를 모두 저버린 것이 부끄러웠는데, 지금 형의 편지를 받으니 슬프고 위로되는 마음 배나 더합니다. 저의 뜻은 본래 그와 다투고 싶지 않았는데, 단지 대간(臺諫)의 지적[37]에 대해 고집스럽게 마음을 바꾸지 않는 것이 공손하지 않은 데 가까웠기 때문에 이렇게 하지 않을 수 없었을 뿐입니다. 다만 저의 마음에 유감스러운 것은 두 대간의 의론[38]이 원래 정당하였는데 제공(諸公)이 함께 노하여 그가 방자한 행동을 하게 했다는 점입니다. 제공의 의향에 대해서는 사람마다 모두 말하는데 도리어 조정(調停)하는 말을 하여 조 영공(曺令公)이 곧바로 본색(本色)을 뒤엎은 것[39]만 못하였으니, 오늘의 일은 어렵다고 하겠습니다. 이만 줄입니다.

37 대간(臺諫)의 지적 : 헌납 민유중(閔維重)이 소대(召對) 때 김육(金堉)의 아들 김좌명(金佐明)이 부모의 장사를 지내면서 모두 수도(隧道)를 사용한 일을 지적하여, 감죄(勘罪)하기를 청하고 개장(改葬)하도록 한 일을 가리킨다.《孝宗實錄 10年 4月 8日》

38 두 대간의 의론 : 헌납 민유중과 정언 이익(李翊)의 수도에 대한 견해를 가리킨다.《宋子大全隨箚 卷4》

39 조……것 : 대사간 조한영(曺漢英)이 민유중이 제기한 수도 문제에 대해 이의를 제기한 일을 가리킨다.《孝宗實錄 10年 4月 19日》

유무중에게 보냄

與兪武仲

금직(禁直)은 어떻습니까? 제가 지금 차자를 쓰고 있는데 손님이 있고 또 병이 나서 오늘 올리지 못할 것 같습니다. 오늘이 지나더라도 무방하겠습니까? 말씀해 주십시오. 다만 제공(諸公)의 정태(情態)가 점점 좋지 않고 대각의 의론이 곧 이에 물들어서 오늘 한 가지 일을 정계(停啓)하고 내일 한 가지 일을 정계하니, 조정의 모양새가 이루어지지 않아 사람을 근심하고 한탄하게 합니다. 밝은 임금께 차마 하지 못하는 의사(意思)가 있을 듯한데 어찌면 좋습니까. 회양부(淮陽府)의 도적은 어떻게 처리하였습니까? 안팎이 모두 이와 같으니 지극히 통탄스럽습니다.

○ 아침에 동춘(同春 송준길(宋浚吉))의 편지를 보았는데 재앙의 기색 때문에 감히 나오지 못한다고 하니, 오늘의 일이 어렵지 않겠습니까. 공연히 바른 사람을 해치고서 뻔뻔하게 부끄러운 줄을 모르니 참으로 이상한 일입니다.

유무중에게 보냄 기해년(1659, 효종10)

與兪武仲 己亥

근자에 조정의 의론은 어찌 이처럼 경망스럽고 잡스럽습니까. 사리로 말하면 "대간의 의론이 옳지 않으므로 억제해야 한다."라고 한다면 말이 되지만, "대간의 의론이 비방을 내는 것이 반드시 너의 몸에 이를 것이니 모름지기 억제해야 한다."라고 한다면 매우 잘못된 충고입니다. 그리고 비록 자신을 아끼고 나라를 잊어서 대간을 억제하려고 하더라도 대간이 어찌 들으려고 하겠습니까. 이런 의론은 제공이 형의 중망(重望)을 빌려 나를 두렵게 해서 진정할 계책으로 삼으려는 것 같은데, 이 또한 조잡한 것입니다. 형은 모름지기 사람들에게 이름을 팔리지 않으시는 것이 어떻겠습니까. 우리들이 한번 한강을 건너가면 곧 한가한 사람이 되는데 무엇 때문에 반드시 직접 죄과를 범하고야 말려고 하겠습니까. 간곡히 당부하건대 헤아려 주십시오.

유무중에게 답함

答兪武仲

편지를 받고 위로되고 감사하였습니다. 저는 병세가 오늘 낮에 특히 심해서 몸이 떨려 지탱하지 못하다가 방금 조금 나아졌습니다. 중장(仲丈)의 병은 어찌하여 이토록 오래가는 것입니까? 양사(兩司)가 체직되기는 했지만 논의는 크게 펴졌습니다. 그리고 김만기(金萬基) 한 사람으로는 태산에 계란 하나 던지는 격일 뿐만이 아니니 소란을 일으키려고 해도 그렇게 되겠습니까. 혹자는 아직 부족하다고 하는데, 당초에 양사에서 출사(出仕)하기를 청한 계사에 '망사(罔赦)'라는 두 글자가 있다는 이유로 지극히 -원문 빠짐- 시끄러움 또한 크게 심했습니다. 이것이 제가 입이 아프게 말하여 형이 그 무리에 들어가지 않기를 원한 이유입니다. 한때의 이해(利害)는 매우 작고, 만세의 논의는 두려운 것입니다.

유무중에게 보냄 기해년(1659, 현종 즉위년) 5월

與兪武仲 己亥五月

형 집안의 재앙이 이 지경에까지 이를 줄은 생각지 못했습니다. 지금 반열(班列)에 나아가서 위로드리려고 하였는데, 어제저녁에 북소(北疏)[40]가 궐에 도착했는데 조짐이 매우 사납다는 말을 갑자기 들었기 때문에 오늘 반열에 나아갈 수 없어 본래의 마음을 저버리게 되었으니 한탄스럽기 그지없습니다. 제공(諸公)이 모두 출사하라고 권하면서 입계(入啓)하기 전에 먼저 요동하는 것은 옳지 않다고 합니다. 그러나 사리로 헤아려 보면 소장이 이미 이르러서 사람들이 모두 말을 전하여 이미 온 나라 사람의 말이 되었는데, 이런 때 무릅쓰고 출입하면 반드시 지목을 받게 될 것입니다. 더구나 서울에 있는 좋아하지 않는 무리가 이것을 트집 잡아 비난하는 것도 작은 일이 아니니, 제공의 말은 불가하지 않겠습니까. 이상(李翔)은 지금 이미 피하여 돌아갔고, 완(完 이후원(李厚源)) 또한 장차 교외로 나갈 텐데 저만 이곳에 머물러 있는 것 또한 뻔뻔한 듯하여 잠깐 도성 밖으로 나가서 결말을 기다리려고 합니다. 어떻게 생각하십니까? 아울러 헤아려 가르침을 주십시오.

40 북소(北疏) : 경성 판관(鏡城判官) 홍여하(洪汝河)의 상소를 가리킨다. 효종이 때아닌 눈이 내리는 변괴에 대해 구언(求言)하자 남인(南人)인 홍여하는 완남군(完南君) 이후원이 나라를 그르친다고 공격했는데, 실은 송준길(宋浚吉)과 송시열을 배척하는 상소문이었다. 《宋子大全 附錄 卷3 年譜》

유무중에게 보냄 기해년(1659, 현종 즉위년) 5월

與兪武仲 己亥五月

영공의 기거는 어떠하십니까? 오랫동안 뵙지 못한 것이 이 정도에 이르렀으니 그립고 답답한 마음 어찌 끝이 있겠습니까. 방금 대행 대왕(大行大王 효종)의 지문(誌文)을 짓는 사람을 저로 차임한 것을 보았는데, 이는 매우 놀라운 일입니다. 현재 사람이 부족하다고는 하지만 막중한 글을 일개 음관(蔭官)에게 맡긴다면 어찌 당세의 심한 수치가 아니겠습니까. 아직 계하(啓下)되지 않았다면 속히 일을 맡은 데서 벗어나게 해 주기를 청하고 싶고, 혹시 이미 입계(入啓)되었다면 차자를 올리려고 하니 알려 주시기 바랍니다. 저의 처지에서는 임무를 감당할 수 있는지의 여부를 막론하고 힘을 다해 청하여 반드시 관철하는 것이 마땅합니다. 영형(令兄)께서 부디 힘을 다해 주시기 바랍니다. 이만 줄입니다.

○ 이 일에 맡길 사람을 뽑는 일은 대학사(大學士 대제학)가 주도하였습니까? 원상(院相)은 동의하였습니까? 아울러 알려 주십시오.

유무중에게 답함 기해년(1659, 현종 즉위년) 5월

答兪武仲 己亥五月

편지를 보내 주시어 참으로 감사합니다. -원문 빠짐- 저의 진퇴는 단지 두 상신(相臣)의 처분에 달려 있으니, 필부의 뜻을 어찌 감히 곧바로 이루겠습니까. 비록 입계하지 못하더라도 정원(政院)에 보류해 둔다면 마음이 조금은 편할 듯합니다. 듣건대 왕자는 외반(外班)에서 곧바로 나갔고, 도위(都尉) 등이 의려(倚廬) 및 자전(慈殿)을 출입하는 것이 여염집과 매우 비슷하고 또 그 언어와 서찰에 전혀 제한이 없다고 하니, 이것은 심히 염려됩니다. 이런 시기에 위로 고하고 아래로 금하는 일은 전적으로 대신에게 달려 있습니다.

저는 며칠 전부터 병세가 가볍지 않으니, 음식이 절도를 잃은 소치인가 염려됩니다. 어제 저물녘에 자부(子婦)가 있는 곳으로 거처를 옮겼는데, 거처가 배나 더 누추해서 병든 사람이 견딜 곳이 아니었습니다. 병중에 지난 일을 돌이켜 생각하니 애가 타고 눈물이 나서 억제할 수가 없고 약간의 소문은 우려를 금할 수 없으니, 단지 일찍 죽기를 바라지만 될 수 없는 일입니다. 간장(諫長)은 매우 한탄스럽습니다. 오늘의 일은 영형(令兄)과 초동(草洞 송준길(宋浚吉))만이 할 수 있습니다. 저처럼 박복하고 구설이 많은 사람은 단지 거두어 물러나야 합니다. 이만 줄입니다.

유무중에게 보냄

與兪武仲

저의 병이 이와 같아 재차 반열에 나아가지 못하였으니 마음이 몹시 불안합니다. 짧은 차자를 올려 저의 죄를 고하고 싶지만 감히 할 수 없는 점이 있으니, 장차 어떻게 해야 할지 모르겠습니다. 가르침을 주시기 바랍니다.

지문(誌文)은 이미 감당하기 어렵고 주문(主文) 세 사람[41]이 함께 있는 데다 영형(令兄)과 조(曺)와 조(趙)[42]가 있는데 어찌 감히 버젓이 붓을 들어서 분수를 모르고 참람하다는 비난을 초래하겠습니까. 형세상 힘을 다해 요청하여 반드시 관철하도록 해야 할 것입니다.

41 주문(主文) 세 사람 : 《송자대전수차(宋子大全隨箚)》 권4에는 조석윤(趙錫胤), 윤순지(尹順之), 채유후(蔡裕後)로 되어 있으나, 조석윤은 1655년(효종6)에 사망하였으므로 오류인 것으로 보인다.

42 조(曺)와 조(趙) : 조한영(曺漢英)과 조복양(趙復陽)을 가리킨다. 《宋子大全隨箚 卷4》

유무중에게 답함 기해년(1659, 현종 즉위년)

答兪武仲 己亥

어제 보내 주신 답장은 참으로 감사합니다. "선제(先帝)께 보답하고 폐하께 충성한다."[43]라는 말은 어찌 우리들의 직분이 아니겠습니까. 다만 서서(徐庶)가 말하기를 "마음이 이미 어지러워 일을 할 수 없습니다."라고 하였는데,[44] 저 또한 "두 다리가 땅에 닿지 않으니 어떻게 힘을 다할 수 있겠는가."라고 하겠습니다.

수도(隧道)를 논할 때 일찍이 홍(洪)이 인피(引避)한 것에 대해 그가 반드시 어사(御史)가 나가기를 엿본 것은 의도가 있을 것이라고 제가 답장 중에 대략 언급한 적이 있습니다. 병판(兵判)이 이 일로 도시(都試)에서 크게 말하였으니 형이 다른 의도가 없다는 것은 참으

43 선제(先帝)께……충성한다 : 제갈량(諸葛亮)이 〈출사표(出師表)〉에서 "지금 남방(南方)이 이미 평정되고 병갑(兵甲)이 이미 충분하니 삼군(三軍)을 거느리고 북쪽으로 중원(中原)을 평정하여 노둔한 재주를 다해서 간흉(姦凶)을 물리치고 한(漢)나라를 부흥시켜 옛 도읍으로 돌아가는 것이 곧 신이 선제께 보답하고 폐하께 충성하는 직분입니다."라고 한 말을 가리킨다. 《三國志 蜀書 諸葛亮傳》

44 서서(徐庶)가……하였는데 : 서서는 중국 삼국 시대 영천(潁川) 사람으로, 자는 원직(元直)이고 본래 이름은 서복(徐福)이다. 유비(劉備)에게 제갈량을 천거한 인물이다. 제갈량과 함께 유비를 따르다가 조조(曹操)가 그의 어머니를 붙잡아 억류하고서 그를 부르자 유비에게 자기의 심정을 말하기를 "본래 장군과 왕업(王業)이나 패업(霸業)을 도모하려고 했던 것은 이 마음 때문이었습니다. 지금 이미 노모를 잃어서 마음이 어지러우므로 일에 보탬이 될 수 없으니 이제 작별해야겠습니다."라고 하였다. 《三國志 蜀書 諸葛亮傳》

로 알지만 그래도 비밀로 하지 않은 것이 한탄스럽습니다.

어제 내관(內官)이 아뢴 것에 대해 많은 말을 하며 윤허하지 않으셨으니, 이 점은 매우 염려됩니다. 형이 승정원에 있으면서 방과하였으니, 말할 거리가 못 된다고 여겨서가 아니겠습니까. 작은 일이기는 하지만 관계된 바는 사소하지 않습니다.

조 진사(趙進士)의 편지를 올려보냅니다. 그의 의론을 어떻게 생각하실지 모르겠습니다. 이 사람이 나이는 어리지만 식견과 역량이 지극히 허술하지 않기 때문에 감히 상의드립니다.

완상(完相)은 결코 사신으로 갈 수 있는 상황이 아닌데[45] 조정에서 변통할 뜻이 없으니, 제가 만약 저곳의 일에 간여했다면 어찌 이처럼 침묵해서 국가의 일을 그르치겠습니까. 저쪽의 제공(諸公)이 일을 그르치는 것이 이 지경에 이르렀으니 어쩌면 좋습니까. 이만 줄입니다.

45 완상(完相)은……아닌데 : 완상은 완남부원군(完南府院君) 이후원(李厚源)을 가리킨다. 당시 조정에서 이후원을 고부 정사(告訃正使)로 임명하였다가 이후원의 병이 위독하다는 말이 있어 판중추부사 정유성(鄭維城)으로 교체하였다.《顯宗實錄 卽位年 5月 14日》

유무중에게 답함 기해년(1659, 현종 즉위년) 5월

答兪武仲 己亥五月

두 통의 편지가 함께 도착했으니 지극히 위로되고 감격스럽습니다. 말씀하신 두 가지는 이미 이해하고 있습니다. 차본(箚本)은 내일 올리려고 하는데, 병 때문에 즉시 짓지 못했기 때문입니다. 완상(完相 이후원(李厚源))이 살길을 열었으니 기쁜 일이며, 대내(大內)에서 특별히 내렸으니 성대하고 아름다운 덕을 더욱 볼 수 있습니다.

성복(成服) 전날에 연성군(延城君)[46]을 보니 그가 말하기를 "오늘의 급무는 궁금(宮禁)을 엄히 하는 일만 한 것이 없다."라고 하였는데, 이 말이 지극히 사리에 맞습니다. 어떻게 생각하십니까? 와병 중이라 겨우 씁니다.

46 연성군(延城君) : 이시방(李時昉, 1594~1660)의 봉호이다. 본관은 연안(延安), 자는 계명(季明), 호는 서봉(西峯)이다. 아버지는 연평부원군(延平府院君) 이귀(李貴)이고, 영의정 이시백(李時白)의 아우이다.

유무중에게 답함 기해년(1659, 현종 즉위년) 6월
答兪武仲 己亥六月

편지를 보내 주시어 매우 감사합니다. 상소에 대한 비답은 감격스러운 마음 어찌 끝이 있겠습니까. 형세상 다시 개진(開陳)하는데, 우선 황공한 뜻을 아뢸 뿐입니다. 초려(草廬 이유태(李惟泰)) 형에 대한 비답이 아직까지 내려오지 않았는데 그 까닭을 모르겠습니다.

완상(完相 이후원(李厚源))이 재차 상소하려는 뜻이 있다는 말은 듣지 못했습니다. 대개 맡고 있는 직책이 다른 직책과 같지 않고 허실(虛實)과 시비(是非) 사이에서 비난을 받은 이상 결단코 구차하게 무릅쓰기 어려울 것이므로 저는 그가 반드시 체직되기를 기약할 것이라 생각하였습니다. 하늘의 뜻이 아직 풀리지 않아 재앙이 이 지경에 이르렀으니, 복제(服制) 등의 일은 마음 쓸 겨를이 없습니다. 다만 정상(貞相)[47]의 뜻은 알 수 없습니다.

47 정상(貞相) : 당시 영돈녕부사였던 이경석(李景奭, 1595~1671)을 가리킨다. 본관은 전주(全州), 자는 상보(尙輔), 호는 백헌(白軒)이다. 김장생(金長生)의 문인이다. 황화방(皇華坊) 정릉동(貞陵洞)에 살았기 때문에 이렇게 부른 것으로 보인다.

유무중에게 보냄 기해년(1659, 현종 즉위년) 6월
與兪武仲 己亥六月

내일 뵙지 못한다면 후일에 기회가 없을 것이니 한탄스럽습니다. 대행 대왕(大行大王 효종)께서 연석(筵席)에서 하신 하교라는 것은 무엇을 가리켜서 말한 것인지 모르겠습니다. 그 상소가 만약 복제(服制)를 다시 논한 것이라면 선조(先朝) 경인년(1650, 효종1)의 하교일 듯합니다. 대행 대왕께서 일찍이 연석에서 하교하기를 "김모(金某)가 정한 상례(喪禮)가 매우 좋다. 그 당시에는 비록 행하지 못했지만 지금 제도를 확정해서 후일에 준행하게 한다면 좋을 것 같다. ……" 하셨습니다. 그때 김(金)과 조(趙) 두 재상[48]이 막았는데 그 일이 지금 찬집(纂集)할 때에 드러났다고 하니, 이것을 가리킨 것이 아니겠습니까. 오늘의 일에 만약 쓰지 못한다면 반드시 비난할 것이므로 그는 필시 이것을 괴롭게 여겨 떠나려고 했을 것입니다. 그러나 이 친구 또한 목이 뻣뻣한 사람이므로 마음을 돌리기 어려울 듯합니다. 그 전의 상소를 볼 수 있겠습니까?

48 김(金)과……재상 : 김은 청음(淸陰) 김상헌(金尙憲)을, 조는 포저(浦渚) 조익(趙翼)을 가리키는 듯하다. 《宋子大全隨箚 卷4》

유무중에게 답함 기해년(1659, 현종 즉위년)

答兪武仲 己亥

어제저녁에 집에 돌아가서 비로소 그저께 보내신 편지를 보았습니다. 오늘 아침에 답장을 쓰다가 갑자기 왕명(王命)이 있다는 말을 듣고 무슨 일이 있는지 몰라서 서둘러 들어왔습니다. 또 이렇게 편지를 받으니 위로되고 감사하기 그지없습니다. 오늘은 통곡하는 것 외에 무슨 말을 하겠습니까. 제공(諸公)이 모두 지극한 슬픔을 잊고 또 국사(國事)를 내버려 두고서 오직 저를 원수처럼 미워하는 일을 논의하는 것만 일삼으니, 이것이 참으로 무슨 마음입니까. 외롭고 위태로운 저는 조만간에 절로 떠날 것인데 어찌 이토록 힘써 배척하는 데에 이른단 말입니까. 마음이 답답하여 형에게 물어보려는 뜻이 없지는 않지만, 여파가 미칠까 두렵고 또한 작은 염려가 있습니다. 수도(隧道)에 대한 의론이 일어났을 때 형과는 의논할 수 있다고 여겼기 때문에 남김없이 다 말하였는데 며칠이 못 되어 하나하나 모두 퍼져서 제가 매우 놀랐습니다. 일찍이 한유(韓愈)의 시구 중 '혹려(或慮)'와 '환부(還否)'[49] 두 구를

49 한유(韓愈)의……환부(還否) : 당(唐)나라 한유가 집정자(執政者)의 미움을 받아 연주(連州) 양산령(陽山令)으로 좌천되었다가 강릉부(江陵府)로 옮겨 가면서 지은 〈부강릉도중기증……(赴江陵途中寄贈……)〉라는 시의 "동료 관원들 재능 뛰어난 인물 모두 모였는데, 그중 유종원(柳宗元)과 유우석(劉禹錫)과 가장 친했네. 혹시 함께 나눈 말이 새 나가서 원수에게 전해졌는지 염려되네. 두 사람이야 그렇지 않겠지만 장차 돌아올 수 있을지 모르겠네.〔同官盡才俊, 偏善柳與劉. 或慮語言洩, 傳之落冤讎. 二子不宜爾, 將疑斷還不.〕"라는 구절을 가리킨다. 《韓昌黎集 卷1》

써서 보내려다가 그만두었으니, 이와 같다면 제가 다시 누구에게 이 마음을 말하겠습니까.

우시랑(右侍郞)[50]이 전적으로 사적인 노여움으로 저를 대하므로 두려워 감히 같은 자리에 있지 못하겠습니다. 어제 의망(擬望)할 때에도 저에게 묻지 않았는데, 물의(物議)가 있으면 저도 알기 때문에 참을 수 없습니다. 하리(下吏)에게 물으니 하리가 운운하였습니다. 비록 충성을 다하려고 하더라도 어디에 입각하여 충성을 다하겠습니까. 통곡하고 통곡합니다.

50 우시랑(右侍郞) : 이때 이조 참의였던 조복양(趙復陽)을 가리키는 듯하다. 《송사(宋史)》 〈직관지(職官志)〉에 보면 이부 낭중(吏部郎中)에 좌시랑과 우시랑이라는 관직명이 있는데, 조선의 참의가 송나라의 우시랑과 같다.

유무중에게 보냄 기해년(1659, 현종 즉위년)
與兪武仲 己亥

어제 보내 주신 답장은 참으로 감사하였습니다. 다만 저의 뜻을 알지 못한 점이 있으니, 이는 저의 편지를 자세히 보지 않아서 그런 것입니다. 대체로 지난날에는 형세가 이렇게 심한 지경에 이른 줄을 알지 못하여 감히 손을 쓰고서 징벌하는 계책이라고 생각하였습니다. 지금에 와서 보건대 늠연히 두려우니, 크게 불어난 물을 겨우 건넌 뒤에 물에 빠져 죽은 사람을 돌아보는 것과 꼭 같습니다. 비록 머물고자 해도 머물 수 없을 것이나, 이 때문에 떠나려고 한다는 말이 아닙니다. 게다가 저는 물정을 전혀 모르면서 감히 형을 통해서 남에게 번거롭게 청한 것이 있었으므로 코웃음 치지 않을 자가 거의 없을 것이니, 생각해 보면 더욱 후회되고 두렵지만 지나간 일이라 어떻게 해 볼 수 없습니다.

지금 삼가 여쭐 것이 있습니다. 근자에 주사(籌司 비변사)의 공사(公事)를 일절 알려 주지 않습니다. 예를 들어 광천(廣薦)의 경우에도 저에게 와서 묻지 않으니, 이는 낭청이 눈치를 보느라 그렇게 했다고 합니다.[51] 저로서는 참으로 좋지만, 어제 갑자기 몇 가지 공사를 올렸는데 혹시 좌상의 뜻입니까? 참으로 헤아릴 수 없습니다. 그러나 저는 절반

51 낭청이……합니다 : 이조의 낭청이 국구(國舅)인 김우명(金佑明)의 눈치를 보았다는 뜻이다. 당시에 김우명이 자기 아버지 김육(金堉)의 묘를 쓸 때 수도(隧道)를 사용한 일로 논란이 일었는데, 이때 김우명의 편을 들지 않은 송시열에게 김우명이 노여움을 품고 있었기 때문에 이조의 낭청이 김우명의 눈치를 보아 이조 판서인 송시열에게 보고하지 않고 인사를 진행했다는 뜻이다. 《宋子大全隨箚 卷4》

쯤 식어 버린 재가 아니기 때문에 감히 보고서 돌려줄 수가 없습니다.

지금 해면(解免)을 청하려고 하는데 말을 만들기 어렵습니다. 오늘 곡을 하는 반열에 들어가지 않았으니, 이 말을 빌미로 범범하게 본직과 겸직을 모두 체직해 달라고 간청하면 어떻겠습니까? 그러나 이렇게 하면 청원을 들어주실지 기필할 수 없으니 어쩌면 좋겠습니까? 간곡히 당부하건대 헤아려서 가르침을 주시기 바랍니다. 길보(吉甫 윤선거(尹宣擧))가 작별할 때 시사(時事)를 말하지 말라고 경계하였는데, 이 말을 일찍 듣지 못한 것이 한탄스럽습니다.

○ 지숙(持叔 민유중(閔維重))이 한창 비방을 받을 때 모 대감도 심히 개탄하였는데, 오늘의 정세 또한 감히 독자적으로 발을 내디딜 수 없으니 오늘날 재앙의 기색이 또한 두렵지 않겠습니까. 이 때문에 돌아가고 싶은 마음이 날로 급하여 장차 발광(發狂)하는 것을 면치 못할 것입니다.

유무중에게 답함 기해년(1659, 현종 즉위년)
答兪武仲 己亥

삼가 누누이 경계하고 가르쳐 주시는 편지를 받았으니 감격스러운 마음 뭐라 표현하기 어렵습니다. 제가 인혐하고 들어간 것은 다른 뜻이 있어서가 아니라 사람마다 모두 알고 있는 이유입니다. 오늘 구구한 뜻을 이기지 못해 잠시 도로 나왔다가 만약 북소(北疏)[52]가 왕명을 받아 다시 이르러 그 말이 전보다 더 심해진다면 장차 어찌하겠습니까. 더구나 사체(事體)로 헤아려 보면, 그 소장을 우선 돌려받아 현재 되고 중인데 버젓이 출사(出仕)한다면 어찌 심하게 거리낌 없는 것이 아니겠습니까. 제가 만약 형의 말씀대로 뒤도 안 돌아보고 떠날 작정이라면 무엇 때문에 일단 체직되었다가 도로 구사(驅使)를 갖추겠다는 말을 감히 하겠습니까.

그리고 육례(肉禮)의 설[53]은 더욱 희극에 가깝습니다. 비록 경솔한 무리에게 이런 말을 지어내게 했더라도 대이(大而) 등 제공(諸公)이 무엇 때문에 불안한 마음을 갖는단 말입니까.[54] 만약 과연 그런 사실이

52 북소(北疏) : 홍여하(洪汝河)의 상소를 가리킨다. 356쪽 주40 참조.

53 육례(肉禮)의 설 : 공자가 노(魯)나라를 떠나면서 나라에서 교(郊) 제사를 지낸 고기인 번육(膰肉)을 대부(大夫)들에게 나누어 주지 않았기 때문이라는 구실을 대었는데, 공자를 모르는 자들은 고기 때문이라고 하고 공자를 아는 자는 무례했기 때문이라고 하였다. 《宋子大全隨箚 卷4》《孟子 告子下》 여기에서는 무엇을 가리키는지 알 수 없다.

54 대이(大而)……말입니까 : 대이는 홍명하(洪命夏, 1607~1667)의 자이다. 본관은 남양(南陽), 호는 기천(沂川)이다. 당시에 차마 들을 수 없는 유언비어가 있었는데,

있다면 옆에서 구경하는 자들이 "병자가 약을 복용하면 병이 난 곳이 스스로 약을 받아들인다."라는 설로 의심하지 않겠습니까. 이는 아마도 춘형(春兄 송준길(宋浚吉))이 익평위(益平尉)·흥평위(興平尉)[55]와 장난삼아 한 말에서 나왔을 것이니, 장자(張子)가 "없는 것만 못하다."라고 한 말이 참으로 거짓이 아닙니다.

어사의 회계(回啓)와 전최(殿最)의 도목(都目)이 모두 손에 들어왔으니 만약 의리에 혐의가 없다면 어찌 감히 계속 인혐하여 칩거해서 국가의 일을 그르치겠습니까. 대신이 참판에게 맡기라고 한 청은 매우 온당하니 형이 다시 도모해 주십시오. 〈곡풍(谷風)〉의 어량(魚梁)과 통발〔笱〕은 반드시 남에게 비웃음을 살 텐데 오히려 이런 말을 하였으니 또한 스스로 비웃음을 면하지 못할 것입니다.[56] 성상께서 중승(中丞)[57]을 대하시는 것이 지극히 감격스러우니, 그가 어떻게 자처할지

홍명하의 종손인 익평위 홍득기(洪得箕)에게서 나왔다는 말이 있었기 때문에 송시열이 이런 말을 한 것이다.《宋子大全隨箚 卷4》 홍득기는 효종의 둘째 딸 숙안공주(淑安公主)와 혼인하였다.

55 흥평위(興平尉) : 원몽린(元夢麟, 1648~1674)의 봉호이다. 본관은 원주(原州), 자는 용여(龍歟), 호는 죽서(竹西)이다. 원두표(元斗杓)의 손자이다. 효종의 여섯째 딸 숙경공주(淑敬公主)와 혼인하였다.

56 곡풍(谷風)의……것입니다 : 《시경》〈패풍(邶風) 곡풍〉에 남편에게 버림받은 여자가 떠나면서 "내 어량에 가지 말아서 내 통발 꺼내지 말았으면 좋겠지만, 내 몸도 주체할 수 없는데 하물며 내 뒤를 걱정하랴.〔毋逝我梁, 毋發我笱, 我躬不閱, 遑恤我後!〕"라고 하였는데, 송시열이 인혐하여 칩거하면서 도리어 자신의 직책인 이조 판서의 일을 걱정하여 당부하고 있기 때문에 이 시를 인용하여 자조(自嘲)한 것이다.

57 중승(中丞) : 이유태(李惟泰)를 가리키는 듯하다.《宋子大全隨箚 卷4》 중승은 사헌부 집의(司憲府執義)의 별칭인데, 이때 이유태가 집의로 있었다.《顯宗實錄 卽位年 5月 27日》

모르겠습니다. 편지를 써서 남겨 두었지만 이 친구의 강경함으로 볼 때 어찌 남의 말을 듣겠습니까. 할 말은 많지만 손님이 있어 이만 줄입니다.

유무중에게 보냄

與兪武仲

제가 낭패를 당한 것이 실로 운운하신 것과 같으니 답답하고 괴로운 마음을 어찌하면 좋습니까. 주선해서 교체해 주는 계책에 대해 영형(令兄)께 바람이 없을 수 없습니다. 대체로 국가의 일에 지극히 해로운 점이 있는데, 그중에서도 수령을 차출하는 일이 하루가 급합니다. 방금 정상(貞相 이경석(李景奭))이 청(淸)나라에 보내는 글 한 통과 열성(列聖)의 행장 2책을 보내왔으나 대행왕(大行王 효종)의 실록은 끝내 보지 못했으니 장차 어찌해야 합니까? 대체로 정상이 진장(眞狀)[58]을 아직 짓지는 못했으나 찬집청의 글을 먼저 볼 수 있으면 좋겠습니다. 이만 줄입니다.

58 진장(眞狀) : 효종의 행장을 가리킨다. 《宋子大全隨箚 卷4》

유무중에게 보냄 기해년(1659, 현종 즉위년)

與兪武仲 己亥

오늘의 일을 차마 볼 수 있겠습니까. 애간장이 배나 더 무너집니다. 병을 무릅쓰고 반열에 나아갔다가 돌아와 쓰러져 누워 있는데 뜻밖에 보내 주신 편지를 받았으니 이 마음이 매우 위로됩니다.

종부시(宗簿寺)의 소장[59]은 전문(全文)을 보지 못했습니다. 다만 제공(諸公)이 서로 놀라는 것을 보았으니, 오늘의 분위기가 언로를 열어서 자만(自滿)을 경계하는 것이 아님을 알 수 있습니다. 오늘 이름난 관리 한두 사람을 만났는데, 정원(政院)이 전날 김 학사(金學士)의 상소를 재차 물리친 일을 그르다고 하면서 공제(公除) 후에는 본원이 심문(審問)을 면치 못할 것이라고 하였습니다. 그런데 지금 보내오신 편지를 보건대 모두 상반되니, 참으로 생각이 백 가지로 다르고 길이 달라서 하나로 귀결되기 어렵습니다. 그의 상소는 화담(花潭)의 -원문 빠짐- 를 가져다 썼으면서 마치 자기가 지은 것처럼 하였으니, 참으로 선정(先正)을 추존하는 뜻이 없습니다. 그런데 만약 남의 글을 베꼈다고 비난한다면, 백휴암(白休菴)이 율곡(栗谷)의 의견을 전부 빌려 왔

59 종부시(宗簿寺)의 소장 : 종부시 주부 홍석이 현종에게 올린 상소를 가리킨다. 복제(服制)에 있어 고례(古禮)를 쓰지 않은 잘못을 말하고, 현종이 즉위할 때 군신(君臣)이 길복(吉服)을 착용한 것이 예가 아니었음을 지적하였으며, 또 명(明)나라나 고려의 제도대로 능 자리를 선왕의 능이 있는 산 안에다 정할 것을 청하였다. 그런데 그 내용이 고(故) 화담 서경덕(徐敬德)이 효종에게 올리려고 쓴 상소문에 있던 말들을 그대로 쓴 것이었다. 《顯宗實錄 卽位年 5月 21日》

으나[60] 당시나 후세에 그르다고 한 자가 없고 단지 당시에 질투하는 대간의 상소에서 공격하였을 뿐입니다. 홍석(洪錫)이 화담의 상소를 빌린 것과 휴암이 율곡의 의견을 빌린 것을 비교하면 어떻습니까? 대저 홍석의 상소는 정론(正論)이 되는 데에 문제가 없으니 비록 상소 내용이 쓰일 수는 없더라도 공격하는 것은 지나칩니다. 그리고 그가 미워한 것은 바로 상소의 뜻에 있는데 제공이 감히 곧바로 공격하지 못하고서 작은 일을 가리켜 말하고 있으니, 그 품고 있는 마음이 매우 좋지 않습니다.

근자에 들으니, 인묘(仁廟)가 즉위한 후에 영남의 유생들이 상소하여 성복(成服)하는 날 즉위하고 하례를 받는 것이 온당치 못하다고 하였는데 인묘의 비답 내용이 지극히 좋았다고 합니다. 오늘의 제공은 금상(今上)에 대해 인묘처럼 되는 것도 기대하지 않는데 더군다나 요순(堯舜)처럼 되기를 기대하겠습니까. 개탄스러운 마음 금할 수 없습니다. 오늘날 조금이라도 정론이 있으면 그 죄가 모두 저에게 귀결되니, 이번 상소는 더욱 심하리라고 생각합니다. 그러나 가만히 앉아서 무고한 누명을 쓰는 것은 저로서는 온당치 못하고, 또 제공을 위해서도 두렵습니다. 어떻게 생각하십니까?

60 백휴암(白休菴)이……왔으나 : 휴암은 백인걸(白仁傑)의 호이다. 1579년(선조12)에 상소를 올릴 때 이이(李珥)에게 윤색을 부탁하였는데, 당시 대각(臺閣)의 관원들이 백인걸의 상소 중 시사(時事)를 논한 한 조목을 이이가 대술(代述)하였다고 공격하였다. 이에 백인걸이 다시 상소하여 대술한 것이 아니라 윤색한 것이라고 해명하여 선조가 이해한다는 비답을 내렸다. 《宣祖實錄 12年 6月 28日, 7月 2日》

유무중에게 보냄 기해년(1659, 현종 즉위년)

與兪武仲 己亥

말씀하신 뜻은 삼가 잘 알았습니다. 주상께서 저에 대해 처분을 내리신 것이 지극하고 극진하지만 까닭 없이 사달을 일으켜서 조정에서 편안치 못하게 하였으니, 이 또한 운명이니 어찌하겠습니까. 지난 기축년(1649, 효종 즉위년)의 일을 기억하십니까? 그때의 일이 지금의 일과 비교하면 십분의 일도 되지 않는데 오히려 권세를 농단한다는 말이 있었으니, 이는 실로 징계 삼을 만합니다. 제가 오늘날 주저하고 있는 것 또한 차마 곧바로 떠나겠다고 고하지 못하기 때문입니다. 만약 점차 순조로워진다면 어찌 떠날 뜻을 곧바로 이룰 계획을 하겠습니까. 손님이 있어 이만 줄입니다.

유무중에게 보냄

與兪武仲

지금 영형(令兄)의 기거는 어떠십니까? 저는 병중에 슬픈 마음이 가슴에 가득하여 단지 잠에서 깨어나지 않기를 바랄 뿐입니다. 오늘 아침에 증(甑) 영공[61] 형제에게 물으니, 낭패를 당했다고 대답하였습니다. 무슨 일이 있었는지 모르겠으니 알려 주시기 바랍니다.

동래(東萊)의 일은 당초에 계사의 초안을 보고 한마디 말을 매우 하고 싶었으나 곁에 있는 사람이 몹시 말려서 하지 못했습니다. 대체로 말린 사람의 뜻은 병으로 폐기된 사람이 매번 조정의 일에 간여하여 분란을 일으키는 것이 지극히 마땅치 않다는 것이었는데, 이 말이 옳은 듯하였기 때문에 그만두었습니다. 그렇지만 저의 마음에 '그동안 법도를 지킨 사람들이 으레 처벌을 받았으니, 이는 원숭이에게 나무 타기를 가르치는 방도[62]로 앞으로는 더욱 꺼리는 것이 없을 것이다.' 하였습니다.

일찍이 기억하건대 봄 무렵에 여러 재상이 모두 수(受) 영공을 허물하였는데[63] 선대왕께서 하교하기를 "어찌하여 매번 적국(敵國) 사람에

61 증(甑) 영공 : 윤문거(尹文擧)를 가리킨다. 그가 사는 곳이 석성(石城)의 증산(甑山)이기 때문에 이렇게 부른 것이다. 《宋子大全隨箚 卷1》

62 원숭이에게……방도 : 《시경》 〈소아(小雅) 각궁(角弓)〉에 "원숭이에게 나무 타기를 가르치지 말라. 진흙에 진흙을 붙이는 것과 같으니라."라고 한 구절을 인용한 것으로, 나쁜 사람에게 나쁜 짓을 가르친다는 뜻이다.

63 수(受) 영공을 허물하였는데 : 수 영공은 민정중(閔鼎重, 1628~1692)을 가리킨

게 구걸한단 말인가. 민모(閔某)는 내가 그에게 잘못이 있는 줄 모르겠다."라고 하셨으니, 이 하교가 지금도 귀에 남아 있습니다. 그러나 이번 일에 대한 마음가짐은 장수의 지략(智略)이 되는 데에는 해롭지 않을 수 있지만, 부산 영장(釜山營將)의 일의 경우에는 지극히 놀랍습니다. 그가 변장(邊將)이 되어 적이 성에 들어왔다는 말을 듣고도 조정에 아뢰지 않고 단지 동래부에만 급히 알려서 마치 남의 집 일처럼 처리하였는데도 조정에서 그대로 두고 심문하지 않았습니다. 평상시에 규율을 어긴 것이 이와 같은데 급한 일이 있을 때는 어떻겠습니까. 이 일은 지극히 한심합니다.

그리고 이번 일 또한 필시 역관들이 종용한 소치일 것이니 제 생각에는 역관들에게 극률을 쓰지 않을 수 없고, 부산 영장은 군법(軍法)으로 다스린 뒤에야 남쪽의 일이 마무리될 수 있을 것입니다. 어떻게 생각하십니까? 만약 사리에 어긋난다고 여기지 않는다면 대신(大臣)에게 말씀해 주시는 것이 어떻겠습니까? 선왕께서 일찍이 역관들의 농간을 병통으로 여겨 연석(筵席)에서 탄식하기를 "내가 일찍이 간사한 아전 한 사람을 주벌하려고 하였으나 여러 재상이 극력 구원하여 손을 쓰지 못하게 하였는데, 더구나 역관들은 말할 것이 있겠는가."라고 하셨습니다. 이 하교를 생각하니 다시 눈물이 납니다. 이만 줄입니다.

다. 본관은 여흥(驪興), 자는 대수(大受), 호는 노봉(老峯)이다. 송시열의 문인이다. 당시에 동래 부사(東萊府使)로 있었는데 왜관(倭館)을 엄히 단속하여 이전의 폐단을 바로잡자 역관들이 괴롭게 여겼다. 《宋子大全隨箚 卷4》

유무중에게 보냄 기해년(1659, 현종 즉위년)

與兪武仲 己亥

요즈음 마음에서 떠나지 않는 것은 친한 친구들이 의롭지 않은 일에 간여하지 말기를 원하는 것입니다. 그래서 전날 형에게 대략 운운하였던 것이지 감히 시사에 간여한 것이 아닙니다. 이조 참판의 경우 저의 마음을 전혀 모르고서 "아직도 모든 일에 간여하려고 한다."라고 하고는 며칠 전에 편지를 보내와서 "어떤 사람을 어떤 관직에 제수하려고 하는데 먼저 대감의 뜻을 안 뒤에 판서에게 고하겠습니다. ……"라고 하였는데, 제가 심히 어리석기는 하지만 이것이 저를 심히 도외시하는 뜻이라는 것을 어찌 모르겠습니까. 어리석은 제가 견지하고 있는 것은 선조(先朝)와 관계된 일은 목숨이 붙어 있는 한 감히 말하지 않을 수 없다는 것이니, 비록 길보(吉甫 윤선거(尹宣擧)) 같은 사람 수천 수백 명이 경계하더라도 제 뜻을 바꿀 수 없습니다. 그 나머지 일은 비록 닦달해서 말하게 하더라도 입을 열고 싶지 않습니다. 오직 붕우 간에 말을 다 하는 의리는 전후로 차이가 없으니, 만약 자주 말한다고 소원히 하시지 않는다면 하루에 천 마디 말을 하게 하더라도 저는 싫어하지 않을 것입니다. 이만 줄입니다.

유무중에게 보냄 기해년(1659, 현종 즉위년)

與兪武仲 己亥

단비가 내렸으나 흡족하지 못하고, 또 지방은 어떠한지 알 수 없으니 몹시 근심스럽습니다. 두 건은 즉시 보고드렸어야 했는데 병으로 피곤하여 그렇게 하지 못했으니 부끄럽고 한탄스럽습니다. 첫 번째 건은 신천(信川)과 안악(安岳)의 백성들이 공주(公主)가 전지(田地)를 빼앗은 일로 와서 호소한 일입니다.[64] 마침 어떤 장자(長者) 한 사람이 찾아와 말하기를 "이 일은 금상(今上)의 고질적인 병통이 된 지 오래입니다. 상소를 올리지 않으면 불충이고, 상소하여 들어주지 않는데도 떠나지 않으면 욕이 되니, 둘 중에 하나도 가한 것이 없습니다."라고 하기에 제가 즉시 부끄러워 사죄하고 기가 꺾였습니다. 부득이 짧은 상소를 올려 제 거취를 내세워 간쟁할 생각이니, 이런 병의 뿌리를 제거하지 않으면 결코 할 수 있는 일이 없기 때문입니다. 두 번째 건은,

64 신천(信川)과……일입니다 : 황해도 안악군과 신천군 사이에 있는 들 가운데로 시냇물이 흐르는데, 해마다 수해를 입어 궁가(宮家)에서 둑을 쌓아 수해를 막아 주고는 전지의 절반을 차지하려고 하였다. 이에 그곳 백성 10여 명이 소장을 가지고 올라와 송시열에게 호소하니, 송시열이 비변사에 올리라고 하였다. 그런데 비변사에서 본도에 내려 사실을 밝히라고 하자 안악 군수와 신천 군수가 궁가에 아첨하기 위해 사실을 왜곡하여 전지를 궁가에 나누어 주어야 한다고 보고하였고, 또 이때 궁가의 차인(差人)이 봉변을 당한 일을 가지고 비변사에서 그곳 사람 김충건(金忠健) 등의 짓이라고 하여 엄형으로 다스려야 한다고 청해서 윤허를 받았다. 상황이 이렇게 되자 송시열이 사직소를 올려 현종에게 사실대로 아뢰니, 현종이 자신의 과실이라고 하고 다시 조사하여 조처하겠다고 하였다. 《顯宗實錄 卽位年 7月 27日》

완상(完相)은 예법(禮法)을 가장 굳게 지키는 사람인데 오늘 갑자기 하나의 설을 세워서 그 집안의 장례 제도가 참람한 것이 아니라고 하였으니,[65] 장차 그 설을 힘껏 깨뜨리지 않을 수 없고 많은 기력을 소비하게 될 것입니다.

제가 실로 앓고 있는 병이 있는데 이것은 여름철에 으레 생기는 증상입니다. 이 때문에 원래 반드시 해면되려고 했는데, 조 영공(曺令公)[66]이 정고(呈告)하였으니 마음이 또 불안합니다. 오늘 저녁쯤에 짧은 차자를 올려 신천과 안악의 일을 진달할 것입니다. 증(甑 윤문거(尹文擧)) 영공의 소장은 결말이 어떻게 날지 모르겠습니다. 초려(草廬 이유태(李惟泰))의 소식은 저도 듣지 못했으니 답답합니다. 이만 줄입니다.

65 완상(完相)은……하였으니 : 완남부원군(完南府院君) 이후원(李厚源)이 김좌명(金佐明)·김우명(金佑明) 형제가 부친 김육(金堉)의 장사를 지내면서 수도(隧道)를 사용한 일이 잘못이 아니라고 주장하였기 때문에 이렇게 말한 것이다. 《宋子大全隨箚 卷4》

66 조 영공(曺令公) : 조한영(曺漢英)을 가리킨다. 조한영은 민유중(閔維重)이 수도 문제를 제기한 데 대해 이의를 밝힌 적이 있다. 《宋子大全隨箚 卷4》《孝宗實錄 10年 4月 19日》

유무중에게 답함

答兪武仲

보내 주신 편지를 연이어 받고는 그지없이 위로되고 감사하였습니다. 양전(兩殿)께서 편찮으시니 근심스럽고 답답한 마음 어찌 끝이 있겠습니까. 저의 병은 매번 삼가지 않아서 고질이 되니 내일은 형세를 보아서 진퇴를 결정해야겠습니다. 안악(安岳)과 신천(信川)은 이 일뿐만 아니라 비슷한 일이 매우 많습니다. 만약 통렬히 고치지 않는다면 결코 일을 할 수 없기 때문에 극론(極論)하고 싶은 마음 몹시 간절한데, 쉽게 계달(啓達)할 수 없으니 가슴속에 울분이 끓어오릅니다. 부제학이 낭패를 당한 것은 심히 염려됩니다. 또 우리들이 그 원망을 항상 대신 받으니, 이는 참으로 괴로운 일입니다.

유무중에게 보냄 기해년(1659, 현종 즉위년) 7월

與兪武仲 己亥七月

어제의 일은 끝내 사람들의 정리(情理)에 맞았으니,[67] 모두가 제현(諸賢)이 혈성(血誠)으로 감동시킨 결과이지 제가 무슨 역할을 하였겠습니까. 단지 죄만 더할 뿐입니다. 제가 마음이 불편한 이유는 당초에 대신(大臣)이 천재일우(千載一遇)라는 설로 성상의 마음에 크게 적중하였고, 또 수원(水原) 백성들이 감격하고 기뻐한다는 말로 다시 성상의 뜻을 굳힌 것이 그 첫 번째입니다. 또 자전(慈殿)의 뜻을 어겨서는 안 된다는 주장으로 연상(延相)[68]을 공격하고, 다시 저의 사주를 받았다고 천득(天得 이상진(李尙眞)) 영공을 협박하여 깨뜨릴 수 없는 형세를 이루었습니다. 그러다가 사람들이 분개하여 어찌할 수 없는 지경이 되자 또 공의(公議)를 조금 따라서 성상으로 하여금 그 허물을 홀로 떠안게 하였으니, 저의 마음이 위로는 성상의 몸이 애처롭고 아래로는 여러 사람에 대해 분하고 한탄스럽습니다. 만약 왕명을 받들어 입대(入

67 어제의……맞았으니 : 산릉(山陵)의 일을 가리킨다. 효종의 능을 조성할 장소로 수원과 건원릉(健元陵) 건좌(乾坐)의 산이 논의되었는데, 현종은 수원을 주장하고 송시열은 건원릉 건좌를 주장하다가 건원릉 건좌로 최종 결정된 일을 가리킨다. 《宋子大全隨箚 卷4》《顯宗實錄 卽位年 7月 11日》

68 연상(延相) : 연양부원군(延陽府院君) 이시백(李時白, 1581～1660)을 가리킨다. 본관은 연안(延安), 자는 돈시(敦詩), 호는 조암(釣巖)이다. 효종이 죽자 윤선도(尹善道) 등이 수원에 능을 정하자고 건의했으나, 다섯 차례나 차자를 올려 반대하였다. 《宋子大全隨箚 卷4》

對)한다면 끝내 참지 못하여 사체(事體)를 손상할 것이기 때문에 꾹 참고서 감히 나아가지 못한 것입니다. 상소에 대한 비답을 받으니 또 들어오라고 유시하셨기에 감격의 눈물을 금할 수 없습니다.

지금 금부(禁府)의 일로 또 글을 올렸는데 만약 체직된다면 삭망제(朔望祭)에 맞추어 들어가 곡할 것입니다. 그러나 끝내 감히 편안할 수 없으니, 북소(北疏)[69]로 인하여 고신(告身)을 빼앗긴 자가 세 명이고 산직(散職)으로 이직된 자 또한 많습니다. 이것은 난(亂)의 계제(階梯)가 되는데 도리어 은혜로운 관직을 받았으니, 목이 어찌 붉어지지 않겠습니까. 이 때문에 배회하며 감히 곧바로 나아가지 못하고 있습니다. 경계하시는 가르침을 받으니 감격스러운 마음 어찌 끝이 있겠습니까. 춘(春 송준길(宋浚吉)) 대감 같은 분은 한결같이 저를 허물하시니 어찌 저를 아는 사람이겠습니까. 요컨대 제가 죽은 뒤에 이 마음이 절로 밝게 드러날 것이니 지금 구구절절 말할 필요가 없습니다. 이만 줄입니다.

69 북소(北疏) : 홍여하(洪汝河)의 상소를 가리킨다. 자세한 내용은 356쪽 주40 참조.

유무중에게 보냄 기해년(1659, 현종 즉위년) 7월

與兪武仲 己亥七月

비가 내리는 때에 형의 기거는 어떠십니까? 저는 서리(暑痢)가 오래도록 그치지 않아 몹시 괴롭습니다. 초려(草廬 이유태(李惟泰))와 미촌(美村 윤선거(尹宣擧))이 나란히 벼슬을 버리고 돌아갔으니 저로 하여금 회산(懷山)으로 돌아가고 싶은 마음을 더욱 동하게 합니다. 민로(閔老)[70]가 끝내 병으로 일어나지 못했으니, 선한 사람이 죽었습니다. 게다가 조정이 그 세 아들을 잃었으니 시운(時運)을 더욱 알 수 있습니다. 지숙(持叔)의 수도(隧道)에 대한 의론[71]은 끝내 정당한데 요즈음 정사가 그와 어긋나서 모두들 날뛰니, 지숙이 바르지 않은 것이 아니라 김씨(金氏)의 형세인 것이고 또한 제가 고향으로 돌아갈 길일 것입니다. 한편으로는 한탄스럽고 한편으로는 다행입니다.

70 민로(閔老) : 민광훈(閔光勳, 1595~1659)을 가리킨다. 본관은 여흥(驪興), 자는 중집(仲集)이다. 《宋子大全隨箚 卷4》

71 지숙(持叔)의……의론 : 지숙은 민유중(閔維重)의 자이다. 수도에 대한 의론은 352쪽 주37 참조.

유무중에게 보냄 기해년(1659, 현종 즉위년) 7월

與兪武仲 己亥七月

밤사이 기거는 어떠십니까? 새로 내려온 명에 대해 다시 어떻게 해야겠습니까? 주사(籌司 비변사)의 일은 본 적이 없습니다. 안악(安岳)과 신천(信川)의 일[72]은 선조(先朝) 때에 있었던 일이고, 또 그 사람들이 당초에 저에게 의지하여 원통함을 호소하였으므로 제가 주사에 정소(呈訴)하게 하였습니다. 그래서 그 회계(回啓)를 가져다 보았는데 그 전지(田地)를 나누지 말고 그 사람들을 처벌하라고 청하여 죄인을 밝히기 어렵게 하였으니 이미 법전(法典)에 맞는 것이 아닙니다. 그리고 그 마음 씀이 그 사람들을 처벌하면 자연히 그 전지를 나누지 않을 수 없기 때문에 이렇게 한 것이니, 이런 일을 차마 할 수 있단 말입니까. 조정의 일이 이미 이 지경에 이르렀으니 통곡한들 어찌하겠습니까. 사직소의 말미에 언급하여 그 원통함을 풀어 주려고 하는데 어떻게 생각하십니까? 헤아려 가르침을 주시기 바랍니다. 이만 줄입니다.

72 안악(安岳)과 신천(信川)의 일 : 황해도 안악군과 신천군 사이에 있는 들 가운데로 시냇물이 흐르는데, 해마다 수해를 입어 궁가(宮家)에서 둑을 쌓아 수해를 막아 주고는 전지의 절반을 차지하려고 하였다. 이에 그곳 백성 10여 명이 소장을 가지고 올라와 송시열에게 호소한 일을 가리킨다.《顯宗實錄 卽位年 7月 27日》379쪽 주64 참조.

유무중에게 답함 기해년(1659, 현종 즉위년) 7월

答兪武仲 己亥七月

회답해 주신 가르침은 참으로 감사합니다. 길보(吉甫 윤선거(尹宣擧))가 떠나면서 시사(時事)에 대해 말하지 말라고 경계하였는데 그 말이 매우 옳기 때문에 그 경계를 굳게 지켰습니다. 이 일은 선조(先朝) 때 있었고 저로 인하여 죄에 빠지게 되었으니, 두 가지는 참을 수 없는 바이기 때문에 차마 말하지 않을 수 없었습니다. 그 말을 구사하는 부분이라면 감히 말씀을 따르지 않겠습니까. 다만 너무 강경한 성격이 일마다 촉발될까 염려됩니다. 근심하는 것이 이와 같기 때문에 비록 다시 나가려고 해도 방법이 없습니다. 형세상 조용히 조섭하고 한번 곡하는 반열에 나아간 뒤에 떠나야겠습니다. 이만 줄입니다.

유무중에게 보냄 기해년(1659, 현종 즉위년) 7월

與兪武仲 己亥七月

이미 계하되었으니 장차 대죄해야 합니까? 제 생각에는 안악(安岳)과 신천(信川)의 일[73]을 통쾌하고 엄명하게 처리하지 않으면 제가 떠난 뒤에 그 사람들이 반드시 큰 벌을 받게 될 것입니다. 더구나 궁가(宮家)의 일은 선왕께서 변통하려다가 미처 하지 못하셨기 때문에 이 일을 계기로 거듭 아뢰려는 것입니다. 또 이해(利害)로 말하더라도 이미 원(遠) 영공[74]이 알고 있으니, 여러 궁가에게 받을 원망은 말하든 말하지 않든 차이가 없습니다. 어떻게 생각하십니까? 회답을 주시기 바랍니다.

73 안악(安岳)과 신천(信川)의 일 : 379쪽 주64 참조.

74 원(遠) 영공 : 자가 원백(遠伯)인 홍중보(洪重普, 1612~1671)를 가리킨다. 본관은 남양(南陽), 호는 이천(梨川)이다.

유무중에게 답함 기해년(1659, 현종 즉위년) 7월

答兪武仲 己亥七月

말씀하신 뜻은 삼가 잘 알았습니다. 두 재상이 화내는 기색이 없는 것은 참으로 기쁜 일입니다. 이것이 국가를 위하는 공심(公心)이니, 그들이 만약 경계하고 두려워한다면 제가 무엇 때문에 지나치게 심한 행동을 하겠습니까. 만약 그 아래 한 대목이 그다지 명백하지 않다면 제가 마땅히 경솔한 잘못을 자인(自引)할 뿐입니다. 제가 원하는 것은 단지 여러 궁가(宮家)들이 통렬하게 스스로 면려해서 작은 이익 때문에 왕실에 원망을 끼치지 않는 것입니다. 이렇게 된다면 뭇사람의 노여움이 저에게 집중되더라도 사양하지 않을 것입니다. 제공(諸公)이 만약 이 마음을 안다면 또한 심하게 노하지 않을 것입니다. 이만 줄입니다.

유무중에게 보냄 기해년(1659, 현종 즉위년) 7월
與兪武仲 己亥七月

병중에 신세를 조용히 생각해 보니 고향으로 돌아가는 것보다 나은 것이 없는데 단지 선왕의 장례를 아직 치르지 않아서 차마 곧바로 떠나겠다고 고하지 못했습니다. 이제는 이치와 형세가 궁박하여 다른 것을 돌아볼 겨를이 없기 때문에 마침내 오늘의 청이 있게 된 것이니, 부득이해서입니다. 수인(囚人)의 집 자제와 친속들이 이리저리 뛰어다니며 큰 벌을 받을 만한 말을 하면서 못 하는 말이 없었으나, 그들 또한 어찌 그렇게 하려고 해서 그랬겠습니까.

제공(諸公)이 공사(公私)를 헤아리지 않고 저를 체직하지 말라고 강하게 청하였으니, 이는 실로 이해할 수 없습니다. 맹박(孟博)이 말하기를 "내가 죽으면 화(禍)가 끊길 것이다."[75] 하였는데, 저 또한 "내가 떠나면 아무 일이 없게 될 것이다."라고 하겠습니다. 한번 말씀해 보십시오. 형이 보시기에 저의 상황과 오늘날 재앙의 기색으로 볼 때 제가 참으로 머물 만합니까? 반년 동안 전조(銓曹)에 있으면서 통색(通塞)이 없지 않았지만, 오늘날 저를 노려보는 자들이 사방에서 일어나니

75 맹박(孟博)이……것이다 : 맹박은 동한(東漢) 범방(范滂, 137~169)의 자이다. 영제(靈帝) 초 당고(黨錮)의 옥사가 일어났을 때 범방 등을 체포하라는 조서가 내리자 범방이 제발로 옥(獄)에 나아가니, 현령이 놀라서 관인(官印)을 풀어 버리고 함께 달아나려고 하였다. 그러자 범방이 말하기를 "내가 죽으면 화가 끊길 텐데 어찌 감히 그대에게 누를 끼치겠으며, 또 노모를 떠돌아다니게 하겠는가."라고 하였다. 《後漢書 黨錮列傳 范滂》

이 머리가 목 위에 풀로 붙여 놓은 것 같음을 스스로 알 수 있습니다.[76] 단지 용기 있게 물러남으로써 참형을 당하여 나의 기름을 도끼에 묻혀서 밝은 시대의 인후한 덕을 손상하지 말도록 하는 것이 폐하께 충성하고 선제께 보답하는 것입니다.[77] 어떻게 생각하십니까? 소본(疏本)은 황세정(黃世楨)[78]이 빌려 갔습니다. 이만 줄입니다.

76 머리가……있습니다 : 남송(南宋) 경원(慶元) 연간에 주희(朱熹)가 위학당(僞學黨)으로 몰렸을 때 "나는 지금 머리가 항상 목 위에 풀로 붙여 놓은 것 같다."라고 하여 언제 참수(斬首)의 화를 당할지 모른다는 의미로 사용하였는데, 송시열 역시 사방이 적이라서 언제 화를 당할지 모른다는 의미로 인용하였다. 《朱子語類 卷107》

77 폐하께……것입니다 : 360쪽 주43 참조. 여기에서 폐하는 현종을 가리키고, 선제는 효종을 가리킨다.

78 황세정(黃世楨) : 1622~1705. 본관은 회덕(懷德), 자는 주경(周卿), 호는 제곡(薺谷)이다. 송준길(宋浚吉), 김집(金集), 송시열에게 수학하였다. 기해예송(己亥禮訟) 때 송시열을 지지하다가 진도(珍島)에 유배되었다.

유무중에게 보냄 기해년(1659, 현종 즉위년) 8월

與兪武仲 己亥八月

오늘 빈청(賓廳)에 나갔습니까? 논의하는 분위기가 어땠는지 알려 주시기 바랍니다. 사달을 조사하는 일[79]은 조금 느슨해지고 악언(惡言)[80]을 조사하는 일이 결말이 나지 않은 상태에서, 사람들의 말만 듣고 사람들의 원통함은 풀지 못했으니 한탄스럽습니다. 저는 병세가 날로 힘들어져 죽음을 염려하는 마음이 매우 큽니다. 어제 김기지(金起之 김수흥(金壽興))가 와서 봉사(封事)를 어찌하여 조금 늦추지 않느냐고 하였으니, 이 말이 참으로 옳습니다. 사달에 대해 조사를 늦춘다고 하더라도 악언을 조사하는 것은 불을 끄는 것처럼 서두르지 않아서는 안 되는데 어느 겨를에 다른 것을 돌아보겠습니까. 지금 그만두어야겠습니까, 아니면 다시 한마디 말을 더하여 원통하게 죄에 빠지는 것을 끝까지 구원해야겠습니까? 헤아려서 가르침을 주시기 바랍니다. 이만 줄입니다.

79 사달을 조사하는 일 : 안악(安岳)과 신천(信川)에서 궁가의 차인이 봉변당한 것을 조사하는 일을 가리킨다. 379쪽 주64 참조.

80 악언(惡言) : 효종의 상이 난 뒤에 궁가의 사람들이 말하기를 "안악과 신천 백성들이 기뻐 뛰면서 '여러 궁가가 지금도 옛날처럼 하겠는가.' 하였다."라고 하여, 마치 안악과 신천 사람들이 국상이 난 것을 기뻐하는 것처럼 꾸민 말을 가리킨다. 《宋子大全 卷9 陳安信民人冤狀乞免疏》

유무중에게 보냄 기해년(1659, 현종 즉위년) 8월

與兪武仲 己亥八月

탄옹(炭翁)의 설(說)[81]은 불가한 것이 있으니 가르침을 주시기 바랍니다. 형이 말씀하시기를 "중지할 수 없었는가?"라고 하였는데, 성상께서 다시 물으신다면 다시 의당 이처럼 할 것입니다. 이 이치는 매우 분명하니, 이는 묻지 않아도 알 수 있습니다. 완상(完相 이후원(李厚源))은 성상의 환후를 위해 주선하려는 마음이 지극히 간절했지만 또한 끝내 감히 하지 못하고 결국 바치지 못했다고 합니다. 형은 인정(人情)이 어디에 있는지 한번 헤아려 보십시오. 삼가 듣건대 논계를 정지하는 것은 한두 장자(長者)의 말을 얻은 뒤에야 크게 결판날 것이라고 하니, 이는 매우 괴롭습니다. 어찌 생각하지 않는 것이 이처럼 심하단 말입니까.

81 탄옹(炭翁)의 설(說) : 탄옹은 권시(權諰, 1604~1672)의 호이다. 본관은 안동(安東), 자는 사성(思誠)이다. 1차 예송(禮訟) 때 송시열과 대립하여 윤선도(尹善道)를 지지하다가 같은 서인의 공격을 받았다. 그의 아들 권유(權惟)가 송시열의 사위이다. 탄옹의 설이란 다음 편지에 나오는 어의(御醫) 유후성(柳厚聖)에 대한 의론이다. 《宋子大全隨箚 卷4》 393쪽 주82 참조.

유무중에게 답함 기해년(1659, 현종 즉위년) 8월

答兪武仲 己亥八月

방금 편지 한 통을 올렸는데 보내신 편지가 먼저 도착했으니 위로되고 감격스러운 마음 어찌 끝이 있겠습니까. 저의 뜻 또한 유 어의(柳御醫)[82]에 대해 진심으로 주벌해야 한다는 것이 아닙니다. 그는 수의(首醫)로서 망극한 잘못이 있음을 면치 못하므로 죽지 않을 수 없다는 것입니다. 오늘 한때의 부득이함으로 인해 논계를 정지하였기 때문에[83] 점차 말이 길어지게 되었으니, 이는 그 부득이한 것이 도리어 일을 덮어 버린 셈이 되었습니다. 어찌하면 좋겠습니까?

형의 형세가 실로 난처하게 되었습니다. 그러나 저는 비록 억울함을 당하더라도 형에게 전혀 유감이 없습니다. 탄옹(炭翁 권시(權諰))과 의논해서 다시 그의 말을 들어 보시기 바랍니다. 이만 줄입니다.

82 유 어의(柳御醫) : 유후성(柳後聖)을 가리킨다. 인조 때부터 현종 때까지 어의를 지낸 인물로, 특히 침술에 능하였다. 효종이 승하하자 당시 임금의 병을 돌보던 어의 6명에게 그 책임을 물어 신가귀(申可貴)는 교살되었고, 유후성과 조징규(趙徵奎)는 겨우 사사(賜死)를 면하고 유배에 처해졌고, 박군(朴頵)·이후담(李後聃)·최곤(崔梱) 등에게는 곤장 100대의 처벌이 내려졌다. 당시 송시열이 상소하여 유후성을 사형에 처해야 한다고 주장하였으나 현종이 받아들이지 않았다.《顯宗實錄 卽位年 8月 30日》

83 논계를 정지하였기 때문에 : 효종이 죽고 나자 그 책임을 물어 담당 어의 6명을 하옥하고 이들을 사형에 처하자는 주장이 양사(兩司)를 중심으로 크게 일어났는데, 이때 양사의 논계가 중지되었다.《顯宗實錄 卽位年 8月 27日》

유무중에게 보냄 기해년(1659, 현종 즉위년) 9월

與兪武仲 己亥九月

제공(諸公)의 뜻을 삼가 보건대 오로지 두려워하고 꺼리는 마음만 있어 오랑캐의 일과 조금이라도 관련되면 반드시 회피하려고 하니, 나라의 일을 도모하는 자가 어찌 그렇지 않을 수 있겠습니까. 그러나 이렇게 하면 직필(直筆)이 아닙니다. 또 신하의 이해(利害) 때문에 군부(君父)의 뜻과 사업을 애매하게 하는 것이 의리에 어떠할지 모르겠습니다. 제공의 뜻이 참으로 이와 같다면 붓을 잡은 자가 만세토록 죄인이 되지 않겠습니까. 형이 정밀히 생각해서 가르침을 주시기 바랍니다.

또 한 가지 일이 있으니, 임금의 명이라도 불가하다면 감히 따를 수 없지만 지금 받은 특별 하교[84]가 이와 같으니 감히 받들지 않겠습니까. '청인(淸人)'이라고 고친 곳은 더욱 편치 않습니다. 대행왕(大行王 효종)께서 반드시 '오랑캐〔虜〕'라고 칭하였고 '청(淸)'이라고 칭한 적이 없는데, 지금 이렇게 하는 것은 감히 할 수 없는 점이 있고 또한 차마 할 수 없는 점이 있습니다. 어떻게 생각하십니까? 아울러 헤아려서 가르침을 주신다면 매우 다행이겠습니다. 이만 줄입니다.

84 특별 하교 : 이경석(李景奭)이 효종의 행장을 지었는데, 효종의 평소 뜻과 사업이 모두 빠져 있었다. 이에 현종이 "이 세상을 삼대(三代)와 같은 시대로 끌어올리고 천하에 대의를 펴는 것이 실로 선왕의 뜻이었는데, 이 행장에는 이 일에 대해서 그다지 거론한 것이 없다. 이 한 조목을 명백하게 기록하도록 지문 제술관(誌文製述官)에게 전유하라."라고 전교하였다. 《宋子大全 附錄 卷3 年譜》《宋子大全隨箚 卷4》

유무중에게 보냄 기해년(1659, 현종 즉위년) 9월

與兪武仲 己亥九月

소본(疏本)을 돌려드립니다. 주된 뜻이 질박한 것이 좋습니다. 그러나 주상께서 오히려 머물러 약을 의논하는 것을 편안치 못하다고 여기시니, 만약 약을 의논하기 위해서라는 것을 알아서 사면하여 풀어 준다면 어찌 더욱 편안치 못한 마음을 금할 수 있겠습니까. 큰일은 편안하게 여기면서 작은 일은 편안하게 여기지 못하니 이런 이치는 없습니다.

남소(南疏)는 자기 귀를 막고 종(鍾)을 훔치는 것[85]과 같고 끝부분의 의론은 시마(緦麻)와 소공(小功)을 까다롭게 따지는 격입니다.[86] 그러므로 오늘의 이 일은 상하(上下)와 대소(大小)가 하나도 합당한 것이 없으니, 장차 스스로 해명할 수 없을 것입니다. 이것이 제가 처음부터 이 일을 중하게 여긴 까닭입니다.

지난번 편지의 만상(灣上) 한 건[87]에 대해 유념해서 살펴 주시지 않

85 자기……것 : 338쪽 주23 참조.

86 시마(緦麻)와……격입니다 : 맹자가 급선무(急先務)에 대해 "삼년상은 제대로 못하면서 시마나 소공은 까다롭게 따지고, 밥숟가락을 크게 떠서 먹고 국을 줄줄 흘리며 먹으면서 건육(乾肉)은 이로 끊어 먹지 말아야 한다고 따지는 것을 급선무를 모른다고 한다."라고 한 말을 인용한 것이다. 《孟子 盡心上》 여기에서는 남소에서 나라의 급선무는 놓아두고 작은 일을 가지고 문제 삼는 것을 지적한 것이다.

87 만상(灣上) 한 건 : 만상은 의주(義州)의 다른 이름이다. 효종의 능인 영릉(寧陵)의 지문(誌文)을 송시열이 지었는데, 내용 중의 기휘(忌諱)하는 말이 의주를 거쳐 청(淸)나라로 유입될까 염려한 것인 듯하다. 당시 의주 부윤이 누구인지 확인되지 않지만 아마도 반대파의 인물이었기 때문에 염려하였던 것 같다. 《宋子大全隨箚 卷4》

은 듯합니다. 오늘날 크게 바라는 것은 단지 형을 속론(俗論)에 들어가지 말게 하려는 것인데, 모두 부차적인 건의 첫 번째 구절이 되어 사람마다 가져다 쓰고 있으니 이것이 매우 괴롭습니다. 저의 간절한 바람은 위로는 임금을 위하고, 다음으로는 여러 형들을 위하는 것일 뿐입니다.

유무중에게 보냄 기해년(1659, 현종 즉위년) 9월

與兪武仲 己亥九月

지문(誌文)의 초본(草本)을 옮겨 썼으나 해서(楷書)가 아니면 읽을 수 없기에 할 수 없이 재차 옮겨 써서 방금 두 재상에게 보냈습니다. 지금 전날의 태만함을 사죄하려 하고 있는데 보내신 편지가 또 왔으니 위로되고 감사하며 송구합니다. 지문의 초본은 대체적으로 개정(改定)한 것을 사용하였는데, 그 안에는 이전 것을 그대로 쓴 곳도 있고 별도로 고친 곳도 있으니, 내일 여쭙도록 하겠습니다.

논계를 정지한 일[88]은 비록 온 세상 사람들이 옳게 여기지만 제 생각에는 그렇지 않은 점이 있기 때문에 소회를 진달하지 않을 수 없었습니다. 대체로 성상께서 이미 수의(收議)하라고 명을 내리셨으니 까닭 없이 스스로 발론하는 것과는 차이가 있지 않겠습니까. 대간이 편지를 보내오기를 "금부(禁府)의 계사를 보니 대감께서 차자를 올렸다는 것을 잘 알겠습니다. 이는 사람들이 똑같이 느끼는 부분일 것입니다. 차후로는 의당 입을 다물 것이니 다시 어찌 깊게 염려하겠습니까." 하였습니다. 귀관(貴館)에서 한 통의 상소를 올린 후에는 자연히 처치할 것인데 무슨 소회가 있겠습니까.

초려(草廬 이유태(李惟泰))의 편지는 아이가 깊이 감추었다가 내갔기 때문에 올리지 못했습니다. 대체로 한때의 이해(利害)는 작은 일이고, 만세의 공론은 지극히 두려운 일입니다. 이 두 가지를 분명히 가른다면

88 논계를 정지한 일 : 393쪽 주83 참조.

처리하기 어려운 일이 없을 것입니다. 듣자 하니 외부에서 저의 차자에 대해 지극히 말이 많다고 합니다. 그러나 저는 털끝만큼도 움직이지 않을 것입니다. 이만 줄입니다.

유무중에게 답함 기해년(1659, 현종 즉위년) 9월

答兪武仲 己亥九月

편지를 보내 주셨으니 위로되고 감사합니다. 저의 병은 근자에 조금 더해졌으니 이는 계사(啓辭)의 일 때문입니다. 논계를 정지한 일을 기뻐하지 않는 것이 어찌 저의 본래 마음이겠습니까. 설사 형이 말했다고 하더라도 어찌 의아해할 수 있겠습니까. 단지 저의 뜻은 절반은 시체인 사람으로 자처하려고 함이니, 침묵해도 조용함이 되기에 부족하고 말을 해도 번거로움이 되기에 부족할 뿐입니다.

지난번에 민헌(閔憲)에 대해 말씀하신 것은 죽어도 듣고 싶지 않은 일이었기 때문에 어제 여쭈었던 것입니다. 두 번이나 말씀하시게 하였으니 도리어 매우 송구하여 죄를 뉘우치는 마음 금할 수 없습니다. 지문(誌文)의 초본은 아직 다 베끼지 못했습니다. 정오쯤에 초동(草洞 송준길(宋浚吉))에게 보내겠습니다. 이만 줄입니다.

유무중에게 보냄 기해년(1659, 현종 즉위년) 9월

與兪武仲 己亥九月

오늘의 일은 참으로 "재앙은 나에게서 만들어졌는데 부질없이 선량한 사람에게 해를 끼쳤다."라는 것이니, 부끄럽고 두려운 마음이 어찌 끝이 있겠습니까. 다만 형이 끝내 처치를 면한 것만이 기쁠 뿐입니다.

지문(誌文)은 영상과 좌상이 다시 정한 것이 상당히 많고 또 이 영사(李領事)[89]가 산삭한 것이 수십 자입니다. 비록 저의 본의는 아니지만 이것은 사사로운 일이 아니니 어찌 감히 제 견해를 고집하겠습니까. 이만 줄입니다.

89 이 영사(李領事) : 영중추부사(領中樞府事) 이경석(李景奭)을 가리킨다. 이경석은 효종의 행장을 지은 바 있다. 《宋子大全隨箚 卷4》《顯宗實錄 卽位年 9月 18日》

유무중에게 답함

答兪武仲

편지를 받고 매우 감사하였습니다. 저는 병이 괴롭게도 낫지 않으니 답답합니다. 형이 장차 진언(進言)하려 한다고 들었으니 탄복을 금할 수 없습니다. 오늘날 어찌 근본이 되는 문제보다 더한 급선무가 있겠습니까. 지난날 일의 경우 이미 은미하게 보인 뜻이었는데 일이 이루어진 뒤에는 도리어 알지 못하였으니, 이처럼 종자를 뿌려 놓으면 장래에 가지와 덩굴이 뻗어 나가는 것을 감당할 수 없을 테니 매우 두렵습니다. 반드시 따끔하게 충고하여 단지 명백함과 순수함으로 마음을 세운 뒤에야 함께 의논할 수 있을 것입니다. 물어 주신 성의에 감격하여 이렇게까지 망녕되게 말하였으니 대단히 죄송합니다.

길보(吉甫 윤선거(尹宣擧))는 스스로 희중(希仲 윤휴(尹鑴))과 본받아 줄곧 방외인으로 자처하고 있으니, 심상한 일로는 기대하기 어렵습니다. 일찍이 그의 편지를 받았는데 사성(思誠 권시(權諰))이 심추(沈樞) 형[90]처럼 하려고 한다기에 제가 "저는 길보 형처럼만 하려고 합니다."[91] 라고 답하였는데, 어떻게 생각할지 모르겠습니다. 이만 줄입니다.

90 심추(沈樞) 형 : 대본에는 '沈樞我'로 되어 있다. 《송자대전》 권37 〈윤길보에게 보냄〔與尹吉甫(己亥九月)〕〉에 근거하여 '我'를 '兄'으로 바로잡아 번역하였다. 《송자대전수차(宋子大全隨箚)》 권4에는 영중추부사 심지원(沈之源)을 가리킨다고 하였으나, 당시 심지원은 좌의정이었으므로 누구인지 특정하기 어렵다.

91 길보……합니다 : 대본에는 '只吉甫兄云爾'로 되어 있다. 《송자대전》 권37 〈윤길보에게 보냄〔與尹吉甫(己亥九月)〕〉에 근거하여 '只' 뒤에 '欲'을 보충하여 번역하였다.

유무중에게 답함

答兪武仲

병중에 마음이 내내 무료했는데 형의 편지가 뜻밖에 왔으니 위로되고 감사하기 그지없습니다. 저는 죽은 것도 아니고 산 것도 아니니 참으로 시체라고 말할 만합니다. 간언을 올리려고 하신다는 말을 들었으니, 감탄스러운 마음 실로 깊습니다. 오늘의 일은 성상의 몸이 염려스러울 뿐만 아니라 성상의 덕을 더욱 보양해야 합니다. 근자에 길보(吉甫 윤선거(尹宣擧))의 편지를 보았습니까? 제가 형의 말을 쓰지 않는다고 하였는데, 일찍이 이런 일이 있었습니까? 참으로 우습습니다.

유무중에게 보냄 기해년(1659, 현종 즉위년)

與兪武仲 己亥

어제 편지를 보내 주시어 매우 감사합니다. 저는 잠깐 움직이자마자 앓고 있는 병이 더 심해져서 밤새도록 심히 앓았습니다. 산릉(山陵)은 감히 임두를 내지 못할 듯히니, 참으로 천지(天地)가 다하도록 잊을 수 없는 지극한 애통함입니다. 어제 탑전(榻前)에서의 이야기는 능행(陵幸)을 정지하기를 청한 것 외에 달리 들을 만한 것이 없습니다.

어제 길보(吉甫)의 편지를 보니 제가 여공(驪公)[92]을 스승으로 섬기라고 청하지 않은 것을 죄로 삼았는데, 도리가 과연 이와 같습니까? 도리가 이와 같은데도 제가 청하지 않았다면 당연히 그 죄를 달게 받겠습니다. 어떻게 생각하십니까? 이만 줄입니다.

92 여공(驪公) : 여강(驪江)에 거쳐했던 윤휴(尹鑴)를 가리킨다.

유무중에게 답함 기해년(1659, 현종 즉위년) 9월 24일

答兪武仲 己亥九月二十四日

답장은 매우 감사합니다. 만사(挽詞)는 반드시 간청한 뒤에야 면할 수 있으니, 작은 일도 감히 할 수 없습니다. 혹시 유사(有司)가 다시 조사하지 않으면 다행이겠습니다. 다만 산정(刪定)해 주시는 것이 어떻겠습니까? 차자의 초본을 보여 주셨으니 매우 다행입니다. 말단에서 가리키는 사람은 누구입니까? 그러나 비루하고 못난 저 같은 사람을 조정에서 죽든 살든 있든 없든 간에 관계없는 사람으로 치부한다면 그 은혜가 클 것입니다. 만약 혹시라도 천거하려고 의논한다면 그날로 달아나서 감히 잠시도 머물지 않을 것입니다. 형은 저를 아는 사람이 아닙니까. 오직 형만이 이 말을 아뢸 수 있기 때문에 감히 말씀드립니다. 이만 줄입니다.

유무중에게 보냄 기해년(1659, 현종 즉위년)

與兪武仲 己亥

어제 보낸 편지는 보셨습니까? 제가 오랫동안 오위도총부(五衛都摠府)의 직숙을 하지 못했다가 지난번에 병든 몸을 이끌고 들어왔는데, 일찍이 밀서(密書)를 받았던 곳이라 슬픔이 배나 더했습니다.[93] 어제의 편지가 만약 이치에 맞지 않다면 가르침을 주시기 바랍니다. 《서경》〈홍범(洪範)〉에 이르기를 "선(善)에 부합하지 않더라도 악(惡)에 빠지지 않았거든 임금은 받아 주라."라고 하였으니, 지금 그 말한 것이 비록 이치에 합당하지 않더라도 용납하여 너그럽게 대해서 선비들이 천 리 밖에서도 오게 한다면 이것이 곧 탕탕평평(蕩蕩平平)한 도(道)입니다. 오늘날 생각하는 바를 가만히 보면 한 가지 일도 하지 않고 한마디 말도 하지 않고서 태평한 복을 누리려고 하니, 실로 이런 이치는 없습니다. 어떻게 생각하십니까? 특히 비답이 아직까지 내리지 않았는데, 이는 관계된 바가 적지 않습니다. 완곡하게 말을 만들어 온당하지 못하다는 뜻을 아뢸 수는 없습니까? 근심하는 마음이 홀로 마음속에 들끓어 차라리 잠에서 깨고 싶지 않은데 될 수 없는 일입니다.

93 오랫동안……더했습니다 : 효종이 밀서를 써서 세자를 시켜 오위도총부에 직숙하고 있던 송시열에게 전하게 했기 때문에 감회가 남다름을 말한 것이다. 《宋子大全隨箚 卷4》

유무중에게 보냄

與兪武仲

지난밤에 병을 몹시 심하게 앓아서 남은 통증이 아직 가라앉지 않았는데, 마침 보내 주신 편지가 도착하였습니다. 이런 때에 간곡한 가르침을 주시니 참으로 마음속에 감격스러움을 금할 수 없습니다.

선왕께서 승하하셨을 때부터 제가 조정을 떠나야 할 일이 한 가지만이 아니었는데 지금까지 지체하고 있는 것은 어찌 다른 뜻이 있어서이겠습니까. 참으로 마음에 차마 결단할 수 없는 점이 있어서 떠나려다 다시 그만둔 것이 몇 번인지 모르겠습니다. 이달 이후부터는 또 사람을 억장이 무너지게 하여 항상 이 머리가 목 위에 풀로 붙여 놓은 것 같았으나[94] 또한 감히 남에게 털어놓지 못하였습니다. 매번 하늘에 호소하고 싶었으나 할 수 없었으니, 이것이 어찌 사생(死生)과 화복(禍福) 때문에 그런 것이겠습니까.

어려서 옛사람의 책을 읽어 인륜과 사물의 법칙에 대한 단서를 대략 알고 있으면서도 지금 갑자기 이런 지경에 몸을 빠뜨렸는데, 형은 오히려 저를 다시 사람 축에 들게 하려고 하십니까. 매번 스스로 살 만한 의리가 없다고 생각하는데 형은 떠날 만한 도리가 없다고 말씀하시니 또한 서로 심히 어긋나지 않습니까. 또 비록 달리 고집스럽고 막힌 성격이 없더라도 갑자기 변화하기 어렵고, 실정에 어두운 견해에 대한 신념은 점점 깊어집니다. 또 사납고 거센 마음이 없지 않아 서로 노려

94 이……같았으나 : 390쪽 주76 참조.

보는 자리에서 머리를 숙이지 못하니, 오늘날 마침내 이런 지경에 빠진 것은 모두 제 스스로 취한 것입니다. 매번 빨리 떠나지 않은 것을 한탄하는데 저를 아껴 주는 형 같은 분도 오히려 만류하시니 더욱 사람을 답답하게 합니다. 처음에는 개우석(介于石)의 상(象)에 어두웠고,[95] 끝에 가서는 수우혈(需于血)의 경계를 범하였으니,[96] 군자의 꾸짖음과 후세의 조롱이 바로 여기에 있지 저기에 있지 않습니다.

춘형(春兄 송준길(宋浚吉))의 경우는 상하가 신복(信服)하고 있으므로 하루 동안 조정에 있으면 하루만큼의 이로움이 있으니, 이 형은 참으로 떠나서는 안 됩니다. 또한 떠날 만한 허물도 없으니 이 점은 근심할 필요가 없습니다. 저는 형세가 칼날 위에 올라가 있는 정도일 뿐만이 아니므로 일각도 지체해서는 안 되는데, 억지로 길을 떠나기 어려운 병세라 훌쩍 떠나지 못하니 답답하기 그지없습니다.

95 개우석(介于石)의 상(象)에 어두웠고 : 《주역》 〈예괘(豫卦) 육이(六二)〉에 "절개가 돌과 같아 하루를 마치지 않고 떠나가니, 정하고 길하다.〔介于石, 不終日, 貞吉.〕"라고 하였다. 자신의 신념과 어긋날 때에는 지조를 돌처럼 굳게 지키면서 단호하게 벼슬을 버리고 떠나야 하는데 송시열 자신은 그러지 못했음을 말한 것이다.

96 수우혈(需于血)의 경계를 범하였으니 : 《주역》 〈수괘(需卦) 육사(六四)〉에 "피에서 기다림이니, 나오기를 구멍으로부터 한다.〔需于血, 出自穴.〕"라고 하였는데, 육사는 험난함에 상해를 당한 자이므로 피에서 기다린다고 말한 것이다. 이미 험난한 상황에 상해를 입었으면 편안히 있지 못하여 반드시 그 거처를 잃을 것이므로 나오기를 구멍으로부터 한다고 한 것이다. 이에 대해 정이(程頤)는 "만약 양(陽)이 이 자리에 있다면 반드시 흉할 것이다. 이는 중정의 덕(德)이 없고 한갓 강함으로써 험함에 다툴 것이니, 단지 흉함을 부를 뿐이다."라고 하여, 이런 상황에서는 강함만을 추구해서는 안 됨을 경계하였다. 《周易傳義 豫卦》 송시열은 이때 대신의 위치에서 너무 강경 일변도로 나가다가 화를 자초했다는 의미로 인용하였다.

유무중에게 답함

答兪武仲

말씀하신 뜻이 참으로 지성스러우니 매우 감사합니다. 이 일은 대면하지 않고는 다 말할 수 없으니, 비록 영윤(令胤)을 대하더라도 차분히 얘기할 수 없으니 한탄스럽습니다. 이 일이 허위인지 진실인지를 막론하고 어찌 이 몸을 즉시 없애고 싶지 않겠습니까. 그러나 벼슬자리에 앉아 있는 것이 실로 의리에 심한 해가 되기 때문에 이 계획을 이미 결정한 것입니다. 다만 두 임금께 받은 은혜와 예우를 생각하면 실로 오장이 무너지고 녹아내리는 것을 금할 수 없습니다. 할 말은 매우 많지만 뵙고서 하나하나 말씀드리겠습니다.

유무중에게 답함
答兪武仲

천득(天得 이상진(李尙眞))은 원래 충성하기를 원했고 형은 참으로 그림자 너머에 있으니, 황(滉)의 일은 두 공부(杜工部)의 이른바 '없는 것이 없다'는 말[97]이 어찌 이것을 말하는 것이겠습니까. 문후하고 싶은 마음은 간절하지만 송장(訟章)에 곤욕을 치르느라 겨를이 없습니다. 이렇게 보내 주신 편지를 받으니 감격스럽고 부끄럽습니다. 다만 부종이 가볍지 않다고 들었으니 매우 놀랍고 염려됩니다.

산릉(山陵)의 일은 조종(祖宗)께서 보우하시어 다시 장소를 옮기는 일이 없기를 속으로 빌 뿐입니다. 저의 차자는 한번 논의한 것도 오히려 통절(痛切)하게 하지 못한 것이 한탄스러우니 인정(人情)이 있는 곳을 상상할 수 있습니다. 금오(金吾)의 직임은 반드시 체차되려고 오늘 이미 세 번째 소장을 올렸습니다. 지문(誌文)은 행장이 완성될 날이 묘연하여 부득이 찬집청의 초초(初草)와 편집한 책자를 찾아 모아서 우선 먼저 상세히 보고서 행장이 완성되기를 기다릴 계획입니다. 조만간 초고가 정해지면 감히 먼저 여쭈지 않겠습니까. 이만 줄입니다.

97 두……말 : 인생을 살다 보면 온갖 일이 다 생길 수 있다는 뜻이다. 두보(杜甫)의 〈가탄(可歎)〉이라는 시에 "하늘 위의 뜬구름 흰옷 같더니, 잠깐 사이에 변하여 푸른 개 같구나. 옛날이 가고 지금이 오는 게 모두 일시이니, 인생 만사 없는 것이 없어라.〔天上浮雲似白衣, 斯須改變如蒼狗. 古往今來共一時, 人生萬事無不有.〕"라고 한 구절을 인용하였다. 《九家集注杜詩 卷13》

유무중에게 답함

答兪武仲

한밤중에 삼가 성상의 비답을 받고서 날이 새도록 슬픈 눈물을 흘리며 마음을 가눌 수 없었습니다. 행장이 내려온 지 겨우 며칠 지났으니 지문(誌文) 짓는 일을 사양하더라도 그다지 근거가 없지는 않습니다. 그러나 앞으로는 감히 다시 사양하지 않을 것이고, 사직을 청하는 것 또한 천천히 때를 기다릴 것입니다. 오늘날 도처에서 분노를 촉발하고 있는데 마침 찬술하는 일을 맡았으니, 비록 누설되지 않는다고 하더라도 이미 간사한 사람들의 구실이 되기에 충분합니다. 더구나 앞으로의 일은 지극히 난처한 점이 있을 것이니, 재앙이 오는 것을 발돋움을 하고서 기다리겠지만 이 또한 형세에 맡길 뿐입니다. 다만 현재 좌상이 인책(引責)하고 들어갔는데[98] 연루된 말이 없지 않고 아현(阿峴)의 상소[99]에 또 놀라운 말이 있다고 하니, 심신(心神)이 놀랍고 두려워 백척간두에 서 있는 정도일 뿐만이 아닙니다. 조정의 논의에 대해 혹자는 너무 게으르다고 하는데 어떻게 생각하시는지 모르겠습니다. 이만 줄입니다.

98 좌상이 인책(引責)하고 들어갔는데 : 좌의정 심지원(沈之源)이 송시열이 산릉의 일에 대해 논한 일로 인책하고 들어간 일을 가리킨다. 《宋子大全隨箚 卷4》

99 아현(阿峴)의 상소 : 함릉군(咸陵君) 이해(李澥)가 산릉에 대해 논한 상소를 가리키는 듯하다. 《宋子大全隨箚 卷4》

유무중에게 보냄

與兪武仲

어제 올린 상소 초본을 저에게 보여 주실 수 있겠습니까? 형의 일은 지극히 염려됩니다. 윤선도(尹善道)의 지척(指斥)[100]을 벗어나는 것이 원만한 방도일 듯한데 어떻게 생각하십니까? 초려(草廬 이유태(李惟泰))의 편지를 보냅니다. 오늘날 천리(天理)가 막혀 있는데, 어제 은대(銀臺)의 일은 또 한층 더 심하였습니다. 처음에는 부득이해서였는데 끝에 가서는 텅 비는 데에 이르렀으니 이것이 무슨 세도(世道)입니까. 건어물 가게에 들어가서도 비린내를 못 느끼니[101] 사우(士友)들을 위해 지극히 두렵습니다. 성상의 비답에 공의(公議)라고 하신 것은 저에게는 지극히 황공한 말입니다. 스스로 논핵하고 처벌을 기다려야 할 듯한데 시론(時論)과 다투려고 하는 것 같아서 감히 하지 못했습니다.

또 한 가지 일이 있습니다. 여러 형들이 지문(誌文) 문제로 저를 걱정하면서 말하기를 "한 몸의 일일 뿐만이 아니니, 저 만상(灣上)[102]이

100 윤선도(尹善道)의 지척(指斥) : 윤선도가 산릉에 대해 논한 상소를 가리키는 듯하다. 《宋子大全隨箚 卷4》

101 건어물……느끼니 : 공자가 이르기를 "선한 사람과 함께 지내는 것은 지초(芝草)와 난초가 있는 방에 들어간 것과 같아서 시간이 오래되면 그 향을 맡지 못하니, 곧 그 향기와 동화되었기 때문이다. 불선한 사람과 함께 지내는 것은 생선 가게에 들어간 것과 같아서 시간이 오래되면 그 냄새를 맡지 못하니, 또한 그 냄새에 동화되었기 때문이다. 붉은 것을 간직한 자는 붉어지고, 옻칠을 간직한 자는 검어지니, 이 때문에 군자는 함께 지낼 사람을 반드시 신중히 가리는 것이다."라고 한 말을 인용하여, 사우들이 세도가 무너진 것이 몸에 배어서 자각하지 못하게 될까 염려한 것이다. 《孔子家語 卷4 六本》

어떻게 생각할지 모르겠다."라고 하였으니, 이 점에 대해 상손(象孫)이 되지 않으리라고 보장할 수 있겠습니까.[103] 제 처지에서 말하면 혐의가 있다는 것을 잘 알지만 마음에 이런 염려가 있어서 감히 형에게 숨기지 못한 것입니다. 그리고 종전에 제 속내를 드러냈던 말이 필시 나돌 것이니, 크게 불편해지리라는 점을 생각해 주시기 바랍니다. 초려의 편지는 돌려보내 주시는 것이 어떻겠습니까?

102 만상(灣上) : 395쪽 주87 참조.

103 상손(象孫)이……있겠습니까 : 상손은 상촌(象村) 신흠(申欽)의 손자 신면(申冕)을 가리킨다. 인조의 능인 장릉(長陵)의 지문을 조경(趙絅)이 지었는데, 당시 청(淸)나라의 연호를 쓰지 않고 명(明)나라의 연호를 사용하였다. 이 일을 김자점(金自點)이 청나라에 고자질하였는데, 신면이 이 일에 관여한 듯하다. 《宋子大全隨箚 卷4》

유무중에게 보냄

與兪武仲

성상께서 마음을 이미 돌렸으니 능히 실제적인 일이 있겠습니까. 근심과 염려가 오히려 깊습니다. 저의 병은 찌르는 통증은 없지만 한기와 열기가 번갈아 일어나는 것이 고리처럼 끝이 없어 자지도 먹지도 못하고 있습니다. 이 때문에 원기(元氣)가 날로 소모되어 약이 효과를 거둘 가망이 없습니다. 사람들이 또 병을 핑계 댄다며 의심하고 비방하는 것이 적지 않고, 글을 지어 달라는 부탁을 감히 거절하지 못해 또한 부득이 때때로 붓을 잡으니, 남은 숨이 아직 끊어지지 않아 몹시 심란합니다.

병중에 들려오는 말을 가지고 시사(時事)를 삼가 홀로 생각해 보니 지극히 근심스럽고 한탄스럽습니다. 젊고 기운이 왕성한 사람은 심히 괴로운 때가 있더라도 그들이 지키는 것이 정도(正道)가 되는 데에는 문제 되지 않으니, 장려하여 쓰지는 못하더라도 용납하여 두면 괜찮을 것입니다.

아간(丫諫)[104]은 본래 말이 많지만 그가 전후로 한 말에 곧지 않은 것이 없습니다. 이번 일은 그 말이 맹랑한데도 사람들이 온갖 유파를

104 아간(丫諫) : 송시열의 문집 가운데 '아(丫)'는 대부분 김익렴(金益廉)을 가리키는데, 김익렴이 사는 곳의 지명이 아(丫)이기 때문에 아연(丫淵) 또는 아계(丫溪)라고 부르기도 하였다. 1659년(현종 즉위년) 9월에 김익렴이 사헌부 헌납으로 있었다.《宋子大全隨箚 卷3, 卷4》

뒤섞어 그에게 돌렸으니, 그의 처지에서 매우 원통할 뿐만 아니라 그에게 돌린 자는 매우 어질지 못합니다. 더구나 그 말을 전한 내력에 "홍위(洪尉)의 청위(靑尉)"[105]라는 말은, 작은 허물로 큰 죄를 꾸며 내지 않으리라고 어찌 보장하겠습니까. 이것은 애석할 것이 없으나 사람들이 단지 그를 허물할 줄만 알고 말을 지어내서 모함한 사람을 미워하지 않는 것은 치우친 듯합니다. 오늘날은 단지 형만이 사람들의 신복(信服)을 받고 있으니, 부디 참작해서 헤아려 피차간에 원한을 품는 일이 없게 해 주십시오.

또 들으니 감죄(勘罪) 중인 두 무장(武將)의 경우 그 설(說)이 상당히 퍼졌고 지목한 사람들이 모두 한미한 사람이 아니라고 하니, 이 또한 많은 사람의 노여움을 일으키는 점입니다. 아간의 일은 지극히 어렵습니다. 외직에 보임하는 논의가 있다는 말을 들었는데, 그가 요구한 것입니까?

105 홍위(洪尉)의 청위(靑尉) : 이 구(句)의 앞뒤로 오탈(誤脫)이 있는 듯하다. 홍위는 익평위(益平尉) 홍득기(洪得箕)이고, 청위는 청평위(靑平尉) 심익현(沈益顯)으로 모두 효종의 부마(駙馬)이다. 《宋子大全隨箚 卷4》

유무중에게 답함

答兪武仲

말씀하신 뜻은 삼가 잘 알았습니다. 성상의 환후가 지금까지 낫지 않고 있으니 걱정스럽고 애타는 심정을 어찌 말로 다 하겠습니까. 저의 뜻은 지난 편지에서 말씀드린 것과 같습니다. 이것은 사리에 해가 없을 듯한데 여러 사람의 의론이 불가하다고 할지 모르겠습니다.

저의 병이 계속 나아지지 않아 생각이 맑지 않아서 모든 응대하는 일이 열에 아홉은 잘못되므로 입을 닫고서 말을 하지 않고 싶은 마음 간절합니다. 그런데 간혹 억지로 와서 묻는 자가 있으니, 요즈음 이보다 더 크게 걱정스럽고 불편한 것이 없습니다.

윤선도(尹善道)의 상소는 매우 놀랍습니다. 그러나 형을 비난하고 산릉(山陵)을 비난하지 않았으니 이 또한 형이 바라던 것입니다.

중장(仲丈)[106]께서 아직까지 병을 앓고 계신다고 들었으니 염려스러운 마음 끝이 없습니다. 누워서 쓰느라 나머지는 이만 줄입니다.

106 중장(仲丈) : 유계의 중형(仲兄)인 유목(兪棨, 1602~?)을 가리킨다. 자는 문숙(文叔)이다.

유무중에게 보냄
與兪武仲

성상께서 미령(靡寧)하시니 근심스럽고 애타는 마음 어찌 끝이 있겠습니까. 비가 그치지 않을 듯이 내리니, 구징(咎徵)[107]이 두려울 뿐만 아니라 현재 중외(中外)의 수재(水災)가 지극히 염려됩니다. 저는 세 번째 상소를 이미 올렸는데, 저들이 감추고 있는 뜻을 또 드러내지 못했습니다. 대체로 완상(完相 이후원(李厚源))의 뜻은 지극히 원할 만합니다. 형이 그동안 받은 관직 중에 예전에 받았던 청요직은 우선 논하지 않더라도 근래에 받은 춘방(春坊 세자시강원)과 미원(薇垣 사간원)은 모두 거쳤으면서 유독 이 대사성의 직임에 대해서만 사직소를 올리는 것은 변명할 말이 없을 듯합니다. 부디 왕명을 받들어 주사(籌司 비변사)를 담당해서 대신을 자주 뵙고서 그 가부(可否)를 도와서 이루는 것이 어떻겠습니까? 저는 자취와 의리로 헤아려 볼 때 반드시 체직되어야 비로소 안심이 되기 때문에 주변 사람들의 시비(是非)를 돌아보지 않고 반드시 뜻대로 되기를 기약하는 것입니다.

107 구징(咎徵) : 인간이 옳지 않은 행위를 했을 때 하늘이 내리는 보응(報應)을 가리키는데, 망녕된 짓을 하면 항상 비가 내리고, 참람한 짓을 하면 항상 볕이 나며, 게으르면 항상 날씨가 덥고, 급박하면 항상 날씨가 추우며, 몽매하면 항상 바람이 부는 것이다. 《書經 洪範》 당시 비가 그치지 않고 계속 내리는 이유가 사람이 망녕된 짓을 한 것에 대한 하늘의 보응이라고 여긴 것이다.

유무중에게 답함 경자년(1660, 현종1) 3월 24일

答兪武仲 庚子三月二十四日

인편이 올 때마다 반드시 형의 편지를 받으니 지극한 뜻에 감사하여 무어라 할 말이 없습니다. 저는 병고(病苦)가 날로 심해지니 조물주가 장차 얼마 동안이나 저를 세상이 머물게 할지 모르겠습니다. 수의(收議) 문제는 제가 감히 의론을 낼 수 없을 듯하지만 당초에 이미 망녕된 죄를 지었으니 응당 다시 진달하여 죄를 청해야 하기 때문에 다시 운운하였으니, 말하고 침묵하는 절도에 크게 어긋나지 않았겠습니까. 황공하고 황공합니다. 편지에서 길보(吉甫 윤선거(尹宣擧))에게 물으라고 말씀하셨는데 감히 따르지 못하겠습니다. 이 논의는 여(驪)[108]에게서 시작되었는데, 여의 의론이라면 시비를 따지지 않고 니(尼)[109]가 대체로 그대로 휩쓸려서 차라리 정자(程子)와 주자(朱子)를 배반할지언정 감히 여를 배반하지는 않습니다. 지금 허(許)의 상소[110]를 들으면 반드시 펄쩍 뛰어 일어날 것이니, 어찌 그와 논의하겠습니까. 그러나 저의 설(說)을 장차 보여 주어서 그가 혹시 찬찬히 궁구해 보기를 기다리려고 합니다.

108 여(驪) : 여강(驪江)에 살았던 윤휴(尹鑴)를 가리킨다.

109 니(尼) : 이산(尼山)에 살았던 윤선거를 가리키는 것으로 보인다.

110 허(許)의 상소 : 허목(許穆)이 예(禮)를 논한 상소를 가리킨다.《宋子大全隨箚 卷4》

유무중에게 답함

答兪武仲

매번 일깨워 주는 말씀을 해 주시니, 지극한 뜻을 감사히 받았습니다. 저는 병에 걸려 말하는 시체가 되었는데, 갑자기 이런 새로운 명이 내렸으니 황공하여 몸 둘 바를 모르겠습니다. 공직(供職)하는 것은 바라는 바가 아니고 소상(小祥)에 나아가는 것을 참으로 원하는데, 숨이 실낱처럼 간당간당하니 어쩌면 좋겠습니까. 미리 스스로 통탄할 뿐입니다. 초형(草兄 이유태(李惟泰))의 일은 어떻습니까? 이 형은 국량이 매우 크니 결코 지나치게 신 금귤(金橘)을 본받지 않을 것입니다.[111] 서로 이끌어서 어려운 시국을 구제하는 것이 바로 영형(令兄)의 일입니다. 봄이 장차 다하려 하니 세상을 위해 더욱 자애하십시오. 이만 줄입니다.

111 이……것입니다 : 지나치게 신 금귤은 송(宋)나라 팽연재(彭淵材)가 뽑은, 매우 좋지만 치명적인 단점 하나 때문에 장점이 퇴색되는 아쉬운 것 다섯 가지 중의 하나이다.《類說 卷48 墨客揮犀》 여기에서는 이유태가 국량이 크기 때문에 치명적인 단점이 있지는 않을 것이라는 의미로 인용하였다.

유무중에게 보냄

與兪武仲

오늘 밤 영윤(令胤)과 함께 잘 수 있어서 병든 마음이 매우 위로되었습니다. 요즈음 공무로 바쁘신 여가에 기거는 평안하십니까? 흉년이 이 지경에 이르렀는데 조정에서 진휼하는 계책은 어떤 것인지 모르겠습니다. 강호(江湖)에 근심이 넘치니 애타는 마음을 견딜 수 없습니다. 춘형(春兄 송준길(宋浚吉))은 학질(瘧疾) 때문에 길을 떠나려는 계획이 조금 지체되었지만 끝내 결코 그치지 않을 것입니다. 형이 이 형과 마음을 합친다면 절반 정도는 구제할 수 있을 것이니, 오직 이것만을 바랄 뿐입니다. 그 외에는 더욱 보중하시기를 빕니다.

○ 규암(圭菴) 선조에게 내려진 사시(賜諡)의 은전[112]을 유념해 주시기 바랍니다. 조카가 나이가 어려 아직 궐문에 나아가 호소하지 못했는데도 긍휼히 여겨 용서해 주시는 은혜를 입었으니 감격스럽기 그지없습니다. 여(驪 윤휴(尹鑴))의 의론에 대해 길보(吉甫 윤선거(尹宣擧))가 점점 처음 견해를 바꾸고 있으니 다행입니다.

112 규암(圭菴)……은전 : 규암은 송인수(宋麟壽, 1499~1547)의 호이다. 1547년(명종2)에 양재역 벽서 사건(良才驛壁書事件)이 일어나 사사(賜死)되었다가 1570년(선조3)에 신원되었고, 1660년(현종1) 송준길의 계청으로 이조 판서 대제학에 추증되고 문충(文忠)이라는 시호를 받았다.

유무중에게 보냄 경자년(1660, 현종1) 4월

與兪武仲 庚子四月

근자의 일은 오히려 무슨 말을 하겠습니까. 이른바 "늙은이가 운명이 박하여 많은 사람을 연루시켰다."[113]라는 것이니, 장차 길가에서 소장을 올리고 죄를 기다릴 것입니다. 뜻밖에도 영윤(令胤)이 내려와 성상의 유지(諭旨)를 전하였으니 저의 심사가 어떻겠습니까. 처음에 이 일이 강(江)에게서 나와 해(海)에게 넘겨진 것을 이상하게 여겼는데, 탄공(炭公)이 치마를 걷고 들어갈 줄은 생각지 못했습니다.[114]

113 늙은이가……연루시켰다 : 주희(朱熹)가 황간(黃榦)에게 답한 편지에 "다만 우리 무리가 허다한 공격을 받는 것 또한 우스우니, 어쩌면 하나의 좋지 못한 운기가 크게 행해져서 그런 것이거나, 아니면 늙은 내가 명이 박하여 여러 벗들에게 누를 끼친 것인 듯하네."라고 한 데서 인용한 말이다. 《晦庵集 續集 卷1 答黃直卿》

114 처음에……못했습니다 : 강(江)은 여강(驪江)의 윤휴(尹鑴)를, 해(海)는 해남(海南)의 윤선도(尹善道)를, 탄공은 탄옹(炭翁) 권시(權諰)를 가리킨다. 윤휴가 윤선도를 사주하여 상소해서 송시열을 공격하게 하였는데, 현종이 윤선도를 전리(田里)로 추방하라고 명하였다. 이에 권시가 상소하여 윤선도를 감언(敢言)하는 선비라고 신구(伸救)한 일을 가리킨다. 《宋子大全隨箚 卷4》

유무중에게 답함
答兪武仲

일찍이 제 아우를 통해 보내 주신 편지와 별지(別紙)를 받았고, 곧바로 연천(漣川)의 인편을 통해 다시 25일에 보내신 것을 받았으니 감사하기 그지없습니다. 편지를 통해 기거가 좋으시다는 것을 알고는 지극히 기쁘고 또 위로되었습니다. 저는 병이 매우 위중하였는데 지금 다행히 조금 편안해졌습니다.

별지의 내용에 저의 뜻을 모르신 점이 있고 조금은 사실과 맞지 않는 부분도 있기 때문에 일찍이 여쭈어서 헤아려 들어 주시기를 기다리려고 했습니다. 그러나 곧이어 생각해 보니 이렇게 하면 혹시라도 말이 새 나가서 일에는 도움되는 것이 없고 사람들의 원망만 초래할까 염려되었기 때문에 도로 감추어 두었으니, 훗날 형이 혹시 돌아오면 그 이야기를 다 할 수 있을 것입니다. 대체로 모든 일은 마음에 부끄러움이 없으면 됩니다. 한때의 화복(禍福)은 계산할 것이 없습니다. 그러므로 외부의 의론을 들을 때마다 한심하게 여기지 않은 적이 없었고 이어 한바탕 크게 웃었습니다. 친한 사람이 연좌되는 것은 당연하지만 관련이 없는 사람까지 함께 해를 입는 것은 이상하지 않습니까. 이 점은 마음에 근심이 없을 수 없습니다. 이만 줄입니다.

유무중에게 답함[115]

答兪武仲

답장은 매우 감사합니다. 이 일은 비록 작지만 관계된 바가 가볍지 않습니다. 첫째는 도리로 볼 때 온당치 않고 둘째는 시비가 반드시 일어날 텐데, 무엇 때문에 할 필요가 없는 이런 일을 해서 편안하려고 하면서 도리어 큰 불편을 초래한단 말입니까. 형은 이 뜻을 조용히 생각해 보십시오. 비록 다른 사람은 금지하지 못하더라도 스스로 이런 의론을 하지 않으면 화를 면할 수 있을 것입니다. 방금 민(閔)과 이(李)[116]의 편지를 보았는데, 이런 인정(人情)을 크게 볼 수 있었습니다. 이러한데도 오히려 이런 의론을 하는 것은 스스로 과녁이 되는 것입니다. 비록 의리를 돌아보지 않고 자신을 도모하는 데 교묘한 자로 말하더라도 결코 이렇게 하지 않을 것입니다. 어떻게 생각하십니까? 민과 이의 편지는 도로 보내 드립니다. 편지의 뜻을 혹시 우시랑(右侍郎)[117]에게 전하더라도 무방할 것입니다. 이만 줄입니다.

115 유무중에게 답함 : 이 편지는 첨부한 별지의 내용으로 볼 때 기해년(1659, 효종 10)의 편지에 편차해야 하는데 문집을 편집하는 과정에서 정확히 확인되지 않아 잘못 편입한 것으로 보인다.

116 민(閔)과 이(李) : 민은 민유중(閔維重) 형제를, 이는 이경휘(李慶徽) 형제를 가리키는 듯하다. 민유중과 이경휘는 처음에 모두 윤휴(尹鑴)와 서로 친하였고, 이류(李瀏)는 이경휘의 동생 이경억(李慶億)이 천거하였다. 《宋子大全隨箚 卷3》

117 우시랑(右侍郎) : 이 편지가 기해년(1659) 4월에 쓰인 것이라면 조복양(趙復陽)을 가리키는 듯하다. 조복양이 이때 이조 참의로 있었다.

별지

모(某)의 상소[118]는 보았습니다. 현재 정론(正論)이 소멸된 때에 그를 기운이 호강하고 뜻이 굳세게 한 점에 대해 여러 형들은 그 책임을 면할 수 없을 듯합니다. 신 영공(愼令公)이 일패도지(一敗塗地)한 일[119]을 어찌 거울삼지 않겠습니까. 또 이른바 "중망(重望)을 빌려 협박한다."라는 등의 말은 우연히 한 말이 아닌 듯하니 한심하다고 할 만합니다. 대체로 근래에 성상의 덕이 날로 새로워지고 있지만 일이 인척의 집과 관련되면 드러나게 보호하는 뜻이 있습니다. 오늘날 그를 처분한 것은 지극히 온당치 못하니, 이 병의 뿌리가 제거되지 않으면 결코 큰일을 할 가망이 없습니다. 의당 함께 혈성(血誠)을 다해서 서둘러 구제해야 할 것입니다. 다만 제현(諸賢)이 임금을 사랑하는 것이 동배(同輩)들을 사랑하는 것만 못할까 염려됩니다. 어떻게 생각하십니까?

118 모(某)의 상소 : 조한영(曺漢英)의 상소를 가리키는 듯하다. 이때 조한영이 대사간을 사직하면서 "민유중이 중망을 빌려 협박하는 뜻이 현저하였다."라는 말을 하였는데, 중망은 곧 송시열을 가리키는 말이었다. 《宋子大全隨箚 卷4》《孝宗實錄 10年 4月 19日, 24日》

119 신……일 : 신 영공은 신천익(愼天翊)을 가리키는 듯하다. 갑오년(1654)에 홍우원(洪宇遠)이 상소하여 조 귀인(趙貴人) 모자(母子)를 신구(伸救)하였다가 효종의 비위를 거슬러 대계(臺啓)가 나오기까지 하였다. 이때 신천익이 갑자기 밤중에 소패를 받들어 홍우원을 구원하는 자를 심하게 배척하고 또 김홍욱(金弘郁)에게 벌을 주어야 한다고 하여 김시진(金始振)과 김덕원(金德遠)에게 공격을 받았기 때문에 송시열이 일찍이 신천익의 이 일에 대해 백벽(白璧)의 흠이라고 하였다. 《宋子大全隨箚 卷4》

유무중에게 보냄

與兪武仲

소식이 뜸했던 것은 참으로 말씀하신 것과 같습니다. 저는 병으로 쇠잔하고 상황이 곤궁하여 의기소침해 있으므로 자연히 미칠 겨를이 없었고 형 또한 조정에서 홀로 수고하여 바쁘게 일하는 것이 이와 같았으니, 또한 이상할 것이 없습니다. 삼가 이전부(貳銓部)로 옮기신다고 들었는데[120] 이곳 또한 많은 말이 모여드는 곳이니 형을 위해 매우 염려됩니다.

근자에 떠도는 말 한두 가지를 들었는데, 저의 위태로운 처지가 백척간두에 서 있다고 할 수 있을 것입니다. 빗장을 단단히 채우고 굳게 막더라도 화를 면하지 못할까 두려운데, 형이 도리어 그런 말씀을 하신 것은 무슨 까닭입니까? 춘형(春兄 송준길(宋浚吉))은 아마도 거두어 떠날 것이니 또한 마땅하지 않습니까. 날씨가 점점 온화해지니 이러한 때에 더욱 보중하시기 바랍니다. 이만 줄입니다.

120 이전부(貳銓部)로 옮기신다고 들었는데 : 이전부는 이조 참판을 가리키는 것으로 보이는데, 이 시기에 유계가 이조로 옮겼다는 기록은 남아 있지 않다.

유무중과 이태지[121]에게 답함 경자년(1660, 현종1) 6월 1일

答兪武仲李泰之 庚子六月初一日

멀리서 안부를 물어 주시는 형들의 편지를 받으니 위로되고 후련하기 한량없습니다. 편지를 통해 기거가 신의 가호로 좋으시다는 것을 알았으니 기쁘고 경하드리는 마음 더욱 간절합니다. 저는 병으로 누워 있는 시간은 길고 일어나 있는 시간은 짧으니, 이는 좋은 소식이 아닙니다. 부득이 지금 사람을 보내 아이를 불렀는데 더운 여름 날씨가 이와 같고 또 장차 비를 만날 조짐이 있으니 매우 염려됩니다. 초려(草廬 이유태(李惟泰)) 형은 성상의 지우(知遇)가 매우 융숭하니 세도(世道)로 보면 다행이지만 우려스러운 마음은 깊습니다. 시남(市南) 형의 혹독한 말씀[122]은 참으로 저도 모르게 간담이 서늘하였으니, 그 사람의 낭패가 이 지경에 이를 줄은 생각지 못했습니다. 그러나 저쪽 사람은 오히려 티가 나게 버리려고 하지 않으니, 사람이 익숙한 것을 잊기 어려움이 참으로 이와 같습니다. 저 탄옹(炭翁 권시(權諰))은 애처롭게 여길 만하지만 근심할 것은 없습니다. 어떻게 생각하십니까? 춘형(春兄 송준길(宋浚吉))은 사람을 만날 때마다 다시 나아가지 못할 의리가 없다고 스스로 말하니 이 점은 기뻐할 만합니다. 저 같은 사람은 죽을 일만

121 이태지(李泰之) : 태지는 이유태(李惟泰, 1607～1684)의 자이다.

122 시남(市南)……말씀 : 시남은 유계의 호이다. 유계가 현종에게 윤선도(尹善道)의 상소를 조정에 내보여 그 죄를 밝히고는 그 상소를 불태우고 변방에 내쫓으라고 청하였는데, 윤휴(尹鑴)의 당에서 그 말이 혹독하다고 하였기 때문에 이렇게 말한 것이다. 《顯宗實錄 1年 4月 19日》

남았고 다시 움직일 만한 근력이 없으니 어쩌면 좋습니까.

○ 시남의 아들에게는 매우 바빠서 따로 편지를 보내지 못하니 한탄스럽습니다. 바로 이런 때에 다소(多少)의 사람을 구제하기를 현륙(莧陸)처럼 하게 한다면[123] 형들의 사업 또한 적지 않을 것입니다. 미공(美公)[124]이 신생(申生) 만천(曼倩)[125]과 다투었는데, 날이 새도록 다투어서 조금은 마음을 바꿀 뜻이 있다고 합니다.

123 현륙(莧陸)처럼 하게 한다면 : 현륙은 비름나물이다. 《주역》 〈쾌괘(夬卦) 구오(九五)〉에 "비름나물의 줄기를 과감하게 끊으면 중도(中道)에 허물이 없다."라고 하였는데, 비름나물은 음기(陰氣)가 많은 풀로 소인(小人)에 비유된다. 구오는 쾌괘의 주가 되므로 소인을 끊어 버리는 것이 비름나물의 줄기를 끊어 버리는 것처럼 쉽지만, 상육(上六)의 음(陰)과 가깝기 때문에 단호히 결행하지 않으면 실행하지 못할 근심이 있다. 그래서 의심 없이 결단하기를 재촉한 것이다. 여기에서는 윤휴의 무리와 단절하기를 요구하는 말로 쓰였다.

124 미공(美公) : 미촌(美村) 윤선거(尹宣擧)를 가리키는 것으로 보인다.

125 신생(申生) 만천(曼倩) : 만천은 신만(申曼, 1620~1669)의 자이다. 본관은 평산(平山), 호는 주촌(舟村)이다. 송시열의 문인이다.

유무중에게 답함 경자년(1660, 현종1) 8월
答兪武仲 庚子八月

누추한 집에 아무도 없어 빈 산골과 똑같은데, 삼가 보내 주신 편지를 받고 아울러 지성스럽게 보내 주신 별지까지 있었으니 감격스러운 마음 어찌 한량이 있겠습니까. 지금 새로 받은 명[126]은 한가한 직책이 아닌데 오랫동안 자리를 비우고 있으니 사적인 계책에 있어 불편할 뿐만 아닙니다. 이미 영상(領相)의 답장으로 인하여 선처해 주기를 부탁했는데, 혹시 차분히 대화할 기회가 있거든 저를 위해 한마디 말씀해 주시는 것이 어떻겠습니까?

별지에서 말씀하신 것은 저 또한 들었습니다. 다만 차마 들을 수 없고 말할 수 없는 일을 이렇게 공중에 대고 시끄럽게 떠들어 대었으니, 참으로 '사슴이 산림을 달리지만 목숨이 푸줏간에 걸려 있는[127] 격이라 한탄스럽고 한편으로 가소롭습니다. 또 듣건대 여러 사람의 뜻이 저와 친한 사람이 떠도는 말을 함부로 전해서 이렇게 되었다고 하는데, 이 또한 가소롭습니다. 저는 원래 친한 사람도 없거니와 친한 사람이

126 새로 받은 명 : 이때 송시열이 병조 판서에 제수되었다. 《顯宗實錄 1年 8月 1日》

127 사슴이……있는 : 결과가 이미 정해져 있다는 말이다. 당(唐)나라 측천무후(則天武后) 때 서유공(徐有功)에게 시어사(侍御史)의 벼슬이 내려지자 그가 고사하며 말하기를 "신이 듣건대 사슴이 산림을 달리지만 목숨은 푸줏간에 걸려 있다고 하니, 형세가 그렇게 만드는 것입니다. 폐하께서 신을 법관으로 삼으시면 신은 감히 폐하의 법을 왜곡할 수 없으니, 반드시 이 벼슬에서 죽게 될 것입니다."라고 한 말을 인용하였다. 《新唐書 徐有功列傳》

과연 떠도는 말을 전했다면 제가 어찌 듣지 못했겠습니까. 길보(吉甫 윤선거(尹宣擧))가 매번 "남곤(南袞)과 심정(沈貞)[128]이 두려운 것이 아니고, 두려운 것은 오직 여기에 있다."라고 하였는데 참으로 그렇습니다. 그러나 자제들이 왕래를 끊었으니 도성에 큰일이 있더라도 누가 들은 대로 알려 주겠습니까. 바라건대 일마다 알려 주시어 낭패를 만회하는 데 도움이 되게 해 주십시오. 그리해 주시면 매우 다행이겠습니다.

128 남곤(南袞)과 심정(沈貞) : 중종 때의 훈구 재상으로 신진 사류를 일망타진한 기묘사화(己卯士禍)의 주동 인물들이다.

유무중에게 보냄 경자년(1660, 현종1) 8월

與兪武仲 庚子八月

영윤(令胤)이 우수한 성적으로 과거에 급제한 것[129]은 원래 당연히 그렇게 될 일이었지만 친구로서 기쁘고 축하하는 마음 금할 수 없습니다. 요즈음 밤낮으로 공무에 바쁘실 텐데 형의 기거는 좋으십니까? 규암(圭菴) 선조의 시호[130]에 관한 일은 이미 부제학과 상의하였습니까? 을사사화는 기묘사화보다 참혹하였는데, 당시에 규암 선조께서 부박(浮薄)한 무리의 영수(領袖)라는 이유로 죄안에 올랐으니, 그 도덕은 정로(靜老)[131]와 비교할 때 논할 만한 점이 없지 않지만 한 시대 사림의 종장(宗匠)이었다는 면에서는 차이가 없습니다. 만약 정로가 얻은 것을 얻었다면 어떠하였을지 알 수 없으니, 제가 부제학에게 편지를 보내야겠습니다.

저는 병이 날로 심해지는데 촉급하고 편협함도 더 심해졌으니, 산골짜기만이 이 편지를 용납할 것입니다. 다만 병조 판서라는 중요한 자리를 이렇게 오랫동안 비워 두고 있으니 개인적으로 답답할 뿐만이 아닙니다. 형은 어찌하여 묘당(廟堂)에 강하게 말하여 속히 처치하게 하지 않으십니까? 이만 줄입니다.

129 영윤(令胤)이……것 : 유계의 둘째 아들 유명필(兪命弼)이 이해 증광시(增廣試)에서 진사(進士) 1등을 차지한 일을 가리킨다.《庚子增廣司馬榜目》

130 규암(圭菴) 선조의 시호 : 규암은 송인수(宋麟壽)의 호이다. 419쪽 주112 참조.

131 정로(靜老) : 정암(靜菴) 조광조(趙光祖)를 가리킨다.

유무중에게 답함 경자년(1660, 현종1) 9월 1일

答兪武仲 庚子九月一日

어제 영윤(令胤)이 돌아갈 때 편지 한 통을 부쳤는데, 지금 체편(遞便)을 통해 보내신 편지를 받고 말씀하신 뜻을 삼가 잘 알았습니다.

전에 능행(陵幸) 날짜가 정해졌다는 말을 듣고 호종(扈從)하여 애통한 심정을 다시 펴고 싶은 마음 간절하였으나 병 때문에 그렇게 하지 못했습니다. 인생의 처지가 이 지경에 이르렀으니 도리어 빨리 죽지 못한 것이 원망스럽습니다.

춘형(春兄 송준길(宋浚吉))에게는 매번 빨리 가라고 권하였는데, 학질이 이미 나았으니 오래지 않아 벼슬에 나아가리라고 생각합니다.

규암(圭菴) 선조의 일[132]에 이렇게까지 마음을 써 주시니 감사하기 그지없습니다. 이곳에는 초본(草本)이 없지만 말단에 "성대하다고 이를 만하다." 등의 말이 있는 것은 대략 기억하고 있습니다. 그 위에 "금상(今上)이 즉위하였을 때 연신(筵臣)이 증직하고 시호를 내려야 한다고 곧바로 청하자 성상이 즉시 윤허하였다. ……"라고 덧붙이는 것이 어떻겠습니까? 그러나 이것은 소경이 지팡이로 더듬어 길을 찾아가는 것과 같으니, 형께서 헤아려 결정하시기 바랍니다.

132 규암(圭菴) 선조의 일 : 419쪽 주112 참조.

유무중에게 답함 경자년(1660, 현종1) 9월 19일

答兪武仲 庚子九月十九日

편지를 보내 주시어 위로되고 감사합니다. 저번에 체편(遞便)에 편지 한 통을 보내 영윤(令胤)이 과거에 우수한 성적으로 급제한 것을 축하하였는데 받아 보셨는지 모르겠습니다. 지금 성상께서 하문하신 것은 실로 미천한 신하가 감히 대답할 수 있는 것이 아닌 데다, 광망(狂妄)한 말이 으레 저지당했는데 누차 올리기를 그치지 않는 것은 말하고 침묵하는 절도를 손상하지 않겠습니까. 그러므로 감히 장황하게 말하지 못하고 단지 주서(朱書) 중에서 행할 만한 것을 뽑아서 행하시라고 청하였습니다. 그중에 분수재(分數災)[133]를 조사하여 재결(災結)을 인정해 주는 것과 본도(本道)에서 조발하는 쌀을 모두 본도에 그대로 두어 진휼할 재원으로 사용하는 것, 이 두 가지 일은 행하지 않아서는 안 되기 때문에 이미 사관(史官)에게 구두로 당부하였으나 회계(回啓)에는 감히 말하지 못하였습니다.

저는 여(驪 윤휴(尹鑴))의 독수(毒手)가 갈수록 더욱 심해져서 문을 닫아걸고 감히 뜰에 나가지 못하여 도리어 일이 줄어든 것을 느끼니

133 분수재(分數災) : 흉년이 들었을 때 인정해 주는 재해로 전재(全災)와 분수재가 있다. 전재는 완전히 재해를 입어 수확량이 하나도 없는 것이고, 분수재는 부분적인 재해를 입은 경작지에 대해 정도에 따라 감세해 주는 재상(災傷)을 가리키며 분수 재상이라고도 한다. 완전히 재해를 입은 전재가 십분재(十分災)가 되고 차례대로 일분재(一分災)까지의 10등급으로 나눈다. 즉 수확량이 10분의 1일 때 구분재(九分災), 수확량이 10분의 2일 때 팔분재(八分災)라 한다. 《承政院日記 英祖 1年 7月 22日》

또한 우습습니다. 사정이 이러한데도 벼슬에 다시 나아갈 수 있겠습니까. 형께서는 저를 불쌍히 여기고 이해해 주시어 다시는 천거하겠다는 말씀을 하지 말아 주시면 매우 다행이겠습니다. 매번 생각건대 형이 외로이 홀로 나서서 혼자 성의를 다하는데 도와주는 사람이 없는 것이 지난해 저의 심사(心事)와 똑같아 눈물을 흘리지 않은 적이 없습니다. 규암(圭菴) 선조의 시호에 관한 일[134]은 전적으로 존형(尊兄)께 의지하고 있으니 속히 도모해 주시기 바랍니다. 이만 줄입니다.

134 규암(圭菴)……일 : 419쪽 주112 참조.

유무중에게 답함 경자년(1660, 현종1) 9월 27일

答兪武仲 庚子九月二十七日

제 아이가 돌아와 형의 편지와 별지(別紙)를 전해 주었습니다. 저를 돌보아 주시는 뜻을 삼가 알았으니 감사한 마음 형용할 수 없습니다. 춘형(春兄 송준길(宋浚吉))의 거취는 여러 차례 그의 장소(章疏)에 드러났는데도 지금까지 미루고만 있으니, 성상께서 간절히 기다리고 계실 것이므로 마음이 매우 편치 않습니다. 제가 외람되게 다시 직명을 받은 일은 이미 사양한다는 글을 올렸으니 윤허를 받으리라 생각합니다.

별지에서 말씀하신 것은 무슨 일을 가리키는지 모르겠습니다. 그러나 저는 여(驪 윤휴(尹鑴))에게 당한 이후 사정이 더욱 달라졌습니다. 대체로 평소에 여의 무리가 여기저기에 가득하고 그들 모두가 고명(高明)하고 해박한 사람들인데, 그 일이 있고부터는 감히[135] 드러내 놓고 그를 두둔하지는 못하지만 저에 대해 노여워하는 마음이 전보다 만배나 더합니다. 이런 이유로 여름 동안에는 말이나 기색(氣色)에 드러내지 못하였고, 또 저의 천박하고 망녕된 언행 때문에 친구들 사이에 더러 말이 나왔기 때문에 지금은 입에 올리지 않은 지 오래되었습니다. 문을 닫고 들어앉아 자취를 거두고 사람들과 상관하지 않으며 매양 전일의 허물을 생각해 보노라면 저도 모르게 땀이 옷을 적십니다. 고을이나 마을에 비록 분분한 일이 있더라도 감히 손을 대고 입을 열어서 불을 끄려다가 스스로 불타 죽는 짓을 하겠습니까.

135 감히 : 대본에는 '惟'로 되어 있다. 두주에 근거하여 '敢'으로 바로잡아 번역하였다.

말씀하신 '충후(忠厚)' 두 글자는 이런 것에 섞이지 않도록 하는 것입니다. 그 뜻이 진실로 공손하고 후덕한 기풍이니, 감히 가슴에 새기지 않겠습니까. 다만 당초에 한두 사람을 구원하려고 혈성(血誠)을 다해 같은 말을 반복했는데, 듣는 사람이 관심을 두지 않을 뿐만 아니라 절로 시기심과 독기가 생겨 말을 조작해서 이리저리 어지럽혀 못 하는 짓이 없었습니다. 이는 성의는 부족하면서 한갓 변설(辯舌)에만 의지하고 또 공격을 통쾌하게 여기는 마음이 그 사이에 끼어 있어서 사람을 이 지경으로 만든 것이니, 매우 부끄럽고 후회스럽습니다. 그러나 외천수(隗天水)가 촉제(蜀帝)에 대해 군신의 분수가 정해지고 좋아하는 마음이 깊어지자 광무제(光武帝)의 편지와 문연(文淵)의 충성도 끝내 그의 미혹된 마음을 돌리지 못했습니다.[136] 오늘날의 사태도 또한 바로 이와 같으니, 어찌 보잘것없는 제가 어떻게 할 수 있는 일이겠습니까. 더구나 그는 주자(朱子)의 학문에 죄를 얻었으니 이는 바로 난적(亂賊)으로서 스스로 하늘의 주벌을 범한 자인데, 그의 무리는 마침내 창을 거꾸로 들고 귀순할 줄을 모르고 있으니[137] 이것은 바로 누구든지 쳐야

136 외천수(隗天水)가……못했습니다 : 외천수는 후한 시대 외효(隗囂)를 가리키고, 촉제는 왕망(王莽) 때 칭제(稱帝)했던 공손술(公孫述)을 가리킨다. 문연은 마원(馬援)의 자이다. 광무제가 외효에게 편지를 보내 공손술을 공격하여 신의를 보이도록 하였고 마원도 평소 친분이 깊은 사이이므로 설득했으나, 외효가 듣지 않고 공손술에게 항복하였다.《後漢書 隗囂列傳, 公孫述列傳》 이는 윤선거(尹宣擧) 등이 윤휴와 교제하는 것을 비유한 말이다.《宋子大全隨箚 卷4》

137 창을……있으니 : 창을 거꾸로 들었다는 것은 주(周)나라 무왕(武王)이 상(商)나라를 칠 때 주(紂)의 앞에 있던 군사들이 뒤돌아서 자기편 군대를 공격한 일을 가리킨다.《書經 武成》 여기에서는 윤휴의 무리가 사문난적(斯文亂賊)인 윤휴를 공격하지 않은 일을 가리킨다.

지 법관이 다스리기를 기다릴 필요가 없는 일입니다. 어찌 힘이 불가하다고 해서 도리어 비호하여 스스로 조순(趙盾)과 같은 죄[138]에 빠져서야 되겠습니까. 저의 뜻은 단연코 이러하니, 만일 합당하지 못한 것이 있다면 가르침을 주시어 저의 어리석음을 깨우쳐 주시기를 간절히 바랍니다. 하지만 남들에게는 보이지 마십시오. 책을 불사르고 선비를 생매장하는 화를 부르게 될까 두렵습니다. 이만 줄입니다.

138 조순(趙盾)과 같은 죄 : 간접적으로 죄를 범하는 것을 말한다. 춘추 시대 진(晉)나라 대부 조순이 영공(靈公)에게 간언하였다가 영공이 듣지 않고 죽이려 하자 도망하였는데, 미처 국경을 넘기 전에 조천(趙穿)이 영공을 시해하였다. 이에 사관 동호(董狐)가 "조순이 임금을 시해했다."라고 쓰자, 조순이 "그렇지 않다."라고 하니, 동호가 "당신은 정경(正卿)으로서 도망가다 국경을 넘지도 않았고 돌아와서도 역적을 치지 않았으니, 당신이 죽인 것이 아니고 누가 죽인 것이겠는가."라고 하자 조순이 자기의 죄를 인정하였다. 《春秋左氏傳 宣公2年》

유무중에게 보냄 경자년(1660, 현종1) 11월 16일

與兪武仲 庚子十一月十六日

인편을 만나면 반드시 편지를 보냈는데 모두 받아 보셨습니까? 날씨가 몹시 추운데 형의 기거는 어떠십니까? 예조의 여러 관원들이 모두 체직되었다고 들었는데, 형은 면하지 못했습니까? 한가히 지내시는 것이 즐거울 것입니다.

저의 내자(內子)가 한질을 앓고 있습니다. 처음에는 감기라고 생각했는데 점점 더 위독해져서 며칠 전에는 거의 견디지 못할 지경에까지 이르렀습니다. 다행히 약을 복용하고 나서 어젯밤부터 조금 살아나기는 하였으나 위태로운 증상이 아직 많이 남아 있습니다.

문원(文院)[139]의 일은 처음부터 형의 주선에 힘입어 사액(賜額)까지 되었는데 아직까지도 편액이 내려오지 않았으니 제생(諸生)이 매우 답답해하고 있습니다. 서원의 유생들이 이 때문에 필시 올라가서 형에게 호소할 것이니 특별히 유념해 주시는 것이 어떻겠습니까?

이 고을은 불행히도 어진 태수가 서거하였으니,[140] 한 고을의 불행일 뿐만 아니라 실로 우리들의 운기(運氣)와도 관계됩니다. 이 사람은 일찍이 인조대왕의 상을 당했을 때 별거(別居)하고 고기를 먹지 않고

139 문원(文院) : 문의(文義)에 있는 노봉서원(魯峯書院)을 가리킨다. 규암(圭菴) 송인수(宋麟壽)와 북창(北窓) 정렴(鄭磏)의 위패가 봉안되어 있고, 훗날 송시열 역시 이 서원에 배향되었다. 《宋子大全隨箚 卷4》

140 어진 태수가 서거하였으니 : 조이숙(趙爾翻)이 회덕(懷德) 임소에서 졸하였는데, 고을 사람들이 비(碑)를 세워 그를 기렸다. 《宋子大全隨箚 卷4》

서 삼년상을 마쳤고 지금 효종대왕의 상에도 이렇게 하였습니다. 병이 났을 때에는 오히려 집안사람들에게 간곡하게 말하기를 "나의 병은 고깃국으로 나을 수 있는 것이 아니니 모쪼록 나를 더럽히지 말라."라고 하였습니다. 이것이 비록 중도(中道)를 넘는 것이기는 하지만 그의 지극한 행실은 참으로 민멸되어서는 안 됩니다. 혹시 연석(筵席)에서 아뢰어 포상하고 증직하는 거조가 있게 된다면 실로 세도(世道)의 권선징악하는 단서와 관계될 것이니 헤아려 주시기 바랍니다.

손자의 혼사는 정언 박승건(朴承健) 댁으로 정하였는데 납징(納徵)하는 날이 머지않으니 저의 아이가 혹 여쭈는 것이 있으면 헤아려 가르침을 주시기 바랍니다. 할 말은 많지만 이만 줄입니다.

유무중에게 답함 경자년(1660, 현종1) 12월

答兪武仲 庚子十二月

돌아온 제 아이 편에 지난달 22일에 보내신 편지를 받고 자세하게 하신 말씀을 모두 알았습니다만, 어찌 모두 좋은 소식이겠습니까. 오직 성상의 기후가 편안하시어 날마다 경연(經筵)을 세 차례 여신다니 온 백성들의 경사로 -원문 빠짐- 이보다 큰 것이 없습니다. 말씀하신 이마를 찌푸릴 일은 형이 이렇다는 것은 잘 알지만 이 일은 참으로 방과해서는 안 되니, 어찌 모두 법관이어야만 찬시(簒弑)한 역적을 주벌하겠습니까. 만번 재앙을 받더라도 저는 후회하지 않을 것입니다. 시호를 의논하는 일[141]은 여러 사람의 뜻이 이와 같다면 어려울 것입니다. 그러나 저의 뜻으로 말한다면 그간에 이런 은전(恩典)을 받은 자가 어찌 반드시 모두 정암(靜菴 조광조(趙光祖)) 같은 사람이었겠습니까. 다만 저는 한집안이라는 혐의가 있으므로 말을 다 하기 어렵습니다.

경연에서 강론한 것은 말씀하신 뜻이 지극히 타당합니다. 이 책은 경사(經史)를 모두 겸하고 의리와 사변(事變)이 하나의 조목 안에 함께 들어 있으니, 오늘날 이보다 더 긴요한 일이 없을 것입니다. 그러나 책은 또한 한만한 것이니, 지면(紙面) 외에 항상 의리에 관한 말로 성상의 지혜를 일깨우고 성상의 심지를 기쁘게 한다면 그 유익함이 반드시 배가될 것입니다. 그러나 이 책임을 형이 아니면 누가 담당하겠습니까.

141 시호를 의논하는 일 : 419쪽 주112 참조.

저는 지난달에 병이 몹시 위독해져서 곁에서 보는 자들이 놀라 상황을 전달하는 바람에 제 아이가 급히 돌아왔고, 이로 인하여 외람되게도 어의와 약을 보내라는 명이 있었으니 황송하고 감격스러운 마음 어찌 끝이 있겠습니까. 두 번째 상소는 비답을 받은 다음 날 아침 일찍 즉시 현(縣)과 도(道)를 통해 올리고, 그 끝에 몇 마디 말을 하였는데 어떻게 될지 모르겠습니다. 이만 줄입니다.

유무중에게 답함 신축년(1661, 현종2) 1월 19일

答兪武仲 辛丑元月十九日

이렇게 새봄을 맞이하여 그리운 마음 배나 간절하였는데, 방금 춘(春 송준길(宋浚吉))의 체편(遞便)을 통해 멀리서 보내신 편지를 받았습니다. 지면에 가득 말씀하신 상황들은 저로 하여금 근심과 기쁨이 뒤섞이게 하기에 충분하였습니다.

다만 훼찰(毁刹)하라는 분부[142]는 원근에서 그 소문을 듣고 기뻐하지 않은 사람이 없었는데, 방금 묘당과 옥당이 반대할 뜻이 있다는 소식을 듣고 매우 실망하였습니다. 그러다가 차자(箚子)의 사본을 보았더니, 비록 그 소식을 전한 사람의 말과 같지는 않았지만 사대부들을 실망시킨 점은 컸습니다.

예로부터 능히 이와 같이 이단(異端)에 현혹되지 않고 거침없이 용단을 내린 임금이 누가 있겠습니까. 이는 실로 대성인이 하는 일로서 보통 사람보다 매우 뛰어난 조치이니, 반드시 서둘러 받들어 거행해야 합니다. 혹시라도 미루다가 이루지 못할까 두려우니, 어찌 우물쭈물 미루다가 기회를 놓칠 수 있겠습니까. 만일 혼란이 생길까 두렵다면 다만 대처해 나갈 방도를 강구해야 할 일이지, 어찌 한 달에 한 마리씩 훔쳐서 내년을 기다리는 계책[143]을 해서야 되겠습니까.

142 훼찰(毁刹)하라는 분부 : 1660년 현종이 서울에 있던 인수원(仁壽院)과 자수원(慈壽院)을 헐어 버리도록 분부하였다.《宋子大全隨箚 卷4》

143 한 달에……계책 : 전국 시대 송(宋)나라 대부 대영지(戴盈之)가 "10분의 1을

정자(程子)가 여진백(呂晉伯)[144]으로 하여금 조정에 주청(奏請)하지 말고 귀교(鬼敎)[145]를 제거하도록 한 것은 대개 주청을 하면 거행하지 못하게 될까 염려해서이니, 기회를 포착할 때에는 터럭 하나만큼의 오차도 용납할 수 없는 것입니다. 선왕께서 처음 즉위하였을 때 승려들로 하여금 베〔布〕 20필을 바치고 도첩(度牒)을 받은 다음에 승려가 되게 하자 그 당시에 도로 환속한 자가 매우 많았는데, 그 당시 정승이 차자를 올려 시행하지 말기를 주청하였습니다. 만일 그때 시행했다면 그 무리가 줄어들어 오늘날 없애기가 또한 쉬웠을 것입니다. 뒷날에 오늘날을 본다면 오늘날 지난날을 보는 것과 같지 않겠습니까. 바라건대 형은 시급히 저번의 의론을 바꾸어서, 자꾸 미루어 중도에 그만두게 되지 않도록 하는 것이 어떻겠습니까?

그리고 도감(都監)의 군사를 줄이는 일 또한 선왕의 뜻이 아니니, 오늘날 그 일을 말하는 것은 차마 하지 못할 일이 아니겠습니까. 선왕의 뜻은, 군사를 양성하면 백성을 기르는 데 해를 끼치니, 장차 유랑하는 백성을 모두 찾아내되 세 사람을 찾으면 한 사람은 군사로 만들고

거두는 농지세(農地稅)와 관문의 통행세와 저자의 상인에게 거두는 세금을 지금 바로 철폐하기 어려우니 경감(輕減)했다가 내년에나 그만두겠습니다." 하자, 맹자가 "어떤 사람이 날마다 이웃집 닭을 훔치므로 혹자가 '군자의 도리가 아니다.' 하니 '한 달에 한 마리씩 훔치다가 내년에는 그만두겠다.'라고 하는 것과 같다. 의리가 아닌 줄 알았다면 시급히 그만둘 것이지, 어찌 내년까지 기다린단 말인가."라고 한 고사를 인용한 것이다. 《孟子 滕文公下》

144 여진백(呂晉伯) : 진백은 송나라 여대충(呂大忠)의 자이다. 장재(張載)의 문인으로, 아우인 여대방(呂大防), 여대균(呂大均), 여대림(呂大臨)과 함께 향약을 조직하고 그 규약을 기술한 것이 《남전여씨향약(藍田呂氏鄕約)》이다.

145 귀교(鬼敎) : 불교를 비하한 말이다. 《釋文紀 卷32 李瑒 論沙門奏》

두 사람이 그를 도와주게 하려는 것이었습니다. 지금은 이 방법을 강구해야 마땅한데, 어찌 본래 적은 군사를 갑작스럽게 줄일 수 있겠습니까.

그 외에 포흠(逋欠)과 아약(兒弱)에 대해 견감하고 면제해 주는 일 등은 진실로 사람들의 마음을 크게 위로하는 것이니, 모두 시급하게 지휘하여 인심을 결속해야 합니다. 여러 궁가(宮家)의 염분(鹽盆)에 관한 일 등은 진실로 원성을 불러들이고 법을 문란하게 하는 일 중에 큰 것이니, 이런 것을 혁파하지 않는다면 결코 할 수 있는 일이 없습니다. 그러나 반드시 먼저 통진(通津)의 해량(蟹梁)[146]을 혁파한 뒤에야 다른 여러 궁가의 문제를 차례로 해결할 수 있을 것입니다.

오늘날 가만히 들어 보건대 피차와 원근을 막론하고 조정 신하들 중에 기대하는 분은 단지 존형(尊兄) 한 사람뿐입니다. 형이 의지를 굳게 다져 목숨을 내놓고 담당하지 않는다면 다시 기대할 사람이 없을 것이니, 어찌 크게 두렵지 않겠습니까. 만일 불가한 점이 있다면 모름지기 속히 몸을 빼서 물러나야지, 말을 하지 않고 날을 보내다가 후세의 책망을 받지 말아야 합니다. 어떻게 생각하십니까? 오늘날 형을 아끼는 사람은 저보다 더한 사람이 없을 것입니다.

말씀하신 '정(正)' 자[147]는 지금까지 이 시호(諡號)를 얻은 이가 어찌

146 통진(通津)의 해량(蟹梁) : 해량은 게를 잡는 어량(魚梁)이다. 당시 수진궁(壽進宮)의 궁노(宮奴)가 통진의 해량 두 곳을 불법으로 점거해서 마음대로 침탈하여 백성들에게 큰 피해를 끼치고 있었다. 통진 현감 이숙(李翻)이 궁노의 작폐를 저지하려고 하자 궁노가 이숙을 무고하니, 현종이 궁노의 말을 믿고서 이숙을 처벌하라고 명하였다. 이때 유계가 차자를 올려 궁노를 처벌하기를 청하였고, 이숙은 무고함을 주장하였다. 《顯宗改修實錄 1年 12月 26日, 2年 1月 4日·5日·10日·20日》

모두 정암(靜菴 조광조(趙光祖))처럼 현명하고 청로(淸老 김상헌(金尙憲))처럼 절조가 있는 사람이었겠습니까. 전날 제가 망녕된 의론을 냈던 것은 대개 이 때문이었습니다. 그러나 대중의 의론이 만족스럽게 여기지 않는다면 또한 어찌할 수 없는 일입니다. 굳이 말을 한다면 모름지기 '충(忠)' 자를 얻는 것이 좋을 듯한데, 어떻게 생각하실지 모르겠습니다.

초형(草兄 이유태(李惟泰))은 지난해 가을에 찾아온 이후로는 만난 일이 없습니다. 보내온 글은 마땅히 말씀대로 돌려 보이겠습니다.

무엇보다도 제가 지난날 저지른 그릇되고 망녕된 죄를 진실로 모두 속죄할 수는 없지만 오늘날은 물러 나와 있으니 곧 서로 상관이 없는 몸인데, 무슨 까닭으로 전날 방(榜)을 거는 짓을 하고 이제는 또 "선왕은 종묘에 들어갈 수 없다."라는 패륜한 말을 만들어 저에게 떠넘긴단 말입니까. "사슴이 산림을 달리지만 목숨은 푸줏간에 걸려 있다."[148]라는 말이 어찌 이를 두고 한 말이 아니겠습니까. 매우 두렵습니다. 나머지 수많은 사연은 붓으로 다 쓰지 못하겠습니다. 이만 줄입니다.

147 말씀하신 정(正) 자 : 이때 송인수(宋麟壽)의 시호를 문정(文正)으로 할 것인가, 문충(文忠)으로 할 것인가를 논의하였다.

148 사슴이……있다 : 427쪽 주127 참조.

유무중에게 답함 신축년(1661, 현종2)

答兪武仲 辛丑

형이 편지에서 말씀하신 은미한 뜻은 잘 알았습니다.[149] 그러나 오늘날 저의 처지로 말하면 이 자리에 올라온 것도 염치를 무릅쓴 것이라고 할 수 있는데, 더구나 감히 분수령(分水嶺)을 넘겠습니까.[150]

자부(子婦)의 장례는 어제 마쳤습니다. 오늘 일을 마치고 내일 일찍 남쪽으로 돌아갈 것입니다.

형이 담당한 진휼의 일은 점차 두서가 잡혀 가고 있습니까? 백만 백성이 물이 새는 배에 타고 있는 것과 같을 뿐만이 아니니, 어쩌면 좋습니까. 날씨가 추워지니 더욱 자애하시고, 만년에 절의를 보전하기 어렵다는 경계 또한 더욱 유의하시기 바랍니다. 이만 줄입니다.

149 잘 알았습니다 : 대본에는 '伏之默會矣'로 되어 있다. 두주에 근거하여 '伏之'를 빼고 번역하였다.

150 분수령(分水嶺)을 넘겠습니까 : 주희(朱熹)가 남송(南宋)에 들어갈 때 도읍이 임안(臨安)이라서 분수령을 넘어가게 되었는데, "의리에 편안치 않은 점이 있다면 맹세코 분수령을 한 걸음도 넘지 않겠다."라고 한 말을 인용하였다.《宋子大全隨箚 卷4》 여기에서는 벼슬에 나아가지 않겠다는 의미로 인용한 듯하다.

유무중에게 보냄 계묘년(1663, 현종4) 9월 8일

與兪武仲 癸卯九月八日

북쪽에서 오는 사람을 만날 때마다 반드시 형의 동정을 물으면 모두 몹시 초췌하다고 하니 지극히 염려됩니다. 이미 관직에서 뜻을 펼 수 없다면 어찌하여 곧바로 돌아와 호상(湖上)에서 쉬면서 조섭하지 않으십니까? 가을이 이미 깊었으니 회복되어 건강해지셨으리라 생각합니다. 저는 날씨가 서늘해지자 조금 생기가 있지만 윤 서방[151]이 이상한 병을 얻었습니다. 가서 얼굴을 보지는 못했지만 애타는 마음을 어찌 이루 다 말할 수 있겠습니까.

방금 미촌(美村 윤선거(尹宣擧))의 편지를 보았는데, 황원(黃院)[152]을 중수할 때 상량문을 짓는 문제에 대해 이미 노형(老兄)에게 보낼 편지를 썼다고 하였으니, 조만간 전해질 것입니다. 대체로 향사(享事)에 대한 논의는 예전과 크게 변하였으니, 반드시 이 글에 공공연하게 말해야 옳을 듯합니다. 이곳의 논의는 노형과 중초(仲初 조복양(趙復陽))와 정상(貞相 이경석(李景奭))이 쓰기를 바라고 있으니, 사우(祠宇)와 강당(講堂) 두 편(篇)입니다. 미촌이 편지에서 자세히 말했을 것이므로 다시 하나하나 말하지 않겠습니다.

151 윤 서방 : 송시열의 둘째 사위 윤단(尹搏)을 가리킨다.

152 황원(黃院) : 충청남도 논산에 있는 죽림서원(竹林書院)을 가리킨다. 1626년(인조4)에 이이(李珥)·성혼(成渾)·김장생(金長生)의 학문과 덕행을 추모하기 위해 황산사(黃山祠)를 창건하여 위패를 모셨고, 1665년에 '죽림'이라고 사액되어 조광조(趙光祖)와 이황(李滉)도 배향하였다. 1695년(숙종21) 송시열을 추가로 배향하였다.

송자대전

제34권

書서

조윤지[1] 석윤 에게 보냄 신묘년(1651, 효종2)

與趙胤之 錫胤○辛卯

제가 문득 진심으로 말씀드릴 것이 있기에 외람됨을 무릅쓰고 말씀을 올립니다. 저의 선인(先人)께서 지난 광해군 때 사마시(司馬試)에 합격했을 때 장원을 한 이영구(李榮久) 등이 상소하여[2] 스스로 서궁(西宮)에 사은(謝恩)하지 못하는 까닭을 진달하고 또한 당시 편들었던 졸도(卒徒)들을 주벌하여 사특한 의론의 뿌리를 영구히 끊어 버리기를 주청하였는데, 선인께서 바로 그 상소에 서명(署名)하고 또 홀로 서궁에 나아가 숙배하셨지만 입을 닫고 말씀하지 않으셨습니다.

계해년(1623, 광해군15) 반정[3] 후에 인목왕후(仁穆王后)께서 사사로이 저의 큰누이에게 분부하시기를 "내가 너의 아버지의 의리에 지극히 감사한다. 그 당시에 오직 네 아버지만 홀로 신하 노릇을 하는 사람이었다." 하였고, 학관(學官)에서는 또한 '홀로 경운궁(慶運宮)에 숙배했다.'로 제목을 내어 선비들을 시험 보이기도 했습니다. 그러나 선인

1 조윤지(趙胤之) : 조석윤(趙錫胤, 1606~1655)으로, 본관은 배천(白川), 호는 낙정재(樂靜齋)이다. 장유(張維)와 김상헌(金尙憲)의 문인이다.

2 이영구(李榮久) 등이 상소하여 : 1617년 11월에 증광시(增廣試)가 있었는데, 생원시에서는 이영구가 장원하고, 진사시에서는 조익형(趙益亨)이 장원하였으며, 송시열의 부친 송갑조(宋甲祚)는 생원시와 진사시에 모두 합격하였다. 그해 12월 16일에 생원과 진사의 방방(放榜)이 있었는데, 이틀 뒤인 18일에 이영구와 조익형 등이 서궁 인목왕후에게 사은하지 않겠다고 상소하였다. 《光海君日記 9年 12月 16日, 18日》

3 계해년 반정 : 인조반정(仁祖反正)을 가리킨다.

께서는 세속에서 숭상하는 것과는 뜻이 맞지 않았기 때문에 오래도록 낮은 지위에 있다가 일생을 마치셨습니다.

그 뒤 갑술년(1634, 인조12) 5월에 이조에서 정백형(鄭百亨), 김덕승(金德承), 홍서(洪恕) 등의 상소[4]로 인한 회계(回啓)에서 비로소 선인의 사적(事跡)을 들어 아뢰었습니다. 그러나 이 또한 목적이 있어서 그리하였던 것이지 황천에 계시는 제 선인을 위해서 한 일은 아니었습니다.

제가 일찍이 혼자서 슬퍼하였으니, 선인의 지취(志趣)와 조행(操行)은 놓아두고 논하지 않더라도 다만 정사년(1617)의 사적은 바로 빛나고 뛰어난 일이었으니 탐욕한 자를 청렴하게 하고 나약한 자를 진작하며 인륜을 붙잡아 세운 공로는 옛사람과 비등하다 해도 될 것입니다. 그런데 반정한 초기에 포상과 녹훈이 시행되지 않았고, 세상을 떠난 뒤에도 추증하는 은전이 거행되지 않았으니, 이것이 시대 탓입니까, 운명 탓입니까? 이른바 "현명한 사람과 우매한 사람이 거꾸로 되었다."라는 경우가 아니겠습니까. 또 이조의 계사는 마치 미미한 관직을 제수한 것으로 충분히 포상이 된다고 여긴 듯하니, 오호라, 어찌 "경중의 차등을 알지 못한다."라는 경우가 아니겠습니까. 진실로 세속 사람들과 말할 수 없는 일입니다.

4 정백형(鄭百亨)……상소 : 정백형, 김덕승, 홍서는 모두 1617년에 송갑조와 함께 진사시에 급제한 사람들이다. 그해 11월 25일 관학 유생 김상하(金尙夏) 등 110명이 연명으로 인목왕후를 폐하자는 상소를 올렸는데, 이들 세 사람은 그 상소에 참여하지 않았는데도 흉악한 무리가 몰래 그들의 이름을 써넣었으므로 송갑조를 증인으로 내세웠다. 정백형의 상소는 실록에 보이지만 김덕승과 홍서의 상소는 실록에 보이지 않는다. 《宋子大全隨箚 卷4》《光海君日記 9年 11月 25日》《仁祖實錄 12年 5月 16日》

정우복(鄭愚伏)[5]이 매양 선인을 칭찬하기를 "매화의 맑은 모습과 같다." 하였고, 정사년의 일을 논할 때에는 "정홍익(鄭弘翼)[6]과 쇄락(灑落)한 맛이 같다."라고 하였습니다. 대체로 정우복은 선인과 하루도 사귄 적이 없지만 이처럼 공공연히 칭송하였으니, 공론이란 없어지지 않는 것임을 확인할 수 있습니다.

아, 착한 일을 해 놓고서 남이 알아주지 않을까 근심하는 짓은 사실 선인께서 깊이 부끄럽게 여기시던 것이기 때문에 불초(不肖) 또한 남에게 말하고 싶지 않았으며, 또 비록 말하고 싶더라도 누가 이를 들어주겠습니까. 전에 우연히 주자(朱子)의 글을 읽어 보니 "선대에 착한 사적이 있었는데도 드러내어 후세에 전해지도록 하지 못하는 것은 곧 불인(不仁)한 일이다."라고 하였습니다. 이에 두려운 마음이 들어 일어나 말하기를 "그렇다. 의리는 참으로 무궁한데 나는 한쪽으로 치우친 소견만 고집스럽게 지키려고 하였으니, 학문을 강마하지 않은 폐단이 이 지경에 이르렀구나." 하였습니다.

얼마 후에 또 들으니 영형(令兄)께서 기용되어 사서(史書)의 일을 담당하게 된다고 하였습니다. 이는 실로 선조(先朝)의 실록을 편수하는 것으로, 한 나라의 역사를 편찬하는 일에 대해 무어라고 이야기하

5 정우복(鄭愚伏) : 정경세(鄭經世, 1563~1633)로, 본관은 진주(晉州)이고, 자는 경임(景任), 호는 우복이다. 유성룡(柳成龍)의 문인이다.

6 정홍익(鄭弘翼) : 1571~1626. 본관은 동래(東萊), 자는 익지(翼之), 호는 휴암(休菴)이다. 사헌부 지평으로 있을 때 대북파의 영수 대사헌 정인홍(鄭仁弘)이 성혼(成渾)을 탄핵하자 이를 극력 변호하여 정인홍을 공격하였고, 1617년 인목대비 폐모론이 일어나자 극력 반대하여 진도(珍島), 종성(鍾城) 등지에 유배되었다가 인조반정 이후에 풀려났다.

기 어려운 점이 있기는 하지만, 한유(韓愈)는 현인(賢人)과 철사(哲士)의 일생을 고찰하여 당(唐)나라의 경(經)을 만들어 남들이 모르는 덕이 있는 사람의 가려진 광채를 드러내겠다고 하였습니다. 영형은 회암(晦庵 주희(朱熹)) 뒤에 태어나 희성(姬姓)으로부터 시씨(柴氏)에 이르기까지 수천 년 동안의 춘추필법(春秋筆法)[7]을 익숙히 익힌 분으로서 또 어찌 창려공(昌黎公 한유)보다 많이 부족하겠습니까. 이에 또 마음속에 감추어 두었던 생각이 있으니, 옛적에 견봉(甄逢)이 원 시어(元侍御)와 알고 지냈으므로 창려에게 소개하여 그 아버지의 절의가 역사에 기록되었고,[8] 주자도 이계장(李季章)에게 편지를 보내 위재공(韋齋公)[9]이 강직하게 의논한 사실을 써 주기를 청했습니다.

지금 저는 다행히도 영형께서 심하게 비루하게 여기시지 않아 천년 뒤에도 도의(道義)를 지키기로 서로 기약하였는데, 끝내 말하지 않는

7 희성(姬姓)으로부터……춘추필법(春秋筆法) : 희(姬)는 주(周)나라의 성이고, 시(柴)는 오대(五代) 후주(後周)의 성이다. 송(宋)나라 주희가 주나라 말엽에서 후주 세종(後周世宗)까지의 일을 기술한 《자치통감강목(資治通鑑綱目)》을 말한다.

8 견봉(甄逢)이……기록되었고 : 견봉은 당나라 명인(名人) 견제(甄濟)의 아들이고, 원 시어는 당나라 시인 시어사(侍御史) 원진(元稹)을 가리킨다. 견제가 안녹산(安祿山)이 반역할 것을 알고서 거짓말을 못하게 되었다고 속이고 떠났는데, 안녹산이 뒤쫓아가 죽이려고 하여도 고집하고 나오지 않아 마침내 절의를 지켰다. 한유가 사관(史官)에 임명되자 견봉의 친구인 원진이 한유에게 편지를 보내 그 사실을 역사에 기록하도록 하였다. 《新唐書 甄濟列傳》

9 위재공(韋齋公) : 주희의 부친인 주송(朱松, 1097～1143)의 호이다. 자는 교년(喬年)이고, 시호는 헌정(獻靖)이다. 남송 고종(南宋高宗) 때 이부랑(吏部郎)을 지냈으나 간신 진회(秦檜)가 주도하는 금(金)나라와의 화의(和議)에 반대하다가 폄출되었다.

다면 이는 진실로 견봉의 죄인이 될 것이고 또한 다시는 주자의 글을 읽을 수 없을 것입니다. 그래서 목욕재계하고 편지를 써서 서쪽을 향해 재배(再拜)하고 보내려는데, 갑자기 초야(草野)의 사람들이 상소하여 '멀리서 조정의 권한을 쥐고 있는 데 대한 형률'을 가하려고 한다는 말을 듣고서 송구스러워 숨을 죽이며 감히 조정의 신료에게 이름을 들이밀지 못했습니다.

이제는 질병이 침범하여 몸이 여위고 정신이 손상되었으므로 세월만 보내다가 잘못되어 끝내 천고의 한이 되어 버릴까 몹시 두렵기 때문에 마침내 감히 염치를 무릅쓰고 말씀드리는 것입니다. 삼가 바라건대 애처롭게 여기고 살펴 주십시오.

필삭(筆削)할 때 특별히 그 사실을 쓰거나 갑술년(1634)에 있었던 정백형 등의 일과 관련하여 그 사적을 자세히 기록해서 영원히 없어지지 않도록 도모해 주신다면, 자손과 종족들이 모두 비할 데 없는 큰 은혜를 받게 될 뿐만 아니라 대군자(大君子)께서 세상에 교훈을 세우는 도리에도 도움이 없지 않을 것입니다. 제가 기록해 놓은 갑술년에 이조에서 올린 계사와 청음(淸陰 김상헌(金尙憲)) 어르신이 지은 묘갈명(墓碣銘)을 베껴서 보내니 아울러 살펴보시기 바랍니다.

홍대이[10] 명하 에게 보냄 무술년(1658, 효종9) 8월 29일

與洪大而 命夏○戊戌八月小晦

잠깐 뵙지 못했는데 그립기 그지없습니다. 저는 운수가 몹시 사나워서 병든 손자가 지금 최악의 위독한 지경에 이르러 유 어의(柳御醫)[11] 이하가 모두 손을 쓰지 못하고 있으므로 장차 가만히 서서 죽기를 기다릴 형편이니, 이곳의 근심을 어찌 다 말할 수 있겠습니까.

근자에 향리에서 온 편지를 보니 형이 황정(荒政)을 담당하였으므로 모두 소생되기를 기대하고 있다고 합니다. 만약 착실하게 행하지 않는다면, 바라는 것이 절실하면 원망도 깊다고 한 경우를 장차 면치 못할 텐데, 이미 두서가 잡혔는지 모르겠습니다.

또 한 가지 말씀드릴 일이 있습니다. 옛말에 "예(禮)가 어지러우면 어지러워진다."[12]라고 하였고, 또 이르기를 "반드시 종실(宗室)과 세족

10 홍대이(洪大而) : 홍명하(洪命夏, 1607~1667)로, 본관은 남양(南陽), 자는 대이, 호는 기천(沂川)이다. 성리학에 조예가 깊었으며, 특히 효종의 신임이 두터워 효종을 도와 북벌계획을 적극 추진하였고, 박세채(朴世采), 윤증(尹拯) 등을 조정에 천거하였다.

11 유 어의(柳御醫) : 어의 유후성(柳後聖)을 가리킨다. 인조 때부터 현종 때까지 3대에 거쳐 의관으로 활약한 인물로, 특히 침술에 능하였다. 효종이 승하했을 때 송시열의 그를 처벌하자고 주장했으나 현종이 받아들이지 않았다. 1662년(현종3) 대왕대비의 병이 완쾌되자 이를 특별히 경하하여 그에게 정1품 보국숭록대부(輔國崇祿大夫)가 특별히 가자(加資)되었다. 《顯宗實錄 卽位年 8月 30日, 3年 10月 7日》

12 예(禮)가 어지러우면 어지러워진다 : 정이(程頤)가 "자신을 수양하고 집안을 다스리고 나라를 다스리고 천하를 다스리는데, 예가 다스려지면 자신과 집안과 나라와 천하가 다스려지고 예가 어지러우면 어지러워지며, 예가 보존되면 자신과 집안과 나라와

(世族)에게 행하여 양식(樣式)을 만들어야 한다."[13]라고 하였습니다. 지금 대원군(大院君)[14]을 봉사(奉祀)하는 사람과 연결되어서야 비로소 창빈(昌嬪) 안씨(安氏)[15]를 아직 체천(遞遷)하지 않았다는 것을 알았습니다. 이는 장경왕후(章敬王后)나 문정왕후(文定王后)와 제사를 대등하게 지내는 것으로, 바로 병후(竝后)와 필적한다[16]는 것이니 매우 한심합니다. 어찌 사친(私親)이라는 이유로 예가 아닌 제사를 참람하게 지낼 수 있겠습니까. 형이 마침 예부에 계시니 이런 의리로 아뢰어 예에 의거하여 체천한다면 윤리가 밝아지고 명분이 바르게 되어 사부(士夫)들이 예법을 어지럽혀서는 안 된다는 것을 분명히 아는 데에 적잖이 도움이 될 것입니다. 어떻게 생각하십니까? 형이 아니면 감히 이런 분수에 넘는 말을 하지 못할 것이니, 양해해 주시기 바랍니다. 이만 줄입니다.

천하가 보존되고 예가 망하면 망한다."라고 한 말을 인용한 것이다.《二程文集 卷上 附錄 禮序》

13 반드시……한다 : 주희(朱熹)가 종법(宗法)에 따른 제사에 대해 "오늘날 종법에 따른 제사의 예를 알려고 한다면 모름지기 위에 있는 사람이 먼저 종실과 세족의 집에서 행하고 나서 양식을 만들어야 비로소 이하 사대부에게 행하게 할 수 있다."라고 한 것을 가리킨다.《朱子語類 卷90 禮7 祭》

14 대원군(大院君) : 선조의 생부인 덕흥대원군(德興大院君)을 가리킨다. 중종의 후궁인 창빈 안씨 소생이다.

15 창빈(昌嬪) 안씨(安氏) : 안탄대(安坦大)의 딸로, 중종의 후궁이자 선조의 조모이다.

16 병후(竝后)와 필적한다 : 주(周)나라 대부 신백(新伯)이 "첩(妾)이 후(后)와 대등하거나, 서자가 적자와 대등하거나, 신하가 제멋대로 명령을 내리거나, 도읍(都邑)이 국도(國都)와 대등해지는 것은 나라가 어지러워지는 근본입니다."라고 한 말을 인용하여, 현재 창빈 안씨가 장경왕후나 문정왕후와 대등한 것이 나라가 어지러워지는 근본이므로 바로잡아야 한다고 말한 것이다.《春秋左氏傳 桓公18年》

홍대이에게 답함 무술년(1658, 효종9) 8월 29일
答洪大而 戊戌八月小晦

보내 주신 답장을 받았으니 감격스러운 마음 어찌 끝이 있겠습니까. 앞선 편지에서 말을 다 하고 싶지 않았기 때문에 저의 뜻이 드러나지 않게 하였으니, 한탄스럽습니다. 이 일[17]은 초기에 막지 못해서 수색당하는 치욕까지 있었으니, 품속에 감추었는지의 여부가 어찌 영상(領相)[18]에게 손상을 끼치는 일이 되겠습니까. 형은 작은 일이 아니라고 말씀하셨으나 제가 감히 간여할 일이 아닙니다. 그러나 제가 이미 사실에 어긋났으니 인책(引責)하는 소장을 서둘러 올려야 할 것입니다만, 영상이 지금 막 차자를 올렸다고 하니 지레 당돌하게 행동할 수 있겠습니까. 단지 자숙하고 있어야 하기에 내일 서연(書筵)에도 감히 나아가지 못하는 것입니다. 여러 가지 상세한 말씀은 큰 잘못을 저지르지 말게 하신 것인데, 어찌하여 저를 믿지 못하여 믿을 만한 사람에게 물으라는 말씀을 하십니까. 어쩌면 그렇게도 심하게 저를 남처럼 대하십니까. 지난날 저는 진심으로 형과 사귀었다고 여겼으니, 오늘날 형을 믿지 않으면 다시 누구를 믿겠습니까. 제가 형을 믿지 않아서 서로 간에 가르침을 주는 데 게으르다고 생각하지 마십시오. 이만 줄입니다.

17 이 일 : 1657년 동지 겸 사은사(冬至兼謝恩使)가 상의원(尙衣院)의 부탁으로 물건을 사 오다가 청(淸)나라에 수색당한 일을 가리킨다. 《孝宗實錄 9年 9月 9日》

18 영상(領相) : 심지원(沈之源)을 가리키는데, 이 사건 당시 심지원이 동지 겸 사은사의 정사(正使)였다. 《孝宗實錄 8年 10月 28日》

홍대이에게 답함

答洪大而

아침에 보내 주신 답장은 매우 위로가 되었습니다. 다만 털끝만큼의 사사로운 마음도 없다고 말씀하셨는데, 제가 보잘것없는 사람이기는 하지만 어찌 감히 이것으로 의심하겠습니까. 이 점은 부끄러움이 없지 않습니다. 영상 대감과는 이미 의논하셨습니까? 듣자 하니 영상 대감께서 반드시 저부터 스스로의 잘못을 논열(論列)한 뒤에야 비로소 차자를 올릴 수 있다고 했다는데, 그렇다면 제가 무엇을 아끼겠습니까. 지금 상소를 써서 낮쯤에 승정원에 들이겠습니다. 처음 계획을 지금 바꾸었기 때문에 감히 이렇게 말씀드립니다. 또 영상 대감께서 형에게 알려 주신 것이 무엇인지 알고 싶어서 감히 번거롭게 다시 사람을 보냅니다. 이만 줄입니다.

홍대이에게 답함 무술년(1658, 효종9) 9월 11일

答洪大而 戊戌九月十一日

어제 저물녘에 병든 아이에게 잠시 가느라 찾아온 사람을 헛걸음하게 하였으니 매우 한탄스럽습니다. 말씀하신 뜻은 삼가 잘 알았습니다. 형이 저를 돌봐 주시는 마음이 없었다면 어찌 여기에 미칠 수 있겠습니까. 감격스럽기 그지없습니다. 이 일[19]에 대해서는 단지 말씀드릴 것이 있습니다. 삼가 들으니, 당초에 영상이 구매하는 일을 중지하기를 청하여 윤허를 받았는데 동지 겸 사은사의 행차가 국경에 이르렀을 때 급족(急足)이 뒤쫓아 와서 부탁했다고 합니다. 영상이 장계를 올리지는 못했지만 끝까지 막으려고 했던 그 마음은 알 수 있습니다. 지금 만약이 망언으로 인하여 스스로 진달하기를 "애당초 이런 일이 없었다면 이런 말이 어찌하여 이르렀겠습니까."라고 하고, 이를 빌미로 "훗날의 폐단을 영구히 막으소서."라고 한다면 이는 실로 일로 말미암아 충성을 바치는 방도일 것이니, 저는 마땅히 그 충성을 앙모하여 함께 혈성(血誠)을 다해서 만분의 일이라도 도움이 되도록 할 것입니다. 그러나 만약 이렇게 사소하게 사실에 어긋난 말을 빌미로 단지 서로 따지는 일을 만들려고 한다면 대신(大臣)이 포용하는 뜻이 아닐 것이고 또 나라를 위한 간절한 마음이 없는 것이니, 제가 무엇을 바라서 감히 머물겠습니까. 설사 영상이 이 말을 듣게 되더라도 반드시 옳다고 하지

19 이 일 : 1657년 동지 겸 사은사(冬至兼謝恩使)가 상의원(尙衣院)의 부탁으로 물건을 사 오다가 청(淸)나라에 수색당한 일을 가리킨다. 《孝宗實錄 9年 9月 9日》

그르다고 하지는 않을 것입니다. 더구나 당시에 탑전(榻前)에서 성상께서 이치에 가깝지 않다고 하셨고, 저 또한 들은 것이 반드시 다 옳지는 않다고 대답하였습니다. 지금 만약 영상이 차자를 올린다는 소식을 얼핏 듣고서 지레 먼저 소장을 올려서 이미 진달한 말을 다시 진달한다면 너무 지리(支離)하지 않겠습니까. 사리가 이와 같을 듯한데 어떻게 생각하십니까? 다시 가르침을 주신다면 형의 말씀을 어찌 감히 따르지 않겠습니까. 새벽에 일어나 쓰느라 하나하나 다 쓰지 못합니다.

홍대이에게 보냄 무술년(1658, 효종9) 9월 24일

與洪大而 戊戌九月二十四日

보내 주신 편지를 받으니 위로되고 감사한 마음 한이 없습니다. 어제 말씀드린 것은 단지 "각자 자기의 복(服)을 입고 곡을 하고서 복을 벗는다."라는 예문(禮文)에 근거한 것입니다. 지금 도헌(都憲 대사헌)의 뜻이 이와 같으니 필시 상고한 것이 있을 것입니다. 대체로 이렇게 양쪽이 모두 근거한 바가 있을 경우에는 더 나은 쪽을 따르거나 더 후한 쪽을 따라서 행하는 법이니, 예법에 없는 데서 중도를 구하는 것에 비할 바가 아닙니다. 어떻게 생각하십니까? 이만 줄입니다.

홍대이에게 보냄

與洪大而

마침 이런 때에 형의 병이 오랫동안 낫지 않아 함께 상의할 사람이 없으니 매우 답답합니다. 오늘 입대(入對)했을 때 황정(荒政)을 논하면서 전에 했던 말을 거듭 말했는데 또 착실히 시행하는 조치가 없었습니다. 성상께서는 양서(兩西)에 비축된 곡식이 태반은 허위로 기록되어 있다고 생각하고 계시니, 실제로 성상의 하교와 같다면 나라의 일이 참으로 한심합니다.

무중(武仲)은 과연 망언(妄言) 때문에[20] 즉시 강원(講院)으로 내려가라는 명이 있기까지 하였으니 이는 실로 큰 다행입니다. 태지(泰之)의 말[21]은 채납되지 않았을 뿐만 아니라 쓸데없이 강옥(姜獄)의 일을

20 무중(武仲)은……때문에 : 무중은 유계(兪棨)의 자이다. 연석에서 유계가 효종에게 양민(良民)들의 폐단에 대해 진달하면서, 도망자와 죽은 자와 어린 아이와 노약자 및 동거하는 형제·부자의 역을 견감해 주기를 청하였다. 이에 효종이 어떻게 해야 하는지 묻자, 유계가 하는 일 없이 노는 자에게 군목(軍木)을 거두되 관직에 있는 자부터 솔선해야 한다고 아뢰었다. 《宋子大全 卷34 答洪大而》《宋子大全隨箚 卷4》

21 태지(泰之)의 말 : 태지는 이유태(李惟泰)의 자이다. 소현세자(昭顯世子)의 부인 강씨(姜氏)가 인조를 저주하고 수라상에 독을 넣었다는 혐의를 받고 1646년(인조24) 3월에 사사(賜死)된 뒤에 세자의 어린 세 아들은 귀양 가서 사사되고 강씨의 노모와 4형제는 모두 처형되거나 장살(杖殺)되었으며 먼저 죽은 부친 강석기(姜碩期)는 관작이 삭탈되었다. 여성제(呂聖齊)는 강석기의 손녀사위였는데 자기 아내가 역적의 손녀라고 하여 상소를 올려 이혼을 허락해 달라고 청하니, 당시 예조 판서 조경(趙絅)이 그 청원을 들어주라고 회계(回啓)하였다. 이 일에 대해 이유태가 상소하여 조경의 처사가 옳지 않다고 공박하였다. 《仁祖實錄 24年 3月 15日》《孝宗實錄 8年 10月 29日, 9年 9月 9日》

야기하였으니 지극히 황공합니다. 뵙고 얘기할 기회가 없으니 답답한 마음만 더할 뿐입니다. 이만 줄입니다.

홍대이에게 답함
答洪大而

이렇게 추운 날씨에 잔뜩 움츠리고 무료하게 지내고 있는데 뜻하지 않게 대감의 편지를 받으니 기쁘기 그지없습니다. 저의 차자는 정장(鄭丈)이 불안해한 일로 올린 것이니,[22] 정장이 만약 나간다면 제가 어찌 감히 그대로 들어가겠습니까. 어제 연석에서 오간 대화 내용은 저도 대략 들었습니다. 다만 제가 기거하는 집이 누추하다는 것이 성상의 귀에까지 들어갔으니 마음이 매우 편치 않습니다. 더구나 제공(諸公)은 수수방관하면서 한마디도 도와주지 않고 단지 먹고 살게만 하려고 합니다. 이는 한갓 먹고 마시는 사람으로서만 도와주는 것이니, 일찍 고향에 돌아가서 서로 잊고 사는 것만 못합니다. 우습습니다.

사성(思誠 권시(權諰))이 장차 조정에 들어가려고 한다는 말을 들었으니, 이것은 다행입니다. 태지(泰之 이유태(李惟泰))가 그끄저께 성상의 하교로 인하여 성의 있게 불러들이라는 뜻으로 다시 진달하였으니, 이후의 일은 형의 책임이고 길보(吉甫 윤선거(尹宣擧)) 또한 그렇습니다. 이 몇 사람이 이미 조정에 들어갔으니 어찌 무능한 저보다 낫지 않겠습니까. 나머지는 뵙고서 말씀드리겠습니다. 이만 줄입니다.

22 저의……것이니 : 정장은 당시 호조 판서인 정유성(鄭維城, 1596~1664)을 가리킨다. 당시 정유성이 호조 참의 오정위(吳挺緯)에게 사사로이 공물(貢物)을 빌려 쓴 문제를 송시열이 연석에서 거론하자 정유성이 인책하고 사직소를 올렸다. 이에 송시열이 차자를 올려 자기가 정유성에 대하여 말한 것은 그를 공격하려는 뜻이 아니었음을 밝혔다. 《孝宗實錄 9年 11月 21日, 24日, 25日》《宋子大全隨箚 卷4》

홍대이에게 보냄

與洪大而

답장을 보내 주시어 감격스러웠습니다. 당초에 젊은이들을 장려하고 보호하려던 것이 아니라 단지 언로(言路)를 위해서였습니다. 점차 오늘날의 일에 이른 것은 어찌 형이 상관할 일이겠습니까. 현재 민 영공(閔令公)[23]이 재차 추궁을 당하고 조정의 관리와 유생들이 옥에 가득하니 광경이 좋지 않습니다.

백옥(伯玉)[24]의 일은 형에게 해결하게 하려는 것이 아닙니다. 그가 비록 대명(待命)하고 있지만 성상께 알려질 방법이 없기에, 단지 형이 규례에 따라 입계하여 성상께서 듣고서 처리하시게 하려는 것입니다. 그렇게 하지 않으면 얼마 전에 복(服)을 벗은 사람이라 오랫동안 차가운 땅에 있으면 몸을 상하는 것이 반드시 많을 것입니다.

오늘 운운한 것은 단지 조형(趙兄)만 짐작할 수 있는 일이 아닙니다. 김여량(金汝亮)[25] 등의 일은 괴롭게도 적임자가 없어 하등(下等)의 계책에서 나온 것입니다. 그러나 두 현(縣)이 맞이하고 전송하더라도 두 현은 매우 편리할 것이니, 천하의 일이란 완전히 아름답게 되기는

23 민 영공(閔令公) : 민정중(閔鼎重)을 가리키는 것으로 보인다. 《宋子大全隨箚 卷5》

24 백옥(伯玉) : 김시진(金始振, 1618~1667)의 자이다. 본관은 경주(慶州), 호는 반고(盤皐)이다.

25 김여량(金汝亮) : 1603~1683. 본관은 개성(開城), 자는 명보(明甫), 호는 오소재(吾巢齋)이다. 김집(金集)과 민재문(閔在汶)의 문인이다.

어렵습니다.

군미(君美)[26]가 논계하려는 뜻이 있으니 차후의 변통(變通)은 결코 오늘 얻은 것과는 같지 않을 것입니다.

서막(西幕 평안도 관찰사)은 지금 임무를 완료하기를 기다렸다가 서쪽으로 간다면 일이 매우 편리하고 좋을 텐데 어찌 군이 다시 머물기를 청하겠습니까. 차후로는 합당한 사람이 한 사람도 없을 것이니 이 점 또한 염려되는 부분입니다. 똑같이 나라의 일인데 각각 한쪽을 고집하고 있으니 융통하는 도리가 아닐 듯합니다. 어떻게 생각하십니까? 뵙고서 의논하고 싶은 것이 매우 많은데 그렇게 하지 못하니 한탄스럽습니다. 이만 줄입니다.

26 군미(君美) : 이경휘(李慶徽, 1617～1669)의 자이다. 본관은 경주, 호는 묵호(默好)·춘전거사(春田居士)이다. 벼슬은 이조 판서에까지 올랐고, 시호는 익헌(翼憲)이다.

홍대이에게 답함
答洪大而

형의 꾸짖음을 들으니 두렵기 그지없습니다. 그러나 비방을 피하지 않고 어리석은 생각을 그대로 관철하는 것이 원래 저의 본모습인데 형은 어찌 한탄하고 애석해하십니까. 춘형(春兄 송준길(宋浚吉))이 근자에 저에게 양보하는 데에 매우 힘쓰고 심지어 미련 없이 돌아가려고 하니, 어찌 저와 의논하려고 하겠습니까. 다만 형이 한 번 사양한 것이 이미 덕으로 사양하는 아름다운 일을 이루었는데[27] 반드시 여러 차례 사양하려고 한다면 지나치게 고집하는 것이 아니겠습니까. 제가 순(舜) 임금의 조정을 보건대 이렇지 않았을 듯합니다. 어떻게 생각하십니까? 나머지는 틈나는 대로 회초리를 지고 찾아뵙겠습니다.[28] 이만 줄입니다.

27 형이……이루었는데 : 이때 송준길이 대사헌에서 이조 참판으로 옮기고 홍명하가 대사헌이 되었는데, 홍명하가 사직소를 올려 송준길에게 대사헌을 다시 제수하라고 청한 일을 가리키는 듯하다.《宋子大全隨箚 卷4》《孝宗實錄 9年 10月 9日》

28 회초리를 지고 찾아뵙겠습니다 : 전국 시대 염파(廉頗)가 조(趙)나라의 대장(大將)이 된 뒤에 인상여(藺相如)가 조나라에 왔는데 염파보다 높은 벼슬을 하였다. 이에 염파가 심복하지 않고 인상여를 욕보이려고 하였는데, 인상여가 조나라에 이익이 되는 일은 모두 염파에게 양보하였다는 말을 듣고 염파가 윗옷을 벗고 회초리를 짊어지고서 인상여를 찾아가서 사죄하였다.《史記 廉頗藺相如列傳》여기에서 송시열은 홍명하를 찾아가 자기의 잘못을 사죄하겠다는 뜻으로 인용하였다.

홍대이에게 보냄

與洪大而

밤에 돌아가셨는데 대감의 건강은 어떠십니까? 근자에 여(呂)의 일[29]을 보니 점점 좋지 않은 쪽으로 가고 있습니다. 이 일을 마무리할 책임이 단지 형의 손에 달려 있는데, 한번 차자를 올려 그 곡절을 상세히 진달해서 성상의 마음을 풀어 줄 수는 없습니까? 요사이 성상의 거조(擧措) 중에 이 한 가지 일만이 신하들의 마음에 흡족하지 않으니, 형이 만약 이 일을 해결한다면 공사(公私) 간의 다행을 어찌 말로 할 수 있겠습니까. 지극히 우려스러운 마음을 금하지 못해 감히 속마음을 말씀드립니다.

○ 김(金)과 남(南)이 아직도 배회하고 있다고 하는데,[30] 저쪽이 편안해지면 이쪽도 편안해질 것입니다.

29 여(呂)의 일 : 여성제(呂聖齊)의 일을 가리킨다. 461쪽 주21 참조.

30 김(金)과……하는데 : 김시진(金始振)과 남구만(南九萬)을 가리키는 것으로 보이는데, 배회하는 일은 무슨 일인지 알 수 없다. 《宋子大全隨箚 卷4》

홍대이에게 답함 무술년(1658, 효종9) 12월 28일

答洪大而 戊戌臘月二十八日

편지가 와서 위로되고 기뻤습니다. 황정(荒政)에 대한 대책은 저의 지혜가 짧고 생각이 고갈되었는데 어찌 특별히 처리할 방법이 있겠습니까. 통곡(統穀)은 전에 호백(湖伯)의 장계를 보고 넉넉히 얻어서 진휼하려고 했는데, 묘당의 논의가 운반하는 데 어려움이 있다고 하여 저지되었습니다. 그는 필시 그 계책을 생각하고 있을 것이니 우선 허락해 주는 것이 어떻겠습니까? 민간에서는 비록 장래에 갚아야 한다는 폐단이 있지만 당장 매우 다급한데 어찌 훗날을 돌아볼 수 있겠습니까. 관중(管仲)도 "민심(民心)을 따르기를 물처럼 해야 한다."라고 하였는데,[31] 더구나 당당한 성조(聖朝)에서 매번 유사(有司)의 의론에 구애되고 있으니 한탄스러운 마음 금할 수 있겠습니까.

음식을 보내 주신 의리는 감격스럽기 그지없습니다. 객지 집의 부엌이 썰렁한 것은 원래 그런 것인데 이렇게까지 염려해 주시니 도리어 더욱 송구합니다.

31 관중(管仲)도……하였는데 : 관중이 제(齊)나라의 정승이 되어 자신의 정치 철학을 말하면서 "명령 내리기를 흐르는 물이 근원이 있는 것처럼 하여 명령이 민심을 따르기 때문에 의론이 평범하여 행하기 쉽다."라고 한 말을 축약하여 인용한 것이다. 《史記 管仲列傳》

홍대이에게 답함
答洪大而

문안해 주신 편지가 잇달아 왔으니 감격스러운 마음 어찌 끝이 있겠습니까. 강도(江都)의 일[32]에 대해 저는 특별히 다른 뜻이 없는데, 백옥(伯玉 김시진(金始振)) 무리가 지금 이 때문에 성상의 비위를 거슬렀습니다. 형이 만약 그들을 구제하는 데 전일하게 힘을 써 주신다면 더할 수 없이 좋을 것입니다. 형의 뜻은 어떠한지 모르겠습니다. 지금 언로가 열리지 않고 있으니 저는 한밤중에 일어나 앉아 근심과 한탄을 이길 수 없습니다. 이 때문에 이런 말씀을 드리는 것입니다.

호서(湖西) 7개 읍의 경우 처음에는 전날에 전세(田稅)와 봄가을의 대동세(大同稅)를 전부 감면했다고 생각했는데 오늘에서야 잘못 알고 있었다는 것을 알았습니다.

김성진(金聲振)의 차첩(差帖)은 의당 그가 형세를 살펴서 하게 해야 할 것입니다. 간원(諫院)의 천목(薦目)을 삭제하라고 청한 계사[33] 때문

32 강도(江都)의 일 : 송준길(宋浚吉)의 〈경연일기(經筵日記)〉에 "무술년(1658, 효종9) 8월 2일 입시했을 때, 모(某)가 이르기를 '삼가 외부의 의론을 들으니 국가에서 반드시 강도의 경창(京倉)에 비축되어 있는 묵은 곡식을 풀어서 국가의 경비로 삼고 부역(賦役)을 견감한 뒤에야 백성들이 실제 혜택을 받게 될 것이라고 합니다.' 하였다."라고 하였는데, 아마도 이 일을 가리키는 것으로 보인다. 《宋子大全隨箚 卷4》

33 간원(諫院)의……계사 : 기해년(1659) 1월에 대사간 이홍연(李弘淵)과 정언 김만기(金萬基)가, 이류(李瀏)가 자기 집에 기거하거나 고향에서 살 때 모두 불미스러운 행위가 있었으므로 사론(士論)이 다 그의 사람됨을 천하게 여기는데도 추천장에 올랐으므로 이류의 천목을 지워 버리고 그 천주(薦主)도 아울러 추고하라는 계사를 올려

에 석이(錫爾)[34] 영공이 장차 들어가게 되었으니, 시사(時事)가 어찌하여 이 지경으로 무너졌단 말입니까. 이러한 때 보합(保合)하는 책임은 전적으로 형에게 기대하고 있습니다. 사헌부 집의에 장차 오(吳)와 남(南)을 주의(注擬)하려고 하는데 어떻게 생각하십니까? 수령은 궐원이 생기는 대로 보임해야 하는데 인재가 부족하니 답답합니다. 이만 줄입니다.

효종이 받아들인 일을 가리킨다. 《宋子大全隨箚 卷3, 卷4》《孝宗實錄 10年 1月 6日, 2月 27日》《宋子大全 卷31 與宋明甫》 이류는 윤휴(尹鑴)의 사위이자, 윤증(尹拯)의 아우인 윤추(尹推)의 장인이다.

34 석이(錫爾) : 이경억(李慶億, 1620~1673)의 자이다. 본관은 경주(慶州), 호는 화곡(華谷)이다. 이경휘(李慶徽)의 동생이다. 당시 이류를 천거하였다. 《宋子大全隨箚 卷3》

홍대이에게 답함
答洪大而

막 편지를 보내려고 했는데 보내신 편지가 먼저 도착했으니 위로되고 감격스럽기 그지없습니다. 저는 이미 병이 들어 자력으로 벼슬살이를 할 수 없을까 염려되니 어쩌면 좋겠습니까. 대수(大受)가 조관(朝官)이 되어 조정에 돌아왔고 또 귀조(貴曹)에 들어갔습니다.[35] 귀조는 왜(倭)의 일을 담당하고 있으니 그들을 복종시키는 데 더욱 힘이 생길 것입니다. 이는 제가 망녕되게 진달한 것이 아니라 성상의 뜻이 본래 이와 같았습니다. 심보(心甫)[36]의 일이 이와 같다면 어찌하여 영상(領相)에게 주선하지 않았습니까?

시남(市南)이 군포(軍布)를 거두자고 한 논의[37]는 형이 또한 자초지종을 알지 못하기 때문에 이런 말을 하는 것입니다. 시남 형의 뜻은 양민(良民)들이 현재 몹시 곤궁하니 반드시 금년 봄에 빨리 1, 2분을

35 대수(大受)가……들어갔습니다 : 대수는 민정중(閔鼎重, 1628～1692)의 자이다. 본관은 여흥(驪興), 호는 노봉(老峯)이다. 송시열의 문인이다. 조선 시대 왜를 관장하는 부서는 예조이고, 민정중이 예조 참의에 임명된 시기는 기해년(1659, 효종10) 2월 9일이다. 같은 해 3월 22일에 이만웅(李萬雄)과 교귀(交龜)하였으므로 이 편지는 기해년 3월 이후의 편지에 편차되어야 한다.《承政院日記 孝宗 10年 2月 9日, 閏3月 1日》《大典會通 卷1 正二品衙門 禮曹》

36 심보(心甫) : 이만웅(李萬雄, 1620～1661)의 자이다. 본관은 전의(全義), 호는 몽탄(夢灘)이다. 1659년 2월 9일에 동래 부사(東萊府使)에 임명되어 3월 22일에 부임하였다.《承政院日記 孝宗 10年 2月 9日, 閏3月 1日》

37 시남(市南)이……논의 : 시남은 유계(兪棨)의 호이다. 461쪽 주20 참조.

견감하고 추수하기를 천천히 기다려 한가히 노는 사람과 녹을 먹는 집에서 거두어 그 견감한 분량을 보충해야 한다는 것입니다. 그런데 좋아하지 않는 자가 시남이 말한 내용의 앞부분을 잘라 내고 단지 뒷부분만을 들어서 비방하는 단서로 삼을 줄은 생각지 못했으니, 오늘날의 일은 참으로 험난한 길입니다. 그러나 이것은 제가 시남 형과 평소에 강구했던 것이기 때문에 어제 연석에서 제가 먼저 단서를 말하고 시남이 부연설명한 것이니 제가 응당 수범(首犯)이 되어야 합니다. 지금 만약 시남 형만을 계속해서 공격한다면 저는 형세상 상소를 올려 그 비방을 나누어 받겠다고 청해야 할 것입니다.

방금 들으니 천득(天得)이 이류(李瀏)의 일을 상소로 진달하려고 한다[38]고 하였는데, 이는 부채질하여 불을 끄려고 하는 것이니 매우 답답하고 한탄스럽습니다. 오늘의 일은 손을 쓸 곳이 없으니 크게 한탄할 뿐입니다. 손을 거두고 빨리 돌아가는 것만 못합니다. 이만 줄입니다.

38 천득(天得)이……한다 : 천득은 이상진(李尙眞, 1614~1690)의 자이다. 본관은 전의(全義), 호는 만암(晩庵)이다. 《송자대전수차》에는 이상진이 상소하여 신구(伸救)하였다고 하였으나 실록에는 이상진의 상소 일부만 기록되어 있고, 신구한 사실은 기록되어 있지 않다. 《宋子大全隨箚 卷3, 卷4》《孝宗實錄 10年 1月 6日, 2月 27日》 이류의 일에 대해서는 469쪽 주33 참조.

홍대이에게 답함

答洪大而

거듭 형의 편지를 받으니 위로되고 풀리는 마음이 어떠하겠습니까. 그날 연석(筵席)에서 좌상(左相)이 일을 허술하게 처리한 잘못을 먼저 아뢰고 또 "송모(宋某) 등이 변통하는 일을 하려고 합니다."라고 하기에, 제가 진언하기를 "오늘날 백성들 중에 곤궁하고 피폐하지 않은 사람이 없는데 그중에도 양민(良民)들이 더욱 심합니다. 신이 시골에 있을 때부터 유모(兪某)와 항시 의논해 오던 일이 있습니다."라고 하니, 성상께서 유모에게 앞으로 나오라고 명하였는데, 무중(武仲 유계(兪棨))이 아뢴 것도 저의 말과 같아 도망자와 죽은 자와 어린아이와 노약자 및 동거하는 형제와 부자의 역을 견감(蠲減)해 주기를 청하였습니다. 성상께서 그렇다면 폐단을 구제하기 위해서는 어떻게 해야 하는지 물으니, 무중이 대답하기를 "한가하게 노는 사람들에게 군목(軍木)을 거둘 것을 청합니다. 그러나 반드시 벼슬에 있는 사람부터 먼저 솔선해야 합니다."라고 하였습니다. 그 뜻이 대략 이와 같았는데 좋아하지 않는 사람들이 앞부분을 잘라 내고 군목 한 대목만을 떼어 내어 비방하는 큰 계책으로 삼았으니, 오늘날의 일은 참으로 어렵다고 하겠습니다.

천득(天得)의 상소[39]는 극력 만류했으나 이미 올렸다고 하니 어찌하겠습니까. 오늘날 사람들은 단지 작은 일만 생각하고 나랏일은 생각하

39 천득(天得)의 상소 : 472쪽 주38 참조.

지 않으니, 사슴을 쫓으면서 태산(泰山)을 보지 못하는 격[40]이라고 하겠습니다. 너무도 한탄스럽습니다. 말하고 싶은 것은 매우 많은데 심부름 온 사람이 서서 재촉하므로 다 말하지 못합니다.

40 사슴을……격 : 눈앞의 욕심에 빠져 멀리 보지 못함을 비유하는 말이다. 《歷代名臣奏議 卷152 用人》

홍대이에게 답함 기해년(1659, 효종10) 2월 1일

答洪大而 己亥二月一日

방금 위로해 주신 편지를 받았으니 감격스럽기 그지없습니다. 저는 시마복(緦麻服)의 상을 당한 데다 몸에 병까지 있으니 근심과 괴로움이 겹치는 것이 지금보다 심했던 때가 없습니다.

충청도의 수령 자리는 적임자를 찾기가 참으로 어려운데 형의 생각에는 누가 좋겠습니까? 귀조(貴曹)의 민 정랑(閔正郞)[41]이 새로 향리에서 올라와서 아직 명함을 제출하지 않았는데, 이 정랑이 늙기는 했지만 충성스럽고 소박한 점은 가상하니 단순한 낭료(郎僚)로 대하지 않으시는 것이 어떻겠습니까? 상주(尙州)의 신 추랑(申秋郞)[42] 또한 이미 사은하였는데 즉시 돌아가려고 한다는 말을 들었으니 매우 애석합니다. 그를 머물게 할 방도를 생각해 보시는 것이 어떻겠습니까? 저는 처지가 매우 불안하여 다른 사람을 위해 도모할 겨를이 없습니다. 나머지는 조만간 뵙고서 말씀드리겠습니다.

41 민 정랑(閔正郞) : 예조 정랑에 임명된 민여로(閔汝老, 1598~1671)를 가리킨다. 본관은 여흥(驪興), 자는 태수(台叟)이다. 《承政院日記 孝宗 10年 2月 28日》

42 신 추랑(申秋郞) : 형조 좌랑 신석번(申碩蕃, 1596~1675)을 가리킨다. 본관은 평산(平山), 자는 중연(仲衍), 호는 백원(百源)이다. 정경세(鄭經世)의 문인이다.

홍대이에게 보냄 기해년(1659, 효종10) 2월 11일

與洪大而 己亥二月十一日

밤사이 대감의 기거는 어떠십니까? 그립기 그지없습니다. 성상께서 은혜로운 휴가를 또 주셨으니 차후의 일이 어떻게 되겠습니까? 천득(天得 이상진(李尙眞))의 상소는 전적으로 이류(李瀏)의 일 때문입니다. 이것은 매우 작은 일인데 도리가 이렇게 해야 하는 것인지 모르겠으니, 개탄스러운 마음 금할 수 없습니다. 단성(丹城)의 수령이 서경(署經)을 하지 않고 하직한 것은 실로 연석(筵席)에서 하교를 받았기 때문이니, 이는 시종신의 사체로 볼 때 서경을 면제해야 하기 때문입니다. 그런데 영상이 이 때문에 매우 불쾌하게 여겨 누차 따져 물었고, 또 "비록 시종신이 되었다고 하더라도 공무를 행한 적이 없으니 시종신이라고 말할 수 없다."라고 했다고 합니다. 그러므로 단성 수령이 일찍이 세자시강원 자의(世子侍講院諮議)가 되어 숙배하고 체직되어 돌아간 날짜를 확인하여 보내니, 이것을 영상께 올려서 마음이 풀리게 해 주시는 것이 어떻겠습니까?

홍대이에게 답함 기해년(1659, 효종10) 2월 19일

答洪大而 己亥二月十九日

병중에 보내 주신 편지를 보니 이 마음이 매우 위로됩니다. 낮에 군포(軍布)를 조금 감했다는 말을 듣고 병든 마음이 조금은 살아났으니, 어찌 형이 힘을 써서 그런 것이 아니겠습니까. 백성들에게 군포를 거둘 때 한 필의 규격을 35자(尺)로 하라고 얼마 전에 공문을 보냈는데 도리어 45자를 기준으로 거두었으니[43] 이것이 작은 일이기는 하지만 백성들에게 믿음을 잃는 것은 절대 작은 일이 아닙니다. 더구나 원망을 사는 일을 계속해서 백성으로 하여금 머리가 아프고 이마를 찌푸리게 하는 것은 곧 국가의 복이 아니기 때문에 논하려고 한 것입니다. 형이 어찌 들어 보지 않으셨겠습니까. "백성이 원하는 것은 모아서 주고 싫어하는 것은 베풀지 말아야 한다."[44] 하였고, 명도(明道) 선생은 '시민여상(視民如傷)' 네 글자를 매번 부끄러워하였으니,[45] 오늘날

43 백성들에게……거두었으니 : 이때 지방에서 거두어들이는 군포 한 필의 기준을 35자로 하라고 공문을 보냈는데, 어영청에서 그 전의 규정인 45자를 기준으로 거두었기 때문에 송시열이 차자를 올려 시정을 요구하였다. 《宋子大全 卷8 辭職兼論事箚, 卷33 與兪武仲(己亥二月)》

44 백성이……한다 : 맹자가 민심(民心)을 얻는 방법을 제시한 말이다. 《孟子 離婁上》

45 명도(明道)……부끄러워하였으니 : 시민여상은 백성 보기를 다친 사람 보듯이 한다는 뜻이다. 맹자가 문왕(文王)에 대해 얘기하면서, 문왕은 백성들이 편안히 살고 있는데도 다쳐서 보살펴 주어야 하는 사람을 보듯이 하였고 도(道)에 이미 이르렀으면서도 아직 도를 보지 못한 듯이 하였다고 평한 일이 있다. 《孟子 離婁下》 송(宋)나라 학자 명도 정호(程顥)는 지방 수령이 되었을 때 앉는 자리 곳곳에 '시민여상' 네 글자를

이보다 큰 급선무는 없을 것입니다. 어떻게 생각하십니까?

저의 병이 오래도록 낫지 않아 직무를 수행하지 못하고 있으니 상소가 어찌 이어지지 않겠습니까. 이를 계기로 관직을 벗고 돌아간다면 이 또한 하나의 다행일 것입니다. 할 말은 많지만 병을 무릅쓰고 쓰느라 겨우 이렇게 씁니다.

써 놓고 "나는 항상 이 네 글자에 부끄럽다."라고 하였다. 《二程外書 卷12 傳聞雜記》

홍대이에게 답함 기해년(1659, 효종10) 2월 28일

答洪大而 己亥二月二十八日

답장을 보내 주시어 참으로 감사합니다. 시호(諡號)의 일은 체례(體例)를 알지는 못하지만, 시호는 무겁고 관작은 가벼운데 어찌 증시(贈諡)는 있으면서 증작(贈爵)은 되지 않은 사람이 있겠습니까. 저의 집안 일로 말하면 종조(從祖)이신 규암공(圭菴公)[46]은 벼슬이 대사헌이기 때문에 아직까지 시호를 청하지 못하였습니다. 지난해에 회덕(懷德)의 유생들이 소장을 올려 관작과 시호를 청하려고 하다가 다른 이유 때문에 실행하지 못하였습니다. 제가 아는 것은 이와 같을 뿐입니다. 귀조(貴曹)에 필시 이미 행한 전고(典故)가 있을 것입니다. 어떻게 생각하십니까? 정동계(鄭桐溪)[47] 또한 증작하지 않았습니까? 아니면 생시(生時)에 이미 자헌대부(資憲大夫)에 올랐습니까? 모든 일이 알 수 없으니 매우 한탄스럽습니다. 이만 줄입니다.

46 규암공(圭菴公) : 규암(圭菴)은 송인수(宋麟壽, 1499~1547)의 호이다. 1547년(명종2) 양재역 벽서 사건(良才驛壁書事件)으로 사사(賜死)되었는데, 1570년(선조3)에 신원(伸冤)되었다가 1660년(현종1)에 송준길의 계청으로 이조 판서에 추증되고 문충(文忠)이라는 시호를 받았다. 《宋子大全 卷201 圭菴先生墓表陰記》《顯宗實錄 1年 2月 19日》

47 정동계(鄭桐溪) : 정온(鄭蘊, 1569~1641)으로, 본관은 초계(草溪), 자는 휘원(輝遠), 호는 동계이다. 정인홍(鄭仁弘)에게 사사하였다. 대사간, 대제학, 이조 참판 등 청요직을 역임하였다. 사후에 영의정에 추증되었으며, 광주(廣州) 현절사(顯節祠), 제주(濟州) 귤림서원(橘林書院), 함양(咸陽) 남계서원(藍溪書院)에 제향되었다. 시호는 문간(文簡)이다.

홍대이에게 답함 기해년(1659, 효종10) 2월 28일

答洪大而 己亥二月二十八日

연이어 보내신 편지를 받으니 위로되고 감사한 마음 어찌 끝이 있겠습니까. 말씀하신 것은 상세히 알았으니 후덕한 뜻에 더욱 감사드립니다. 본조(本曹)의 계사 초본은 동료들이 글을 엮어서 보여 주었고 저는 말단에 한마디 말을 보태었을 뿐입니다. 증시(贈諡)의 은전은 비록 전에 마쳤지만 오늘 증직(贈職)을 내려 주셨으니, 더욱 사림(士林)의 기대에 위로가 될 것이니 앞으로는 아무 문제가 없을 것입니다. 대체로 당초에 증직을 아울러 청했다면 더욱 두루 갖추어졌을 것입니다. 병중에 쓰느라 이만 줄입니다.

홍대이에게 답함

答洪大而

멀리서 보내 주신 편지를 받았으니 위로되고 감사한 마음 어찌 한이 있겠습니까. 저는 득실(得失)과 시비(是非)는 우선 놓아두고 논하지 않더라도 지금 이미 나왔으니 가벼운 배를 한 번만 노 저으면 곧 강남(江南) 사람이 됩니다. 조정의 분위기가 좋지 않고 나라가 불행한 것은 모두 제 자신이 만든 것이니, 이 몸이 한번 떠나면 그런 것들이 점점 사라질 것입니다. 크게 한탄스러운 것은 성상의 은혜가 이 정도인데도 보답할 길이 없으니, 비록 죽어서 지하에 들어가더라도 이 마음은 없어지기 어려울 것입니다. 오직 충성을 더욱 쏟아 내서 우리 임금을 보좌하시기를 바랄 뿐입니다. 이것 외에는 더운 여름에 많이 자애하시기 바랍니다.

홍대이에게 답함 기해년(1659, 현종 즉위년) 10월 3일

答洪大而 己亥十月三日

가을 내내 누워 있었는데 추운 계절이 또 돌아왔으니 단지 잠자리에 엉긴 눈물이 마르지 않았음을 볼 뿐입니다. 당시에 함께 나아가고 물러나던 사람들은 비록 살아 있는 얼굴만 보아도 반드시 눈물이 날 텐데, 더구나 형처럼 만나서 슬프고 괴로운 심정을 한번 얘기하고 싶었던 사람에 대해서야 어찌 감회가 끝이 있겠습니까. 다만 저의 병이 이와 같아서 찾아가 뵐 길이 없습니다. 전에 형이 한강 밖에서 병을 근심하여 도성에 들어갔다는 말을 듣고 사람을 보내 문후하였는데 문이 닫혀 그냥 돌아왔으니 지금까지도 한탄스럽습니다.

돌아보건대 오늘날 남은 사람이 몇이나 됩니까. 그런데도 형이 오랫동안 침체되어 있으니 늘 근심스러웠습니다. 지금 다행히 성상께서 통촉하시어 이렇게 서용하여 복직시키셨으니[48] 병중에 소식을 듣고 기쁘고 위로되는 마음 금할 수 없습니다. 조금 전에 삼가 성상의 비답을 보았는데, 형의 상소 내용이 지극히 비통했으리라는 것을 상상할 수 있으니 또 한 차례 눈물을 쏟습니다. 어제 조카 식(栻)[49]이 와서 자기 부친의 뜻을 전하기를, 오늘의 일은 형을 대우하는 방법이 아닌 듯하다

48 서용하여 복직시키셨으니 : 효종이 승하할 당시 홍명하는 약방 제조였다는 이유로 관작이 삭탈되었다가 이때 다시 기용되어 청(淸)나라에서 나온 조제사(弔祭使)와 책봉사(冊封使)를 맞이하는 원접사(遠接使)에 임명되었다. 《顯宗實錄 卽位年 6月 16日, 11月 1日》

49 조카 식(栻) : 송준길(宋浚吉)의 아들 송광식(宋光栻)을 가리킨다.

고 하였는데 이 말이 옳습니다. 그렇지만 형의 도리는 단지 속히 성상의 교지를 받들어야 하고 재차 사양하는 데에 이르는 것은 지나칠 듯합니다. 어떻게 생각하십니까?

저의 병은 특별히 아픈 곳은 없지만 한기와 열기가 교대로 엄습해서 한기가 들 때는 학질이 처음 발작할 때와 같고 열기가 일어나면 손발이 불처럼 뜨겁습니다. 이처럼 한기와 열기가 순환하여 자지도 먹지도 못하니 원기(元氣)가 날로 사그라듭니다. 이 때문에 생각이 쇠잔해져서 인사(人事)를 전폐하고 있으니 편지로 안부를 묻고 싶어도 길이 없습니다. 이러한 때 형의 편지를 받았으니 감격스럽고 위로되는 마음을 형용할 수 없습니다. 지금 추위로 움츠러들어서 사람을 시켜 대신 쓰게 하기 때문에 이만 줄입니다.

홍대이에게 답함 기해년(1659, 현종 즉위년) 10월 6일

答洪大而 己亥十月六日

병중에 다시 형의 편지를 보니 문득 생기가 돌고 위로됨을 느낍니다. 저의 병이 이와 같아서 단지 죽고 사는 것만을 염려하고 있으니 나머지 일은 염려할 겨를이 없습니다. 지금 은거하고 싶은 마음이 있다고 말씀하셨는데, 하늘 위로 날아오르는 학은 병이 들면 날 수 없기 때문에 옛날에 병든 학이 산을 생각한다는 시가 있는 것입니다. 더구나 피와 살로 채워진 육신이 생사의 갈림길에 놓여 있는 저야 말할 것이 있겠습니까. 혹시 죽지 않고 살아서 고향으로 돌아간다면 이것이 바로 붕우들이 듣기를 바라는 말이지 어찌 일찍이 대감의 뜻과 같은 것이겠습니까. 우습습니다.

별지에 말씀하신 것은 삼가 잘 알았습니다. 요즈음 인심이 좋지 않으니, 묘당(廟堂)에서 두루 생각하여 주저하는 것은 어찌 그렇게 하지 않을 수 있겠습니까. 그러나 성상께서 단지 복심(腹心)인 어진 신하들과 긴밀히 상의하는 것은 일이 혹 자취가 없을 수 있기 때문에 감히 어리석은 생각을 말씀드린 것입니다.

다시 생각해 보니 송(宋)나라 때 묘제(廟制)가 허술하였는데, 회옹(晦翁 주희(朱熹))이 시사(時事)가 평정되고 나서 그 제도를 정비하였습니다. 오늘날 형 같은 분이 나라의 일에 마음을 다하여 세도(世道)를 만회하고 있으니, 이 일은 서서히 논의하더라도 늦지 않을 것입니다. 이런 때를 당하여 저 같은 사람은 몸이 건강하고 다리가 가볍더라도 어찌 떠날 마음을 가지겠습니까. 밤낮으로 마음으로 기도합니다. 이것

외에는 바람이 세게 불고 눈이 내리니 왕래하시는 동안 만복을 받아 멀리 있는 저의 성의에 부응해 주시기를 바랄 뿐입니다.

홍대이에게 답함 기해년(1659, 현종 즉위년) 11월 21일

答洪大而 己亥至月二十一日

새벽에 편지를 받아 읽으니 기쁘고 위로되는 마음 배나 더합니다. 더구나 간곡하게 일깨워 주셨으니 어찌 감격할 줄을 모르겠습니까. 다만 저는 매우 하찮은 사람인데 거취(去就)에 무슨 의미를 둘 가치가 있기에 편지에 그런 말씀을 하십니까. 동춘(同春 송준길(宋浚吉)) 형은 대소 신민이 신복(信服)하는 사람이니, 오늘의 일을 하지 않는다면 모르겠지만 한다면 이 사람이 아니면 누가 하겠습니까. 저는 어제 이미 첫 번째 말미를 얻었고 세 번째 체차되었으니 병든 몸을 싣고 내려갈 것입니다. 다만 병세가 이와 같아서 말을 타지 못할까 염려됩니다.

별지에 말씀해 주신 것은 더욱 감사합니다. 하찮은 몸이지만 의당 감당해야 할 것이고, 한 몸의 이해 때문에 남의 종과 주인의 분수를 무너뜨리고 싶지 않습니다. 하고 싶은 말은 많지만 심부름 온 사람이 서서 독촉하므로 이만 줄입니다.

홍대이에게 답함 경자년(1660, 현종1) 2월 1일

答洪大而 庚子二月一日

형은 아직 조정에 돌아오지 않았는데 저는 이미 한강을 건너 나갔으니, 저의 마음이 현현(懸懸)한 것으로 형의 망연한 마음을 알 수 있습니다. 그러나 죄인의 처지에 편지를 써서 다른 사람에게 보내어 스스로 일반인과 같이 행동해서는 안 되기 때문에 감히 편지를 보내지 못했습니다. 지금 체편(遞便)을 통해 보내 주신 편지를 받았는데 종이 세 장에 연달아 장황하게 말씀하셨으니 가르침을 보이신 뜻이 매우 상세하고 지성스러웠습니다. 형이 저를 아끼시는 마음이 지극하고 염려해 주시는 마음이 깊지 않다면 어찌 이렇게까지 하시겠습니까. 지극히 감격스러운 마음 금할 수 없습니다. 다만 제가 감히 머물지 못하는 것은 단지 저처럼 형편없는 사람이 이런 제목(題目)을 초래했기 때문입니다. 이것이 머물 수 없는 점이라 실로 사람을 탓하고 하늘을 원망하는 뜻이 없지만 불행히 많은 사람을 연루시켰고 전혀 관련이 없는 사람까지도 함께 말을 전했다는 의심을 받아 저와 약간의 친분만 있어도 두려워 긴장하지 않는 사람이 없으니, 이것은 훌륭한 세상의 일이 아닙니다. 그러나 모두가 저로 말미암아 그렇게 된 것이므로 늠연히 두려워 실로 살고 싶지 않습니다. 당초의 곡절이 매우 많지만 만약 모두 말씀드리려고 하면 실로 작은 종이에 다 쓸 수 있는 것이 아니고, 또 이러한 때 분분한 논란을 일으키고 싶지 않습니다. 시간이 지나고 일이 안정된 뒤에 형에게 하나하나 말씀드리겠습니다.

그리고 빨리 돌아오라는 말씀의 경우에는 그 말씀을 받들고 싶지 않은 것은 아니지만 이런 지목을 받은 몸으로 이런 시절을 당하여 얼굴을 들고 다시 조정에 들어가는 것은 담이 큰 사람이 아니라면 반드시 크게 어리석은 사람일 것입니다. 저는 이 두 가지에서 전자에 견주면 부족하고 후자에 견주면 남음이 있습니다. 얼굴을 뵐 기약이 없으니 슬프고 한탄스러운 마음만 간절합니다.

홍대이에게 답함 경자년(1660, 현종1) 3월 18일

答洪大而 庚子三月十八日

인편이 올 때마다 편지를 보내 주시니 지극한 뜻이 아니라면 어찌 이렇게 하시겠습니까. 감격스러운 마음 감당하기 어려우니 저번의 일은 놓아두고 다시 말하지 않더라도 괜찮을 것입니다. 오직 성상께서 건강을 회복하시고 단비가 제때에 내리니, 이 기쁨은 병자가 소생한 정도일 뿐만이 아닙니다. 뭇 어진 이들이 조정에 가득하여 논의가 화평하니 이 외에 다시 무엇을 바라겠습니까. 다만 현재 굶주린 백성들이 도로에서 낭패를 당하고 있으니 이는 작은 일이 아닙니다. 저는 천만뜻밖에도 이 새로운 명을 받았으니 비록 다시 몸이 가루가 된다고 해도 어찌 만분의 일이나마 보답할 수 있겠습니까. 그러나 병이 몸에서 떠나지 않아 달려가 사은할 방법이 없으니 대궐을 향해 머리를 들고서 눈물만 흘릴 뿐입니다.

형 집안의 질병에 대한 근심은 이미 기쁜 소식이 있을 것이라 생각합니다. 완남(完南)[50]과 연재(延宰)[51]가 연이어 세상을 떠났으니 공적으

50 완남(完南) : 완남부원군(完南府院君) 이후원(李厚源, 1598~1660)을 가리킨다. 본관은 전주(全州), 자는 사심(士深), 호는 우재(迂齋)이다. 김장생(金長生)의 문인이다. 김집(金集), 조속(趙涑), 송준길(宋浚吉) 등과 교류하였다. 유생 신분으로 인조반정에 참여하여 정사 공신(靖社功臣) 3등에 녹훈되고, 완남군에 봉해졌다.

51 연재(延宰) : 연성군(延城君) 이시방(李時昉, 1594~1660)을 가리키는 것으로 보인다. 본관은 연안(延安), 자는 계명(季明), 호는 서봉(西峯), 시호는 충정(忠靖)이다. 인조반정 때 유생으로 아버지 이귀(李貴)와 함께 가담하여 정사 공신 2등으로 연성군에

로나 사적으로나 애통한 마음이 시간이 지날수록 더욱더 절실합니다. 만(萬) 영공이 세상을 떠난 것은 더욱 뜻밖입니다. 시운(時運)의 불행함이 어찌 이와 같단 말입니까.

저는 한가함이 버릇이 되고 게으름이 몸에 배어서 친구들의 편지가 상자에 가득 차 있는데도 답장을 보내지 못했지만, 지금 형에게는 절로 답장을 하지 않을 수 없습니다. 선부(選部 이조)의 문정(門庭)에는 혐의가 있지 않겠습니까. 하는 것이 혐의가 없다면 하지 않는 것도 괜찮을 것입니다. 어느 편이 나을지 속으로 헤아려 주십시오. 이만 줄입니다.

봉해졌다. 연양부원군(延陽府院君) 이시백(李時白)의 아우이다. 이 편지가 3월 18일에 작성되었으므로 여기에서 말하는 연재는 동생인 이시방을 가리키는 것으로 보인다. 《宋子大全隨箚 卷4》《顯宗實錄 1年 1月 16日, 5月 2日》

홍대이에게 답함 경자년(1660, 현종1) 칠석 다음 날
答洪大而 庚子七夕後日

돌아온 아이 편에 멀리서 보내 주신 정이 담긴 편지를 받으니 직접 뵌 것 같아 몹시 위로되고 마음이 놓입니다. 다만 슬퍼하는 말씀을 하셨는데, 이는 제가 많이 경험한 일이라 읽고 있자니 눈물이 떨어집니다. 강(江)과 해(海)[52]의 일은 마음에 두지 않고 다시 말하지 않겠습니다. 함형(咸兄)이 스스로 반성한 소장[53]은 그 차분함에 기뻤습니다. 지금 사람의 기력을 소모하지 않고 씻지 않고도 저절로 깨끗해졌다는 말을 들었으니, 어찌 붕우들뿐이겠습니까. 실로 조정이 광채가 납니다.

형이 매번 지성스럽게 타일러 주시어 저를 조정에 돌아가게 하셨으니 지극한 뜻에 참으로 감사합니다. 그러나 이런 죄인의 몸으로는 쓸모없는 물건이 될 뿐이겠기에 단지 조용히 진찰(塵刹)을 받들며 부처의 은혜에 보답하고자 할 뿐입니다.[54] 동춘(同春 송준길(宋浚吉)) 형은 머

52 강(江)과 해(海) : 강은 여강(驪江)에 살았던 윤휴(尹鑴)를, 해는 해남(海南) 살았던 윤선도(尹善道)를 가리킨다.

53 함형(咸兄)이……소장 : 이일상(李一相, 1612~1666)의 자가 함경(咸卿)이다. 본관은 연안(延安), 호는 청호(青湖)이다. 당시 전라 우수사 이동현(李東顯)이 쌀과 베를 배 한 척에다 가득 실어 그 배까지 싸잡아서 이조 참판의 집에 편지를 보냈는데, 이조 참판 이응시(李應著)가 받지 않고 전임자인 이일상에게 떠넘겼다. 이에 이일상이 모르는 일이라고 하여 배를 오래도록 강가에 정박하고 있게 했다는 소문이 몹시 퍼져 있었다. 뒤에 무고로 판명이 났지만, 대간의 계사에 이름이 오른 것만으로도 수치스러운 일이라고 여긴 이일상이 상소하여 체직을 청한 일을 가리킨다. 《顯宗實錄 1年 6月 11日, 18日》

지않아 나아갈 것이니 세상을 위해 몹시 기쁘지만, 초공(草公)과는 제비와 기러기처럼 되는 것이 애석합니다.[55] 근자의 일을 듣자니 나랏일에 대한 근심을 금할 수 없어 사직소를 통해 제 생각을 조금 피력하려고 하는데 어디까지 말해야 할지 모르겠습니다.

올해 농사가 또 잘되지 못했으니 공사 간의 근심이 어찌 끝이 있겠습니까. 보내 주신 두 가지 진귀한 물건은 아무리 감상해도 싫증이 나지 않는데 제가 보답할 것이 없습니다. 동봉하는 쪽지는 일전에 형으로 하여금 알게 하려고 하였는데 저의 아이가 변명하는 것에 가깝다고 여겨 끝내 형에게 전달하지 않고 돌아왔습니다. 저의 뜻은, 들은 것이 있는데 고하지 않는 것은 결국 격의 없이 사귀는 도리가 아니라고 생각합니다. 그러므로 지금 다시 동봉하여 보내는데 아비와 아들의 뜻 중 어느 것이 더 나을지 모르겠습니다. 우습습니다. 할 말은 많지만 이만 줄입니다.

54 단지……뿐입니다 : 진찰은 불교 용어인 진진찰찰(塵塵刹刹)의 준말로, 티끌 같은 세계 즉 우주의 삼라만상을 뜻한다. 이 말은 원래 《능엄경(楞嚴經)》에 보이는 말로, 주희(朱熹)가 진량(陳亮)에게 답하는 편지에서 이를 인용하여 출처(出處)를 구차히 해서는 안 된다는 의미로 사용하였는데, 여기에서는 송시열이 벼슬에 나아가지 않고 조용히 지내는 것이 차라리 임금의 은혜에 보답하는 것이 된다는 의미로 인용하였다. 《晦庵集 卷36 答陳同甫》

55 초공(草公)과는……애석합니다 : 초공은 초려(草廬) 이유태(李惟泰)를 가리킨다. 제비는 여름 철새이고 기러기는 겨울 철새이기 때문에 서로 만나기 어려운 것처럼 송준길은 서울로 올라가고 이유태는 시골로 내려가므로 앞으로 만나지 못할 것이 애석하다는 뜻이다. 이유태는 이해 6월 26일에 모친의 병구완을 구실로 상소를 올리고 하향하였고, 송준길은 대사헌에 임명되었으나 사양하고 올라오지 않았다. 《顯宗實錄 1年 6月 6日, 20日, 26日》

별지

저는 몸가짐에 본말이 없어 매번 구설(口舌)에 곤욕을 치르는 것이 이와 같았는데, 노년에 들어서는 운명처럼 편안히 받아들이고 있습니다. 그러나 친우 간에는 때로 말을 하여 격의 없는 도리를 다했으니, 믿는 자도 있고 믿지 않는 자도 있는 것은 그 사람에게 달려 있습니다. 지난봄에 형이 두 차례 여러 장의 편지를 보내 남김없이 모두 말씀하셨는데, 그중에는 남에게 보일 필요가 없는 것도 있었기 때문에 한집안의 젊은이들조차도 보지 못하게 하였습니다. 삼가 들으니 어떤 사람이 형에게 '모(某)가 그 편지를 오백(吳伯)[56]에게 내보였다'고 말하였다는데, 제가 심히 어리석기는 하지만 그래도 가까운 사람에게 잘 보이고 먼 사람을 소원히 한다[57]는 것은 알고 있습니다. 더구나 옛 벗을 팔아서 새로운 친구를 사귀는 짓에 대해 주 부자(朱夫子 주희(朱熹))는 "그 벗의 자식이라도 절교해야 한다."라고 하였으니, 제가 이것을 익힌 지 오래되었는데 어찌 혹자의 말과 같은 경우가 있겠습니까. 삼가 들으니 형이 저에게 의심이 없지 않다고 합니다. 이는 실로 제가 평소에 수립한 것이 사람들에게 믿음을 얻지 못해서 그런 것이니, 부끄러워 스스로 반성하기에도 겨를이 없습니다. 그러나 형 또한 어찌 구멍이 있어서 오게 하였겠습니까마는[58]

56 오백(吳伯) : 경기 감사로 재직 중이던 오정일(吳挺一, 1610～1670)을 가리킨다. 본관은 동복(同福), 자는 두원(斗元), 호는 구사(龜沙)이다.

57 가까운……한다 : 홍명하(洪命夏)는 친근하게 대하고 오정일은 소원하게 대함을 이른다. 《宋子大全隨箚 卷4》

58 구멍이……하였겠습니까마는 : 전국 시대 초(楚)나라 양왕(襄王)이 난대(蘭臺)에서 바람을 쐬며 이 바람을 서인(庶人)들과 공유하고 싶다고 하자, 송옥(宋玉)이 이

이 점은 각자 더욱 살펴야 할 것입니다. 어떻게 생각하십니까? 그러나 절대로 다른 사람에게 말하지 마십시오. 더욱 곤욕을 당할까 두렵습니다. 봄에 오백이 왔을 때 초려(草廬) 형이 같은 자리에 있었으니 그 진위를 알 수 있을 것입니다. 여름에 이곳을 찾아왔을 때 제가 전의 일에 교훈을 얻어 사람이 많은 서당에 나가서 만났습니다. 이것이 비방을 그치게 하는 말단의 일인 줄은 알지만 범범한 얘기도 오히려 이처럼 아무 일이 없는 것만 못하니, 사리에 통달한 자가 들으면 반드시 한바탕 크게 웃을 것입니다.

바람은 왕이 불러온 것이라 서인들과 공유할 수 없다고 하면서 "신이 스승에게 들으니 '탱자나무가 구불구불 구부러져 새가 둥지를 틀게 하고, 문에 구멍이 뚫려 바람을 오게 한다.'라고 하였습니다." 하였다.《屈宋古音義 卷3 風賦》여기에서는 어떤 사람이 송시열이 홍명하의 편지를 오정일에게 보였다고 거짓말로 고자질한 것은 홍명하가 그런 고자질을 들어줄 만한 빌미를 제공했기 때문임을 비유적으로 말한 것이다.

홍대이에게 보냄 경자년(1660, 현종1) 12월 22일

與洪大而 庚子十二月二十二日

그리워하는 마음이 어찌 조금이라도 시든 적이 있었겠습니까마는 병으로 생각이 쇠락하여 몇 줄만 지으려고 해도 정신이 혼란스러워 반드시 한 가지 병이 더해지기 때문에 가을부터 겨울까지 문후하는 편지를 전폐하였으니, 모르는 자가 들으면 참으로 괴이한 일일 것입니다. 형께서 밤낮으로 바쁜 가운데 깊은 정을 담은 문안 편지를 멀리까지 보내주셨으니 지극한 뜻이 아니라면 어찌 이렇게까지 하셨겠습니까. 감격스럽다는 말이 빈말이 아닙니다. 저는 지난달에 앓고 있는 병이 위독했으니, 그때에는 거의 죽을 지경이었는데 지금은 처음에 비해 조금 안정되었습니다. 삼가 듣건대 성상의 몸이 편안하고 화평하여 자주 연석(筵席)에 임어하신다니 죽음이 임박한 미천한 저도 오히려 자신도 모르게 펄쩍 뛰었는데, 더구나 눈이 쌓여 풍년을 점칠 수 있으니 또한 어찌 하늘이 성상의 덕을 도우시는 것이 아니겠습니까. 다만 기민(飢民)이 온 나라에 낭자하고 하늘에 재수(災宿)[59]가 휘황하니 남모르는 근심과 깊은 염려가 어찌 끝이 있겠습니까. 어둠 속에 어떤 재앙이 숨어 있는지 알 수 없으니 너무나 근심스러워 외부에 있다고 해서 조금도 마음이 놓이지 않습니다.

59 재수(災宿) : 《송자대전수차(宋子大全隨箚)》 권4에 "수(宿)는 성수(星宿)의 수(宿)인 듯하니 필시 재성(災星)을 가리키는 것이다."라고 하였는데, 재성은 형혹성(熒惑星) 즉 화성(火星)으로 이 별이 나타나면 그 지역에 재난이 일어난다고 한다.

전에 제가 "나의 벗들이 몸가짐을 공경히 한다면 참소하는 말이 어디로부터 일어나겠는가."[60]라는 말을 형에게 일러 드린 적이 있습니다. 삼가 항간에 떠도는 말을 듣건대 아직도 그치지 않고 있으니, 삼가 생각건대 형은 참으로 그런 일이 없겠지만 저의 마음에는 몸가짐이 형편없어서 자주 사람들에게 미움을 받는 것이 실로 부끄럽습니다. 그러나 형이 아니면 어찌 감히 이런 말씀을 드리겠습니까. 삼가 노복들의 말을 들으니 형을 칭송하는 말이 귀에 끊이지 않습니다. 그 실상이 있으면 이치가 참으로 그러한 것이니, 제가 만에 하나도 본받지 못하는 것이 슬픕니다. 그러나 나라가 위태롭고 시국이 어려우니, 다시 바라건대 더욱 충성을 다해서 이 세상을 구제해 주십시오. 오늘날 임금이 인정하고 인망(人望)을 받는 사람으로 형보다 나은 사람이 있습니까. 그 지위가 올라갈수록 더욱 완비하기를 요구하는 것이니, 어찌 심히 우려스럽지 않겠습니까.

새 달력을 보내 주시어 매우 감사합니다. 그런데 개수 중에 한 건이 부족하니, 도중에 유실된 듯합니다. 해가 장차 바뀔 것이니, 새해에는 경사가 더욱 많고 나라와 함께 복을 누리시기를 삼가 축원합니다.

60 나의……일어나겠는가 : 주(周)나라 선왕(宣王)에게 규간(規諫)하는 내용의 시인 《시경》〈소아(小雅) 면수(沔水)〉에 나오는 구절로 여기에서는 송시열이 홍명하에게 몸가짐을 신중히 하라고 충고하는 의미로 인용하였다.

홍대이에게 답함 신축년(1661, 현종2) 3월 10일

答洪大而 辛丑三月十日

본병(本兵)의 바쁜 임무를 수행하는 중에 초야에 있는 저를 기억하여 편지를 보내 주시고 약까지 싸서 보내 주셨으니 매우 감사한 뜻을 어찌 다 말할 수 있겠습니까. 이어 건강이 좋으시다는 것을 알았으니 공적으로나 사적으로나 매우 다행입니다.

국상(國祥)[61] 운운하시는 말씀을 보았는데 의리가 어떠한지를 막론하고 미천한 저의 사적인 정리상 끝내 숨길 수 없는 것이 있으니, 어찌 기어서라도 나아가 가슴속에 가득한 슬픔을 한번 쏟아 내고 싶지 않겠습니까. 그러나 저의 병이 오래도록 낫지 않아 한 걸음도 내딛기 어려운 상황이 하루 전에 양식을 찧어 마련하는 것과 같은 점이 있으니,[62] 이런 근력으로는 선왕에 대한 의리를 끝까지 지키기가 난망합니다.

무중(武仲 유계(兪棨))과 중초(仲初 조복양(趙復陽))의 시는 저 또한 조금 들었습니다. 그러나 한기(韓琦)와 부필(富弼)이 어전을 물러 나와서는 얼굴을 붉히지 않았을 것입니다.[63] 더구나 형과 무중은 주객(主

61 국상(國祥) : 이해 5월 4일 효종의 대상(大祥)을 가리킨다. 《顯宗實錄 2年 5月 4日》

62 하루……있으니 : 《장자(莊子)》 〈소요유(逍遙遊)〉에 "가까운 교외에 가는 자는 세 끼 밥만 가지고 갔다가 돌아와도 배가 여전히 부르고, 100리를 가는 자는 하루 전에 양식을 찧어서 마련해야 하고, 1000리를 가는 자는 석 달 동안 양식을 모아야 한다."라고 한 말을 인용한 것이다. 여기에서는 길을 나서기가 쉽지 않음을 비유하는 말로 쓰였다.

63 한기(韓琦)와……것입니다 : 한기와 부필은 모두 송(宋)나라의 명재상이다. 한기가 "경력(經歷) 연간에 희문(希文)과 언국(彦國)이 함께 서부(西府)에 있을 때, 성상

客)의 형세가 있는데 형은 어찌하여 더욱 용납하지 않으려고 하십니까. 동춘(同春 송준길(宋浚吉)) 형이 조정에 돌아갈 날이 머지않았으니 서로 속마음을 털어놓는 즐거움이 있을 것입니다. 황정(荒政)은 상하가 진실한 마음으로 행한다면 어찌 실제 혜택이 없을 수 있겠습니까. 별지는 더욱 감사합니다. 특히 함(咸) 영공[64]은 돌에 물을 붓는 것과 같으니 외부에서 침습하는 것이 무슨 해가 되겠습니까. 혹시 이로 인하여 광채가 날 수도 있으니 그 이치가 없지 않습니다. 하고 싶은 말은 많지만 병 때문에 대필하고 있어 이만 줄입니다. 모두 마음으로 짐작하시기 바랍니다.

앞에서 일을 가지고 다툴 때에는 논의가 각각 달랐으나 물러 나와서는 서로 화기(和氣)를 잃지 않아 다툰 적이 없는 것처럼 하였다."라고 한 말을 가리킨다. 《宋名臣言行錄後集 卷1 韓琦》 희문은 범중엄(范仲淹)의 자이고, 언국은 부필의 자이다. 여기에서는 유계와 조복양을 한기와 부필에 견주어서 두 사람이 조정 안에서는 의견을 달리하더라도 밖에 나와서는 사이가 틀어지지 않을 것이라고 말한 것이다.

64 함(咸) 영공 : 자가 함경(咸卿)인 이일상(李一相)을 가리키는 것으로 보인다.

홍대이에게 답함 신축년(1661, 현종2) 4월 25일

答洪大而 辛丑四月二十五日

죽은 사람은 어진 며느리입니다.[65] 장이 끊어지고 심장을 칼로 도려내는 듯하니 참으로 견딜 수 없습니다. 게다가 어린아이들이 눈앞에 가득한데 그가 문득 병든 시아비와 늙은 시어미에게 넘겨주고 떠났으니, 의당 미워해야 하는데 통곡이 더욱 애통한 것은 어째서입니까. 삼가 형께서 재차 위문해 주시는 편지를 받으니 지극히 감사하여 무어라 말씀드려야 할지 모르겠습니다. 지금 천시(天時)와 인사(人事) 또한 통곡할 만한데[66] 형은 또 어떻게 마음을 추스르고 계신지 모르겠습니다. 할 말은 매우 많지만 슬프고 괴로워 이만 줄입니다.

65 죽은……며느리입니다 : 양자인 송기태(宋基泰)의 처 이씨(李氏)가 이때 사망하였다.

66 지금……만한데 : 《송자대전수차(宋子大全隨箚)》 권4에는 이해 2월 9일에 송시열이 윤선거(尹宣擧)에게 보낸 편지에 근거하여 이해 1월에 도착한 청(淸)나라 세종(世宗)의 부음을 효종이 보지 못한 것이 애석하다는 의미라고 하였으나 내용과 시기로 볼 때 단정하기 어렵다. 《宋子大全 卷38 答尹吉甫》《顯宗實錄 2年 1月 24日》

홍대이에게 답함 신축년(1661, 현종2) 5월 14일

答洪大而 辛丑五月十四日

어제 형이 청대(請對)했다는 말을 들었는데, 필시 두 공(公)[67]이 떠나는 것을 만류하기 위해서였을 것입니다. 지금 아침 일찍 보내신 편지를 받고 끝내 만류하지 못했다는 것을 알았으니, 시사(時事)가 한탄스럽습니다. 그러나 일의 형세가 이 지경에 이르렀으니 머문다고 하더라도 할 수 있는 일이 없을 테니, 그 뜻을 이루게 하는 것이 나을 것입니다. 저는 소장을 올리기 위해 그저께 거처를 옮겨 먼 교외로 나왔습니다. 병든 아이와 가까이 있으면 서로 불편하기 때문입니다. 두 공이 이미 떠났으므로 저의 앞길은 탄탄대로라고 할 만하니, 우습습니다. 이만 줄입니다.

67 두 공(公) : 송준길(宋浚吉)과 이유태(李惟泰)를 가리킨다. 《宋子大全隨箚 卷4》

홍대이에게 답함 신축년(1661, 현종2) 5월 15일

答洪大而 辛丑五月十五日

보이신 뜻이 몹시 비통하니 사람을 감탄하게 합니다. 오늘의 일은 여러 형들이 머물러 있더라도 인심에 크게 부응하리라고 보장하지 못할 듯하나 세상에 보탬이 있으리라는 것은 의심할 것이 없습니다. 그러므로 제가 향리에 있을 때부터 동춘(同春 송준길(宋浚吉)) 형에게 소명(召命)에 응하라고 힘써 권하였고, 지난번에 그에게 답한 편지에서도 만약 반드시 떠나려고 한다면 소대(召對)를 마치고 즉시 한강 밖으로 나가야 한다고 하였습니다. 그렇지 않으면 이번 일[68]은 떠나기에 부족한데, 그가 어떻게 생각할지 모르겠습니다. 다만 그의 뜻을 보건대 지극히 공변되고 진심이니 제 말을 따를 듯하고, 초려(草廬 이유태(李惟泰)) 형 또한 이미 머물도록 권면하였으니 태반은 생각을 바꿀 것입니다. 지금 같은 임금이 있는데도 끝내 자기의 처음 뜻을 이룰 자는 있지 않습니다.

두 분 형이 모두 나에게 "무엇 때문에 남과 나를 다르게 보는가."라고 하시니, 이 말씀 또한 일리가 있습니다. 그러나 저는 새 중에 직박구리와 같아서 하루를 머물면 하루만큼의 해를 끼치니, 지난 일에서 볼

68 이번 일 : 조경(趙絅)이 상소하여 윤선도(尹善道)를 구원하자 양사(兩司)에서 조경이 악인을 편든다고 논박하였다. 이에 대신이 청대(請對)하여 조경을 구원하자 장령 윤비경(尹飛卿)이 인피(引避)하면서 대신을 배척하였다. 대신이 차자를 올려 양사를 논하면서 윤비경이 인피한 것이 송준길의 사주로 인한 것처럼 말하자, 송준길이 떠나겠다고 청하였다. 《宋子大全隨箚 卷4》《顯宗實錄 2年 4月 21日, 5月 7日・11日・13日》

수 있습니다. 만일 그렇지 않다면 제가 석두(石頭)가 아닌데 옛 은혜와 새로 받은 은혜를 무슨 마음으로 차마 저버리고 기필코 떠나려고 계획하겠습니까. 들어가 사은하는 의리는 형의 뜻이 매우 타당하지만 감히 부응하지 못하겠습니다. 내일 먼저 상소 한 통을 올려 저의 죄를 스스로 진달하려고 합니다. 이만 줄입니다.

홍대이에게 답함 신축년(1661, 현종2) 5월 24일

答洪大而 辛丑五月二十四日

종을 번갈아 가며 편지를 보내 주시니 감사한 마음 그지없습니다. 당초 오늘 상소를 남겨 두고 한강(漢江)을 건너려고 했는데, 여러 형들의 뜻이 이와 같기 때문에 우선 내일까지 지체하려 합니다. 다만 저에 대해 다 알지 못하는 점이 있습니다. 제가 향리에 있을 때 장소(章疏)에서 진달한 것이 두 가지가 있었는데, 하나는 성상을 모시는 반열에서 한번 통곡하는 일이고, 하나는 성상의 용안을 뵙는 일이었습니다.

서울에 이르러서 조경(趙絅)의 소장(疏章)[69]을 보고 또 삼수지(三水紙)[70]를 보았는데, 삼수지에는 분명히 지적한 사람이 있었고 저를 반역(叛逆)이라고 하였습니다. 신하로서 이런 평판을 얻었으니 즉시 죽지 않는 것도 오히려 큰 죄가 될 텐데, 더구나 서울에서 지체하고 있을 수 있겠습니까. 이 때문에 정신이 어지러워 집에 있을 때는 생기가 없고 나가서는 갈 데가 없습니다. 이제는 또 대각(臺閣)의 의론이 모두 저의 지휘에서 나왔다고 하고, 또 마침 불행하게도 대각에 들어간 사람들이 대부분 저와 알고 있는 사람들인지라 더욱 스스로 해명할 수 없어 이 때문에 감히 편안하게 있지 못합니다.

69 조경(趙絅)의 소장(疏章) : 조경이 윤선도(尹善道)를 구원하기 위하여 올린 상소이다. 《顯宗實錄 2年 4月 21日》 501쪽 주68 참조.

70 삼수지(三水紙) : 윤선도가 삼수(三水)로 귀양 가서 문답 형식으로 만든 예설(禮說)이다. 《宋子大全隨箚 卷4》

성상의 오늘날 예우에 있어서는 제가 비록 지극히 어리석을지라도 어찌 감격할 줄 모르겠습니까. 이미 당초에 올린 계사에서 감격스럽다는 뜻을 극진히 진달하였고, 또 남겨 놓을 상소에도 말할 것입니다. 할 말은 많지만 하나하나 다 말하지 못합니다.

홍대이에게 답함 신축년(1661, 현종2) 5월 28일

答洪大而 辛丑五月二十八日

매번 지성스러운 말씀을 들을 때마다 감격스럽고 부끄럽습니다. 성상께서 저의 상황을 이미 살펴 아시기 때문에 향리로 돌아가는 것을 조금 허락하면서도 제 걸음을 더디게 하셨으니, 성상의 뜻이 어디에 있는지는 저 또한 이미 속으로 헤아리고 있습니다. 내일 짧은 소장을 올리려고 하는데 만약 윤허해 주시는 비답을 받는다면 매우 다행이겠습니다. 그러나 이미 흘러가는 물과 같으니, 단지 동쪽으로 흘러갈 뿐입니다. 이만 줄입니다.

홍대이에게 보냄 신축년(1661, 현종2)

與洪大而 辛丑

잠시나마 죽지 않고 살아서 오늘의 큰 경사를 보게 되었으니, 성고(聖考 효종) 앞에서 했던 말을 추억하면 또한 눈물이 쏟아지는 것을 금할 수 없습니다. 백성들이 이제는 모든 근심이 없어졌으니, 올해의 운수 또한 어찌 풍년이 들지 않겠습니까. 형이 밤낮으로 부지런히 노력하며 왕실을 돕는 것을 매번 생각하지만 재능이 부족하고 지혜가 적어 한마디도 도움을 드리지 못했으니 붕우 간의 의리 또한 전혀 없는데, 하물며 벼슬에 나아가는 도리가 있겠습니까. 어제 형이 8월 27일에 보내신 편지를 받았는데 일깨워 주신 말씀이 간곡하였으니 몹시 부끄러울 뿐입니다. 그러나 기(夔) 한 사람이면 충분하니[71] 어찌 많을 필요가 있겠습니까. 저는 자부(子婦)의 장례가 때에 임박해서 낭패를 당하였으므로 지금 수원(水原)의 산간에 와서 초장(草葬)을 하고 급히 돌아갈 계획입니다.

71 기(夔)……충분하니 : 유능한 인물이 한 명만 있어도 모든 일이 잘 처리될 수 있다는 말이다. 기는 악관(樂官)으로, 《후한서(後漢書)》 권65 〈조부열전(曹裒列傳)〉에 "요(堯) 임금이 대장(大章)을 만들 때 기 한 명으로 충분하였다."라고 한 말에서 유래하였다.

홍대이에게 답함 신축년(1661, 현종2) 12월 14일

答洪大而 辛丑十二月十四日

형을 그리워하는 마음이 세모(歲暮)에 더욱 깊었는데, 뜻밖에 태의(太醫)가 오는 편에 형의 편지를 전해 받고는 직접 뵙고 얘기를 나누는 것 같아 감격스럽고 후련한 마음을 이루 다 말할 수 없었습니다. 다만 어의를 보내 주신 은혜는 미천한 신하가 감당할 수 있는 것이 아니니 결초보은하는 것 외에 달리 보답할 길이 없습니다.

오늘날 크고 작은 일을 다른 사람들은 수수방관하는데 형이 한 사람의 몸으로 허다한 일을 담당하고 있으니, 누차 역경을 만난 것은 우연한 일이 아닙니다. 그러나 공경히 외경하는 마음을 보존하고 탕탕하여 주저하는 뜻이 없는 것이 어찌 형이 본받을 것이 아니겠습니까. 저는 두문불출하고 요양하고 있으니 참으로 이것이 노년의 다반사인데 갑자기 또 집안에 역병이 있어서 과도하게 경계하는 마음이 없지 않아 어제 공주(公州)의 경계로 거처를 옮겼으니, 선산에서 조금 떨어지게 되었으므로 이 또한 즐거운 일이 아닙니다. 올해는 어찌하여 액운이 겹치는 것입니까.

며칠 전에 초려(草廬 이유태(李惟泰)) 형으로부터 형이 보낸 편지와 달력 한 건을 전해 받고 즉시 편지를 써서 제 동생을 통해 감사하다는 뜻을 전했으니, 형이 아니었으면 꽃이 피고 나뭇잎이 지는 것을 보고 계절을 짐작하는 것을 면하지 못할 뻔하였습니다. 태의는 바삐 왔다 바삐 갔으니 차분히 응접하려고 해도 어찌할 수 없었습니다. 다만 형이 일깨워 주신 뜻에 대해 속으로 감사할 줄은 알고 있습니다. 함형(咸兄)

의 일[72]은 질질 끌어 여기에까지 이르렀으니 매우 한탄스럽습니다. 지금은 결말이 났습니까? 나머지는 해가 바뀌니 더욱 보중하십시오. 이만 줄입니다.

72 함형(咸兄)의 일 : 함형은 이일상(李一相)을 가리킨다. 491쪽 주53 참조.

홍대이에게 답함 임인년(1662, 현종3) 4월 26일

答洪大而 壬寅四月二十六日

상을 당해 슬프고 괴로운 가운데 삼가 16일에 보내신 편지와 붓 10자루를 받고서 감사한 마음 매우 깊었는데, 방금 동춘(同春 송준길(宋浚吉))의 편지를 통해 형이 다시 이조 판서가 되었다는 것을 알았으니 국가를 위해서는 기뻐서 잠을 이루지 못했고 형을 위해서는 깊이 근심하였습니다. 어찌하여 기뻐서 잠을 이루지 못하였겠습니까? 조정이 맑아질 수 있기 때문입니다. 그러나 진퇴유곡의 상황에서 다시 명망이 높은 사람으로 하여금 물러나서 떠나게 할 것이니 어찌 깊이 근심하지 않을 수 있겠습니까. 듣건대 함(咸) 대감[73]의 병이 가볍지 않다고 하니 지극히 염려됩니다. 혹시 지금보다 더해진다면 사람들이 필시 우울해서 그렇다고 할 것이니, 이 때문에 더욱 그가 빨리 낫기를 바랍니다.

저희 집의 재앙이 그치지 않아 수십 일 사이에 연이어 큰 슬픔을 당하여 분주하게 일을 치르느라 거의 생기가 없습니다. 식량이 떨어지는 것에 대한 말씀은 저를 아끼고 염려해 주신 뜻이니 매우 감사드립니다. 그러나 이웃의 곡식을 조금 빌려 송기(松肌)와 송엽(松葉)을 섞으면 매우 쉽게 음식이 되니 저 길가의 굶어 죽은 자들에 비하면 매우 넉넉하지 않겠습니까. 다만 미천한 본성은 없어지지 않아서 성상의 체후가 미령하여 경연(經筵)을 전폐하신 것을 생각할 때마다 한밤중에 천장을 쳐다보며 마음을 달랠 수 없습니다.

73 함(咸) 대감 : 자가 함경(咸卿)인 이일상(李一相)을 가리킨다.

날씨가 이미 더워졌으니 세상을 위해 더욱 자중하여 많은 사람들의 바람을 위로해 주시기를 삼가 빕니다. 학질을 앓고 있어서 겨우 이렇게 씁니다. 이만 줄입니다.

홍대이에게 답함 임인년(1662, 현종3) 9월 11일

答洪大而 壬寅九月十一日

병으로 생각이 쓸쓸한 때에 홀연 동춘(同春 송준길(宋浚吉)) 형으로부터 형의 편지가 전해졌습니다. 여러 차례 읽노라니 심한 통증이 몸에서 떠나감을 크게 느꼈습니다. 더구나 생명을 망각하고서 욕심을 따르는 것을 부끄럽게 여긴다는 것은 진실로 정 숙자(程叔子)의 근엄한 가법(家法)인데,[74] 지금 그보다 못하지 않은 말씀을 들었으니 저의 사적인 정으로뿐만 아니라 나라를 위해 매우 기쁩니다. 그러나 어찌 그렇겠습니까. 우습습니다.

그리고 소회가 있으므로 한번 털어놓지 않을 수 없습니다. 삼가 오늘날을 보건대 몇몇 젊은 청류(淸流)들이 몸가짐이 범상치 않고 일을 당해서는 방과하지 않아 시사(時事)가 힘입을 데가 있을 듯합니다. 또한 듣건대 형을 크게 의지한다고 하니, 참으로 그들과 함께 왕실을 도와 함께 어려운 시국을 구제해야 할 것입니다. 그중에 너무 성급하게 하려는 사람이 있으면 또한 모름지기 조화시키고 참작해서 흩어져 떠

74 생명을……가법(家法)인데 : 송(宋)나라 학자 이천(伊川) 정이(程頤)가 제자인 사숙(思叔) 장역(張繹)에게 말하기를 "나는 타고난 기질이 매우 허약하였는데, 30세가 되면서 점차 강성해졌고, 4, 5십 세가 된 이후에 건강이 완전해져 지금 72세가 되었는데도 근육과 골격이 성년 시절에 비교해 보아도 못함이 없다."라고 하였다. 장역이 "선생님께서는 어떻게 하여 타고난 기질은 허약하였는데도 훌륭하게 건강을 보존하였습니까."라고 물으니, 정이가 묵묵히 있다가 말하기를 "나는 생명을 망각하고서 욕심을 따르는 것을 심히 부끄러워한다."라고 하였다. 《心經附註 卷1 懲忿窒慾章》

나는 데에 이르지 않게 해야 할 것입니다.

멀리서 들으니, 요사이에 지숙(持叔 민유중(閔維重))과 남궁(南宮 김만기(金萬基))이 서로 잇따라 해직되었는데 지숙은 또 체제상의 작은 일[75] 때문에 종군(從軍)의 벌을 받게까지 되었다고 하였습니다. 방금 그의 편지를 받았는데, 온 집안이 남쪽으로 내려와야겠다는 말이 있었습니다. 추우(騶虞)가 쫓겨나면 기린(麒麟)마저 가 버리는 법이니, 지숙 한 사람이 물러나는 것도 진실로 애석하지만 뒷날 잃는 것이 한 사람에만 그치지 않을까 염려됩니다. 형은 어찌하여 지숙을 만나 보고 저번 일에 대한 오해를 풀면서 함께 일을 하기 바란다고 하지 않으십니까? 그가 형의 지극한 정성이 나라에 있는 것을 보게 된다면 반드시 마음을 돌릴 것입니다. 이렇게 된다면 위로는 선비를 잃는다는 꾸지람을 면하고 중간으로는 선(善)을 용납하는 미덕이 있으며 아래로는 변장(卞莊)의 노림[76]을 끊어 버리게 될 것이니, 어찌 좋지 않겠으며 어찌

75 체제상의 작은 일 : 홍명하가 이조판서 겸 수어사로 있으면서 민유중을 종사관(從事官)에 임명하였는데, 민유중이 홍명하를 만나 보고서 사면하려고 여러 차례 찾아갔으나 만나지 못하여 편지를 남겨 두고 고향으로 돌아가 버렸다. 이에 홍명하가 민유중에 대해 관직을 피하려고 마음대로 가 버렸다고 하여 처벌하기를 청하니, 민유중이 서울에 들어와 대명(待命)한 일을 가리킨다. 《宋子大全隨箚 卷4》

76 변장(卞莊)의 노림 : 같은 편끼리 싸워 피해를 당할 때 제삼자가 그 기회를 노리고 있다가 이득을 취하는 것을 말한다. 춘추 시대 노(魯)나라에 뛰어난 용맹을 지닌 변장자(卞莊子)가 있었다. 그가 호랑이를 잡으려고 하자 관수자(館豎子)가 말리며 말하기를 "지금 범 두 마리가 소 한 마리를 먹고 있으니 배불리 먹고 나면 반드시 서로 싸우게 될 것이고, 싸우면 큰 놈은 부상하고 작은 놈은 죽을 것입니다. 그때 부상한 놈을 찌른다면 일거에 두 마리의 범을 잡게 될 것입니다."라고 하였다. 변장자는 그의 말을 옳게 여겨 기다리고 있었는데, 조금 뒤 과연 범 두 마리가 서로 싸워 관수자의 말처럼 되었으므로 변장자는 일거에 범 두 마리를 잡았다. 《史記 張儀列傳》

아름답지 않겠습니까.

저와 같은 사람은 물러나 초야에 있으니 다시는 시사(時事)를 말해서는 안 되지만, 구구하나마 나라를 위하는 정성은 죽는 날까지 없어질 수 없습니다. 사류(士類)들이 풀어져 흩어지는 것을 목격하고도 수습할 수 없어 낮이나 밤이나 근심스럽고 한탄스러움을 스스로 그만두지 못해 감히 이렇게 장황한 말을 하는 것입니다. 바라건대 저의 말을 유의해 보시고 채택하여 때늦은 탄식이 없도록 하는 것이 어떻겠습니까?

제가 형을 아끼고 사모하는 정성은 진실로 저번 편지에서 말씀드린 것과 같은데 만일 속마음을 다 털어놓지 않는다면 형을 저버리는 것이 많을 것이며 남의 말에 무조건 따르는 소인이 되고 말 것이니, 아울러 양해하고 살펴 주시기 바랍니다. 이 말이 비록 고명하신 뜻에 합당하지 않더라도 또한 누설하지 말아서 결점 많은 이 몸이 사람들의 입에 오르지 않도록 해 주시기를 간절히 바랍니다. 이만 줄입니다.

홍대이에게 보냄 병오년(1666, 현종7) 1월 28일

與洪大而 丙午正月二十八日

제가 편지를 보내지 않은 지 오래되었는데 형은 오히려 때때로 편지를 보내오시어 도덕과 신의를 알겠으니 부끄럽고 감격스러운 마음 어찌 끝이 있겠습니까. 어제 김자장(金子章)의 아들이 내려와 함께 자면서 형의 한두 가지 의론을 대략 말해 주었는데, 이와 같이 하지 않으면 어떻게 대신(大臣)이 되겠습니까. 경탄스럽고 경탄스럽습니다.

지금 새해에 형의 기거는 더욱 좋으십니까? 저는 병으로 고향에 누워 있으면서 쇠약함이 더욱 심해졌습니다. 오직 서책은 일찍이 스승께 여쭈었던 것이라 죽기 전에 밤낮으로 공부하여 매몰되는 데에 이르지 않게 해야 하는데 정력이 날로 줄어서 기운이 뜻을 감당하지 못하니, 지난날 장성한 시절을 헛되이 보낸 것이 아깝습니다. 함경(咸卿 이일상(李一相))이 세상을 떠났습니다. 많은 곤경을 다 겪고도 오래 살지 못하였으니 지극히 슬픕니다. 다만 세상이 이와 같이 위태로우니 이것이 큰 복이 아니라고 어찌 단정하겠습니까. 회옹(晦翁)이 원성(元城)을 논한 것[77]이 지극합니다. 남은 추위가 아직 심하니 몸을 더욱 잘 돌보시어 우러러보는 사람들의 바람을 위로해 주시기 바랍니다. 이만 줄입니다.

77 회옹(晦翁)이……것 : 회옹은 주희(朱熹)를 가리키고, 원성(元城)은 유안세(劉安世)의 호이다. 주희가 유안세에 대해, 송(宋)나라 정강(靖康) 2년(1127)에 금(金)나라의 공격으로 수도 변경(卞京)이 함락되고 흠종(欽宗)과 휘종(徽宗)이 포로로 끌려간 '정강의 화(禍)'를 보지 않고 죽었으니 운명이 좋다고 말한 일을 가리킨다. 《宋子大全隨箚 卷4》

홍대이에게 보냄 병오년(1666, 현종7) 5월 26일

與洪大而 丙午五月二十六日

스스로 처지에 얽매여 감히 편지를 보내지 못했는데 형은 계속 편지를 보내 주시니 실로 지극한 뜻에 감격하여 감사를 표할 방법이 없습니다. 이미 지난 일[78]은 내버려 두고 다시 말하지 않는 것이 좋겠습니다. 만약 성상이 아니었다면 그 일이 그 정도에서 그치고 말았겠습니까. 지금 돌이켜 생각해 보아도 온몸이 떨립니다. 탑전(榻前)에서 하신 형의 말씀을 유능(幼能)[79]이 전해 주었는데 평정심을 가지고 보더라도 공변된 말이라고 하지 않을 수 없습니다. 백읍고(伯邑考)와 소현세자(昭顯世子)의 경우가 같지 않다는 주장[80]은 더욱 깨뜨리려고 해도 깨뜨려지지 않는 의론입니다. 별지가 만약 형의 뜻에 합당하거든 즉시 행하시

78 이미 지난 일 : 당시 경상도 유생인 생원 유세철(柳世哲) 등 1000여 명이 상소하여 기해년(1659) 효종의 상 때 인조의 계비인 자의대비(慈懿大妃)의 복제를 기년복(期年服)으로 주장했던 송시열의 설을 반박하면서 효종을 적자가 아닌 서자로 깎아내렸다고 문제를 제기한 일을 가리킨다. 《顯宗實錄 7年 3月 20日, 23日》《宋子大全隨箚 卷4》

79 유능(幼能) : 이단상(李端相, 1628~1669)의 자이다. 본관은 연안(延安), 호는 정관재(靜觀齋)이다. 이정귀(李廷龜)의 손자이고, 아들 이희조(李喜朝)가 송시열의 문인이다.

80 백읍고(伯邑考)와……주장 : 백읍고는 주(周)나라 문왕(文王)의 장자이고 무왕(武王)이 된 발(發)은 차자였는데, 무왕이 어질었기 때문에 문왕이 백읍고를 후사로 세우지 않고 무왕을 후사로 세웠다. 《史記 管蔡世家》 소현세자의 경우 인조의 장자이지만 일찍 죽었기 때문에 차자인 효종이 인조의 뒤를 이은 것이다. 따라서 무왕과 효종이 왕위에 오른 경우가 같지 않다는 것이다.

고, 만약 불가하거든 즉시 돌려주시기를 간절히 빕니다.

스스로 생각해 보건대 남은 날이 많지 않은데 전에 살던 곳이 사통팔달의 큰길가에 있어서 날마다 사람들과 만나게 되므로 서책과 아주 멀어지게 되었습니다. 또 영남의 일을 겪은 뒤로 깊은 산중에 들어가서 종적을 감추고 싶은 마음이 더욱 강해졌으므로 청주(淸州)의 낙양산(洛陽山) 아래로 옮긴 지가 이미 여러 날이 되었습니다. 산천의 경치가 매우 좋고 종일토록 손님이 없어서 책을 볼 수 있습니다. 다만 석양이 무한히 좋은데 이는 황혼과 가까운 것이니 매우 개탄스럽습니다. 나머지는 짐작에 맡기겠습니다.

홍대이에게 보냄 정미년(1667, 현종8) 11월 12일

與洪大而 丁未十一月十二日

철인(哲人)의 상소[81]는 기왕의 일로 치부하더라도 연공(堧公)의 의론[82]은 잇따르는 자가 그치지 않으니, 이러한 때에는 감히 다른 사람에게 묻지 못하고 다른 사람도 저에게 묻지 않습니다. 뜻밖에 형의 편지가 집을 수리하고 있는 중에 갑자기 이르렀으니, 여러 번 펼쳐 보면서 거의 종이가 닳을 지경이 되도록 그치지 못했습니다. 지금 양기(陽氣)가 이미 드러났는데 정사를 보시는 여가에 기거는 만복하십니까? 저의 흠모하는 마음이 어느 때인들 조금이라도 누그러진 적이 있겠습니까. 삼가 들으니 아들을 잃은 슬픔이 있었다고 하는데, 형의 덕과 선행으로 다시 이런 일을 당하였으니 신(神)의 이치가 참으로 있는지 모르겠습니다. 저는 상(喪)을 당하고 나서 큰 병으로 거의 죽을 뻔하였다가 지금 다행히 조금 소생하였으나 남은 증상이 아직 가시지 않았는데

81 철인(哲人)의 상소 : 경상도 유생 유세철(柳世哲)의 상소를 가리킨다. 《宋子大全隨箚 卷4》 515쪽 주78 참조.

82 연공(堧公)의 의론 : 유학(幼學) 황연(黃堧)이 상소하여 조경(趙絅), 허목(許穆), 윤휴(尹鑴), 홍우원(洪宇遠)을 옹호하면서 송시열과 송준길(宋浚吉) 등은 색목(色目)이 같지 않으면 현우(賢愚)를 따지지 않고 일절 물리쳤다고 비난하였다. 또 조복양(趙復陽), 김만기(金萬基) 등은 의기(義氣)가 없는 자들이며, 김익렴(金益廉)은 간악한 성품과 짐승 같은 행실을 지닌 자이고, 김수항(金壽恒)과 김수흥(金壽興)은 자리에 연연하여 시류에 따라 인사 행정을 하고 친한 사람을 사간원의 장관에 맨 먼저 후보자로 올려 대관에게 아첨하고 임금을 견제하는 기화로 삼았으며 외척의 힘을 빌려 임금의 위엄을 막으려 했다고 비난하였다. 《顯宗改修實錄 8年 2月 29日》 《宋子大全隨箚 卷4》

또 어린아이들이 마마를 앓고 있어 근심으로 날을 보내고 있으니, 이 또한 어찌 장자후(章子厚)가 한 짓이겠습니까.[83]

삼가 사적으로 간청드릴 일이 있습니다. 상서(尙書) 한원길(韓元吉)[84]은 사실 동래(東萊 여조겸(呂祖謙))의 장인인데 회옹(晦翁 주희(朱熹))이 동래에게 간청하여 우회하여 상서에게 부탁해서 직명을 체직해 주기를 요청하였습니다. 눈앞에서 힘을 빌리는 것도 오히려 하는데 더구나 제가 형에게 끝내 한마디 말을 하지 않을 수 있겠습니까. 근년 들어 죽음을 무릅쓰고 연이어 소장을 올려 슬프고 간절한 심사를 간곡하게 말씀드리면서 하지 않은 말이 없었는데 성상께서 더욱 들어주지 않으시니 필부(匹夫)의 뜻이 더 이상 바랄 곳이 없습니다. 부디 형께서 국정을 의논하는 여가에 저의 이름을 조금 거론하시어 그동안 해면되기를 빈 것이 성심에서 나왔고 거짓으로 꾸민 말이 아니라는 것을 성상께 설명하신다면 형은 평소에 성상의 신임을 받고 있으므로 필시 들어주실 단서가 있게 될 것입니다. 형께서 저를 불쌍히 여겨 한번 말씀해

83 장자후(章子厚)가 한 짓이겠습니까 : 장자후는 송(宋)나라 철종(哲宗) 때 대표적인 간신 장돈(章惇, 1035~1106)의 자이다. 범순인(范純仁)이 여대방(呂大防)을 구원하려다 장돈의 미움을 사서 무안군 절도부사(無安軍節度副使)로 좌천되어 갈 때 배가 전복되어 옷이 다 젖었는데도 "이것이 어찌 장돈이 한 짓이겠는가."라고 하여 자제들에게 장돈을 원망하지 말도록 경계하였다. 《宋史 范純仁列傳》 여기에서는 송시열이 연이어 상화(喪禍)를 당하는 것이 반대편 당(黨)의 잘못 때문이 아님을 말한 것이다.

84 한원길(韓元吉) : 1118~1187. 송나라 개봉부(開封府) 옹구(雍丘) 사람으로, 자는 무구(無咎), 호는 남간(南澗)이다. 벼슬은 이부상서(吏部尙書)에까지 올랐고 영천군공(潁川郡公)에 봉해졌다. 윤순(尹焞)을 사사(師事)하였고, 여조겸과 덕청(德淸) 자상사(慈相寺)에서 강독하였다. 저서에 《동음구화(桐陰舊話)》, 《남간갑을고(南澗甲乙稿)》, 《초미집(焦尾集)》이 있다.

주십시오.

또 한 가지 일이 있는데, 비록 심히 작은 일이기는 하지만 결코 벌을 받지는 않을 것입니다. 몇 년 전에 부리(府吏)가 작은 물건을 체편(遞便)을 통해 보내왔는데, 제가 감히 거절하자 부리가 또 여러 대인(大人)의 뜻으로 다시 보내오면서 말하기를 "이것은 부(府)의 관례로 하는 것이 아니라 우리들이 가지고 있는 것을 올리는 것입니다."라고 하여 뜻이 매우 정중하였기 때문에 감히 다시 거절하지 못하였습니다. 그런데 지금은 그치지 않고 계속 그대로 하여 다시 관례가 되었으니 이는 실로 심히 편치 못합니다. 이 또한 유념하시어 다시는 지난날처럼 하지 말게 해 주시는 것이 어떻겠습니까. 어제 다시 작은 물건을 보내왔기에 삼가 돌려보냈는데, 형이 저의 뜻을 알지 못해서 이상하게 여길까 염려되고 또 지난날 여러 대인이 정중하게 보내온 것처럼 할까 염려되기 때문에 감히 말씀드립니다. 나머지는 건강이 더욱 좋으시어 여러 사람들의 바람을 위로해 주시기 바랍니다.

홍대이에게 답함 정미년(1667, 현종8) 12월 26일
答洪大而 丁未十二月二十六日

지난번에 달력과 함께 보내신 편지를 받고 지극히 감사하였는데, 어젯밤에 현(縣)의 아전이 이달 11일에 보내신 편지를 이어서 가져왔습니다. 자상하게 말씀해 주시어 참으로 직접 뵌 것 같았으니 무척 위로되고 감사하였습니다. 저는 향리의 시끄러움을 견디지 못하여 이번 겨울에 오래도록 산방(山房)에서 지낼 계획을 하였는데, 돌아온 지 며칠만에 감기에 걸려서 자리에 누워 신음하고 있습니다. 사람의 호오(好惡)를 귀신 또한 따르는 것이 이치인 것을 어찌하겠습니까. 의정부 관원이 관례적으로 사용하는 약을 쓰라는 말씀은 지극한 뜻에 참으로 감사합니다. 그러나 눈앞에서 하자를 가리고 귀를 막고서 종을 훔치는 것[85]이니, 그 뜻이 매우 좋지 않습니다.

'편협하다〔隘〕'라는 명목은 본래 감당할 수 없습니다.[86] 예전부터 제공(諸公)이 저를 대하는 것이 후한 듯하지만 실은 박하였기 때문에

85 귀를……것 : 춘추 시대 진(晉)나라 대부 범무자(范武子)의 후손 범씨(范氏)가 죽자 어떤 사람이 그의 종을 얻어 짊어지고 달아나려고 하였는데, 종이 커서 짊어질 수 없자 몽둥이로 종을 부수었고, 이에 종에서 소리가 나자 남들이 빼앗아 갈까 봐 얼른 자기 귀를 막았다는 고사에서 온 말이다. 여불위(呂不韋)는 임금이 자기 허물 듣기를 싫어하는 것이 이와 같다고 하였다. 《呂氏春秋 卷24 自知》

86 편협하다라는……없습니다 : 편협하다는 말은 맹자가 백이(伯夷)에 대해 평한 말이지만 맹자가 백이에 대해 '성인 중의 맑은 자'라고 하였기 때문에 송시열이 자신을 백이에 비유한 말을 감당할 수 없다고 말한 것이다. 《宋子大全隨箚 卷4》《孟子 公孫丑上, 萬章下》

지난번 편지에서 간청하였던 것입니다. 그런데 지금 보내오신 편지 내용이 또 이와 같으니 참으로 어떻게 대처해야 할지 모르겠습니다. 그러나 형이 명절(名節)을 아끼는 마음이 지극하니, 어찌 제가 분에 넘치는 짓[87]을 했다는 명목을 받게 하겠습니까. 이 때문에 더욱 의심스럽습니다. 매우 우습습니다.

지난번 인편이 돌아올 때 삼가 마마를 치료하는 각종 약을 받아서 제 아이들은 이미 그 덕을 입었고 또한 이웃들까지 그 덕을 보았으니, 그 누가 상국(相國)의 비단이 천하의 추위에 떠는 자에게 두루 미치지 못한다고 말하겠습니까.[88] 삼가 바라건대 이 마음을 확충하여 온 나라 사람을 치료하시는 것이 어떻겠습니까.

기강이 해이해지면 한 사람 한 사람이 모두 강한 적이 되는 것이니, 근자에 수원(水原)에서 일어난 일[89]에서 확인할 수 있습니다. 조정이

87 분에 넘치는 짓 : 공자가 자로(子路)에게 "군자는 참으로 곤궁할 때가 있지만, 소인은 곤궁하면 분에 넘치는 짓을 한다."라고 한 말을 인용하여, 의정부 관원이 병이 났을 때 관례적으로 가져다 쓰는 약을 사용하는 것이 분에 넘치게 공물(公物)을 남용하는 혐의가 있음을 말한 것이다. 《宋子大全隨箚 卷4》《論語 衛靈公》

88 누가……말하겠습니까 : 송(宋)나라 때 재상 여대방(呂大防)이 정이(程頤)에게 비단 100필을 선물로 주자 정이가 거절하였다. 이때 족형(族兄)의 아들이 곁에서 말하기를 "너무 심하게 거절하지 말고 우선 받아 두십시오." 하니, 정이가 "여공(呂公)이 나에게 준 것은 내가 가난하기 때문이다. 공은 지위가 재상이니 능히 천하의 현자를 등용하여 재능에 따라 임용한다면 천하가 그 혜택을 받을 것이니, 어찌 가난한 나 한 사람만 혜택을 받겠는가. 천하의 현자는 많으니, 여공의 비단이 참으로 많겠지만 두루 혜택을 입히지 못할까 염려된다."라고 한 말을 송시열이 약간 고쳐서 말한 것으로 보인다. 《二程遺書 卷21上 師說》

89 근자에……일 : 승려 계습(戒習)이라는 자와 맹인 진승건(陳承建)이라는 자가 복주된 일을 가리키는 것으로 보인다. 계습은 영중추부사 이경석(李景奭)의 외손이며

만약 존엄하다면 그가 어찌 감히 부도(不道)한 말을 하였겠습니까. 저는 두문불출하고 요양하고 있어서 감히 시사(時事)를 다시 말하지 않은 지 오래지만 지금 우리 형께서 속마음을 다 말씀하신 것에 감격하여 다시 이렇게 망발을 하였으니 이 편지를 즉시 없애 버리시기 바랍니다. 나머지는 새해를 맞아 기거를 더욱 보중하시어 사람들의 우러러보는 마음을 위로해 주시기 바랍니다. 이만 줄입니다.

홍중보(洪重普)의 조카인데 출가하여 중이 되었다고 사칭하면서 경기 지방을 오가며 어리석은 백성들을 꾀기를 "내가 너희들의 부역을 면제해 줄 수 있다."라고 하였는데, 백성들이 많이 믿었다. 진승건은 현종의 운명을 점친 말에 무도한 내용이 많았는데, 다른 일로 수원부에 갇혔다가 흉서(凶書)가 발각되어 국문을 받고 모두 자복하였다. 《顯宗改修實錄 8年 12月 10日》

송자대전

제35권

書서

정안숙[1] 양 에게 보냄 갑오년(1654, 효종5) 3월 14일

與鄭晏叔 瀁○甲午三月十四日

오랫동안 서로 소식이 없어서 내내 그리웠는데 지금 삼가 정이 담긴 편지를 받고 또 영윤(令胤)이 방문해 주어서 마치 직접 뵙고 말씀을 나눈 것 같았으니, 위안되는 마음 이루 말할 수 있겠습니까. 또 저를 비루한 사람으로 여기지 않고 경계하는 말씀을 내려 주셨으니, 저를 깊이 사랑해 주는 형이 아니라면 어찌 이렇게 하겠습니까. 붕우의 도가 상실된 지 오래되어 서로 원만하게 지내는 데만 힘써서 마음으로는 그르다고 여기면서 겉으로만 수긍하는 체하는 것이 만연되어 있으니, 어찌 오늘날 유독 형께서 옛사람의 일을 천년 후인 오늘날 저에게 기대할 줄을 생각했겠습니까. 지극히 감격스럽습니다.

장(張)의 일은, 혹시 인동(仁同) 사람이 아닙니까? 지난해에 이웃에 사는 동족(同族)의 과부가 새로 얻은 사위를 위해 원통함을 호소했는데, 무슨 일인지는 말하지 않고 곧바로 방백(方伯)에게 보내는 편지를 얻고 싶다고 하기에 제가 방백과 그다지 친하지 않으므로 부탁하기 어렵다고 하였습니다. 얼마 뒤에 또 와서는 일이 대구백(大丘伯)과 관계되니 한마디 말을 얻기를 원한다고 하였습니다. 대구백은 노선생(老先生) 문하의 사람이기 때문에 대략 언급하였을 뿐이고, 방백에게

1 정안숙(鄭晏叔) : 정양(鄭瀁, 1600~1668)으로, 본관은 영일(迎日), 자는 안숙, 호는 부익자(孚翼子)·포옹(抱翁)이다. 정철(鄭澈)의 손자이다. 김장생(金長生)의 문인이고, 아들 정보연(鄭普衍)이 송시열의 문인이다.

보내는 편지는 끝내 쓰지 않았습니다. 지금 형이 보내신 편지를 보니 두렵기 그지없습니다. 사람들이 말하지 않더라도 저에게 실로 이런 일이 있었으니, 단지 기꺼이 듣고 용맹하게 고치고, 앞으로 이런 일을 만나면 절대 다시 하지 않는다면 이 또한 얼굴빛에서 증명되고 목소리에 드러난 효과일 것입니다.[2] 이후로 만약 다시 들은 것이 있으면 꺼리지 말고 꾸짖어 주시어 증자(曾子)가 사람을 덕(德)으로 사랑한다고 한 가르침[3]에 부응하시는 것이 어떻겠습니까?

영윤은 보기에 지극히 사랑스럽습니다. 제자로서 집지(執贄)하기까지 하는 것은 그 예를 감당할 수 없지만 스스로 저를 자기 아버지의 친구라고 하므로 또한 감히 사양하지 못하였습니다.

중봉(重峰 조헌(趙憲))의 비(碑)를 세우는 일에 이렇게 넉넉한 도움을 받았으므로 사우(士友)들이 함께 기뻐하였습니다.

2 얼굴빛에서……것입니다 : 맹자가 "사람은 항상 과실이 있은 뒤에 고치나니, 마음에 곤욕을 치르고 생각에 순조롭지 않은 뒤에 분발하며, 얼굴빛에 나타나고 목소리에 드러난 뒤에 깨닫는 것이다."라고 한 말을 인용하여, 잘못을 한 뒤에 곤욕을 치르고서 깨닫게 됨을 말한 것이다. 《孟子 告子下》

3 증자(曾子)가……가르침 : 증자가 임종할 때 그 방에서 촛불을 들고 있던 동자(童子)가 증자가 깔고 있는 자리가 대부(大夫)가 사용하는 돗자리임을 지적하자 제자 악정자춘(樂正子春)이 동자를 제지하였고, 증자가 돗자리를 바꾸라고 하자 아들 증원(曾元)이 지금 위독하니 내일 아침에 바꾸겠다고 하였다. 이에 증자가 말하기를 "너희들이 나를 사랑하는 것이 저 동자만 못하다. 군자가 사람을 사랑하는 것은 덕으로 하고, 소인이 사람을 사랑하는 것은 고식적으로 한다. 내가 무엇을 구하겠는가. 나는 바름을 얻어서 죽는다면 그만인 것이다."라고 하였다. 《禮記 檀弓上》

정안숙에게 답함 정유년(1657, 효종8) 4월 20일

答鄭晏叔 丁酉四月二十日

보내 주신 편지를 받고 기거가 편안하시다는 것을 삼가 알았으니 위로되기 그지없습니다. 또 거취를 차분히 정하신다는 말씀을 들으니 더욱 기쁩니다. 완악한 백성이 지방관을 협박하고 방백(方伯)이 방조한 일은 일각도 지체할 수 없습니다. 오늘은 다른 단서가 없고 단지 완악한 백성이 그를 쫓아내고 싶어 할 뿐입니다. 이와 같은데도 떠나가 버린다면 그들이 원하는 것을 이루어 줄 뿐이고 좋지 않은 버릇을 더욱 키우는 것입니다. 만약 세도(世道)를 담당한 자가 있다면 당연히 그 우두머리인 자를 죽여서 결단코 용서하지 않을 것입니다.

영윤(令胤)이 갑자기 돌아간다고 하니 지극히 서운한 마음 금할 수 없습니다. 약꿀과 돗자리를 보내 주셔서 매우 감사하기 그지없습니다. 나누어 주는 일은 말씀하신 대로 하겠지만 염려하신 뜻을 저들이 어찌 감당하겠습니까. 밥 짓는 종은 영윤이 데리고 가는 것을 괴롭게 여기고 저 또한 그렇게 생각하니 우선 머물게 하여 그의 뜻을 보겠습니다. 식량은 제가 주선할 것입니다.

어록(語錄)이 간행되었으니 매우 다행입니다. 할 말은 많지만 이만 줄입니다.

정안숙에게 답함 정유년(1657, 효종8) 9월 9일
答鄭晏叔 丁酉九月九日

근자에 편지가 끊이지 않으니 서울이 멀다는 것을 느끼지 못하겠습니다. 저는 본래 서울에 보내는 편지를 쓰는 데 게을렀는데, 형에 대해서는 벼루와 붓이 제 발로 와서 사람을 재촉하니 쓰지 않으려고 해도 되지 않습니다. 또 공무를 위해 남쪽으로 내려왔다가 돌아가는 길에 방문하시겠다는 말씀을 듣고 놀라고도 기뻐서 고질병이 단박에 사라지는 것을 돌연 느꼈습니다. 적산(赤山)의 맑은 기운을 옷 속에 가득 담아 와서 죽음이 가까워 취생몽사(醉生夢死)하는 저를 일깨워 주시기 바랍니다. 지금 시골 마을에 집집마다 술이 익고 있으니 어찌 형을 기다려 미리 준비한 것이 아니겠습니까. 영윤(令胤)이 아직 오지 않았으니 매우 그립고 답답합니다. 털모자를 보내 주시어 매우 감사합니다. 그 하나 -원문 빠짐- 영윤을 기다립니다.

앞선 편지에서 귀족의 자제 운운하였는데, 제 생각에 영윤이 곧바로 집으로 향하다가 혹시 귀족 자제를 만나 감히 그 부형의 옳지 않은 점을 말한다면 위로 부친께 누를 끼치고 자신도 발붙일 곳이 없을 것 같아 한번 말했던 것이니 이는 지나친 염려입니다. 할 말은 많지만 뵙고서 다 말씀드리겠습니다.

정안숙에게 보냄 정유년(1657, 효종8) 11월 그믐

與鄭晏叔 丁酉十一月晦日

천 명의 사람과 얘기를 나누더라도 형의 한 글자를 당하기에 부족할 텐데, 여러 장에 걸쳐 주신 가르침이 실로 모두 대법(大法)이어서 받들어 읽고 나니 저도 모르게 환히 깨달았습니다. 이어 은거하시는 기거가 정고(貞固)하고 길하다[4]는 것을 알았으니 찬미하고 경하하는 마음 금할 수 없습니다. 다만 스스로에 대해 지나치게 겸손하시니 사람으로 하여금 부끄러워서 감히 편안히 받아들이지 못하게 하십니다. 저의 병은 참으로 짧은 기간에 치료할 수 없고, 설령 병이 없더라도 식견이 어리석고 국량이 좁으니 세상에 쓰이는 것을 감당하지 못하리라는 것을 스스로 안 지 오래입니다. 지금 성상의 은혜가 더욱 융숭하니 형이 말씀하신 것처럼 하고 싶지 않은 것은 아니지만 다만 한번 들어간 뒤에는 곧 얽매이게 될 테니, 반드시 처음의 뜻을 곧바로 이루려고 하면 성상의 뜻을 더욱 상하게 할 것이고 지체하면서 머뭇거리고 있으면

4 정고(貞固)하고 길하다 : 《주역》 〈이괘(履卦) 구이(九二)〉에 "행하는 도가 탄탄하니 은거한 사람이라야 정고하고 길하다.〔履道坦坦, 幽人, 貞吉.〕"라고 하였고, 그 〈상전(象傳)〉에 "은거한 사람이라야 정고하고 길하다고 한 것은 마음속이 스스로 어지럽지 않기 때문이다."라고 하였는데, 정자(程子)의 전(傳)에서 풀이하기를 "행하는 도(道)가 안정(安靜)함에 있으니, 마음속이 편안하고 바르면 행하는 바가 편안하고 여유가 있으나, 마음속이 만일 조급히 움직이면 어찌 행하는 바를 편안히 하겠는가. 그러므로 반드시 은거한 사람이라야 정고하고 길할 수 있으니, 이는 그 마음속이 안정되어 이욕(利慾)으로 스스로 어지럽히지 않기 때문이다."라고 하였다. 정양이 이때 은거하고 있었기 때문에 주역의 이 말을 인용하여 찬양한 것이다.

반드시 발광하게 될 것이니 이것이 절로 난처한 일입니다. 노형(老兄)께서 생각해 보시고 다시 가르침을 주십시오. 이치가 지극한 말을 감히 따르지 않을 수 없을 것입니다.

사화(士禍) 운운하신 말씀은 끝내 이런 일이 없을 것이라고 말할 수는 없지만 제가 진달한 것은 한 구 한 글자도 주자(朱子)에게서 나오지 않은 것이 없으니, 만약 이것으로 죄를 삼는다면 도끼를 맞고 처형되는 것이 고관대작이 되는 것보다 영화로울 것입니다. 다만 오늘날 세상에 주자의 가르침에 어긋난다고 비방할지라도 부끄러워할 줄 아는 자가 적은 것이 염려됩니다. 이와 같다면 재앙 또한 일어나지 않을 것입니다. 어떻게 생각하십니까?

말씀하신 부탁하려고 한다는 글은, 제 힘이 미칠 수 있는 일이라면 그동안 감히 거절한 사람이 없고 더구나 노형의 말씀인데 말할 것이 있겠습니까. 형을 왕의 소명(召命)을 받은 제현(諸賢)에 견준 것은 그것이 사실이기 때문이니, 어찌 감히 농담으로 한 것이겠습니까. 또한 아첨하는 말도 아닙니다. 제가 매번 스스로 말하기를 "형을 사람들이 처한 상황에 처하게 한다면 굳센 의지는 자립하기에 충분하고 청렴함은 세속을 격려하기에 충분하며, 대가(大家)의 전범(典範)이 된다는 면에서는 또 초야에서 조롱받는 이 사람에 견줄 바가 아니다."라고 하였기 때문에 매번 집정자들에 대해 애석하게 생각하였습니다. 지난번에 특별히 제수되었을 때 이것이 조짐이 되는 것 같았으므로 속으로 기뻐하였는데, 일이 크게 어긋나서 형이 소매를 떨치고 곧바로 돌아가기에 이르렀으니 사람을 크게 한탄하여 마지않게 하였습니다. 다른 사람에게는 혹 쓸데없는 농담을 할 때도 있지만 노형에게는 감히 하지 못하였습니다.

《자치정화(資治精華)》[5]는 지금 교정하고 있습니다. 이 책은 장차 후학들과 매우 크게 관계될 것이므로 감히 쉽게 넘기지 못하였습니다. 주자가 일찍이 스스로 말하기를 "감히 쉽게 하지 못하는 것은 쉽게 하는 것이 대단히 공손하지 못해서이니, 이는 후세에 전하려는 뜻이 있기 때문이다."라고 하였는데, 제가 이 책에 대해서도 그렇게 말하겠습니다. 그러나 일시에 교정하는 것은 어려울 듯하니 교정하는 대로 올리겠습니다. 이 책은 논의해야 할 곳이 지극히 많습니다. 대체로 만약 주자께서 정해 놓은 강(綱)에 한 글자라도 첨가한 것이 있으면 '옳지 않은 일을 한 죄'[6]를 면할 수 없으니, '나를 허물한 죄'[7]와 견주기 어렵습니다. 어떻게 생각하십니까?

5 자치정화(資治精華) : 정홍명(鄭弘溟)이 편찬을 시작하였다가 완성하지 못하고 죽자 조카 정양이 이어서 완성한 책으로, 34책으로 이루어져 있다. 주희(朱熹)의 《자치통감강목(資治通鑑綱目)》에서 가장 정화가 되는 내용을 뽑아 《자치통감강목》의 예에 따라 편성하였다. 이해에 책이 완성되었고 1687년(숙종13)에 송시열이 서문을 썼는데, 미처 간행하지 못한 상태에서 불에 타서 16책이 낙질(落帙)로 남아 있다. 《抱翁集 卷7 年譜》《宋子大全 卷136 資治精華說, 卷139 資治精華序》

6 옳지……죄 : 정양이 주희가 정해 놓은 《자치통감강목》의 강(綱)에 손을 대는 것은 자신의 분수를 헤아리지 않고 함부로 저지른 죄라는 뜻이다.

7 나를 허물한 죄 : 맹자가 이르기를 "세상이 쇠하고 도가 미약해져 부정한 학설과 포학한 행동이 또 일어나서, 제 임금을 시해하는 신하가 있고, 제 아비를 시해하는 자식이 있었다. 공자께서 이것을 두려워하여 《춘추(春秋)》를 지으셨으니, 《춘추》는 천자가 하는 일이었다. 그러므로 공자가 이르기를 '나를 알아주는 것도 오직 《춘추》이며, 나를 허물하는 것도 오직 《춘추》이다.' 하였다."라고 하였다. 《孟子 滕文公下》《춘추》는 기존에 있던 노(魯)나라 역사책을 공자가 춘추필법(春秋筆法)에 따라 재구성하여 저술하였으므로, 정양이 주희의 《자치통감강목》을 재구성하여 《자치정화》를 만든 것과는 차이가 많기 때문에 공자가 《춘추》를 지은 것에 견주어서는 안 된다는 뜻이다.

○ 여기에 온 여러 젊은이들 중에 병에 걸리지 않은 자가 없는데 영윤(令胤) 혼자만 면하였습니다. 얼굴에 윤기가 있는데, 이는 젊은 나이에 홀로 지내기 때문이니 매우 다행입니다. 읽고 있는《맹자》는 만약 여력이 있다면 주(註)를 어찌 외지 않을 수 있겠습니까. 노선생(老先生 김장생(金長生))께서 매번 정문(正文)을 먼저 익히고 정문에 따라서 의리를 세밀히 찾으라고 하셨기 때문에 그 역량을 보아서 다시 의논하려고 합니다.

율려서(律呂書)는 채 선생(蔡先生)이 일생 동안 서산(西山)에서 냉이를 먹어가며 공부한 책입니다.[8] 잠깐 보아서는 환히 알기 어려우니 가까운 시일 안에 영윤과 함께 토론하고 그가 집에 돌아가면 질문드리겠습니다. 《계고록(稽古錄)》[9]은 저 또한 보지 못했습니다. 조만간 구해서 보여 주시기 바랍니다.

〈동명(東銘)〉과 〈서명(西銘)〉은 운(韻)이 아주 정밀하지는 않지만 대략적인 운은 있으니, 공(功)·공(恭)·생(生)·성(成)·녕(寧)은 운자가 매우 정밀합니다.[10] 옛사람이 협운(叶韻)을 사용했던 것으로

8 율려서(律呂書)는……책입니다 : 율려서는 송유(宋儒) 채원정(蔡元定)이 지은《율려신서(律呂新書)》를 가리키는 것으로 보인다. 채원정이 서산에서 공부할 때 굶주린 배를 채우기 위해 냉이를 캐어 먹었다고 한다.《宋史 蔡元定列傳》

9 계고록(稽古錄) : 송(宋)나라 사마광(司馬光)이《자치통감》을 저술하고 나서 복희(伏羲) 때부터 송나라 영종(英宗) 치평(治平) 4년(1067)까지 역대 제왕들의 홍망과 치란의 이유를 간명하게 기술한 편년체 역사서이다. 총 20권으로 구성되어 있다.《欽定四庫全書簡明目錄 卷5 史部1 編年類》

10 공(功)……정밀합니다 : 북송(北宋)의 학자 장재(張載)의 〈서명〉 말미에 사용된 운자들이다.

예를 삼으면 반드시 모두 맞출 수 있을 텐데 후세 사람들이 그렇게 하지 못하니 한탄스럽습니다.

부여현(扶餘縣)은 여기에서 하루 반 거리인데 낮이 길면 하루 만에 갈 수 있습니다. 중봉(重峰 조헌(趙憲))의 사당을 이미 옮겼는데 공정이 아직 절반도 진행되지 않았으니 매우 염려됩니다.

정안숙에게 답함 무술년(1658, 효종9) 2월 27일

答鄭晏叔 戊戌二月二十七日

영윤(令胤)이 떠난 뒤에 연모하는 마음이 더욱 간절하였는데, 일부러 사람을 써서 보내 주신 편지를 받고 새로 부임하시어 정사를 보는 기거가 좋으시다는 것을 삼가 알았으니 위로되고 기쁘며 또 감격스럽습니다. 저는 병중에 매서(妹壻) 이 감역(李監役)[11]의 상을 당했으니 비통한 마음을 이루 형언할 수 없습니다.

근자의 일은 감히 지조를 굳게 지키는 것이 아닙니다. 병이 심해서 사은(謝恩)을 지체하고 있어 항상 몹시 황공해하고 있습니다. 비밀을 지키지 않았다는 경계에 대해서는 참으로 가슴에 새길 만합니다. 그러나 오늘날 이런 허명(虛名) 또한 쉽게 듣지 못하니, 조물주가 이런 허명을 만들어 이런 병자(病者)를 머물게 하는 것이 아니겠습니까. 우습습니다.

《자치정화(資治精華)》는, 저의 질문에 대해 어찌하여 회답해 주지 않으십니까? 저의 병이 이와 같아서 이어서 교정할 겨를이 없습니다. 이 집안의 상사(喪事)가 대략 마무리되면 삼가 이곳부터 이어서 여쭙겠습니다. 간행하여 성상께 올린다면 어찌 신하가 작은 성의를 바치는 것이 아니겠습니까마는, 이런 말을 미리 해서는 안 됩니다.

관사(館舍)를 늘리고 꾸미는 것은 원래 《소학(小學)》에 있는 말입

11 이 감역(李監役) : 죽창(竹窓) 이시직(李時稷)의 아들 이경(李憬)이다. 《宋子大全隨箚 卷4》

니다.[12] 그러나 우선 농한기를 기다리는 것이 어떻겠습니까? 아전과 백성이 흉악하더라도 이들 또한 삼대(三代) 때 곧은 도를 행하던 사람들이니,[13] 덕(德)으로 인도하고 예(禮)로 정제(整齊)하는 것[14]을 버려서는 안 될 것입니다.

이에 여쭐 것이 있습니다. 우리나라 부인들의 머리 모양은 달자(㺚子)와 똑같아서[15] 중봉(重峰 조헌(趙憲)) 선생께서 개탄하여 고치기를 청했던 것입니다. 노형의 집은 세가(世家)의 법도가 남아 있으니 먼저 깊은 골짜기에서 나오는 뜻[16]을 따른다면 또한 따르는 자가 있을 것입

12 관사(館舍)를……말입니다 : 당(唐)나라 무종(武宗)·선종(宣宗)·의종(懿宗) 때의 관인(官人) 유중영(柳仲郢) 집안의 가법에, 지방관으로 있을 때 할 일 중 "관사와 역참을 반드시 늘리고 꾸민다."라고 한 조항을 가리킨다.《小學集註 卷6 善行》

13 삼대(三代)……사람들이니 : "내가 사람들에 대해 누구를 비난하고 누구를 칭찬하겠는가. 만약 칭찬한 일이 있다면 시험해 보았기 때문이다. 이 백성들은 삼대 때 곧은 도를 행하던 사람들이다."라고 한 공자의 말을 인용하여, 오늘날 아전과 백성들이 흉악하더라도 옛날 삼대 때의 선량한 백성들과 같은 백성이므로 잘 인도하라고 지방관인 정양에게 당부한 것이다.《論語 衛靈公》

14 덕(德)으로……것 : "정치로 인도하고 형벌로 정제(整齊)하면 백성들이 형벌은 면하지만 부끄러워할 줄 모르고, 덕으로 인도하고 예로 정제하면 백성들이 부끄러워하고 또 선(善)에 이르게 된다."라고 한 공자의 말을 인용하여, 정양에게 백성들을 다스릴 때 법제와 금령을 앞세우지 말고 덕으로 다스리라고 주문한 것이다.《論語 爲政》

15 우리나라……똑같아서 : 달자는 몽고(蒙古)를 가리킨다. 고려의 왕 중에 원(元)나라 공주와 결혼한 왕이 많아서 부인들의 머리 모양이 원나라의 제도를 인습하였는데, 이때까지 고쳐지지 않았다.《宋子大全隨箚 卷4》

16 깊은……뜻 : 저급한 풍속에서 벗어나 고상한 풍속으로 옮겨 간다는 의미이다.《시경》〈소아(小雅) 벌목(伐木)〉에 "나무 베는 소리 쩡쩡 울리는데, 새 우는 소리 앵앵하도다. 깊은 골짜기에서 나와 높은 나무로 옮겨 가도다.〔伐木丁丁, 鳥鳴嚶嚶. 出自幽谷, 遷于喬木.〕"라는 구절을 인용한 것이다.

니다. 작은 형수와 며느리에게 중국의 제도를 조금 따르게 하는 것이 어떻겠습니까? 이것은 금령(禁令)과 관계가 없고 더구나 내간(內間)의 제도는 또한 달자의 풍속이 아닌데 사대부 집안에서 스스로 따르지 않은 것뿐입니다. 선유(先儒)가 이르기를 "먼저 대가(大家)에서 양식(樣式)을 만들어야 한다."라고 하였으니,[17] 이 말씀을 어찌 생각하지 않을 수 있겠습니까. 부디 헤아려서 가르침을 주시기 바랍니다.

17 선유(先儒)가……하였으니 : 주희(朱熹)가 말하기를 "오늘날 종법(宗法)에 따른 제사의 예를 알려고 한다면 모름지기 위에 있는 사람이 먼저 종실과 세족의 집에서 행하고 나서 양식을 만들어야 비로소 이하 사대부에게 행하게 할 수 있다."라고 하였다. 《朱子語類 卷90 禮7 祭》

정안숙에게 답함 무술년(1658, 효종9) 6월 8일

答鄭晏叔 戊戌六月八日

몹시 그리워하던 차에 이렇게 사람을 써서 편지를 보내 자상하게 가르침을 주셨으니 아끼고 염려해 주신 성의에 매우 감사합니다. 또 먼 길에 무사히 돌아가셨고 건강이 좋으시다는 것을 알았으니 매우 기쁩니다. 저는 해를 넘겨 약을 복용해서 금년 여름은 작년 여름보다 조금 나으니, 이는 전적으로 성상께서 염려해 주신 은혜입니다. 경연광(景延廣)[18]에 대한 말씀은 참으로 한번 웃을 만합니다. 매번 주자(朱子)의 글을 읽을 때마다 이 일은 10년, 20년을 기약하여 30년에 이르고 이 일을 할 때 반드시 갖은 고초를 겪기를 월(越)나라 구천(句踐)처럼 하여야 비로소 얻게 된다고 생각하였고, 일찍이 이 말을 주상께 은밀히 아뢰었는데 주상께서 매우 옳게 여기셨습니다. 제가 비록 어리석고 광망(狂妄)하기는 하지만 경연광이 믿을 것도 없이 자신을 과시하다가 멸망을 재촉한 일은 결코 배우지 않을 것입니다. 다만 밤낮으로

18 경연광(景延廣) : 오대(五代) 진(晉)나라 사람으로, 마보군 도지휘사(馬步軍都指揮使)를 지냈다. 후진(後晉)의 고조(高祖) 석경당(石敬瑭)이 하동(河東)에서 군대를 일으킬 때 거란(契丹)의 지원으로 후진을 세울 수 있었는데, 석경당이 죽고 출제(出帝) 불귀중(不貴中)이 즉위하자 경연광은 거란과의 치욕적인 맹약을 폐기할 것을 주장하였다. 조정에서 거란에게 호칭을 신(臣)이라 하자고 논의하자 경연광은 이를 반대하고 손(孫)이라고 하였는데, 거란이 책망하자 "진나라에 예리한 칼을 찬 10만 명의 군사가 있다. 늙은이는 싸우고 싶으면 빨리 오라. 지금 손자를 제어하지 못하면 장차 천하에 웃음거리가 되어 후회할 것이다." 하였다. 그러나 결국 후진은 거란에게 멸망당하였다. 《舊五代史 景延廣列傳》

마음에 잊히지 않는 것은, 우리들이 옛사람의 글을 읽어 예의(禮義)를 몸소 행하려고 하면서 오늘날 금수의 지경에 들어가 있으면서도 기꺼이 받아들이고 마음을 편안히 가져서 이런 큰일을 할 수 있는 때를 만나서도 대의(大義)를 은밀히 돕는 자가 한 사람도 없다는 점이니, 사람을 마음이 아프고 머리가 아파서 차라리 살고 싶지 않게 합니다.

지난겨울 허(許)의 판본을 축출하도록 청하여 성상께서 실로 따르시려고 했는데 대신(大臣)이 무식해서 오랑캐 원(元)나라가 한 일을 중국의 일로 핑계 대서 막았으니 매우 통탄스럽습니다. 그러나 이런 일은 실로 명교(名教)와 관계됩니다. 제가 한퇴지(韓退之)가 말한 "만약 나로 말미암아 조금이나마 전해진다면 비록 죽더라도 전혀 남은 한이 없을 것이다."[19]라고 한 말을 매번 외우는데 광망함이 여기에 미쳤으니, 노형께서는 이 마음을 긍휼히 살피실 것이라 생각합니다.

죄수가 달아난 일이 만약 휴가를 받은 뒤에 일어났다면 조금도 관련이 없는 일인데 어찌 떠나기를 구하겠습니까.

영윤이 가을 이후에 온다면 삼동(三冬)의 공부를 할 수 있을 것이니, 기대하고 있습니다.

《자치정화(資治精華)》는 묘도 문자에 골몰하느라 아직까지 손을 대지 못하고 있습니다. 몇 집안의 일을 마치고 나면 다시 교정할 것입니다. 이만 줄입니다.

19 한퇴지(韓退之)가……것이다 : 한유(韓愈)가 조주(潮州)에서 승려 태전(太顚)과 잠깐 교유한 적이 있었는데, 사람들이 이 일을 빌미로 한유가 불교를 신봉한다고 하였다. 맹간(孟簡)이 그 말을 한유에게 편지로 전하자, 맹간에게 사실이 아니라고 반박하면서 공자와 맹자의 도가 자기를 통해 조금이나마 후세에 전해진다면 남은 한이 없을 것이라고 다짐하였다. 《東雅堂昌黎集註 卷18 與孟尙書書》

정안숙에게 답함 무술년(1658, 효종9) 6월 26일

答鄭晏叔 戊戌六月二十六日

연이어 편지를 받았으니 기쁘고 위로되는 마음 이루 다 말할 수 있겠습니까. 또 상세하게 가르쳐 주신 뜻을 알았으니 저를 아껴 주시는 성의에 깊이 감사드립니다. 저는 비답 내용이 어떠한지를 보아서 만약 조리하도록 허락해 주신다면 이곳으로부터 물러나 돌아갈 것이고, 만약 이전의 명과 같다면 조금 더 나아가 다시 기력을 보아서 편한 곳을 찾아 임시로 머무르면서 다시 소장을 올리고 엄한 전지를 기다릴 것이니, 죽음을 무릅쓰고 소명에 나아가려는 뜻은 전혀 없습니다. 그러므로 서책과 식량을 가지고 따라오게 해서 머무는 곳에서 서책을 볼 계획을 하였습니다.

형이 다스리시는 지역에서 만나는 것이 어찌 편하고 좋지 않겠습니까. 다만 길을 우회해서 만나는 것은 좋지 않은 명목을 입을 듯하니, 조금 가까운 고을의 경계 근처에서 만나 얘기를 나누는 것이 더 편리할 것입니다. 어떻게 생각하십니까? 앞선 편지에서 주천(酒泉)[20]이라는 말씀을 하셨는데, 이른바 주천은 어느 곳입니까? 만약 사람이 많은 곳이면 불편하니, 회옹(晦翁 주희(朱熹))은 일찍이 이런 곳을 기피하였습니다. 끝내 다시 조금 더 나아가는 것을 면치 못하게 된다면 율(栗)의 인편을 고용하여 알리겠습니다. 가르침을 주실 만한 것을 생각하여

20 주천(酒泉) : 원주(原州)의 지명으로 옛날 주천현(酒泉縣)이다. 제천(堤川)의 경계와 접해 있다. 《宋子大全隨箚 卷4》

가르쳐 주시는 것이 어떻겠습니까? 기축년(1649, 인조27)에 성상의 하교로 정절을 잃은 사람을 처로 삼는 법을 막으셨던 일을 늘 생각하곤 하는데, 이는 참으로 가려운 곳을 긁어 주는 것과 같습니다.

정안숙에게 답함 무술년(1658, 효종9) 7월 3일

答鄭晏叔 戊戌七月三日

삼가 보내 주신 편지를 받았으니 위로되는 마음 한량이 없습니다. 제가 이미 회덕(懷德), 이산(尼山), 석성(石城), 임천(林川)에 알려서 여러 기록을 보내오도록 요청하였는데 언제 도착할지 모르겠습니다. 희락리(喜樂里)[21]가 참으로 좋지만 자세히 들으니 여기에서 다시 청주(淸州) 길로 향했다고 합니다. 만약 그렇다면 제가 이미 전의현(全義縣)에 도착했음을 조정에서 이미 알고 있는 것이니, 다시 유언비어가 있어서 돌아간 것을 물러갔다고 한다면 의당 한 차례 분란을 초래할 것입니다. 듣기에 목천현(木川縣)에 은석사(銀石寺)가 있다고 하는데 피차간에 중간에 위치하고 또 일에도 편하니, 이미 북쪽으로 향했다면 길을 바꾸어 이곳으로 오시는 것이 어떻겠습니까? 또한 기다리기도 편하고 대수(大受 민정중(閔鼎重))가 순상(巡相)과 연락하기도 쉽습니다. 처음에 도모하는 것이 신중하지 못해 노형을 배회하게 하였으니 송구한 마음 금할 수 없습니다. 그러나 불가하다면 다시 가르침을 주시기 바랍니다.

백집(白集)은 제가 평소에 이 노인이 이간질하는 말을 한다고 심히 의심하였고 그가 말한 것이 때때로 공정하지 않았기 때문에 저쪽 선배이므로 관여할 필요가 없다고 생각하였습니다.

21 희락리(喜樂里) : 충청도 목천현에 있던 지명이다. 《宋子大全 卷187 貞夫人延安李氏墓誌銘》

정안숙에게 답함 무술년(1658, 효종9) 7월 15일

答鄭晏叔 戊戌七月十五日

사람을 써서 보내 주신 편지를 받았으니 위로되고 감격스럽기 그지없습니다. 또 무덥고 비 내리는 때에 형의 건강이 좋으시다는 것을 알았으니 매우 위안이 됩니다. 당초 말이 넘어질 때 하인들이 붙잡아 준 덕분에 제 몸은 무사하지만 빌려주신 말이 돌다리의 좁은 곳에 발이 빠져 마침내 죽고 말았으니, 사람이든 짐승이든 간에 좋은 것을 보전하지 못하여 한탄스럽습니다.

8일에 진위(振威) 경내에 당도하였는데 정원(政院)에서 성상의 체후가 매우 미령하여 말소리가 매우 작은데 갑자기 송모(宋某)가 도착했는지 물으셨다고 급히 알려 왔기에, 마침내 병을 무릅쓰고 두 배의 속도로 달려가 서울에 들어가서 성상이 누워 계신 방에 들어갔습니다. 삼가 성상의 용안을 뵈니 지극히 초췌하여 눈물이 나는 것을 금하지 못했습니다. 성상께서 저를 매우 지성스럽게 위로해 주시고 이어 앉게 하여 조용히 얘기하고 싶어 하셨습니다. 그러나 말소리가 매우 작은 것을 보고 수작하는 데에 피로하실까 염려되어 조금 있다가 물러 나왔습니다. 대체로 백성의 일을 대략 물으셨는데 지극히 염려스럽습니다. 제가 만약 다시 뵙고서 소회를 다 말씀드리게 되면 하직하고 물러 나와 그대로 동쪽으로 갈 생각입니다.

영윤(令尹)은 잘 있다고 합니까? 언제 나옵니까? 편지를 쓰고 싶은 마음 간절하였지만 소란스러워 쓰지 못하였습니다. 할 말은 많지만 이만 줄입니다.

○ 윤(尹)의 상소[22]를 놓고 혹자는 다시 올리려고 한다고 하고 혹자는 다시 올리려고 하지 않는다고 하는데, 무엇이 참말인지 모르겠습니다. 끝내 올리게 된다면 여러 젊은 사람들이 변론할 것이므로 노형이 직접 변무(辨誣)할 필요는 없을 듯합니다.

22 윤(尹)의 상소 : 윤선도(尹善道)의 상소를 가리킨다. 당시에 송준길(宋浚吉)이 경연에서 정개청(鄭介淸)의 일을 아뢰고 향사(享祀)하는 서원을 훼철하였는데, 윤선도가 상소를 올려 정개청을 두둔하고 김장생(金長生)과 송준길을 비난하였다. 《孝宗實錄 8年 9月 25日, 9年 4月 6日・7月 25日》《宋子大全隨箚 卷4》

정안숙에게 보냄 무술년(1658, 효종9) 7월 30일

與鄭晏叔 戊戌七月三十日

노형의 견해는 아니지만 날마다 함께 지내고 있으니 노형은 저의 즐거움을 아십니까. 이런 때에 보내 주신 편지를 갑자기 받고서 몇 번을 거듭 읽으니 문득 객지 생활의 근심이 사라짐을 느낍니다. 요즈음 성상의 환후가 날로 조금씩 편안해지는 기쁨이 있었는데, 삼가 들으니 실상은 그렇지 않은 점이 있다고 하니 저의 근심하고 애타는 마음을 누구와 얘기하겠습니까. 누워 계신 방에 한번 들어가 뵌 뒤로는 궁궐에 들어가지 못하고 있습니다. 이 때문에 돌아갈 기약이 점점 지체되고 있으니 하루가 일 년 같다는 말은 오히려 헐후한 말입니다. 조만간 다시 뵐 텐데 만약 저의 말을 쓸 만하다고 여기신다면 조금 더 머물 수 있겠지만 만약 그렇지 않으면 주저 없이 돌아가는 것이 어려운 일은 아닐 것입니다.

전날 말씀하신 일은 늘 마음에 담아 두고 있는데 이번 편지에서 왜 다시 말씀하신 것이 없습니까? 올라와 기태(基泰)를 아들로 삼고 이미 계하(啓下)를 받아 다섯 손자가 눈앞에 가득하니[23] 노경(老境)의 재미가 전혀 없지는 않은데, 벌써 먹고 입는 것이 부족한 두려움이 있으니

23 기태(基泰)를……가득하니 : 송시열이 아들이 없어 종형인 송시영(宋時榮)의 둘째 아들 송기태(宋基泰)를 후사로 삼았는데, 송기태의 아들이 다섯이다. 송기태의 자는 내백(來伯)이고, 금산 군수(錦山郡守)를 지냈다. 손자 다섯은 은석(殷錫), 주석(疇錫), 무석(茂錫), 순석(淳錫), 회석(晦錫)이다.

이 점은 우습습니다. 성환(成歡)과 골금(骨金)의 역리(驛吏) 등이 이미 형의 청렴한 덕을 연명으로 상신했다는 것은 원래 알고 있었습니다. 소인들이 무식해서 그 작은 것만을 칭송하였으니 참으로 우습습니다. 방백의 말〔馬〕과 보은(報恩) 수령의 삼베는 지극히 불안합니다. 다만 말의 주인이 만족할지 모르겠습니다.

산중에 있는 사람[24]의 안부는 어떠합니까? 이 사람은 필시 저도 성시(城市)에 들어간 것을 비웃을 테니, 이는 제가 소매를 떨치고 산으로 돌아가도록 재촉하는 한 가지 일입니다. 우습습니다. 이 사람에게 편지를 쓰려고 했는데 마침 손님이 있어 어수선하여 쓰지 못했습니다. 제 처에 대해 물어 주시니 감격스럽기 그지없습니다.

춘형(春兄 송준길(宋浚吉))은 한두 번 본 뒤로 윤(尹)의 상소[25] 때문에 사가(私家)에 근신하고 있어서 상의하지 못하니 모든 일이 한탄스럽습니다. 윤의 상소는 대간이 어제 발론(發論)하여 죄를 청하려다가 성상의 환후 때문에 우선 정지했다고 합니다. 할 말은 많지만 일일이 다 쓰지 못합니다.

24 산중에 있는 사람 : 정양의 아들 정보연(鄭普衍, 1637~1660)을 가리킨다. 명(明)나라가 망한 뒤에 태백산으로 들어가 스스로 호를 태백산인(太白山人)이라고 지었다. 《宋子大全隨箚 卷4》

25 윤(尹)의 상소 : 윤선도(尹善道)의 상소를 가리킨다. 543쪽 주22 참조.

정안숙에게 답함 무술년(1658, 효종9) 8월 22일

答鄭晏叔 戊戌八月二十二日

가을 기운이 점점 깊어져서 그리운 마음 간절하였는데 전에 편차(便次)에서 삼가 보내 주신 편지를 받고 위로되고 후련하기가 마치 직접 뵌 것 같았습니다. 성상의 환후는 더하고 덜한 것이 일정하지 않으니 근심이 끝이 없습니다. 이 때문에 제가 귀향할 시기를 잡기가 쉽지 않으니 고민스러움을 이루 말할 수 없습니다.

구황(救荒)하는 대책은 조정에서 논의하고 있는데 실제로 하는 일이 없으니 심히 염려됩니다.

저는 먼 시골 마을에서 지내고 있어 종일토록 수레나 말이 왕래하는 일이 없고 몇몇 후배들과 서책을 가지고 토론하고 있으니 마치 일종의 산중 소식과 같습니다. 어제 민지숙(閔持叔)[26]의 집에서 형의 편지 덕분에 쌀 2말을 보내왔으니 감사합니다. 이어 자주색 게와 누런 닭[27]을 생각하니, 저의 마음이 표연해집니다.

영윤(令胤)이 어제 광릉(廣陵)에서 들어왔는데, 함께 지내며 공부할 수 있다면 매우 좋겠지만 기필할 수는 없습니다. 향리에서 편지가 잇달아 올라와서 수작하는 일이 많을 듯하니, 종이를 다시 보내 주시면

26 민지숙(閔持叔) : 민유중(閔維重, 1630~1687)으로, 본관은 여흥(驪興), 자는 지숙, 호는 둔촌(屯村)이다. 숙종의 비 인현왕후(仁顯王后)의 아버지이다.

27 자주색……닭 : 가을의 정취를 말한다. 송(宋)나라 마존(馬存)의 시 〈연사정(燕思亭)〉에 "자주색 게가 살진 때에 늦벼는 향기롭고, 누런 닭이 모이 쪼는 곳에 가을바람 벌써 이네.〔紫蟹肥時晩稻香, 黃鷄啄處秋風早.〕"라고 하였다. 《宋藝圃集 卷13》

어떻겠습니까?

○ 헌부(憲府)가 윤선도(尹善道)의 상소를 논하니 성상께서 이미 그 상소를 사설(邪說)이라고 하교하셨고, 재차 아뢰어 파직하고 지금은 문외출송(門外黜送)을 청하고 있습니다.[28]

김만기(金萬基)가 새로 헌부에 들어와서 피혐하는 말이 조금 강하였습니다. 대체로 성상의 마음이 이미 사(邪)와 정(正)에 대해 환히 알고 계시니 앞으로는 다시 일이 없을 것입니다.

28 헌부(憲府)가……있습니다 : 당시 송준길(宋浚吉)이 경연에서 정개청(鄭介淸)의 일을 아뢰고 향사(享祀)하는 서원을 훼철하였는데, 윤선도가 상소하여 정개청의 신원을 청하려고 하였으나 정원이 그 상소를 받아들이지 않았다. 이 일로 헌부에서 계사를 올려 그 상소를 가져오게 하여 보고 나서 분변하고 물리쳐서 국시를 정하기를 청하니, 효종이 '사설(邪說)'이라고 표현하였다. 헌부가 다시 계사를 올려 윤선도의 직명을 삭탈하고 전리(田里)로 내려보내기를 청하니 효종이 파직하라고 명하였다. 문외출송에 대한 내용은 실록에 보이지 않는다.《孝宗實錄 9年 7月 25日, 8月 11日・12日》

정안숙에게 답함 무술년(1658, 효종9) 10월 4일

答鄭晏叔 戊戌十月四日

그리움이 날로 간절하던 차에 보내오신 편지를 받으니 위로되고 후련한 마음 이루 다 말할 수 있겠습니까. 저는 이런 과분한 은혜를 입고 황공해서 몸 둘 바를 몰라 다섯 차례 상소하여 체직을 청하였으나 허락을 받지 못했습니다. 어제 정사 단자(呈辭單子)를 올려서 오늘 입계되었는데, "조리하고 나서 출사하라."라고 하교하시고 곧바로 유 어의(柳御醫)[29]를 보내셨으므로 저의 명분이 이미 궁색해졌습니다. 형세상 나아가서 숙배해야 할 것이니 이후의 일이 낭패가 되리라는 것은 명약관화합니다. 그러나 하루라도 직책에 있으면 하루의 직분을 다해야 하는데 저의 견문이 고루하고 노형처럼 혈성으로 도와줄 사람도 먼 곳에 있으니, 사방을 돌아보아도 망연하여 어디에서부터 손을 써야 할지 모르겠습니다.

말씀하신 여러 설은 지극한 의론 아닌 것이 없으니, 감히 가슴에 새기지 않겠습니까. 홍군서(洪君敍)[30]와 조사달(趙士達)[31] 같은 사람은 모두 제가 생각하고 있는 사람들입니다. 홍군서의 경우 자의(諮議)

29 유 어의(柳御醫) : 유후성(柳後聖)을 가리킨다. 인조 때부터 현종 때까지 어의(御醫)를 지낸 인물로, 특히 침술에 능하였다.

30 홍군서(洪君敍) : 홍석(洪錫, 1604~1680)으로, 본관은 남양(南陽), 자는 군서·공서(公敍), 호는 손우(遜愚)·만오(晩悟)이다. 김상헌(金尙憲)의 문인이다.

31 조사달(趙士達) : 조봉원(趙逢源, 1608~1691)으로, 본관은 함안(咸安), 자는 사달, 호는 파서(坡西)이다. 김상헌의 문인이다.

에 의망하려고 하는데 그의 문학(文學)이 이 자리에 합당한지 모르겠습니다. 그 외에 쓸 만한 사람을 하나하나 기록해 보여 주시는 것이 어떻겠습니까? 이곳은 본래 객이 없고 공부하는 사람 30여 명만 왕래하고 있었는데 이 직책을 맡고부터는 또한 모두 흩어져 갔으니, 형의 편지가 날마다 오더라도 전혀 누설될 리 없습니다. 제 아이 또한 아비의 뜻을 알아서 노형의 편지에 대해서는 더욱 감히 남에게 말하지 않습니다. 영외(嶺外) 제현의 후예들을 먼저 거두어 기용하려고 합니다. 이 밖에 모든 일에 대해 하나하나 가르침을 주시고, 무릇 생각하신 것이 있으면 거리가 먼 것을 꺼리지 마시고 특별히 사람을 보내서 알려 주시기를 간절히 빕니다. 산사(山査) 달인 것은 지금 위통(胃痛)을 앓아서 며칠 동안 식사를 하지 못한 터라 매우 도움이 되었습니다. 노형이 보내 주시는 것은 쌀이나 소금이라도 마음이 편하지만 다른 사람은 종이를 보내더라도 편안키 어려울 듯합니다. 하고 싶은 말은 많지만 병이 한창 심해서 엎드려서 겨우 씁니다.

○ 유학(幼學)인지 생원인지 진사인지와 성명과 어디에 사는지와 효행(孝行)-학행(學行), 이재(吏才), 재행(才行), 재국(才局)-이 있는지와 누구의 아들이고 누구의 손자이며 나이는 몇 살인지 알려 주십시오.

정안숙에게 보냄 무술년(1658, 효종9) 11월 17일

與鄭晏叔 戊戌十一月十七日

방금 갈려서 온 관찰사를 만나 형께서 편치 못하시다는 말을 들었습니다. 또 그 일의 곡절을 듣건대 도사(都事)가 한 것이 무정했다고 하는데, 그렇다면 어찌하여 돌아가기로 결단하는 데에 이른 것입니까? 편지를 올려 상의하고 싶은 마음 간절하였으나 그렇게 하지 못했습니다. 지금 보내온 편지를 보건대 의심이 풀리지 않아 돌아갈 계획을 그만두지 않는다고 하였으니, 한탄스럽습니다.

제가 이번에 온 것은 다름이 아니라 시골에 있을 때부터 성상의 뜻이 특별히 지향하는 바를 보이시면서 이 몸이 혹 조금이나마 보조할 수 있을 것으로 생각하고 기어코 조정으로 불러들이려고 하시기에, 제가 마침내는 한번 가지 않을 수 없음을 스스로 알고 있었습니다. 그러므로 마지못해 나왔으니, 이것은 성상으로 하여금 제가 쓸모없는 것을 알고 버리시게 하려는 의도였습니다. 그렇게 된다면 한적한 물가에서 마음 편히 일생을 마칠 수 있었을 것입니다. 그런데 뜻밖에도 성상께서 갑자기 일을 맡기고 책임을 매우 무겁게 지웠습니다. 이미 들어온 다음에는 한결같이 굳게 사양만 하는 것은 감히 하지 못할 일이기에 아홉 차례를 사양한 다음에야 나와서 직책을 수행하게 된 것입니다. 앞으로의 사세(事勢)는 그저 앞을 향해서 일을 담당하여 죽기로 기약하고 성공과 실패, 잘되고 못되는 것은 아예 생각 밖에 두되 반드시 어쩔 수 없는 상황에 처한 뒤에야 손을 거두고 돌아가게 될 것입니다. 이는 진실로 회옹(晦翁 주희(朱熹))이 당년(當年)-송(宋)나라가 남쪽으로 양자강(揚子

江)을 건너간 뒤이다.-에 가졌던 뜻이니, 이 외에는 전혀 털끝만 한 일도 없습니다. 다만 성상의 마음이 굳게 정해지고 조정이 청명해지면 일을 혹 할 수도 있을 것이기에 임금 앞에 들어가 고하는 것이나 나와서 동료들에게 말하는 것이 모두가 이 일 아닌 것이 없었는데, 마음을 같이하여 힘을 다할 사람이 매우 적으니 이것이 걱정입니다.

강빈(姜嬪)[32]의 신원 운운한 것은 저도 들었습니다만, 이 일의 진위는 실로 분명하게 말할 수 없고 나랏일에 해로울 따름이기에 침묵하고 지나왔던 것입니다. 그러나 보내온 편지에서 그의 반역죄를 증거 댄 것은 또한 대단히 온당치 못한 점이 있습니다. 이미 사람이 알 수 없는 천상의 일과 같으니, 알 수 없는 것으로 그냥 두는 것이 옳습니다. 어떻게 생각하십니까?

대의(大義)의 소재로 말하면 분명하게 바꿀 수 없는 도리가 있으니, 털끝만큼이라도 방과해서는 안 됩니다. 만약 이 부분에 분명치 못한 점이 있으면 인륜이 무너져 금수가 되어 버리는 것입니다. 성상께서 개연히 이 점에 뜻을 두고 무기를 수리하고 군사를 조련하는 일을 낮밤으로 부지런히 하시니, 이 점이 바로 사대부들이 조정에 서기를 원하는 까닭입니다. 다만 한 해에 군사를 양성하는 비용이 9만 섬에 이르게 되는데, 이는 국고가 비고 백성이 곤궁해지는 원인이니 만일 서둘러

32 강빈(姜嬪) : 소현세자(昭顯世子)의 빈(嬪) 강씨(姜氏)를 가리킨다. 1645년(인조23)에 강씨가 인조의 후궁 조 소용(趙昭容)을 저주한 사실을 강씨의 궁인 신생(辛生)이 인조에게 밀고하여 많은 사람들이 고문을 당하여 죽고 유배된 사건이 일어났다. 2년 뒤인 1647년에 다시 신생을 심문하여 궁중 안에 사람 뼈와 동인(銅人)을 묻은 곳을 밝혀내, 이에 관련된 사람들과 함께 신생도 옥에 갇히고 소현세자의 세 아들은 제주도에 유배되었다. 《仁祖實錄 25年 4月 25日》

변통하지 않는다면 군사와 백성이 모두 피폐하여 수습할 수 없게 될 것입니다. 오늘의 일은 경연광(景延廣)의 일[33]과는 다르니, 비록 군신상하(君臣上下)가 다 어육이 된다고 하더라도 세상에 할 말이 있고 마음에 유감이 없을 것입니다. 어떻게 생각하십니까?

아래에 기록한 인재들은 삼가 형의 안목에 수긍하였습니다. 그중에는 이미 주의(注擬)된 사람도 있고 주의되지 못한 사람도 있는데 차례로 거두어 임용하겠습니다. 다만 사람은 많고 자리는 적어서 일시에 모두 쓸 수가 없습니다. 그중에서 특히 공서(公敍 홍석(洪錫))는 보통으로 대우하려고 하면 미안한 점이 있고, 그렇다고 갑자기 청선(淸選)에 의망하려고 하면 여론이 가만히 있지 않을 것이니 이 점이 곤란합니다. 정(丁)은 동료들 중에 칭찬하는 사람이 원래 많았으며, 이(李)는 늙고 망녕되어 수용(收用)하기가 어렵다고 합니다.

《자치정화(資治精華)》는 여기에 온 것을 보냅니다. 회덕(懷德)에 있는 것은 아이에게 후갑(後甲)[34]에 보내는 편지를 쓰게 하겠습니다. 할 말은 많으나 소대(召對)에 나아가느라 매우 바빠 일일이 말씀드리지 못합니다.

33 경연광(景延廣)의 일 : 537쪽 주18 참조.

34 후갑(後甲) : 지명인 듯하다. 《宋子大全隨箚 卷3》

정안숙에게 답함 기해년(1659, 효종10) 1월 18일

答鄭晏叔 己亥元月十八日

그리워하던 중에 삼가 보내 주신 편지를 받았으니 위로되고 기쁘며 또 감격스럽습니다. 또 뜻에 차지 않는다는 말씀을 들었으니, 기쁘게 들었지만 두려움을 금할 수 없고 또 성대한 덕으로 사람을 깊이 사랑하신다는 것을 알았습니다. 그러나 반드시 무슨 일인지 지적해 주신 뒤에야 제가 그 실상을 알아서 고칠 수 있을 것이니, 아끼지 말고 다시 말씀해 주시기 바랍니다.

홍군서(洪君敍 홍석(洪錫))는 이미 6품으로 계하되었고 일찍이 공조 낭관의 망(望)에 들었으므로 앞으로는 자리가 나는 대로 주의(注擬)하겠습니다.

지난번 편지에서 말씀드린 것이 어떤 내용이었는지 기억나지 않습니다. 간지(簡紙) 안에는 작은 쪽지 하나뿐이었고, 그 외에는 보지 못했으니 의아합니다.

신치(新雉)는 매우 감사합니다.

지난번 편지에서 과부와 홀아비를 관(官)에서 합가(合家)하게 한 일에 대해 여쭈었는데, 사실이 어떠한지 모르겠습니다. 오래도록 답을 보지 못하여 답답합니다.

별지

근자에 꾸중하는 말씀을 듣지 못했는데, 제가 죄를 지은 일이 있어서가 아니겠습니까.

○ 당초에 '척화(斥和)' 두 글자에 대해 실로 의론이 분분하였으나 그 말을 듣고도 마음을 두지 않았기 때문에 저절로 진정된 것이지 당초에 일이 있어서 그런 것도 아니고 또한 오늘날 아무 일이 없어서 잦아든 것도 아닙니다. 다만 성상의 뜻이 이 일에 대해 참으로 탁월하지만, 병통의 근원이 한 가지 있습니다. 주자(朱子)가 말하기를 "중원에 있는 오랑캐는 내쫓기 쉽지만 자기 한 사람의 사사로운 뜻은 없애기 어렵다."라고 하였으니, 이 병통을 제거하지 않으면 모든 일이 다 병들어 할 수 있는 일이 결코 없을 것입니다. 그러므로 제가 입시하는 날에 매번 극력 진달하지만 한칼에 베어 내는 의지를 보지 못했으니, 이것이 답답할 뿐입니다. 이 병통이 제거된다면 조정이 바르게 되고 백성의 고충이 제거되는 일은 차례로 무난할 것입니다.

○ 홍(洪)과 정(鄭)은 현재 인망이 있는 사람들입니다. 정은 지극히 선량하고 결백하지만 정신력이 심히 부족하고, 홍은 목전의 고식적인 계책만 내고 원대한 계책이 없으니 모두 도움을 받기 어렵습니다. 방군수포(放軍收布)[35]는 어찌 의미가 없을 뿐이겠습니까. 생각하면 지극히 놀랍습니다. 이 일은 서둘러 변통해야 하는데 대신이 여기에 뜻을 두지 않으니 한탄스럽습니다.

○ 병영(兵營)과 수영(水營)이 군졸을 분에 넘치게 거느리고 감사가 재물을 싣고서 집으로 돌아가는 폐단은 조정이 조금 맑아지고 기강이 조금 진작되기를 기다린 뒤에 차례로 바로잡을 것입니다. 근본을 먼저 바로잡지 않고 말단에만 힘쓴다면 부지런히 힘만 쓰고

35 방군수포(放軍收布) : 복무해야 할 군병들을 집으로 돌려보내 농사를 짓게 하고 대신 이들로부터 가포(價布)를 징수하던 제도이다. 《磻溪隨錄 卷21 兵制 諸色軍士》

마는 꼴을 볼 뿐입니다.

○ 사졸들이 교만하고 게으른 것은 장수에 적임자를 얻지 못했기 때문입니다. 만약 은혜와 위엄이 아울러 드러난 사람을 얻어서 다스리게 한다면 힘들이지 않고도 그 버릇을 바꿀 수 있을 것입니다.

○ 서얼(庶孼) 출신의 교생(校生)이 놀고먹으며 낭비하는 폐해는 참으로 말씀하신 것과 같습니다. 이는 반드시 보오(保伍)의 법[36]을 만든 뒤에야 바로잡을 수 있기 때문에 조정에서 이 법을 강구하고 있는데 아직 확정하지 못했습니다.

○ 암행 어사가 염문(廉問)한 일에 대해서는 이미 여덟 사람을 복계(覆啓)하여 보냈습니다.

○ 사람을 쓰는 것이 처음 정사를 할 때와 같지 않다는 것은 참으로 그렇습니다. 그러나 처음에는 인재가 많았기 때문에 선택하여 기용하였고, 또 수령을 차례대로 직위를 올려 천전(遷轉)하였기 때문에 저의 마음에도 흡족하였습니다. 지금은 관안(官案)에 들어 있는 자가 거의 소진되었고, 또 대신이 수령을 천전하는 법을 가지고 성상께 아뢰어 막고 있기 때문에 구차하게 충원하는 것을 면치 못하니, 사람들이 비난하는 것이 어찌 틀린 것이겠습니까.

○ 병기(兵器)를 비축해야 한다는 설은 참으로 옳습니다. 다만 국고가 고갈되어 군대를 기를 만한 식량이 없으므로 불필요한 관원을 태거(汰去)하고 한산한 관서를 혁파하는 일을 하지 않을 수 없을

36 보오(保伍)의 법 : 국가에서 백성을 호적법에 의해 통제하기 위해 만든 최소 단위의 조직으로, 5가(家)를 오(伍)로 삼고, 각 오에 보(保)라는 장(長)을 세워 다스리는 법이다. 송시열이 이 법을 만들기를 주장하였으나 실행되지는 않았다.

듯한데, 변통에 관계되는 일이라 대신이 필시 듣기를 좋아하지 않을 것입니다. 더구나 구채(丘債)[37]는 각 가정에서 사적인 이익을 도모하는 것이므로 혁파하기가 더욱 어렵습니다. 제가 이조와 성균관과 도총부의 구채를 받지 않았더니, 동료들 중에는 간혹 탄복한 자도 있었지만 좋아하지 않는 자가 매우 많았습니다.

○ 번고(飜庫)[38]하여 수량을 아는 것 또한 하지 않을 수 없는데 대신 이하 모두가 하인들과 친하여 하인들이 원하지 않는 일은 일절 거론하고 싶어 하지 않으니 어쩌면 좋습니까.

○ 이졸(吏卒)을 많이 거느리고 다녀서 경비를 낭비하는 것은 제가 통탄스럽게 여기는 일입니다. 지나치게 거느리고 다니는 자 300여 명을 태거하자 사람들이 모두 흘겨보니, 어렵고 어렵습니다.

○ 각 관사의 관원은 객(客)이 되고 서리(胥吏)가 주인이 되고 있으니, 이 폐단을 이루 말할 수 없습니다. 이 또한 변통해야 하는데, '변통'이라는 두 글자가 오늘날 금기어가 되었으니 어쩌면 좋습니까.

○ 수령으로서 이름을 파는 자는 참으로 밉지만 그중에도 참으로 선(善)을 행하여 민심을 얻은 자가 있으니, 이 문제는 일괄하여 비난해서는 안 될 것 같습니다. 청렴하고 근실하며 일을 부지런히 한 자는 당초에 천거했던 대신이 불가하다고 하였기 때문에 지금 다시

37 구채(丘債) : 구가(驅價) 또는 구채(驅債)와 같은 말로, 벼슬아치에게 녹봉 이외에 사사로이 부리는 하인의 급료로 더 주던 돈이나 물건을 가리키는 말이다. 이것은 관리가 받는 정록(正祿)이 아닌데 관리들이 착복한 일이 많았기 때문에 변통이나 혁파에 대한 논의가 그치지 않았다.

38 번고(飜庫) : 번고(反庫)와 같은 말로, 창고에 있는 물건을 장부와 대조하여 조사하는 일이다.

할 수 없습니다.

○ 좌이(佐貳)가 권세를 농단한 경우는 보지 못했습니다. 다만 우시랑(右侍郎)[39]이 매번 한쪽 사람들을 편향되게 등용하려고 하니, 이 비방은 필시 여기에서 일어났을 것입니다. 비록 편치 못한 일이 있지만 어떻게 말이나 표정에 드러내겠습니까.

○ 군서(君敍)는 제가 만약 이 직책에 오래 있는다면 의당 그의 명망을 조금 길러서 대헌(臺憲)에 의망할 것입니다. 공안(貢案)을 고쳐서 사람을 등용하는 데 여유 있게 하라는 것 또한 소견이 있습니다.

○ 이기징(李箕徵)이 재능이 있다는 것은 저도 들었습니다. 다만 그가 공주(公州)에서 잘하지 못했기 때문에 여론이 부족하게 여깁니다.

○ 형이 천거한 인물에 대해서는 지적하는 사람이 없으니, 이는 공심(公心)에서 나왔기 때문입니다. 혹시 선하지 못한 자가 있더라도 부끄러울 것이 없습니다.

○ 정시심(鄭時諶)은 유형(兪兄 유계(兪棨))이 매번 쓸 만하다고 하였는데 방금 대간의 논핵을 받았기 때문에 감히 곧바로 기용할 수 없습니다. 그의 숙부는 오늘 처음 들었습니다. 제가 만약 이 직책에 그대로 있는다면 거두어 기용하겠습니다. 오(吳)와 어(魚) 등 여러 사람도 그렇게 할 것입니다.

39 우시랑(右侍郎) : 이때 이조 참의였던 조복양(趙復陽)을 가리키는 듯하다. 《송사(宋史)》〈직관지(職官志)〉에 보면 이부 낭중(吏部郎中)에 좌시랑과 우시랑이라는 관직명이 있는데 조선의 이조 참의가 송나라의 우시랑과 같다.

○ 충고 듣기를 싫어하고 자만한다는 말씀을 하셨는데, 이것이 무슨 말입니까, 이것이 무슨 말입니까? 의당 해야 할 일과 의당 기용해야 할 사람 및 들으신 저의 잘못을 잘 생각해서 하나하나 보여 주시기를 간절히 바랍니다. 형이 아니면 또 누구에게 바라겠습니까.

○ 이달의(李達意)와 김빈(金賓)과 유현(柳俔)은 모두 말씀하신 대로 하겠습니다.

○ 충주(忠州)와 문경(聞慶)과 신녕(新寧) 등의 산성은 참으로 폐기해서는 안 됩니다. 이 일은 대신과 사적으로 의논해서 그 의향을 안 뒤에야 건의할 수 있을 것입니다.

○ 지난번에 젊은 대간이 수도(隧道)를 참람하게 쓴 자를 다스리기를 청했는데,[40] 조수이(曺守而 조한영(曺漢英))가 이의를 제기하고 저까지 공격하였으며 많은 사람들이 조수이를 편들었으므로 제가 참으로 편치 않았습니다. 지금 또 홍여하(洪汝河)가 경성 판관(鏡城判官)으로서 상소하여 완남(完南 이후원(李厚源))을 심하게 논척하고 저까지 공격하였습니다. 성상의 체후가 편안해지면 사직을 청하는 소장을 올릴 것입니다.

40 지난번에……청했는데 : 헌납 민유중(閔維重)이 소대(召對) 때에 김육(金堉)의 아들 김좌명(金佐明)이 부모의 장사(葬事)를 지내면서 모두 수도를 사용한 일을 지적하며 감죄(勘罪)하고 개장(改葬)하기를 청한 일을 가리킨다. 《孝宗實錄 10年 4月 8日》

정안숙에게 보냄 기해년(1659, 효종10) 3월 5일

與鄭晏叔 己亥三月五日

함께 성상의 은총을 받은 자들이 팔장을 끼고 방관한 일은 참으로 있었습니다. 대개 그들의 뜻은 의론을 냈다 들였다 하여 한 시대의 좋은 칭송을 차지하는 데 있고 국가의 큰일에 대해서는 남의 일 보듯 하기 때문입니다. 뜻이 이미 같지 않으니 그들이 팔장을 끼고 방관하는 것은 이상할 것이 없습니다. 유형(兪兄 유계(兪棨))은 정의(情意)가 과연 미더워서 크고 작은 일을 서로 물었으니, 그가 혐의를 피하더라도 그가 추천하는 데 사(私)가 많다는 것은 길보(吉甫 윤선거(尹宣擧))가 잘못 들은 말임을 사람들이 어찌 모르겠습니까.

정안숙에게 보냄 기해년(1659, 현종 즉위년) 5월 15일

與鄭晏叔 己亥五月望日

하늘이여, 하늘이여! 어찌하여 우리 성주(聖主)를 빨리 빼앗아 간단 말입니까. 이 몸이 방귀전리(放歸田里)의 처벌을 받으면서부터는 그대로 일생을 마칠 계획이었으나 성상께서 온갖 말로 간곡하게 부르시어 국가를 다스리는 계책과 일을 안배하는 것을 비로소 주선하게 되었는데, 하루아침에 세상을 싫어하여 갑자기 승하하셨습니다. 땅을 치고 하늘을 보고 울부짖으며 차라리 죽어 버리고 싶지만 할 수 없는 일입니다.

초나흗날 조금 늦게 성상의 증세가 매우 위독하다는 말을 듣고 정신없이 대궐에 들어갔는데, 합문(閤門) 밖에서 곧바로 저를 부르셨다는 말을 들었습니다. 겨우 몇십 걸음을 걸어갔는데 이미 세자께서 가슴을 치며 울부짖는 소리가 들렸고, 들어가 용안을 뵈었는데 이미 말을 하지 못하셨습니다. 부여잡고 크게 울부짖노라니 오장이 타는 것 같았습니다.

지금은 시일이 점차 멀어져서 인산(因山) 날짜를 잡게 되었으니, 옥음(玉音)을 떠올리며 다만 스스로 크게 애통할 뿐입니다. 저의 기력은 근근이 지탱하고 있는데, 이것은 지극한 슬픔이 속에 가득하여 손상되는 것을 스스로 느끼지 못하기 때문입니다.

지난봄에 사람들을 물리치고 독대(獨對)한 일은 있었지만 세자를 부탁했다는 말은 외부 사람들이 제멋대로 억측한 것입니다.

홍여하(洪汝河)가 이미 상소를 올려 그의 상소가 지금 승정원에 보류되어 있으니 장차 어떻게 처리될지 알 수 없으나, 이 몸이 떠나느냐 머물러 있느냐 하는 문제는 생각해 보지 않아도 알 수 있습니다. 다만 이렇게 지체하고 있는 것은 대행 대왕(大行大王)의 은덕과 예우를 차마 저버릴 수 없어서입니다.

대행 대왕의 구레나룻에 난 종기는 가볍지 않은 중증임이 분명했습니다. 침의(鍼醫) 신가귀(申可貴)가 침을 놓자 처음에는 고름이 조금 나오다가 이어서 피가 두어 말이나 나왔습니다. 대개 침을 놓은 것은 아침이고 승하하신 것은 사시(巳時)였습니다. 삼사(三司)가 의관 및 제조(提調)의 죄를 논계하였는데 윤허를 받지 못했습니다.

산릉(山陵)은 건원릉(健元陵) 안이나 홍제동(弘濟洞)[41]이 가장 좋다기에 저는 사람들을 만나면 바로 두 곳을 가지고 말했는데 어떻게 귀결될지 모르겠습니다. 예조 판서 이하가 이미 교하(交河) 등지로 갔습니다.

묘호(廟號)는 효종(孝宗)이고, 능호(陵號)는 영릉(寧陵)인데, 두렵고 꺼리는 바가 있어서 감히 조보(朝報)에 내지 못하는 것입니다.[42]

노형(老兄)은 형세상 관직에 돌아가지 않을 수 없는 형편인데, 아랫사람 중에 뿔뿔이 흩어진 자가 매우 많으니 이것이 염려스럽습니다. 산릉의 일을 마치기 전에는 벼슬을 버리고 돌아가지 못할 것이니, 타일

41 홍제동(弘濟洞) : 여주(驪州) 영릉(英陵)의 국내(局內)에 있는 홍제동을 가리킨다. 《宋子大全隨箚 卷4》

42 묘호(廟號)는……것입니다 : 효종이라는 시호는 송(宋)나라 11대 임금의 시호를 답습하는 것이 되어 청(淸)나라 사람들이 듣게 된다면 싫어할 것이고, 묘호는 번방(藩邦)에서 시행하는 예법이 아니기 때문에 그들이 듣지 않게 하려고 조보에 내지 않았다는 말이다. 《宋子大全隨箚 卷4》

러 도로 들어오게 할 방법을 생각해 보는 것이 어떻겠습니까?

간지(簡紙)는 화인(花印)을 찍은 것만 약간 있고 백간지(白簡紙)는 하나도 없었는데 형이 보내 주셨으니 감사합니다. 할 말은 많지만 매우 바빠서 두서없이 이렇게 씁니다.

정안숙에게 답함 기해년(1659, 현종 즉위년) 8월 9일

答鄭晏叔 己亥八月九日

병으로 마음이 무료하여 늘 노형을 생각하고 있었는데 얼마 지나지 않아 갑자기 편지를 받았으니 배나 더 기쁘고 위로됩니다. 다만 병이 있다는 말을 들었는데, 지금은 평상으로 회복되었다니 기쁩니다. 노경에 병치레가 잦은 것은 좋은 징조가 아닌 듯하니 십분 신중히 조섭하시기 바랍니다. 저는 지난달 초부터 설사를 하여 장부(臟腑)가 허해진 뒤에 한기와 열기가 번갈아 일어났고, 어제부터 조금 배가 팽만한 증상이 있어 이 때문에 금부(禁府)의 일에 계속 나가서 공직하지 못하고 날마다 사직을 청하지만 아직까지 윤허를 받지 못했으니 답답합니다.

산릉(山陵)의 일은 들어가서 논쟁하고 나와서 의논하였지만 성상의 마음을 움직이지 못하였고, 또 논쟁할 때 대신(大臣)을 많이 침해하여 대신이 인혐하고 들어갔기 때문에 부득이 교외로 나왔습니다. 이조판서가 들어가서 제가 산릉의 일에 강경하므로 변동이 없으면 분명 들어오지 않을 것이라고 고하여 재차 소명이 있었으나 병 때문에 모두 나아가지 못하였는데, 이미 장지(葬地)를 옮겨서 정하라는 명이 있었습니다. 그 후에 사관을 보내 들어오게 하셨는데 그때 복통이 한창 심해서 조금 차도가 있으면 오후에 나아가겠다고 청하였더니 또 그렇다면 움직이지 말라고 명하셨습니다. 며칠 후에 곡하는 반열에 들어가려고 병을 무릅쓰고 도성에 들어갔는데, 병이 그 탓에 더 심해져서 끝내 곡하는 반열에 나아가지 못하고 또한 다시 나오지도 못했으니 지금 저의 형세가 매우 불안합니다.

민장(閔丈)[43]이 갑자기 세상을 떠났으니 오늘날 이 선한 사람만 잃은 것이 아닙니다. 대수(大受) 형제[44]가 조정의 일에 참여하지 못하니, 이는 실로 운기(運氣)에 관계된 것입니다. 어쩌면 좋습니까. 영윤(令胤)이 조만간 반드시 와서 그 집에 가서 곡을 할 것이니, 서로 만날 기약이 있기를 간절히 기대합니다. 편지 한 통이 있으니 전해 주시기 바랍니다.

43 민장(閔丈) : 민광훈(閔光勳)을 가리킨다. 민정중(閔鼎重)의 아버지이다.

44 대수(大受) 형제 : 민정중·민유중(閔惟重) 형제를 가리킨다. 대수는 민정중의 자이다.

정안숙에게 보냄 기해년(1659, 현종 즉위년) 9월 그믐

與鄭晏叔 己亥九月晦日

밤새 안부는 어떠십니까? 오늘 출발합니까? 찾아가 작별하지 못하니 한탄스럽기 그지없습니다. 그러나 제가 돌아갈 날도 결코 머지않을 것입니다. 이렇게 병으로 칩거하고 있어서 외부의 논의가 전혀 들리지 않습니다. 어제 형이 듣고 본 것을 말씀해 주셨어야 하는데 객이 있어서 그렇게 하지 못했으리라 생각합니다. 편지로 알려 주시는 것이 어떻겠습니까?

지난번에 무인(武人) 운운한 것은, 감히 형에게 다 말하지 못하고 숨긴 것이 있는 것처럼 하여 마음이 몹시 개운치 않았습니다. 대행대왕께서 저에게 밀교(密教)를 내리기를 "오늘의 일은 반드시 무인의 힘을 빌려야 한다. 문신들은 저들을 무시하여 그 원망을 도발하고 구걸하여 업신여기는 행위를 초래하니, 경은 모쪼록 나의 뜻으로 무신들을 인도하고 끌어들여 충의(忠義)로 권면해서 그 마음을 감동시키도록 하라. ……" 하셨으니, 지금도 선왕의 하교가 귀에 쟁쟁합니다. 그러므로 무인들에 대해 차마 내치지 못하고 그들을 보면 반드시 뇌물을 끊고 군민(軍民)을 돌봐 주라고 말합니다. 그러나 일단 한강을 건너고 나면 모두 잊게 될 것입니다. 형께서 제가 형의 경계에 따르지 않는다고 여기실까 염려되기 때문에 다 말씀드립니다. 그러나 이 일은 입 밖에 꺼내지 말고 즉시 불태워 버리신다면 매우 다행이겠습니다.

정안숙에게 답함 기해년(1659, 현종 즉위년) 10월 14일

答鄭晏叔 己亥十月十四日

편지를 받고 삼가 탈 없이 잘 도착하셨다는 것을 알았으니, 위로되고 기쁘기 그지없습니다. 저는 여전히 병고에 시달리고 있고, 다른 일은 없습니다. 영윤(令胤)의 병은 심히 우려되기는 하나, 이 사람의 병은 조용히 요양해서 심경이 차분해지게 한다면 자연히 약을 쓰지 않아도 될 것입니다.

《포은집(圃隱集)》 서문은, 하륜(河崙)[45]이 지은 것은 과연 버릴 만합니다. 그러나 변공(卞公)[46] 역시 전조(前朝) 사람으로서 지조를 잃은 자이니, 또한 어찌 이 책의 서문을 쓰기에 마땅하겠습니까. 박공(朴公)[47]은 일찍이 듣지 못했던 사람이나 만일 그가 아낄 만한 사람이라면 그의 글을 넣고 다른 것은 버리는 것이 어떻겠습니까? 저의 소견으로는, 회옹(晦翁 주희(朱熹))이 양웅(揚雄)과 채염(蔡琰)[48]의 사(辭)를

45 하륜(河崙) : 1347~1416. 본관은 진주(晉州), 자는 대림(大臨), 호는 호정(浩亭)이다. 정몽주(鄭夢周)의 문집인 《포은집》의 서문을 썼다.

46 변공(卞公) : 변계량(卞季良, 1369~1430)을 가리킨다. 본관은 밀양(密陽), 자는 거경(巨卿), 호는 춘정(春亭)이다. 이색(李穡)과 권근(權近)의 문인이다. 《포은집》의 서문을 썼다.

47 박공(朴公) : 박신(朴信, 1362~1444)을 가리킨다. 본관은 운봉(雲峰), 자는 경부(敬夫)이며, 호는 설봉(雪峰)이다. 정몽주의 문인으로, 《포은집》의 서문을 썼다.

48 채염(蔡琰) : 후한 시대 채옹(蔡邕)의 딸로 위중도(衛中道)에게 시집갔으나 사별하였다. 후한 헌제(後漢獻帝) 때 흉노에게 잡혀가 남흉노(南匈奴) 좌현왕(左賢王)과 살면서 아들 둘을 낳았다. 조조(曹操)가 대가를 치르고 다시 데려와 동사(董祀)에게

〈이소(離騷)〉의 뒤에 편입하면서 말하기를 "양웅의 죄를 나타내려는 것이다." 하였으니 지금 하륜이 지은 것을 그대로 거기에다 두어 사람들로 하여금 하나는 흠모하고 하나는 징계하게 하는 것 또한 회옹과 같은 방법이라고 생각됩니다만, 어떻게 생각하십니까? 만일 여러 사람이 지은 서문 속에 섞이게 하고 싶지 않다면 하륜과 변공의 서문 두 편을 하권(下卷)의 뒤에다 옮겨 두는 것도 좋겠습니다.

그리고 권(權)[49]은 어떤 사람인지 알 수 없습니다마는, 만일 좋지 못한 사람이라면 하륜과 변공만 유독 폄척(貶斥)을 받는 것은 지하에 서일망정 만족하지 않을 듯합니다. 가리는 것이 정밀하지 못하다면 그전대로 두어 허물이 없는 것만 못하니, 어떻게 생각하십니까?

가져온 종이는 도로 보내고, 무후(武侯 제갈량(諸葛亮))의 글은 잘 받았습니다. 세 가지 좋은 음식은 참으로 감사합니다. 병 때문에 다 말씀드리지 못합니다.

시집보내자, 절개를 잃은 것에 상심하고 또 두 아들을 잊지 못하여 〈비분(悲憤)〉과 〈호가십팔박(胡笳十八拍)〉을 지었다. 《後漢書 列女傳 董祀妻》

49 권(權) : 권채(權採, 1399~1438)를 가리킨다. 본관은 안동(安東), 자는 여서(汝鋤)이다. 권근(權近)의 조카이다. 《포은집》의 서문을 썼다.

정안숙에게 답함 기해년(1659, 현종 즉위년) 12월
答鄭晏叔 己亥臘月

두 통의 편지가 한꺼번에 도착했으니 기쁘고 위안이 됩니다. 저는 다섯 차례 상소한 뒤에는 다시 감히 성상을 번거롭게 할 수 없어 오늘 말〔馬〕을 사면 내일쯤 상소 한 통을 남기고 비답이 내리기를 기다리지 않고 곧바로 도성 문을 나갈 계획입니다.

지난번 편지에서 조카 기후(基厚) 운운한 것은 저를 비방하는 몇몇 사람들도 그것이 이 말이라는 것을 듣지 못했을 텐데 기후는 누구에게서 들었단 말입니까. 괴이합니다. 군서(君敍 홍석(洪錫))는 당초에 진언(進言)할 때 기상이 매우 좋았고, 단지 비방하는 자가 스스로 이치에 어긋났을 뿐입니다. 정 부자(程夫子)의 상소 중에도 "선황(先皇)의 유골이 큰 돌에 부서지더라도"[50]라는 말이 있기 때문에 제가 매번 이 말을 들어서 군서를 변호했습니다. 그 후에 군서의 도리로 말하자면 즉시 옷깃을 여미고 고향에 돌아가서 세상사에 관여하지 않아야 합니다. 그런데 제가 충고하는 말을 듣지 않고 후안무치한 관원을 비웃고 욕하였으니, 당초 기대했던 것과 어긋난 듯하여 노형과 저 또한 심히 답답하였기 때문에 지난번 편지에서 대략 언급했던 것입니다. 만약 훌훌 털고 돌아갔다면 얼마나 깨끗합니까. 비방한 자가 도리어 얼굴이 붉어

50 선황(先皇)의……부서지더라도 : 송(宋)나라 학자 정이(程頤)가 부필(富弼)을 대신해서 신종(神宗)에게 올린 상소에 있는 내용이다.《二程文集 卷6 伊川文集 代富弼上神宗皇帝疏稿》

졌을 것입니다.

노형의 일은 사직할 만한 의리가 없을 뿐만 아니라 이 자리를 사직하면 장차 난처한 일이 될 것이니, 다른 마음을 먹지 말기 바랍니다. 다만 이조(吏曹)가 조정에 들어와서 하직하는 것을 생략하고 곧바로 부임하도록 하기를 청했으니 매우 다행입니다. 《자치정화(資治精華)》[51]는 전리(田里)에 돌아가면 다시 청할 계획입니다. 나머지는 이만 줄입니다.

51 자치정화(資治精華) : 531쪽 주5 참조.

정안숙에게 답함 경자년(1660, 현종1) 2월 2일

答鄭晏叔 庚子二月二日

부임한 뒤에 모든 일은 어떠십니까? 아득히 서로 소식을 듣지 못하니 그립고 답답한 마음 어찌 끝이 있겠습니까. 저는 병이 날이 갈수록 더욱 침범하니 늙어 가는 사람의 마음에 더욱 좋지 않음을 느낍니다.

전날 말씀하셨던 일가(一家)의 일은 저에게 물어 주시어 매우 감사합니다. 예전 자리가 참으로 길하지 않고 처음 얻은 곳이 참으로 좋은데 집안의 의견이 일치하지 않는다면 성의를 기울여 거듭 설득해야 하고, 그들이 감격하고 깨닫기를 기다려서 한다면 병폐가 없을 듯합니다. 만약 불행히 저들이 말이 없지 않아 외부 사람으로 하여금 이러쿵저러쿵 말을 하게 한다면 크게 불편할 것이니, 두루 생각하여 잘 처리하시기를 간절히 바랍니다. 어떻게 생각하십니까?

영남에 장사하는 문제는 조금도 해될 것이 없습니다. 당론(黨論)이 처음 심의겸(沈義謙)과 김효원(金孝元)에게서 나왔는데 오늘날 심의겸의 종족이 영남에 두루 퍼져 살고 묘들이 즐비하게 있으니, 땅이 길한지 흉한지만 물을 뿐이고 이 점은 염려할 필요가 없습니다.

저의 아이의 삭직(削職)이 끝내 풀리지 않았기 때문에 지금 마침내 정거(停擧)되었으니, 그로 보면 옥성(玉成)하는 데에 도움되지 않는 것이 없지만 세도(世道)로 보면 놀랍습니다.

정안숙에게 답함 경자년(1660, 현종1) 5월 11일

答鄭晏叔 庚子五月十一日

두 통의 편지가 한꺼번에 도착하여 이루 말할 수 없이 위로되었습니다. 편지를 통해 형의 기거가 편안하고 좋으시다는 것을 알았으니 또 매우 기쁩니다. 청암(靑巖)이 전한 편지 또한 잘 받았습니다. 저는 윤선도(尹善道)의 상소가 있은 뒤로 황공하여 감히 집에 편안히 있지 못하고 또 감히 도성 문을 함부로 들어가서 의금부에서 대명(待命)하지도 못하여, 전에 마암(馬巖)의 분암(墳菴)에 가서 소장을 올리고 비답을 기다렸습니다. 그런데 비답이 내려오기 전에 한림(翰林)이 내려와 유지를 전하여 위문하시고 이어 방백(方伯)에게 유지를 내려 제가 집을 떠나 있다는 이유로 지낼 수 있는 물자를 지급하라고 명하셨습니다. 이 때문에 감히 그대로 머물러서 성상께 염려를 끼칠 수 없어 그저께 서둘러 되돌아가 현재 계정(溪亭)에 있습니다. 근자의 시사(時事)가 이 지경에까지 이르렀으니 통탄스러운 마음 어찌 끝이 있겠습니까.

《자치정화(資治精華)》는 근래에 죄를 짓고 있어서 손을 댈 겨를이 없지만 가까운 시일 내에 말씀대로 하겠습니다. 보내오신 17책과 공간(空簡)은 잘 받았습니다. 말린 고기 몇 종류는 지극한 뜻에 감사드립니다. 근자에 꽁보리밥을 먹었는데 늙은이의 배에는 본래 걸맞지만 속아(粟兒)[52]는 이미 병이 들어 항상 걱정하였는데, 지금 이렇게 좋은 음식

52 속아(粟兒) : 민주경(閔周鏡)에게 시집간 송시열의 서녀(庶女)이다. 《宋子大全隨箚 卷4》

을 얻어 살릴 수 있게 되었으니 더욱 감사드립니다.

○ 권(權)의 낭패[53]가 이 지경에 이르렀으니 어쩌면 좋습니까. 저는 본래 그 본색(本色)으로 대하였지만 특히 이공(尼公)은 매우 심하게 추중(推重)하였습니다. 사관(史官)이 정희왕후(貞熹王后)의 복제(服制)를 확인하였는데 그때에도 기년복으로 하였으나 이것은 예(禮)를 상고해서 정한 것이 아니니 어찌 근거로 삼기에 충분하겠습니까. 그러나 여러 대신이 원래의 차자를 막은 이유는 여기에 있습니다. 당초에 영의정은 원래 이런 근심이 있을 것을 염려했습니다. 처음 상이 났을 때에 윤휴(尹鑴)가 대궐 문 밖에 있으면서 이 설을 처음 주장하였으니, 충후한 연양군(延陽君 이시백(李時白))이라도 깜짝 놀랐을 것입니다.

53 권(權)의 낭패 : 권시(權諰)가 윤선도를 감언(敢言)하는 선비라고 하며 구원하자 교리 김만기(金萬基)와 부제학 유계(兪棨)가 곧바로 차자를 올려 꾸짖으니, 권시가 즉시 도성 밖으로 나간 일을 가리킨다. 《宋子大全隨箚 卷4》

정안숙에게 보냄 경자년(1660, 현종1) 5월 23일

與鄭晏叔 庚子五月二十三日

이미 북쪽으로 돌아갔으리라 생각됩니다. 영윤(令胤)은 지금 어떻습니까? 빠른 효험을 구하지 말고 서서히 원기를 보충한다면 자연히 기운을 차릴 것입니다. 제가 근자에 들으니 시론(時論)이 더욱 새로워졌다고 합니다. '그 주인을 얕본다'는 설은 어제 처음 보고서 저도 모르게 너무나 두려워 몸 둘 바를 몰랐으니, 그 사람이 품고 있는 마음이 이와 같을 줄은 생각지 못했습니다.

정안숙에게 답함 경자년(1660, 현종1) 7월 20일
答鄭晏叔 庚子七月二十日

매양 보내신 글을 받아 보면 기쁘지 않은 마음이 있음을 먼저 보게 되니, 저의 슬퍼하고 괴로워하는 말[54]이 한갓 슬픈 마음만 일으켰나 봅니다. 손님들이 빈번하면 진실로 요양에 방해되기는 하지만 비애를 잊어버리는 데 도움이 안 되는 것은 아닙니다. 저는 곽란(霍亂) 증세가 점점 나아져 지난밤부터는 등잔을 가까이하여 글을 보았습니다.

젊은 사람들 중에서는 윤증(尹拯)이 매우 촉망되는데 이번에 편지를 보내와 조문한 말이 이와 같으니, 또 그가 동배(同輩)들에게 존중받았음이 적지 않음을 알 수 있어 더욱 슬픕니다. 이 편지는 보신 다음 돌려주십시오. 이런 편지는 잘 간직해 두고서 묵(墨)[55]이 철들기를 기다렸다가 주고 싶습니다. 말이 여기에 미치고 보니 또 눈물이 흐르는 것을 금할 수 없습니다.

보내 주신 것은 일체 말씀대로 하겠습니다. 젓갈은 처음에 곽란에 해로운 줄 몰랐고 또 본래 즐기기 때문에 식사 때마다 꼭 먹었는데도 해롭지 않았으니, 이것이 도리어 큰 화를 천천히 부른 것이 아니겠습니

54 슬퍼하고 괴로워하는 말 : 이해 6월에 정양의 아들 정보연(鄭普衍)이 20여 세로 요절하였으므로 송시열이 편지에 슬퍼하고 괴로워하는 말을 썼기 때문에 한 말이다. 《宋子大全隨箚 卷4》

55 묵(墨) : 정보연의 아들 정천(鄭洊, 1659～1724)의 어릴 때 이름이다. 자는 장원(長源), 호는 첨의당(瞻依堂)이다. 정철(鄭澈)의 현손으로, 외숙인 민정중(閔鼎重)에게 수학하였다. 《宋子大全隨箚 卷4》

까. 배꼽에 뜸을 뜨는 것 또한 말씀대로 하겠습니다.

이산(尼山 윤증)의 편지를 보내 드립니다. 행록(行錄)은 되도록 빨리 보내 주십시오. 이때에 초고를 만들고 싶습니다. 이 밖에는 다만 애통함을 절제하며 스스로 몸을 아껴서 저승과 이승 사람들의 마음을 위로해 주시기를 눈물을 머금고 빕니다.

정안숙에게 답함 신축년(1661, 현종2) 4월 5일

答鄭晏叔 辛丑四月五日

민 상제(閔喪制)[56] 편에 삼가 보내신 편지를 받고 이장(移葬)에 관한 제반 상황을 대략 알았으니, 위로되고 감사한 마음 어찌 한이 있겠습니까. 이어 묵(墨)의 아비[57]가 지난해에 이장하는 일을 언급하고 울었던 것을 생각하니, 어제 일과 같아 더욱 목이 멥니다. 장례 일을 이미 마쳤으니 서울로 가십니까? 복직(復職)이 기쁜 것은 아니지만 이로 인해 궁벽한 고을의 지방관으로 나간다면 묵의 집이 쉴 곳이 있게 될 것입니다.

제 아이가 여기에서 서울로 돌아가 보니, 그의 생모(生母)가 전염병에 걸린 지 여러 날이 되었는데 남아 있는 자식이 한 사람도 없으므로 홀로 들어가 간호하다가 마침내 생모의 상을 당해 혼자 직접 염(斂)하여 빈소(殯所)를 마련하였고, 지극한 정(情)에 절박하여 감히 차마 하지 못할 짓을 했다고 합니다. 병이 전염되는 것은 말할 것도 없거니와, 그것이 어찌 살릴 수 있는 방법이겠습니까. 통곡하며 오장이 찢기는 듯하니 차라리 말을 말고 싶습니다. 그의 어미가 이런 상황을 듣고 광주(廣州)에서 무턱대고 서울로 들어가 아이를 간호할 계획을 하고

56 민 상제(閔喪制) : 민정중(閔鼎重)을 가리킨다. 1659년 7월에 부친상을 당하여 아직 상중에 있기 때문에 상제라고 한 것이다.

57 묵(墨)의 아비 : 묵은 정보연(鄭普衍)의 아들 정천(鄭洊)의 어릴 때 이름이다. 이해 6월에 정양의 아들 정보연이 요절하였다. 《宋子大全隨箚 卷4》

있는데, 늙은 사람이 위험을 범하게 될까 또한 염려스럽지만 운명이니 어찌하겠습니까. 그 아이가 모든 일에 노형(老兄)의 말을 감히 따르지 않을 수 없을 것이니, 만나거나 편지를 보내 극력 타이르고 또한 간절하게 책망하여 그의 잘못된 생각을 돌리게 해 주신다면 그 감사한 은혜를 어떻게 다 갚겠습니까.

그리고 지금 세상은 인륜이 밝지 못하여 출계(出繼)한 사람에 대해서도 으레 친상(親喪)을 만난 것으로 편지를 쓰고 출계한 사람 역시 친상을 만난 것으로 자처하니, 이는 '근본은 하나〔一本〕'라는 의리에 크게 어두운 일입니다. 정자(程子)와 주자(朱子)가 "마땅히 백부(伯父)라 하고 숙부(叔父)라 해야 한다."라고 극력 말하였는데, 후학들이 어찌 감히 어기겠습니까. 삼가 생각건대 노형께서 이런 문제에 근엄하실 것이기 때문에 한번 언급하였습니다.

존형(尊兄)의 외조부의 묘지(墓誌)는 이미 명문(銘文)까지 채워 놓았는데, 마침 상중의 아이[58]와 서당에 있기 때문에 미처 찾아 보내지 못합니다.

《자치정화(資治精華)》는 대조해서 교감할 것을 구하려고 하는데 쉽지 않아 아직 손을 대지 못한 데다 또 금석문(金石文)을 짓는 데 골몰하느라 겨를이 없기는 하지만 어찌 감히 말씀대로 하지 않겠습니까.

저의 궁색한 사정을 도와주는 물건들은 매우 감사합니다. 번번이 노형의 은혜를 입어 집에서나 관(官)에서나 항상 편안하고도 영화롭습니다. 할 말은 많지만 아이 때문에 마음이 몹시 슬퍼서 일일이 다 말씀드리지 못합니다.

58 상중의 아이 : 생모(生母) 상을 당한 송시열의 양자 송기태(宋基泰)를 가리킨다.

정안숙에게 보냄 임인년(1662, 현종3) 3월 20일

與鄭晏叔 壬寅三月二十日

제가 제천(堤川)에서 보낸 편지를 받아 보셨습니까? 군(郡)의 일은 교대를 마쳤습니까?[59] 저는 먼저 봉산(蓬山)에 들어왔는데, 선고(先考)의 기일(忌日)이 임박하여[60] 그대로 머물러 기다릴 수 없어서 끝내 만날 수 없게 되었으니 한탄스럽기 그지없습니다. 고개를 넘어 형에게 들러서 돌아가고 싶은 마음 간절했지만 일정은 촉박하고 길은 멀어서 끝내 그렇게 하지 못했습니다. 그러나 앞으로 만날 여지를 남겨 놓는 것도 좋습니다. 마침 감영의 인편이 있어서 잠시 이렇게 씁니다. 이만 줄입니다.

○ 지금 이 산을 보니 천하의 명승지를 보지 않더라도 전기(傳記)와 시가(詩歌)에 나타난 것으로 미루어 보면 이만한 곳이 없을 듯하니, 형이 한번 보지 않아서는 안 될 듯합니다. 더구나 선 상국(先相國)[61]께서 유람했던 곳이고, 빼어난 경치가 시가에 모두 나타나 있으니 더욱 한번 와서 구경하지 않아서는 안 될 것입니다. 어떻게 생각하십니까? 영남의 팔경(八景)은 형의 임기가 차기 전에 함께 구경하고 싶은데 형이

59 군(郡)의……마쳤습니까 : 이해 2월에 정양이 간성 군수(杆城郡守)가 되었기 때문에 부임하여 교귀(交龜)한 일을 가리킨다. 《承政院日記 顯宗 3年 2月 8日》

60 선고(先考)의 기일(忌日)이 임박하여 : 송시열의 부친 송갑조(宋甲祚)의 기일이 4월 1일이므로 집으로 돌아가 재계해야 하기 때문이다.

61 선 상국(先相國) : 정양의 조부 송강(松江) 정철(鄭澈)을 가리킨다.

오래 계실 계획이 있는지 모르겠습니다. 용안(龍安)과 진천(鎭川)에서처럼[62] 관직을 버리고 곧바로 돌아가실까 염려되니, 우습습니다.

62 용안(龍安)과 진천(鎭川)에서처럼 : 정양은 1650년(효종1)에 용안 현감으로 부임했다가 임기를 채우지 않고 사임하였고, 1658년에 진천 현감이 되었다가 역시 임기를 채우지 않고 사임하고 돌아왔다.

정안숙에게 답함 갑진년(1664, 현종5) 2월 14일

答鄭晏叔 甲辰二月十四日

지난번에 제 동생이 체편(遞便)을 통해 형의 편지를 보내왔으니, 직접 대하는 것처럼 위로되고 기뻤습니다. 지금 형의 기거는 어떠십니까? 그립기 그지없습니다. 저는 설사가 한 해를 넘기도록 잡히지 않아 몸이 쇠약해져서 지탱하기 어렵습니다. 생각건대 이런 상태라면 호랑이에게 잡아먹히지 않아도[63] 이 몸이 저절로 없어질 것입니다.

말씀하신 여주(驪州) 사람(윤휴(尹鑴))이 형적을 감춘 일은 그 선대로부터 내려오는 것이니 무슨 괴이하게 여길 것이 있겠습니까. 대윤(大尹 윤선도(尹善道))의 무리가 그를 원망하는 말 또한 우습습니다. 여(驪)가 비록 사람을 모함하는 데 급했더라도 결코 그를 핍박해서 그렇게 하지는 않았을 것입니다. 그러나 이런 일은 내버려 두어야지 다시 말할 필요가 없습니다.

묵(墨)이는 무탈하고 능히 글을 배웁니까? 늘 눈앞에 있는 것 같습

63 호랑이에게 잡아먹히지 않아도 : 《장자(莊子)》 〈달생(達生)〉에 "노(魯)나라에 단표(單豹)라는 자가 있어 바위 굴에 은거하면서 물만 마시고 속세의 이익을 다투지 아니하여 나이 칠십이 되어도 얼굴이 마치 어린아이와 같았는데, 불행히 굶주린 호랑이를 만나서 잡아먹혔다. 또 장의(張毅)라는 사람은 부잣집과 가난한 집을 두루 찾아다니며 명리를 얻기에 급급했는데, 나이 40에 속으로 열병이 나서 죽었다. 단표는 내면만을 기르다가 호랑이가 외면의 몸을 잡아먹었고, 장의는 외면만을 기르다가 열병이 그 안을 침범한 것이니, 이 두 사람은 모두 그 뒤처진 것을 채찍질하지 못한 것이다."라고 한 말에서 인용한 것이다.

니다. 용학(龍鶴)은, 형의 뜻으로 심한(沈漢)에게 가서 꾸짖으라고 했는데 그 말이 불손했다고 합니다. 백이옥(白爾玉)이 관장하고 있는 일은 작년 겨울에 품처(稟處)하게 하였습니다. 《자치정화(資治精華)》는 여가가 있을 때마다 교정했는데 교정한 것이 많지 않으니 한탄스럽습니다. 보내 주신 물건은 감사하게 받았습니다. 이만 줄입니다.

정안숙에게 보냄 을사년(1665, 현종6) 9월 20일

與鄭晏叔 乙巳九月二十日

송담서원(松潭書院)에 저의 편지를 전해 주셨습니까? 《율곡연보(栗谷年譜)》의 초본은 그가 찾아가는 것을 들어주었습니까? 지금 가을이 깊었는데 형의 기거는 좋으십니까? 그립기 그지없습니다. 노선생(老先生)께서 신 광주(申廣州)에게 보낸 편지[64]를 지금 보내 드립니다. 당시의 논의를 상상해 볼 수 있을 것입니다. 지금 미촌(美村 윤선거(尹宣擧)) 형과 의논했는데, 미촌 형이 보고서 후록(後錄)의 전편(全編)은 우선 중지했다가 중론이 하나로 귀결되기를 기다리는 것보다 나은 방법이 없다고 하였고 저희도 그 말에 수긍하였습니다. 형의 뜻은 어떻습니까? 미촌 형의 편지에서 빠짐없이 알려 드렸을 것이라 생각합니다.

64 노선생(老先生)께서……편지 : 노선생은 김장생(金長生)을 가리키고, 신 광주는 광주 목사(廣州牧使)를 지낸 신응구(申應榘)를 가리킨다. 이이(李珥)와 성혼(成渾)의 연보를 합본할 것인지 각각 낼 것인지를 논의하는 일에 관한 편지이다. 《宋子大全 卷31 與宋明甫(乙巳十月四日)》

정안숙에게 답함 을사년(1665, 현종6) 12월 8일

答鄭晏叔 乙巳十二月八日

돌아온 김(金)의 편에 여러 장의 편지를 받았으니, 매우 위로되고 감사합니다. 제가 일찍이 고운(孤雲)에 있을 때 노선생(老先生 김장생(金長生))의 유고(遺稿)를 교정하였는데, 돌아오는 날 추위를 무릅쓰고 와서 지금 이불을 끌어안고 있습니다. 《율곡연보(栗谷年譜)》는 형이 이미 용기를 내서 개판(改版)하였으니 어찌 매우 다행스러운 일이 아니겠습니까. 다만 귀군(貴郡)이 파산(坡山)의 일[65]을 방금 마쳤는데 다시 이 일이 이어졌으니, 관청의 경비를 많이 소모하지 않았겠습니까. 비록 일이 사문(斯文)에 관계되기는 하지만 마음이 매우 편치 못합니다. 또 김의 말을 들으니 공장(工匠)들이 품삯에 욕심을 내서 고의로 시일을 끈다고 하니, 독촉해서 일을 마무리하여 사람들의 말이 없게 하는 것이 어떻겠습니까?

생선은 여러 친구들 집에 나누어 주겠지만 저의 늙은 누이도 덕분에 한 순가락이라도 밥을 더 드실 수 있게 되었으니 매우 다행입니다. 다만 형이 초우(草友 이유태(李惟泰))에게 매번 편지는 없이 물건만 보내니 이 친구가 만약 "육례(六禮)가 갖추어지지 않으면 정숙한 여자는 시집가지 않는다."[66]라는 의리를 안다면 곤란할 것입니다. 우습습니다.

65 파산(坡山)의 일 : 파산은 파주(坡州)의 옛 이름인데, 우계(牛溪) 성혼(成渾)의 고향이고, 그곳에 우계를 배향한 파산서원(坡山書院)이 있다. 파산의 일이란 문맥으로 볼 때 《우계연보(牛溪年譜)》를 간행한 일을 가리키는 것으로 보인다.

나머지는 별지에 있으므로 다시 일일이 말씀드리지 않겠습니다.

별지

형 집안의 형세는 불안하다고 할 수 있을 것입니다. 그러나 가묘(家廟)는 봉사(奉祀)하는 사람이 있는 곳에서 모시는 것이 옳습니다. 인용하신 주자(朱子)의 일은 오늘날 근거로 삼을 것이 아닙니다. 주자가 모부인(母夫人)의 상을 당하여 한천(寒泉)에 장사 지내고 한천정사(寒泉精舍)에서 기거하며 삭망(朔望)에 집에 돌아가 궤연(几筵)에 전(奠)을 올린 것은 궤연이 집에 있었기 때문입니다. 삼년상 동안 시묘살이를 할 때에는 자연히 이렇게 합니다. 주자가 일찍이 담계(潭溪)에서 고정(考亭)으로 이사할 때 가묘에 고유(告由)하고서 신주를 모시고 이사하였으니, 이것을 보면 어찌 평시에 신주와 따로 지낸 적이 있었겠습니까.

노형의 집안은 송강(松江 정철(鄭澈)) 어른 때부터 예를 매우 엄하게 지켜서 우뚝하게 사대부의 모범이 되었습니다. 지금 만약 예를 어기는 일이 있으면 식자들이 비난할 뿐만 아니라 제 편한 대로 하는 집안에서 반드시 "모(某)의 집도 오히려 이렇게 했다."라고 하여 자중(藉重)할 거리로 삼을 것이니, 작은 일이 아닙니다. 옛사람이 이르기를 "천하의 보물은 천하를 위해 아껴야 한다."라고 하였으니 깊

66 육례(六禮)가……않는다 : 송(宋)나라 학자 범조우(范祖禹)가 "혼인의 예가 갖추어지지 않으면 정숙한 여자는 시집가지 않는다."라고 한 말을 인용하여, 정양이 이유태에게 선물을 보내면서 편지 없이 물건만 보내는 것은 예에 어긋남을 지적한 것이다. 《詩傳大全 卷9 鹿鳴》

이 살피시기 바랍니다.

용담(龍潭)[67]은 노형이 일찍이 자주 말씀하셨던 사람입니다. 지난번에 편지를 보내와 묻기를 그 백형(伯兄)은 후사가 없고 중형(仲兄)은 아들이 있는데 자기가 제사를 모시고 싶다고 하기에, 제가 예를 근거로 꾸짖기를 "그대의 중씨(仲氏)가 아들이 있으면 이 아이가 다음에 봉사할 집이 될 것인데, 그대가 어찌 천륜의 순서를 어길 수 있겠는가."라고 하였습니다. 용담이 수긍하지 않고 재차 편지를 보내와 묻기에 제가 또 엄하게 거절하였는데, 그가 어떻게 생각하는지 모르겠습니다.

전에 보내 드렸던 《경자록(庚子錄)》[68]은 경자년(1660) 효고(孝考) 연제(練祭) 때의 예송(禮訟)에 관한 내용입니다. 형이 찾으시기에 보내 드린 지 몇 해가 지났습니다. 조용히 찾아서 돌려주시기 바랍니다.

《주자연보(朱子年譜)》는 여러 해 전에 다른 사람에게 빌려왔고, 또 《주자실기(朱子實記)》를 빌렸습니다. 저는 그것이 번잡하고 나뉘어 있는 것이 싫어서 합쳐서 한 책으로 만들고 이름을 《기보통편(記譜通編)》이라고 하였는데, 주 부자(朱夫子)의 전 생애가 실려 있지 않은 것이 없습니다. 지금 보내 드리니 베끼고 나서 돌려주시기 바랍니다.

67 용담(龍潭) : 용담 현령을 지낸 홍석(洪錫)을 가리키는 듯하다. 《宋子大全隨箚 卷4》

68 경자록(庚子錄) : 송시열의 제자인 조근(趙根)이 집록(輯錄)한 책으로, 경자년(1660) 예송 때 공사(公私)의 글 및 고금의 예설(禮說)과 전후의 연석(筵席)에서 대화한 내용을 수록하였다. 《損庵集 損庵趙公年譜》

김(金)의 말에 노형께서 영윤(令胤)이 삼척(三陟)에 한번 오기를 원한다고 하였는데, 이것이 어려운 일은 아니지만 그가 병이 있어 먼 길을 가기가 어려우니 매우 염려됩니다. 김이 영동(嶺東)의 경치를 매우 자랑하였는데, 제가 만약 내년에 딸아이 속(粟)이를 시집보내면 가솔을 이끌고 이사 가서 살고 싶은 마음이 몹시 간절하지만 형제들과 떨어져 사는 것이 어렵습니다.

정안숙에게 답함 병오년(1666, 현종7) 12월 2일

答鄭晏叔 丙午十二月二日

빈산에 두문불출하고 있어서 함께 얘기를 나눌 사람이 없었는데 뜻밖에 노형이 멀리서 보내신 편지를 받고는 모시고 담소를 나누는 것 같았으니, 기쁘고 위로되는 마음 이루 다 헤아릴 수 있겠습니까. 제가 이 깊은 곳에 들어온 것은 산수의 빼어난 경치 때문만이 아닙니다. 옛날에 살던 회덕(懷德)은 사통팔달하는 길가에 매우 가까이 있고 사방 이웃이 모두 뛰어난 사대부들이라 날마다 맞이하여 수작하는 것이 일이었습니다. 스스로 생각해 볼 때 남은 날이 많지 않은데 이처럼 세월을 보낸다면 서책에 매진하려는 뜻을 저버리게 될까 염려되었기 때문에 금년 여름부터 늙은이와 어린이를 이끌고 책 몇 상자를 가지고 청주(淸州)의 낙양산(洛陽山) 아래로 와서 몇 칸 띳집을 짓고 아침저녁으로 책을 펴서 보니 실로 초심(初心)에 맞아 일찍 이곳에 오지 않은 것이 한스럽습니다.

쌀과 소금을 구하기 어려운 것은 참으로 말씀하신 것과 같지만, 쌀은 청천(淸川)의 별창(別倉)에 비축된 것을 매번 빌리는데 금년 겨울에는 이미 5곡(斛)을 신청하였고, 소금은 별창 아래에 있는 장시(場市)에서 사다 쓸 수 있습니다. 저를 아는 사람이 전혀 없지는 않지만 오늘날 누가 많은 사람들이 노려보는 눈초리를 무릅쓰고 산속의 늙은이를 구제하려고 하겠습니까. 이런 일은 전혀 없습니다.

노형이 귀향할 계획으로 말하면, 지금은 진휼하는 일 때문에 결단하기 어렵다고 하신 것은 옳습니다. 지난번에 이상(李相)과 따질 때 이 일을 가지고 말할 수 없었지만, 다른 일을 핑계 대서 떠나는 것이 좋겠습니다. 이 일로 인하여 서울에서 잡다한 말이 매우 많았다고 하니 한탄스럽습니다. 보리가 익고 나면 즉시 떠나는 것이 어떻겠습니까? 그러나 이(李)의 일은 절대 입 밖에 내지 마십시오. 이것이 장자(長者)의 도리입니다.

제 딸의 결혼이 이미 10월 20일 전에 있었는데, 그때 사위의 적형(嫡兄)인 민 광주(閔廣州)[69]가 내려와서 혼례를 참관하였기에 술 몇 잔을 대작하고 보냈고 경비를 들인 것은 없었습니다. 이것은 천하디천한 일인데 외람되게 형이 근심하여 재차 물어 주시니 감격스럽고 송구합니다.

이계현(李啓玄)은 저와 정의가 두터운 것이 형에 못지않습니다. 석년에 작은 일 하나로 그가 저와 절교하였기 때문에 항상 부끄러워하고 있습니다. 또 그는 폭풍 같은 사람이라 저의 늙은 다리로는 찾아가 사죄할 수 없으니, 이런 뜻으로 그의 마음을 풀어 주시기 바랍니다.

조만간 남쪽으로 돌아갈 텐데 만약 방문해 주신다면 풍악(楓嶽)의 승경을 품평하고 며칠간 함께 지내며 관동의 다 둘러보지 못한 곳들을 함께 찾아보고 싶습니다.

민씨(閔氏)의 여종은 감히 힘을 다해 도모하지 않겠습니까. 노형이 남을 위하는 충심은 늙어서도 그치지 않으니 매우 경탄스럽습니다.

《자치정화(資治精華)》는 저 또한 어찌 감히 잠시라도 잊겠습니까.

69 민 광주(閔廣州) : 광주 부윤을 지낸 민주면(閔周冕)을 가리킨다. 송시열의 서녀 속(粟)의 남편인 민주경(閔周鏡)이 그의 서제(庶弟)이다. 민진량(閔晉亮)의 아들이다.《宋子大全隨箚 卷13 目錄》

근자에 문원공(文元公 김장생(金長生)) 노선생의 유고를 교정하여 간행하느라 잠시도 겨를이 없었고, 나머지 교정한 몇 책 또한 회덕에 있어서 지금 보내 드리지 못하니 한탄스럽습니다. 그러나 빨리 하려고 하지 말고 저에게 맡겨 주시면 교정을 끝내고 간행하는 것이 반드시 때가 있을 것입니다.

모용수(慕容垂)[70]와 당(唐)나라 말기 번진(藩鎭)들의 향배(向背)는 강(綱)에 의거하여 첨삭해야 하고 글의 좋고 나쁨에만 구애되어서는 안 되니, 형이 이곳에 오실 때 여쭈어 확정하겠습니다.

두 선생의 연보[71]는 지금 잘못된 부분을 말씀해 주셨으니 매우 다행입니다. 구본(舊本)에 삼가 이미 바로잡았습니다.

《중봉집(重峰集)》은 저도 오자가 매우 많다는 것을 알고 있지만 손을 댈 겨를이 없었습니다. 무엇 때문에 이 생에 이처럼 고생스러운 일이 끊이지 않는단 말입니까. 때로 나태한 마음이 없지 않습니다.

《근사록(近思錄)》은 정문(正文)만 외워도 매우 좋습니다. 노년의 정력을 긴요하지 않은 주석에 쓸 필요가 없습니다. 정자(程子)와 주자(朱子)의 중요한 글로 〈역서(易序)〉나 〈서명(西銘)〉 등이 모두 《근사록》에 들어 있는데, 회옹(晦翁 주희(朱熹))의 문하에 그 뜻을 드러낸

70 모용수(慕容垂) : 중국 오호십육국(五胡十六國) 시대 후연(後燕)을 세운 임금으로, 자는 도명(道明), 시호는 무성황제(武成皇帝)이다. 전연(前燕)의 임금인 모용황(慕容皝)의 다섯째 아들이다. 형과의 알력으로 인해 전진(前秦)의 부견(苻堅) 밑으로 망명하여 세력을 키웠다. 부견이 전연을 공략하여 멸망시키고 뒤에 다시 동진(東晉)을 치다가 대패하자, 그 틈을 타 중산(中山)에 도읍을 정하고 국호를 연(燕)이라 하고서 왕위에 올랐다.

71 두 선생의 연보 : 《율곡연보》와 《우계연보(牛溪年譜)》를 가리킨다.

사람이 없습니다. 제 생각에는 지론 아닌 것이 없지만 그중에 오직 〈옥산강의(玉山講義)〉[72]만이 완비되고 규모가 큽니다. 이것은 《주자대전(朱子大全)》에 실려 있습니다. 그 외에는 면재(勉齋 황간(黃榦))가 지은 행장에서 "위재가 중원의 문헌을 얻음으로부터〔自韋齋得中原文獻〕" 이하는 항상 외울 만합니다.

별지

《율곡연보(栗谷年譜)》의 부록권(附錄卷) 제1행의 표제에 '부록(附錄)'이라고 하고, 판심제(版心題)를 제문(祭文), 행장(行狀), 비명(碑銘), 묘지(墓誌)라고 하고, 그 끝 70장 이하를 다시 '부록'이라고 하였는데, 장수는 처음부터 끝까지 다 세면 75장입니다. 이것은 서책의 범례가 아니니, 판심제의 제문, 행장, 비명, 묘지를 고쳐서 모두 아울러 '율곡선생연보부록(栗谷先生年譜附錄)'으로 해야 합니다. 의심하지 말고 고치시기 바랍니다. 또 이 권 끝장의 표제인 '부록종(附錄終)'의 '부(附)' 자를 '후(後)' 자로 잘못 써서 처음과 끝이 어긋나니, 이 또한 '부' 자로 고치는 것이 어떻겠습니까?

72 옥산강의(玉山講義) : 1194년 주희가 영종(寧宗)의 소명을 받고 중앙 관계로 진출하여, 환장각대제 겸 시강(煥章閣待制兼侍講)에 제수된 지 45일 만에 한탁주(韓侂冑)의 미움을 받아 관직을 박탈당했다. 고정(考亭)으로 돌아오던 길에 강서(江西) 옥산(玉山)에서 그 지방 수령 사마매(司馬邁)의 요청으로 강연한 내용을 적은 것인데, 만년의 주희 사상이 잘 집약되어 있다. 《晦庵集 卷74 玉山講義》

정안숙에게 답함 정미년(1667, 현종8) 6월 9일

答鄭晏叔 丁未六月九日

윤4월에 청천(淸川)에서 구(丘)를 만나서 상고(喪故)를 당한 것을 말해 주었고, 그 뒤에 또 감영(監營) 편에 편지 한 통과 물으신 근사차책(近思箚冊)을 아울러 보내 드렸습니다. 방금 봉화현(奉化縣) 편에 보내신 편지를 받았는데, 앞서 보낸 편지 두 통을 모두 받아 보지 못하셨다니 매우 한탄스럽습니다.

저는 지난 윤4월에 충주(忠州)로 가서 배로 누이의 영구(靈柩)를 전송하고 회덕(懷德)의 선영(先塋) 아래로 돌아왔는데, 지난달에 또 네 살짜리 여아(女兒)를 잃어서 노년의 심회가 매우 좋지 못합니다. 제가 또 지난달 보름 무렵부터 거듭 질병을 앓아 20일 이후에는 여러 차례 거의 죽을 뻔하다가 이제야 요행히 연명(延命)하게 되었는데, 목구멍이 아직도 막혀 음식을 삼킬 수 없고 또한 말을 할 수가 없으므로 곁에 있는 사람들을 시킬 적에 단지 손으로만 지휘를 합니다. 제가 죄가 많은 몸이라 귀신이 벌을 내리는 것이 당연하니, 환갑(還甲)이 사람에게 이롭지 않다는 것이 또한 빈말이 아닙니다.

영남 감영 편에 보낸 편지가 조만간 도착할 것입니다. 하문하신 의문점에 대해 외람되이 답하였으니, 가부를 다시 알려 주시기 바랍니다. 노형의 정신과 기력이 이러하시니, 학문이 진전된 것이 존경스러울 뿐만 아니라 앞으로 장수하시리라는 것을 점칠 수 있으니 경하하여 마지않습니다. 편지 말미에 하신 말씀은 삼가 그대로 하겠습니다.

우복(愚伏 정경세(鄭經世))의 비문(碑文) 운운하신 것은 비문이 아니라 시장(諡狀)이고, "예학(禮學)이 퇴계(退溪)보다 나은 듯하다."라는 말은 제가 한 말이 아니라 곧 사계(沙溪 김장생(金長生)) 노선생의 말입니다.

노선생께서 퇴계의 예학이 소루한 부분을 조금 지적하셨으니, 승중(承重)한 사람의 아내가 종복(從服)[73]하는 것과 같은 경우는 곧 《주자가례(朱子家禮)》에 분명히 기록된 문구인데 퇴계가 "마땅히 복(服)이 없어야 한다."라고 하였기 때문에 사람들의 집에서 더러 입지 않는 자가 있습니다. 우복은 근신하게 《주자가례》를 지켰기 때문에 이러한 논의가 없었으니, 노선생께서 하신 말씀은 이런 부분을 가리킨 듯합니다. 그러나 당시에 우복의 손자가 비방하는 말이 있는 것 때문에 고쳐주기를 청하였으므로, 제가 즉시 고치기를 "예학이 정밀하기로는 근세에 없던 바이다."라고 한 것입니다.

노선생의 《경서변의(經書辨疑)》 두어 책을 지난해에 이미 개판(開板)하여 이제야 겨우 교정을 끝냈으니, 종이를 보내신다면 인쇄하여 올리겠습니다. 할 말은 많지만 자리에 누워 고달프고 힘이 없어 이만 줄입니다.

73 종복(從服) : 아내가 남편의 족당(族黨)을 위해, 또는 남편이 아내의 부모를 위해 따라서 복을 입는 것을 말한다.

정안숙에게 보냄 정미년(1667, 현종8) 8월 24일

與鄭晏叔 丁未八月二十四日

한 해가 저물어 가니 심사가 더욱 괴로운데 이런 때에 객지에서의 근황은 어떠신지 모르겠습니다. 《근사록(近思錄)》은 점차 흥미가 있으십니까? 정자(程子)가 말하기를 "젊어서 배우기를 좋아하는 것도 참으로 사랑스럽지만 늙어서도 배우기를 좋아하는 것은 더욱 사랑스럽다."[74] 라고 하였는데, 어찌 형을 두고 한 말이 아니겠습니까. 저는 향리에 사람이 많아서 손자 하나만 데리고 화양(華陽)에 와서 지내며 아침저녁으로 책을 보고 있었는데, 다시 일 때문에 다음 달 초에 서쪽으로 가게 되었으니 요즘 하루하루가 아깝습니다.

연보(年譜)를 전에 말씀드린 적이 있는데 보여 주실 수 있겠습니까? 이런 일은 느긋하게 하다가 때를 잃으면 후회해도 이미 늦으니 속히 도모하시기 바랍니다.

묵(墨)이[75]는 아직 외가에 있습니까? 지숙(持叔 민유중(閔維重))이 조정에서 편치 못하다고 들었는데, 만약 중원(中原)의 조용한 곳으로 데리고 돌아와 가르친다면 매우 좋겠지만 어찌 바랄 수 있겠습니까.

제 아이가 지난달에 돌아왔기에 구가(丘家)의 일을 말해 주었더니, 그가 말하기를 "전에 처를 얻는 것도 첩을 얻는 것도 모두 좋지 않았으

74 젊어서……사랑스럽다 : 정이(程頤)가 여대충(呂大忠)을 칭찬하며 한 말인데, 송시열이 조금 변형하여 인용하였다. 《二程遺書 卷10 洛陽議論》

75 묵(墨)이 : 정양의 손자 정천(鄭洊)의 어릴 때 이름이다. 《宋子大全隨箚 卷4》

니, 다만 노(魯)나라 남자[76]처럼 되어 혼자 살다가 세상을 마치려고 합니다."라고 하였습니다. 제가 아비라도 강요할 수 없었으나 보기에 안타깝습니다.

지금 흉년이 특히 심한데 형은 어려운 객지 생활을 어떻게 지내고 계십니까? 염려하는 마음은 깊지만 서로가 도와주기 어려우니 어쩌면 좋습니까. 다만 의(義)를 잃지 않는 것이 오늘날 서로 권면할 일일 것입니다.

전에 용담현(龍潭縣) 편에 답장을 올렸는데 도중에 유실되지 않았습니까? 나머지는 병을 무릅쓰고 쓰기 때문에 겨우 이렇게만 씁니다.

76 노(魯)나라 남자 : 여자를 멀리하고 혼자 사는 사람을 뜻하는 의미로 인용하였다. 노나라에 홀로 사는 사람이 있었는데, 이웃 과부도 홀로 살고 있었다. 어느 날 밤에 폭풍우로 과부의 집이 무너져 과부가 이 남자의 집에 와서 의탁하고자 하였는데 남자가 들여보내 주지 않았다. 과부가 말하기를 "그대는 왜 유하혜(柳下惠)가 했던 것처럼 아니하는가? 유하혜는 미처 성문에 들어가지 못한 여자를 품어 주었는데도 사람들이 문란하다고 하지 않았다."라고 하니, 남자가 말하기를 "유하혜는 할 수 있는 일이지만 나는 할 수가 없다. 나는 나의 불가함으로써 유하혜의 가함을 배우고자 한다."라고 하였다. 《孔子家語 好生》

정안숙에게 답함 무신년(1668, 현종9) 4월 25일

答鄭晏叔 戊申四月二十五日

사모하는 마음이 어찌 일찍이 조금이라도 줄어든 적이 있었겠습니까. 단지 병 때문에 나태해졌고, 또 도성에 자주 편지를 보내고 싶지 않았기 때문에 서로간에 소식이 뜸한 지가 이미 여러 달이 되었습니다. 그런데 뜻밖에도 감영의 체편(遞便)을 통해 보내 주신 편지를 받고 자세하게 말씀하신 뜻을 모두 알았으니, 기쁘고 위로되는 마음 이루 다 형언할 수 없습니다.

저의 거취는 어찌 말을 기다려서야 알겠습니까. 기강과 인심은 비록 손쓸 수 있다고 하더라도 보잘것없는 제가 함부로 할 수 있겠습니까. 노형의 말은 군더더기에 불과하다고 할 수 있을 것입니다. 다만 오래도록 체직되지 못하고 있으니, 이것이 지극히 답답하여 감히 마음이 편치 못한 점입니다. 노형이 이미 가난 때문에 녹봉을 받기 위한 벼슬을 면치 못하니 여러 어린아이들을 보호해서 분수에 따라 써야 하겠지만 묵(墨)이를 가르치는 것이 가장 급선무입니다.

《자치정화(資治精華)》는 상(喪)을 당한 때부터 정신이 모두 없어져서 손을 대지 못하다가 근자에 몇 달 동안 틈을 내서 보았지만 겨우 한 책뿐입니다. 지금 먼저 보내 드리고, 이어서 교정을 보고 있으니 교정을 보는 대로 올려보내겠습니다.

간곡히 부탁드릴 일이 있습니다. 종질 기후(基厚)의 일을 여러 차례 말씀드렸으나 아직까지 허락을 받지 못했습니다. 그가 비록 불초하여 문하(門下)께 죄를 지었지만 노형의 너그러운 덕으로 용서할 수는 없으십니까? 깊은 세의(世誼) 또한 어찌 생각하지 않을 수 있겠습니까. 이제부터 지난 일을 풀어 버리고 전처럼 대하시는 것이 어떻겠습니까? 백이(伯夷)의 맑음으로도 옛날에 저지른 악을 마음에 두지 않았으니, 이 조카의 일은 그것에 비하면 어찌 작기만 할 뿐이겠습니까. 저를 아껴 주시는 마음을 믿고 감히 이렇게 말씀드리니 찬찬히 살펴 주시리라 생각합니다. 더욱 자애하시기 바랍니다.

정안숙에게 보냄 무신년(1668, 현종9) 5월 17일

與鄭晏叔 戊申五月十七日

형의 병이 위독하다는 소식을 듣고 경악스러운 마음 금할 수 없습니다. 우리들은 각자 이미 노쇠한 나이이니 죽는다고 해도 어찌 괴이할 것이 있겠습니까. 다만 다시 서로 보지 못하는 것이 지극히 한스러울 따름입니다. 유언은 빠짐없이 하셨습니까? 봉화(奉化)의 묏자리는 멀리 궁벽한 산속 인적이 끊긴 곳에 있어 어린 묵(墨)이로 하여금 왕래하며 제사를 지내게 하는 것이 어찌 어렵지 않겠으며, 어려울 뿐만 아니라 뜻밖의 우환이 없으리라는 것을 어찌 보장하겠습니까. 자리를 진천(鎭川)의 새 묘지 옆에 잡아서 모두 이장한 뒤에야 일이 비로소 온편할 것이고 또한 영구히 보전될 것입니다. 제가 만약 죽지 않는다면 끝내는 이렇게 하고 싶습니다. 형은 어떻게 생각하십니까? 묵이의 아비는 저의 자식과 같습니다. 제 자식의 유해를 제가 어찌 편안한 곳으로 이장하지 못하겠습니까. 이 외에는 마음을 편히 하고 운명에 맡겨서 사람들로 하여금 죽음을 두려워한다는 의심을 하지 않게 하시기 바랍니다. 할 말은 많지만 일일이 다 쓰지 못합니다.

지은이 **송시열(宋時烈)**

1607(선조40)~1689(숙종15). 자는 영보(英甫), 호는 우암(尤菴)·우재(尤齋)·파옹(巴翁)·화양동주(華陽洞主) 등이며, 시호는 문정(文正), 본관은 은진(恩津)이다. 부친은 송갑조(宋甲祚)이고, 모친은 선산 곽씨(善山郭氏)이다. 사계(沙溪) 김장생(金長生)과 신독재(愼獨齋) 김집(金集)을 사사하여 기호학파의 종장(宗匠)이자 노론의 영수로 활동하면서 조선 후기 학문과 정치에 큰 발자취를 남겼다. 효종의 즉위 이후 청나라에 대한 복수설치(復讎雪恥)를 역설한 《기축봉사(己丑封事)》를 올려 북벌론을 제시하였고, 학문적으로는 주자성리학을 정통으로 삼아 남인 학자인 윤휴(尹鑴)와 대립하였다. 이후 남인, 소론과 갈등이 깊어지다가 효종의 천릉(遷陵), 왕실 복제를 둘러싼 예송(禮訟)으로 논핵을 받아 삭탈관직되고 덕원(德源), 장기(長鬐), 거제도(巨濟島)에서 유배 생활을 하였다. 1689년 원자 책봉 문제로 제주(濟州)에 유배되었다가 서울로 압송되던 중 정읍(井邑)에서 사사(賜死)되었다. 1756년(영조32) 문묘(文廟)에 배향되고 영의정에 추증되었다. 저서로 《송자대전》, 《주자대전차의(朱子大全箚疑)》, 《정서분류(程書分類)》, 《주자어류소분(朱子語類小分)》, 《논맹혹문정의통고(論孟或問精義通考)》 등이 있다.

선역 **김주희(金胄熙)**

민족문화추진회 국역연구부에서 근무하였다. 번역서로 《성호사설》, 《면암집》, 《양촌집》, 《익재집》 등이 있다.

옮긴이 **홍기은(洪起殷)**

전남 나주에서 태어났다. 송담(松潭) 이백순(李栢淳) 선생에게 한학을 수학하고, 성균관대학교 대학원에서 한국사학으로 석사 학위를 받았다. 민족문화추진회 국역연수원 상임연구부를 졸업하였고, 한국고전번역원에 재직 중이다. 번역서로 《갈암집》, 《홍재전서》, 《기언》, 《명재유고》, 《대산집》, 《성호전집》, 《번암집》, 《일성록》 등이 있다.

송자대전 7

송시열 지음 | 홍기은 옮김

2022년 12월 31일 초판 1쇄 발행

발행인 신승운 | 발행처 한국고전번역원
등록 2008. 3. 12. 제25100-2018-000049호
주소 (03310) 서울시 은평구 진관1로 85
전화 02-350-4800 | 팩스 02-350-4994 | 홈페이지 www.itkc.or.kr

연구총괄 권헌준 | 연구기획 김지민 | 연구평가 성과평가실 | 자문 정선용

책임편집 하현주 | 편집진행 신진호
교정 송숙희 정동연 | 조판 김은하 | 제작 조은지
디자인 씨디자인 | 인쇄 사단법인 에스디워크

값 20,000원
ISBN 978-89-284-0959-4 94810
978-89-284-0619-7 (세트)